Rebeca Wild
Erziehung zum Sein

REBECA WILD

Erziehung zum Sein

Erfahrungsbericht einer aktiven Schule

Arbor Verlag
Freiamt

Die Deutsche Bibliothek – CIP-Einheitsaufnahme

Wild, Rebeca:
Erziehung zum Sein : Erfahrungsbericht einer aktiven Schule / Rebeca Wild. [Hrsg. von Lienhard Valentin]. – 8., überarbeitete Aufl. – Freiamt : Arbor-Verl., 1996
ISBN 3-924195-22-6

Herausgegeben von Lienhard Valentin

Druck und Verarbeitung: Kösel, Kempten

gedruckt auf Chlor- und säurefreiem Papier

8. überarbeitete Auflage, 1996
© Arbor Verlag Valentin, Freiamt
Alle Rechte vorbehalten
ISBN 3-924195-22-6

Inhalt

Vorgeschichte 7
Der herrschende Erziehungsmythos 27
Erste Erfahrungen in den Pestalozzi-Kindergärten 33
Rückwirkungen auf die Erwachsenen 55
Erziehen und Fühlen 67
Begreifen heißt erfinden 87
Eine alternative Grundschule 105
Ein Montag in der Primaria 115
Jeder Tag ist anders 127
Das dreifache einfache Curriculum 143
Schreiben und Lesen als Selbstausdruck und Selbsterweiterung 165
Rechnen aus Freude 185
Die Welt erforschen 199
Freiheit und Verantwortung 209
Kinder, Lehrer und Eltern in der aktiven Schule 225
Pädagogik oder Therapie? 245
Rückblick und Vorschau 259
Freundeskreis Mit Kindern Wachsen 279

Literaturhinweise 281

Vorgeschichte

Wir schreiben das Jahr 1982; vor zwei Wochen haben in den ecuadorianischen Anden die Sommerferien begonnen. Die Trockenzeit hat kurz vor dem Ende des Schuljahres schlagartig eingesetzt. Der Himmel ist dunkelblau, und starke Winde jagen die weißen regenlosen Wolken darüber hin und biegen die schlanken Eukalyptusbäume unermüdlich von einer Seite zur anderen. Wenn man die Augen schließt, glaubt man am Meer zu sein, so mächtig tönt das Brausen des Windes in den langen Reihen der Bäume, die das Gelände der Pestalozzi-Schule umgeben.

Hinter uns liegen fünf arbeitsreiche Jahre. Der Aufbau einer Alternativschule, das Finden neuer Wege und der tägliche Betrieb haben unsere Kräfte wie nie zuvor in Anspruch genommen. Das aktive System erfordert ein hohes Maß an Vorbereitung, eine nie aufhörende Bereitschaft zum Neuen, ein endloses Erfinden, Herstellen, Zusammentragen, Ordnen und Instandhalten von Materialien. Die Tage scheinen zu kurz, und es fehlt an Händen, um die Ideen auszuführen, die sich bei der Arbeit mit den Kindern oft überstürzen. In diesen Jahren stieg in mir immer wieder der Wunsch auf, etwas über unsere Erfahrung niederzuschreiben und etwas aus dem Reichtum unserer Beobachtungen an den „Kindern in Freiheit" mitzuteilen. Doch immer neue dringendere Tätigkeiten schoben dieses Bedürfnis bisher zur Seite: Elternbesprechungen, Lehrersitzungen, Studien mit Lehrern, Eltern, Studenten von verschiedenen Fakultäten, Besprechungen mit Indianergruppen aus entlegenen Teilen des Landes, Unterredungen im Kultusministerium; eine lange Liste von Beschäftigungen, welche direkt oder indirekt mit der Schule verbunden sind und die Nachmittage, Abende und Wochenenden in Anspruch nehmen.

Doch in den letzten Monaten verstärkte sich in mir der Drang, unsere Erfahrungen in Ecuador mit unseren Freunden in Europa zu teilen. Immer mehr junge Leute aus verschiedenen Ländern waren in der letzten Zeit hier zu Besuch. Sie stellten viele Fragen und zeigten, daß auch

Erziehung zum Sein

in den entwickelten Ländern eine gewisse Ratlosigkeit und Verwirrung über den Sinn und Zweck der bestehenden Erziehungsmethoden herrscht. Dazu fielen uns in den letzten Monaten verschiedene europäische Zeitschriften in die Hände, die diesen Eindruck bestätigten.

Dieser Wunsch, unseren Freunden in Europa ausführlicher als bisher über unsere Erfahrungen zu berichten, fällt mit einem wachsenden persönlichen Bedürfnis zusammen, durch das Erinnern, Reflektieren und Niederschreiben mancher Erlebnisse selbst zu einem Gleichgewicht zwischen unserem sehr aktiven und einem kontemplativen Leben zu gelangen, Gedanken und Gefühle zu ordnen und vielleicht hier und dort zu neuen Einsichten zu kommen.

Vor kurzem besuchte uns ein junger Freund aus Hamburg. Er stand vor der Entscheidung einer Studienwahl und versuchte, auf einer Reise durch Südamerika zu neuen Perspektiven zu gelangen. Nach seinen ersten Eindrücken hier kam er zu dem Schluß, daß solch eine Arbeit niemals durch die Initiative von Einzelnen zustande gekommen sein könne. Erst als wir ihm in langen Gesprächen vom Entstehen des *Pesta* erzählten, wurde ihm klar, daß es sich hier nicht um eine Institution handelt, sondern um eine Arbeit, die durch ein Zusammenwirken von inneren und äußeren Bedürfnissen organisch gewachsen und immer noch im Werden ist. Es ist eine Arbeit mit höchst persönlichem Charakter und eng verbunden mit unserer Lebensgeschichte und einem Reifeprozeß, der jedem bekannt vorkommen wird, der durch den Umgang mit eigenen oder fremden Kindern begonnen hat, nach dem Sinn des Erziehens zu fragen. Um ein wenig den Hintergrund für unsere Erfahrungen aufzuzeigen und zu verdeutlichen, wie für uns das Zusammentreffen von Außen und Innen richtungweisend geworden ist, will ich den Film auf das Jahr 1959 zurückdrehen.

Es ist ein sonniger Septembermorgen in Süddeutschland, am Ende einer Feriensaison, in der ich mir als improvisierter Reiseleiter einen Zuschuß zu meinem Germanistikstudium erarbeitet habe. An diesem Tag wurde ich auf einem Bus nach Neuschwanstein eingesetzt. Vierzig Fremde aus aller Herren Länder sahen einem angenehmen Erlebnis entgegen. Während die Touristen in der Wieskirche die Kunst des Rokoko in Augenschein nahmen, stärkten sich die Reiseleiter der verschiedenen Busse an einem prosaischen Käsebrot. Irgendein junger Reiseleiter, der schon früh in lustiger Stimmung war, wollte meinen sonntäglichen Frieden stören. Ich versuchte, seine unbequemen Annäherungen leicht ver-

Vorgeschichte

ärgert abzuschütteln, da stand plötzlich neben mir ein junger, etwas fremdländisch wirkender Mann meines Alters, den ich noch nie unter den Fremdenführern gesehen hatte. Ich erinnere mich nicht mehr an seine Worte, wohl aber an die Wirkung, die seine ruhige Stimme auf den angeheiterten Fremdenführer hatte. Irgendetwas an ihm veranlaßte den Ruhestörer zum Rückzug. Es schien eine besondere Art von Autorität zu sein, die ihn unsicher machte. Ich warf einen dankbaren Blick auf den Unbekannten und fühlte mich plötzlich berührt von der Gegenwart eines Menschen, der auf ungewöhnliche Art einfach er selbst war. Sein Gesichtsausdruck, seine Körperhaltung, der Klang seiner Stimme und die Art, sich zu kleiden, zeugten von Harmonie und einer natürlichen Art, Situationen ohne Spannungen zu erfassen.

Am Alpsee trafen wir wieder zusammen. An diesem herrlichen Spätsommertag zogen wir es vor, auf dem See zu rudern und die Touristen das Schloß ohne unsere Gegenwart bewundern zu lassen. Wir verbrachten eine unbeschwerte Stunde mit Lachen und belanglosem Reden. Bevor wir wieder in unsere Busse einstiegen, lud mich der neue Reiseleiter, der sich inzwischen mit einem ausländischen Vornamen und einem deutsch klingenden Familiennamen vorgestellt hatte, zu einem gemeinsamen Kinobesuch ein und gelangte in den Besitz meiner Telefonnummer. Dieser geplante Kinobesuch verwandelte sich jedoch in einen dreistündigen Spaziergang durch die Straßen Münchens. Dabei erfuhr ich, daß Mauricio als Sohn Schweizer Eltern in Ecuador geboren wurde, mit 12 Jahren zur weiteren Schulausbildung in die Schweiz kam, sich dort nie ganz einleben konnte und nach 6 Jahren anfing, durch Europa zu reisen. Er arbeitete, wo ihm das Geld ausging, lernte mehrere Sprachen, war aber vor allem auf der Suche nach einer Identität, die ihm durch die Gegensätze zwischen seiner Kindheit in Ecuador, den Jugendjahren in der Schweiz und seinen Reisejahren nicht mühelos gegeben war, sondern erst gefunden sein wollte.

Schon bei diesem ersten Spaziergang sprachen wir von „Lernen, man selbst zu sein", oder „das wirkliche Sein suchen", „ehrlich mit sich selbst sein", lauter Ausdrücke, die vielleicht für Zwanzigjährige übermäßig philosophisch erscheinen, aber unserem Gemütszustand genau entsprachen. Meine eigene im Krieg verlebte Kindheit hatte mich gelehrt, jeden Tag trotz Ängsten und Unsicherheiten voll zu leben. Die Schuljahre überschatteten allerdings oft das Bedürfnis nach einem authentischen Lebensgefühl und verdunkelten wirkliches Verständnis und Klarheit im

Erziehung zum Sein

Denken und Fühlen mehr, als sie es förderten. Während der Studienjahre wurden Romano Guardinis Vorlesungen über Plato für mich bedeutungsvoller als die philologischen Hauptfächer. In den wenigen Wochen, die uns der sonnige Frühherbst zusammen bescherte, war ich immer wieder betroffen von Mauricios Klarheit und Zielsicherheit im Denken und Fühlen, die mit seinem unsicheren äußeren Leben in Gegensatz standen. Meine eigene Überzeugung, „genau zu wissen, was ich im Leben wollte", kam durch unser Zusammensein erheblich ins Schwanken. Plötzlich schien mir die Vorstellung von einer Reise, die sowohl außen wie auch innen ins Unbekannte ging, wirklicher als meine bisherigen Ziele.

Als drei Wochen später die Fremdensaison vorbei war, verabschiedeten wir uns. Mauricio wollte noch in diesem Herbst auf einer Fußwanderung durch Italien nach Afrika, und ich kehrte zurück zu meinem Germanistikstudium, das bald meine volle Aufmerksamkeit beanspruchte – abgesehen von einer unvorhergesehenen Ablenkung, die durch regelmäßige Briefe aus Italien bewirkt wurde. Es waren Briefe voller Reiseeindrücke und persönlicher Reflexionen, die keine Antwort erwarteten, da der Schreiber keine feste Adresse hatte und durch Briefe nicht erreichbar war. Doch kurz vor Weihnachten brach Mauricio plötzlich seine Reise ab und kehrte in die Schweiz zurück. Er war der Bitte eines mundmalenden gelähmten Freundes gefolgt, für einige Monate seine Pflege zu übernehmen, da sein Vater durch das ständige Heben des Kranken seinen Rücken geschädigt hatte. So geschah es, daß Mauricio unverhofft eine feste Adresse auf die Umschläge seiner regelmäßigen Briefe schrieb, so daß ich begann diese Briefe zu beantworten, und wir uns in diesen Wintermonaten mehrmals besuchen konnten.

In dieser Zeit nahm allmählich unser Plan festere Formen an, in Mauricios Geburtsland Ecuador ein gemeinsames Leben zu wagen. Wir stellten uns vor, daß dort vielleicht mehr Bewegungsfreiheit und Entscheidungsmöglichkeiten zu finden wären als in Europa, und diese äußere Situation unserer gemeinsamen Suche nach einem authentischen Leben zugute kommen könnte.

Im Jahr 1960 reiste Mauricio nach Ecuador, und ich folgte ihm im Juli 1961 auf eine Reise ins Unbekannte, die seitdem nicht geendet hat. Jeder, der Südamerika bereist hat, dürfte das Gefühl kennen, in ein Land zu kommen, in dem alles anders ist als zu Hause: angefangen bei der Luft, den Gerüchen, den Geräuschen, der Sprache, dem Essen und dem

Vorgeschichte

Gefühl der Zeit, bis zu dem, was wichtig oder unwichtig ist, worüber man lacht oder weint, wie man läuft oder tanzt. Es ist ein so völlig anderes Lebensgefühl, daß viele Touristen sich nach dem Absolvieren der Besichtigungen und dem Abknipsen genügend vieler Fotos erschöpft in die neutrale Atmosphäre eines Hotels zurückziehen.

Als ich auf einem Bananenschiff in den Rio Guayas einlief und dort auf Deck einen ganzen sonnigen Tropennachmittag lang stand und wartete, ob aus einem der vielen anlegenden Boote endlich Mauricio auftauchen würde, den ich eineinhalb Jahre nicht mehr gesehen hatte, war ich noch in der Schwebe zwischen zwei Welten: hier ein blankgescheuerter, weißer deutscher Dampfer, auf dem alles zu finden war, was mir bekannt und bequem war, und nicht weit von uns dieses unbekannte Land, das meine Heimat werden sollte. Ab und zu kam ein Offizier oder Steward vorbei und zeigte in großem Bogen auf den braunen Fluß und das nahe Guayaquil, das damals nur wenige moderne Gebäude zur Schau trug: „Kommen Sie lieber wieder mit uns zurück. Das ist ein dreckiges Land. Die Menschen dort sind lauter Kanaken. Sie werden sich bestimmt nicht einleben!" Die Idee lag auch nahe, denn Mauricio erschien nicht. Allerlei Erklärungen, die sich sonst anbieten mögen, wenn man auf jemanden wartet, blieben ohne Gestalt, da ich kaum die vageste Ahnung von den äußeren Umständen hatte, aus denen er nun leibhaftig in Erscheinung treten sollte. In seinen Briefen, die über die langen Monate hinweg regelmäßig und häufig eingetroffen waren, hatte er den äußeren Umständen des Lebens in Ecuador nur kurze Bemerkungen gewidmet; gerade genug, um den Rahmen zu bilden für das, was ihn inwendig beschäftigte. In einem Brief schrieb er: „Wenn Du irgend etwas hier erwartest, was schön und vertraut ist, dann bleibe besser dort. Erwarte nichts als meine Liebe und die Hoffnung, zusammen zu einer Verwirklichung zu kommen, deren Gestalt wir noch nicht kennen." Freilich hatten wir mit unseren 22 Jahren nur sehr schwache Vorstellungen von dieser Wirklichkeit, doch wir vermuteten, daß wir einen Weg vor uns hatten, der sich sowohl nach außen wie auch nach innen ausrichten würde. Unsere Ideen waren von christlicher Tradition und Mystik, aber auch von östlicher Weisheit und Jungscher Psychologie geprägt. Auch wenn wir uns in diesem scheinbaren Wirrwarr nur mühsam orientierten, verspürten wir doch ein großes Vertrauen, daß sich uns unerwartet Türen auftun würden.

Unser erstes Treffen nach der langen Zeit des Briefeschreibens und

Erziehung zum Sein

Spekulierens über „unseren gemeinsamen Weg" war ganz unfeierlich und von den Umständen eines turbulenten Lebens geprägt. Mauricio hatte sich bei der Reederei rechtzeitig über die Ankunft der „Perikles" erkundigt; er war sogar einen Tag früher von dem 200 km entfernten Quevedo nach Guayaquil gefahren, um seinen nicht mehr ganz neuen VW in der Werkstatt überholen zu lassen. Doch auf dem Schiff sollte ein Hafenfest für Bananenlieferanten gefeiert werden, und es war einen Tag früher als geplant eingelaufen. Mauricio hatte soeben, verstaubt von der Fahrt, das Auto in die Reparatur gegeben und schlenderte gegen Abend am Kai zum Hotel zurück, als er in der Ferne das neuangekommene Schiff entdeckte. Er zählte die Buchstaben in der Namensaufschrift, und sie stimmten mit der Anzahl der „Perikles" überein. Er fing an zu laufen, konnte allmählich den Namen des Schiffes entziffern und setzte sofort mit einem Boot über. An der Schiffstreppe geriet er an den wachhabenden Offizier, der um diese Zeit niemanden mehr hereinlassen wollte und gewann den Streit. Oben hatte ich inzwischen bei einbrechender Nacht das Warten aufgegeben und eine englische Fahrtgenossin, mit der ich mich in den drei Wochen der Überfahrt angefreundet hatte, zu einer Flasche Wein eingeladen. In diesem Moment hörte ich meinen Namen rufen und fing an, zum Ausgang des Schiffes zu laufen. Jede Tür an Bord war aus Angst vor Dieben sorgfältig abgeschlossen. Bei jeder Tür mußte ich jemanden bitten, mir aufzuschließen, und gleich nach mir wurde wieder zugeschlossen. Unten ging es Mauricio ebenso. Es schien wie ein wahres Wunder, daß wir uns nach endlosem Türenöffnen und -schließen vor den Augen des verblüfften Stewards in den Armen lagen.

Wir hatten es nun eilig, das Schiff zu verlassen. Bei Betreten des Festlands stürzten sofort die ungewohntesten Sinneseindrücke auf mich ein. In den wenigen Tagen in Guayaquil kauften wir ein, was wir für unseren jungen Hausstand als unumgänglich ansahen. Es war bescheiden genug, machte aber doch eine ansehnliche Ladung für den VW-Bus aus. Schließlich waren wir bereit für unsere Fahrt nach Quevedo, das unser erster gemeinsamer Wohnort sein sollte. Es war damals ein kleiner Ort, Zentrum des Bananenanbaus für den Export, und weit und breit von Urwald umgeben.

Zum ersten Mal in meinem Leben fuhr ich an weiten Reisfeldern entlang, an Wiesen, die das ganze Jahr von den Flüssen überschwemmt waren, wo Kühe und Pferde bis an die Knöchel im Wasser standen und sich auf kleinen grünen Inseln ihr Futter suchten. In jedem Dorf über-

Vorgeschichte

fiel uns mit großem Lärm eine ganze Lawine von Verkäufern, die uns mit Proviant für den weiteren Weg versorgen wollten. Abgesehen von hartgekochten Eiern konnte ich keines der angebotenen Gerichte als eßbar erkennen. Weiter ging die Fahrt durch gemischte Plantagen, deren Gewächse ich zumeist zum ersten Mal sah: Mangobäume, Kaffee, Kakao, Tapioka, und dann die ersten Bananen. Nach vier Stunden erreichten wir das Ziel unserer Reise; Quevedo zählte damals knapp 7.000 Einwohner. Von der Höhe der Straße konnte man die ganze Ortschaft überblicken. Als erstes fiel uns ein kleiner Wasserturm ins Auge, der die Ortschaft mit Trinkwasser versorgen sollte, aber es in Wirklichkeit nur hin und wieder tat. Das Gesamtbild des Ortes konnte ich nur mit Bildern aus dem wilden Westen vergleichen, nur daß die Häuser meist aus Bambus gebaut waren, was ihnen einen tropischen Charakter verlieh. Zwischen diesen Bambushütten hoben sich wenige Häuser aus Ziegelsteinen und Holz und nur vereinzelt Zementhäuser ab. Die Straßen waren ungepflastert, und weil es gerade Trockenzeit war, wirbelte jedes Fahrzeug eine Unmenge von Staub auf, gegen den sich die Fußgänger durch das Vorhalten eines Taschentuches schützten. In der Regenzeit verwandelte sich dieser Staub – wie ich später merken würde – in einen zähen Schlamm, der vom Fußgänger große Leistungen im Ausweichen und Springen verlangte. In dieser Umgebung fühlten sich die kleinen, halbnackten Kinder Quevedos in frohem Einvernehmen mit Schweinen, Hunden und Hühnern erstaunlich wohl. Sie stoben nur auseinander, wenn ein Bananenlaster oder Jeep ihnen die Straße streitig machte.

Unsere erste Wohnung befand sich im ersten Stockwerk eines der „besseren" Häuser Quevedos. Unten gab es einen kleinen Laden, in dem man das Lebensnotwendigste kaufen konnte. Dort wohnte der Ladeninhaber, ein freundliches Großväterchen, mit seinen Kindern und zahlreichen Enkelkindern. Es schien eine glückliche Familie zu sein, obwohl ihr ganzer Reichtum aus wenigen Betten, einem wackligen Tisch und zwei Hängematten bestand. Darüber hatten sie eine einfache Wohnung ausgebaut, die wir nun bezogen; Mauricio hatte eine ansehnliche Summe bezahlt, um fließendes Wasser darin installieren zu lassen, das aber nur sehr sporadisch funktionierte.

Unser erstes Abendessen im einzigen chinesischen Restaurant des Ortes und ein kleiner Rundgang durch den Ort, der gegen Abend zu lautem Leben erwachte, waren bald beendet. Die Wohnungseinrichtung war einfach genug und der Einzug ins neue Heim schnell geschafft: ein Tisch

Erziehung zum Sein

mit vier Stühlen, und eine bequeme Hängematte, ein Regal aus einfachem Holz, das mit Ketten an der Wand befestigt war und unsere Bücher und den Plattenspieler aufnahm; an den Wänden gab es ein paar mundgemalte Bilder, eine Hochzeitsgabe unseres gelähmten Freundes aus St. Gallen. Bett, Schrank und Stuhl vervollständigten das Schlafzimmer, dessen reizvollster Schmuck ein großes weißes Moskitonetz war. In der Küche gab es wieder selbstgefertigte Regale für den notwendigsten Hausrat, einen Kerosinherd und einen hölzernen Waschtrog. In diesen schlichten Räumen fand das einfache Hochzeitsfest mit wenigen Freunden statt. Wir konnten es nicht als Armut empfinden, denn wir selbst fühlten uns reich, und niemand nahm Anstoß daran, denn bis auf wenige Familien lebte das ganze Land in einfachsten Verhältnissen.

Wenn wir an dieses erste Jahr unserer Ehe zurückdenken, so scheint es wie ein Jahr Ferien. Unser Ideal war, mit einem Minimum an äußerem Luxus auszukommen. Dieses „Minimum" wurde durch die Einnahmen eines Holzgeschäftes gedeckt, das etwa folgendermaßen funktionierte: Hin und wieder fuhr Mauricio mit einer Gruppe junger Leute in den Urwald, um das Vorkommen gewisser Holzarten auszukundschaften, die ihm ein befreundeter Holzhändler in Guayaquil abzukaufen versprochen hatte. Die jungen Leute machten dann jeden Tag eine Reise in den Urwald, luden, soviel sie schafften, auf ihr vorsintflutliches Lastauto, und jeden Nachmittag gegen vier Uhr kamen sie mit dieser Ladung unter großem Aufruhr nach Quevedo; wir fuhren mit dem Fahrrad zum nahen Fluß und maßen, begutachteten und bezahlten die Holzstämme, bevor sie am Rand des breiten Flusses abgeladen und festgebunden wurden. So kam allmählich ein ansehnliches Floß zustande, das bei Einsetzen der Regenzeit in einer mehrere Tage dauernden abenteuerlichen Fahrt nach Guayaquil getrieben werden konnte.

Das Leben in Ecuador war vor zwanzig Jahren unvorstellbar billig. Wir gaben täglich ein bis zwei Mark fürs Essen aus, ebenso billig waren Miete, Benzin und das Reisen. Eine Busfahrt ins 200 km entfernte Guayaquil kostete damals kaum mehr als eine Mark. Dieses einfache Leben war uns gerade recht. Wir fühlten uns frei, jeden Tag nach unserem Geschmack einzuteilen. Bei Sonnenaufgang fuhren wir mit dem Fahrrad flußaufwärts, wo das Wasser noch klar und tief war und badeten und schwammen nach Herzenslust. Zu Hause angekommen, machten wir ausgiebige Yoga-Übungen. Dann gab es ein einfaches Frühstück aus Früchten, Haferflocken und gerösteter Gerste. Während ich auf dem

Vorgeschichte

Markt mein kärgliches Schulspanisch zum Einsatz brachte und auf dem ewig kohlenden Kerosinkocher meine ersten selbständigen Kochkünste übte, widmete sich Mauricio einem Selbststudium in vergleichenden Religionswissenschaften, lernte Schreibmaschine schreiben und Flöte spielen. Der Nachmittag war dem Lesen und Spanischlernen gewidmet. Nach unserem täglichen Holzmessen badeten wir in der heißen Nachmittagssonne noch einmal im Fluß. Nach dem Abendessen unterhielten wir uns oft lange in der Hängematte, besuchten Freunde oder wurden von ihnen besucht; ab und zu schauten wir uns einen Film im einzigen Kino des Ortes an, in dem die Lautsprecher so sehr dröhnten, daß man kein gesprochenes Wort verstand und auf das Lesen der Untertitel angewiesen war.

Wir machten uns keine Sorgen um die Zukunft, lebten von einem Tag zum andern, wie es nur in den Tropen möglich scheint und genossen ein Leben ohne drückende Verantwortungen, das fast ausschließlich unseren eigenen Interessen gewidmet war. Diese Idylle wurde nur von gelegentlichen Erkundungsfahrten in den Urwald und kurzen Geschäftsreisen nach Guayaquil unterbrochen. Doch nach und nach spürten wir ein leichtes Unbehagen. Das Vermeiden „weltlichen Getümmels" oder der Notwendigkeit, mehr Geld zu verdienen, brachte uns offenbar ebensowenig dem von uns ersehnten „inneren Weg" näher wie die täglichen Yoga-Übungen oder die Lektüre von Büchern, die solche Wege beschrieben. Es meldete sich auch kein Kind an, das eine größere Verantwortung von uns gefordert hätte. Allmählich schmeckte uns das morgendliche Müsli fade und wir wurden immer schlapper vom Fast-nichts-tun. Oder war es nur die heiße Regenzeit, die uns die Kräfte raubte? Doch in welcher Richtung sollten wir Sinn und Bereicherung suchen? Allmählich übernahmen wir ein wenig mehr Arbeit: privaten Englisch- und Musikunterricht für interessierte Dörfler. Doch im Grunde genommen warteten wir, ohne jedoch zu wissen worauf.

In dieser Zeit freundeten wir uns mit einer holländischen Familie an, die nicht weit von Quevedo auf einer großen Farm wohnte – ganz im Stil der Holländer in Indonesien – in geschmackvollen Häusern, die von tropischen Gärten umgeben waren. Die Farm war vollständig von Urwald eingeschlossen; ungefähr 1.300 ha waren mit Bananen und Kakao bebaut. Bei einem unserer Besuche fragte unser holländischer Freund vorsichtig an, ob Mauricio nicht Interesse hätte, seine Stelle in der Leitung dieser Farm zu übernehmen, damit er frei würde, ein interessantes

Erziehung zum Sein

Angebot in Surinam anzunehmen. Er dürfe seinen Kontrakt in Ecuador nur abbrechen, falls er für einen Nachfolger sorgte. Wir waren voller Einwände: Mauricio hatte ja keine Ahnung von tropischer Landwirtschaft, von Pflanzenschutz, Export oder Verwaltung. Doch unser Freund schüttelte alle Bedenken erfolgreich ab. Er selbst habe zwar Landwirtschaft studiert, doch seine eigentliche Lehre habe erst angefangen, als er in die Praxis gekommen sei. Zudem könnte ein befreundeter Biologe einmal im Monat von einer anderen Farm herüberfliegen und Mauricio in die wichtigsten Techniken des Pflanzenschutzes einführen.

So geht das also in Ecuador: zwei Wochen später begleiteten wir unsere Freunde zum Flugplatz und zogen mit unseren kärglichen Habseligkeiten auf die Farm um. Das geräumige Haus war mit allem Notwendigen ausgestattet, und unversehens war unser Lebenskreis weiter geworden. Mit seinen 23 Jahren war Mauricio plötzlich ein Mann mit vielen Verantwortungen. Begeistert lernten wir alles kennen, was in den neuen Arbeitsbereich fiel: das Pflanzen, Instandhalten und der Pflanzenschutz von 1.000 ha Bananen und 300 ha Kakao, das Überwachen der Ernten – monatlich wurden 30 000 bis 50 000 Stauden Bananen verschiedenen Reifegrades nach Deutschland, Amerika und Japan verschifft; das Organisieren des Transportes per Lastauto ins 250 km entfernte Guayaquil auf oft von tropischen Regenfällen unterbrochenen Straßen. Er hatte für all diese Arbeiten und die Betreuung der noch jungen Kakaopflanzung ungefähr hundert Arbeiter unter sich, die in drei Camps wohnten. Eine der schwerwiegendsten Verantwortungen bestand darin, täglich unserem Agenten in Guayaquil per Funk eine Schätzung der zu erntenden Bananen mitzuteilen; von dieser Schätzung hing zum großen Teil der finanzielle Erfolg der Farm ab.

All diese Verantwortungen steigerten unser Lebensgefühl ungemein. Es gab Arbeit in Hülle und Fülle. Jeden Tag lernten wir etwas Neues dazu. Dazu fanden wir Gefallen am geselligen Leben mit unseren holländischen Nachbarn; oft überfielen uns Autoladungen voll unerwarteter Besucher, die einen angenehmen Tag oder sogar eine Woche Ferien bei uns verbringen wollten. Zum Glück stellte das Abfüttern der unverhofften Besucher kein großes Problem dar, denn bei den Rundgängen durch die Plantagen stopften sie sich mit den herrlichsten Bananen so voll, daß sie bei Tisch nur noch kleine Portionen aßen. In dieser Zeit auf der Farm feierten wir unzählige Feste, wie sie bei der Geburt von Kindern, Hochzeiten und den verschiedensten Anlässen anfielen. Es gab

Vorgeschichte

typische Tänze, laute Musik und viele Hochrufe; Feststimmungen, wie man sie sich nur in südamerikanischen Ländern vorstellen kann. Doch an den stillen Abenden, die wir allein im Farmhaus verbrachten, umgab uns der natürliche Lärm des Urwalds, der nicht weit von unserem Haus begann und sich weit hinauf bis zu den ersten Höhenzügen der Anden ausbreitete.

Nach der Arbeitszeit oder am Wochenende sattelten wir oft die Pferde und ritten durch den dichten Wald auf einem von einem Traktor geöffneten Pfad zu „unserem" Wasserfall, der die Gewässer der Gegend in einem einzigen ungeheuren Getöse in die Tiefe riß. In einem natürlichen Schwimmbecken zwischen Bambusstauden und meterhohen Farnen kühlten wir uns nach dem langen Ritt in eiskaltem Wasser und kehrten bei Einbruch der Dunkelheit erschöpft und froh nach Hause zurück. Wenn wir der Üppigkeit der Natur überdrüssig waren, fuhren wir im Landrover durch die Bananenplantagen zu alten Freunden nach Quevedo und statteten ihnen einen nach hiesiger Sitte unangemeldeten Besuch ab oder ließen uns im Kino überraschen, ob ein annehmbarer Film zu sehen sei. Hin und wieder nahmen wir ein paar freie Tage und fuhren nach Guayaquil, um nicht ganz zu vergessen, wie man sich in einer Stadt mit asphaltierten Straßen, Läden und Straßenbeleuchtung fühlt.

So lebten wir jeden Tag mit unseren Sinnen und Gedanken nach außen gerichtet, ohne finanzielle Sorgen und auch ohne uns groß um einen tieferen Sinn unseres Lebens zu kümmern. Es bereitete uns wenig Kopfzerbrechen, ob wir nun unsere restlichen Lebensjahre zwischen Bananen, Urwald und Kakaoplantagen verbringen würden. Doch jeden Morgen reservierten wir eine Stunde für Yoga-Übungen und räumten damit – vielleicht mehr aus Gewohnheit als aus der Überzeugung, damit zu einem bestimmten Ziel zu kommen – unserem persönlichen Leben einen festen Platz ein. Nach eineinhalb Jahren merkten wir, daß uns das feuchte Urwaldklima gesundheitlich allmählich zu schaden begann. Gerade als diese Tatsache in unser Bewußtsein trat, erschien an einem Sonntagmorgen ein junger Schweizer und lud Mauricio ein, in Guayaquil eine Stellung in einer Importfirma anzunehmen. Wieder hatten wir die gleichen Einwände, daß Mauricio keine Erfahrung im Geschäftsleben habe. Doch bei Gelegenheit redeten wir mit dem Chef der Firma, und wiederum wurde uns versichert, daß man alles am besten in der Praxis lernen könne, wenn man nur genügend Interessse an der Arbeit habe.

Erziehung zum Sein

Nicht lange darauf bezogen wir direkt am Kai von Guayaquil ein modernes Penthouse-Apartment. Mauricio wurde zum typischen Geschäftsmann, wechselte zweimal täglich sein weißes, gestärktes Hemd, arbeitete in einem Büro mit Klimaanlage, und ich ließ mich in einer Bananen-Exportgesellschaft als dreisprachige Chefsekretärin anstellen (Erfahrung war ja durch Praxis zu gewinnen). Ein Dienstmädchen besorgte den Haushalt, und wir lebten nun ein Leben, wie es auf der ganzen Welt von unzähligen Menschen als normal empfunden wird: Arbeit, Feierabend, Zeitvertreib, Wochenenden am Meer, ab und zu ein gutes Buch, ein anregendes Gespräch mit Freunden bei einem kühlen Glas Wein; ein Leben ohne großen Einsatz und ohne große Konsequenzen.

Es dauerte nur wenige Monate, bis wir spürten, daß dieses Leben nicht zu unseren Lebenserwartungen paßte. Wir gewannen gerade genügend Einblick ins Geschäftsleben, um zu merken, daß wir mit unserer Arbeit weder uns selbst noch unserer Wahlheimat große Dienste leisteten. Aus Geschäftsinteresse mußten wir immer wieder gegen Menschen vorgehen, für die wir ebensoviel empfanden wir für unsere europäischen Landesgenossen. So näherten wir uns langsam dem Verständnis, daß unser Ideal, zu einer persönlichen Verwirklichung zu kommen, mit den Bedürfnissen der Umwelt, in der sich unser Leben abspielte, in engem Zusammenhang stehen mußte. In der täglichen Praxis eines Geschäftes, das inmitten eines unterentwickelten Landes, inmitten weit verbreiteter Armut, Diskriminierung, Hoffnungslosigkeit oder Selbstverachtung nur seinen eigenen Gewinn zum Ziel hat, zeichnete sich die Notwendigkeit einer sozialen Verantwortung immer stärker ab. Immer öfter verbrachten wir lange Abende auf dem Dach unseres Penthouses, mit dem Blick auf den Rio Guayas, auf dem Nacht für Nacht die Bananendampfer von den schwitzenden und laut rufenden Trägern beladen wurden, und berieten uns darüber, was wir nun eigentlich tun sollten, um zu wirklicher Harmonie in unserem Leben zu kommen und all die inneren und äußeren Bedürfnisse nach Erfüllung zu vereinen. Freunde gesellten sich zu uns und wir diskutierten nächtelang. Doch nur wenige der jungen Leute, die im Geschäftsleben standen, waren geneigt, über die Auswirkungen nachzudenken, die ihre Arbeit auf sie selbst und das Wohlbefinden anderer haben könnte.

Wir schlossen Freundschaft mit einem anglikanischen Pfarrer, der in einem Armenviertel in Guayaquil sinnvolle Arbeit tat, und kamen allmählich zu dem Entschluß, ein Sozialstudium zu beginnen und dann

Vorgeschichte

wieder nach Ecuador zurückzukehren, um neue Kenntnisse und Erfahrungen in Mauricios Geburtsland anzuwenden. Es folgten nun fünf Studienjahre in den Vereinigten Staaten und in Puerto Rico, ein Jahr Praxis in Zusammenarbeit mit der anglikanischen Kirche in Kolumbien und in Ecuador. Später ergab sich ein großes Projekt für organische Landwirtschaft mit Biogasproduktion in einer verarmten Gegend in den Anden Ecuadors. Nach diesen Erfahrungen, die sich über ein Jahrzehnt hinzogen, kamen wir zu dem Entschluß, daß unsere Arbeit von nun an aus unserer eigenen Initiative, in freiem Schaffen und unabhängigem Verstehen von Zusammenhängen und den Bedürfnissen dieses Landes durchgeführt werden müsse. Das bedeutete Verzicht auf feste Stellung und persönliche Sicherheit in vielerlei Hinsicht. So gelangten wir schließlich auf allerlei Umwegen zu dem Projekt, von dem dieses Buch berichten soll: einer alternativen Schule, deren Ursprung und Wachstum aus dem Zusammentreffen unserer eigenen Bedürfnisse und den Bedürfnissen unserer Umgebung zu verstehen ist.

Am Ende unseres ersten Studienjahres in New York wurde unser erster Sohn geboren. Wir waren vollkommen fasziniert von diesem Ereignis, obwohl es unsere früheren Pläne etwas durcheinanderbrachte. Um der Riesenstadt zu entkommen, die für das Aufwachsen eines Kindes allzu ungastlich erschien, entschlossen wir uns, das Studium in Puerto Rico fortzusetzen. Wir finanzierten das Studium teils durch ein Stipendium, teils mit Musikunterricht. So hatte ich viel Zeit, um mich unserem Kind zu widmen. Doch nach all den Jahren, in denen wir nur unseren eigenen Erwachseneninteressen gelebt hatten, erfuhren wir, was unzählige Ehepaare auf der ganzen Welt erleben, daß nämlich dieses kleine Kind es fertigbrachte, alle unsere Gewohnheiten, unsere Ansichten und das tägliche Planen unserer Arbeiten über den Haufen zu werfen. Dieser Zustand näherte sich einer kleinen Krise, als aus dem süßen Baby, das noch täglich sein Schläfchen hielt, ein sehr aktives Kleinkind wurde, das nie zu ruhen schien und das einen deutlichen Willen zur Selbstbestimmung entwickelte, der nicht immer in Einklang mit unseren eigenen Bedürfnissen war. Damals legte mir eine Freundin ein Buch von Maria Montessori auf den Tisch. Nach der Lektüre dieses Buches gaben wir zwei Dinge auf: Als erstes unsere Idee, daß dieses kleine Kind eine Art Eindringling in unsere Privatrechte darstellte und zweitens die Vorstellung, daß wir die Aufgabe hatten, es so zu erziehen, daß sein Bewegungs- und Forschungsdrang rechtzeitig und systematisch durch die festgesetz-

Erziehung zum Sein

ten Meinungen der Erwachsenen reguliert und in sichere Kanäle geleitet werden müsse.

An dem Tag, an dem wir den Entschluß gefaßt hatten, daß sich nicht das Kind an uns, sondern wir uns ans Kind anpassen mußten, nahm alles ein neues Gesicht an. Wir fühlten uns leicht und beschwingt; die Auftritte, mit denen sich das Kind behaupten wollte, wurden immer seltener und verschwanden schließlich ganz. Der hohen Krippe wurden ungerührt die Beine abgeschnitten, so daß der kleine Junge selbst herausklettern konnte, sobald er aufwachte und auch selbst ins Bett gehen konnnte, wann immer er schläfrig wurde. Wir paßten immer mehr auf, was denn seine Aufmerksamkeit auf sich zog und fanden Spaß daran, ihm vielerlei Dinge in Reichweite zu stellen, die ihn zu interessieren schienen. Er war so voll beschäftigt, daß wir ihm nur noch selten das Anfassen eines unserer persönlichen Schätze verbieten mußten. So wurden wir aufmerksam auf die Initiative des Kindes bei der Erforschung seiner Welt. Wir versuchten nicht mehr, ihm zuvorzukommen, ihm alles zu zeigen, zu erklären, zu interpretieren, ihn auf Schritt und Tritt unsere größere Lebenserfahrung spüren zu lassen.

Obwohl äußerlich nur wenig verändert war – ein ahnungsloser Besucher hätte sicher kaum einen Unterschied bemerkt – war doch in kurzer Zeit alles anders. Unser Sohn, so klein er war, merkte den Wechsel sofort und schwenkte ohne Bedenken auf den neuen Kurs ein, der von Maria Montessori „Normalisierung" genannt wird. Er zeigte nun offenbare Freude an uns und wir an ihm.

Mancher Leser glaubt vielleicht an diese Stelle, daß hier von antiautoritärer Erziehung die Rede sein werde. Doch ich möchte jetzt schon vorausgreifen, daß diese Alternative, die wir „aktive Erziehung" nennen, nicht mit dem gleichzusetzen ist, was in Europa oder in den Staaten als antiautoritäre Erziehung bekannt geworden ist. Vielleicht gelingt es mir, im Verlauf dieses Buches klarzumachen, daß zwischen der traditionellen, von der Autorität bestimmten Erziehung und ihrem Gegenstück, in dem Autorität strikt verworfen wird, ein weites Land unzähliger Möglichkeiten liegt. Es ist ein Land, in dem der Erwachsene lernt, die Lebensqualität, die Denk- und Gefühlsstrukturen des Kindes in jedem seiner Wachstumsstadien zu respektieren, wo das Kind am eigenen Körper spürt, was Respekt ist, und aus dieser Erfahrung lernt, sich selbst und andere, einschließlich die Erwachsenen, zu respektieren. Davon sollen also die folgenden Kapitel handeln: Wie wir es erreichen können, unse-

Vorgeschichte

ren Kindern ihre Umgebung so zu gestalten, daß sie voller Neugierde bleiben, voll Vertrauen in sich selbst und ihre Welt aufwachsen; daß es ihnen erlaubt ist, ihre Welt so zu erleben und zu verwandeln, daß sie sinnvoll für sie wird, ohne daß wir als Erwachsene aus dieser Welt verschwinden müssen, damit sich die neue Generation darin wohlfühlt.

Diese Arbeit, für eine annehmbare Umgebung für unsere Kinder zu sorgen, ist für uns Erwachsene kein einfaches Unternehmen. Vielleicht haben wir schon selbst so viele Wechsel erlebt, daß wir uns in unserer eigenen Welt nicht mehr richtig zu Hause fühlen und unsere Sicherheit darin suchen, unsere Kinder auf altbewährte und erprobte Weise zu erziehen. Doch vielleicht läßt uns gerade dieses unbehagliche Gefühl, das wir schon jetzt verspüren, und erst recht das Denken an eine unvorstellbare Zukunft nach neuartigen Erziehungsmethoden Ausschau halten. Hier bietet sich nun die aktive Schule an: sie richtet sich weder nach den Modellen einer antiautoritären Erziehung, noch nach den Vorbildern der auf Disziplin ausgerichteten traditionellen Schulen. In ihr ist die Aktivität der Kinder genauso wichtig wie die der Erwachsenen. Doch in der aktiven Schule verpflichtet sich der Erwachsene, unaufhörlich die authentischen Bedürfnisse der Kinder wahrnehmen zu lernen und alle seine Kräfte dafür einzusetzen, diese Bedürfnisse soweit wie möglich zu erfüllen. Dies führt zu einer Mobilmachung von Kräften in Erwachsenen und Kindern, durch die beide – wie auch ihre Umwelt – verwandelt werden. In diesem Prozeß wird die Gegenwart so bedeutungsvoll, daß wir nicht mehr auf das Ertönen der Schulglocke oder den Beginn der Ferien warten müssen, um uns frei und lebendig zu fühlen.

Aus unserer unscheinbaren Erfahrung mit unserem ersten Kind ist allmählich, und anfangs fast unabsichtlich, eine Arbeit erwachsen, die unseren Jugendidealen zu entsprechen begann; nämlich unser eigenes Leben voll und authentisch zu leben und gleichzeitig die Bedürfnisse unserer unmittelbaren Umgebung und im weiteren Sinn des Landes, in dem wir leben, zu berühren und bei ihrer Erfüllung zu helfen. Die Lektüre des ersten Buches von Maria Montessori zog eine Kette von Ereignissen nach sich: ein Montessori-Kurs für Vorschulkinder am St. Nicholas Training Centre in London; das Anschaffen von Montessorimaterial für den Hausgebrauch; eine erste Spielgruppe in Puerto Rico und dann, als unser erster Sohn im Kindergartenalter war, die Gründung eines kleinen Kindergartens in Cali, Kolumbien. Trotz meiner mangelnden praktischen Erfahrung waren hier die Ergebnisse mit einer wachsenden An-

Erziehung zum Sein

zahl von Kindern so überzeugend, daß die Eltern und wir selbst sehr überrascht waren.

Da war zum Beispiel ein kleines, dickes, verwöhntes Mädchen. Drei Monate lang tat es im Kindergarten nichts anderes als Fegen, Wischen und Tellerwaschen. Eines Tages fragte mich beim Abholen sein höchst vornehmer Vater mit ernster Miene: „Können Sie mir vielleicht erzählen, was Sie hier mit meiner Tochter machen?" Ich fühlte mich wegen meiner mangelnden Erfahrung gleich unsicher und in die Enge getrieben und versuchte, diesem Herrn eine kleine Lektion über das Montessori-System zu erteilen. Doch er winkte nur ab und meinte, das interessiere ihn nicht. „Sehen Sie," erklärte er, „bevor meine Tochter in Ihren Kindergarten kam, war ich ihr gleichgültig, und jetzt liebt sie mich. Ich wollte nur wissen, wie Sie das fertiggebracht haben."

Ein anderer vierjähriger Junge aus diesem ersten Kindergarten erscheint in meiner Erinnerung. Zwei Monate lang saß oder stand er nur herum, interessierte sich anscheinend für nichts, faßte kein Material an, beteiligte sich an keiner Gruppenaktivität. Selbst wenn ein Ball an seinen Fuß stieß, reagierte er nur mit einem gelangweilten Blick. Außerdem hatte er die Eigenart, sich selbst mit dem Namen seines um zwei Jahre älteren Bruders und mich mit dem Namen der Lehrerin seines Bruders zu bezeichnen. Meine vorwiegend theoretischen Kenntnisse von der „spontanen Aktivität" des Kindes wurden von ihm stark auf die Probe gestellt. Oft mußte ich in Gedanken meine Hände hinter dem Rücken festbinden, um diesen Jungen nicht zu einer mir sinnvoll erscheinenden Beschäftigung zu bewegen. Er hatte es offenbar darauf angelegt, meinen Glauben an die Fähigkeit zur Selbsterziehung des Kindes, die in Maria Montessoris Büchern so eindrucksvoll ausgemalt wird, im Keim zu ersticken. Um mich selbst nicht allzusehr zu strapazieren, gab ich ihm drei Monate Zeit zum Nichtstun. Ein paar Tage vor dieser Gnadenfrist schoß er zum ersten Mal einen Ball zurück, der auf ihn zurollte. Am folgenden Tag stürzte er mit Heißhunger auf jedes Material, das in den Fächern bereitlag und bewies mit jeder Bewegung, daß er den Gebrauch jeden Gegenstandes aus seinen „untätigen" Beobachtungen sehr wohl kannte. Eine Woche später war er der Organisator und Initiator aller Gruppenspiele und täglich konnte man unzählige Male seinen hellen Ruf vernehmen: „Yo, yo, yo quiero." (ich, ich, ich will). Am Ende des Schuljahres luden uns seine Eltern zum Abendessen ein und sprachen uns ihren Dank aus. Ihrer Meinung nach hatte ihr kleiner Paul in diesen zehn Monaten

Vorgeschichte

so große Fortschritte gemacht, daß er seinen großen Bruder, der Schüler einer der besten Schulen Calis war, an Selbstvertrauen, Initiative, Reaktions- und Beobachtungsfähigkeit und Zusammenarbeit weit überflügelte.

Trotz vieler positiver und überraschender Erfahrungen mit den Kindern in Cali kam ich damals nicht dazu, mich tiefer mit dem Problem der Erziehung zu befassen. Das geplante Jahr in Cali ging zu Ende. Wir zogen nach Quito um und ließen den ersten Kindergarten in der Obhut einer guten Bekannten. Unseren Sohn, der nun fünf Jahre alt war, schrieben wir im Kindergarten der deutschen Schule ein, der zwar keine Montessori-Grundsätze kannte, aber unserem Sohn den Kontakt mit der deutschen Sprache und deutscher Kultur ermöglichen sollte.

Wenn wir damals etwas aufmerksamer gewesen wären, hätten wir schon bald bemerken müssen, daß Leonardo von Woche zu Woche lustloser und unsicherer wurde. Seine häufigen Kopf- und Bauchschmerzen, sein Bedürfnis, morgens lange zu schlafen und sein täglicher Widerstand, in den Schulbus einzusteigen, und die Schuluniform anzuziehen, hätten wir mit etwas mehr Kenntnissen als deutliche Zeichen von „Schulmüdigkeit" erkennen können. Doch unsere eigenen Wünsche und vielseitigen Beschäftigungen machten uns damals blind für die eindeutigen Alarmzeichen unseres Kindes.

Als Leonardo schulpflichtig wurde, stiegen wir gerade in unser Projekt für organische Landwirtschaft ein. Wir zogen auf eine Hochlandfarm, die 60 km von Quito entfernt war. Leonardo kam in eine Salesianerschule in der nächsten Ortschaft, 10 km von der Farm, und drückte die Schulbank mit 60 rotbackigen Mischlings- und Indianerkindern, die den engen Schulraum überfüllten und von einem robusten Lehrer notfalls mit dem Stock in Reih und Glied gehalten wurden. In dieser Gruppe gab es wenig Repressalien für Leonardo – außer denen, die von seinen Mitschülern kamen, die ihn oft wegen seiner blonden Haare hänselten. Es gab aber genügend Rücken, hinter denen er sich verstecken konnte, wenn er ungestört sein wollte. So genoß er, zusammen mit vielen Kindern, die heute noch in Ecuador unter höchst unzulänglichen Umständen die Schule besuchen, den Vorteil, daß ein Lehrer, der es mit 50 - 80 Kindern in einer Klasse zu tun hat, gar nicht erst versucht, jedes einzelne von ihnen ganz unter Kontrolle zu haben. Es besteht weder für Lehrer noch für die Schüler ein Zweifel, daß die Schulstunden eine sehr unerfreuliche Angelegenheit sind; so wie etwa die Rekruten in der Armee

Erziehung zum Sein

nicht in der Illusion leben, „die schönsten Jahre ihres Lebens" zuzubringen. In diesen überfüllten und vollkommen primitiven Schulen Ecudors wird kein Hehl daraus gemacht, daß das Schreiben und Lesen nur mit Blut eingeht (la letra con sangre entra). Die Kinder wappnen sich, so gut sie können, mit Gleichmut in dieser Situation und leben ansonsten ihr eigenes Leben.

In den fast fünf Jahren, in denen Leonardo diese ländliche Schule besuchte, konnten wir trotz der langen Schulstunden nur selten die Alarmzeichen einer Schulneurose entdecken. Schon im ersten Schuljahr bestand er darauf, den 10 km langen Schulweg (d.h. 20 km für beide Wege) auf der teilweise steilen Straße mit dem Fahrrad zurückzulegen. Er wachte noch lange vor dem Sonnenaufgang auf und verließ bei jedem Wetter – das in den Anden, besonders in der Regenzeit, recht unangenehm sein kann – um 6 Uhr früh das Haus. Die Nachmittage verbrachte er in freiem Spiel auf der Farm und vergnügte sich mit Kühen, Pferden, Hühnern, dem Traktor und den Lastwagen. Er lernte, die Milch – und Eierproduktion zu kontrollieren, half beim Sezieren mancher gestorbenen Kuh, stand den Kühen beim Kalben, den Pferden beim Fohlen bei und schlief am Wochenende mit seinen Freunden im Zelt am Rand einer nahen Schlucht, um im Morgengrauen dem Kondor und den Bergfüchsen aufzulauern.

Die Farm war einem typischen Andendorf benachbart. Früher einmal hatte es von einer kleinen Panamahut-Industrie gelebt, die aber abgewandert war. Mit seinen Lehmhäusern, der meist defekten Wasser- und Lichtversorgung, seiner verlassenen Plaza und dem heruntergekommenen Schulgebäude bot es einen trostlosen Anblick. Die Farm gab 50 Familien dieses Dorfes Arbeit und bedeutete darum eine gewisse Hoffnung für die Einwohner. Die Rektorin der Dorfschule bat mich, ihr beim Einrichten eines Kindergartens in einem leerstehenden Klassenzimmer zu helfen. Ich ergriff mit Freude die Gelegenheit, meine Erfahrungen in Kolumbien in einer so andersartigen Situation anzuwenden. Ich führte eine junge Praktikantin ins Montessori-System ein. In der Schreinerei der Farm wurden die notwendigsten Möbel hergestellt. Jedes Kind brachte ein paar Ziegelsteine, die zusammen mit einfachen Brettern als Regale für das Montessori-Material dienen sollten. Es wurde durch allerlei hausgemachtes Spielzeug und Gerät sinnvoll erweitert. In diesem einfachen Kindergarten, den die Kinder barfuß, ungekämmt und mit ewig laufender Nase besuchten, konnten wir das klassische Beispiel

Vorgeschichte

Maria Montessoris in ihren ersten „Casa dei bambini" in Rom wiederholt sehen. Wir erlebten, wie aus den ungepflegten, verängstigten, nur wenig sprechenden Kleinen langsam frohe, selbstsichere Personen wurden. Ein Jahr später waren sie dann die ersten Kinder, die beim Aufrücken in die erste Klasse fähig waren, eine unerwartete Brücke zwischen der Lehrerin und den neueingeschulten Indianerkindern zu schlagen. Den Kindern, die nicht einmal Spanisch konnten, machten sie Zeichen mit den Händen. Denen, die von zu Hause weder Stuhl noch Tisch, Papier oder Bleistift kannten, halfen sie, sich mit all diesen Gegenständen zurechtzufinden. Die Indianerkinder geben nach einer anfänglichen Illusion, durch die Schule Anschluß an das „andere Ecuador" zu bekommen, das Rennen meist auf und kehren zu einem Leben ohne Schrift zurück. Die Montessori-Kinder nahmen sich dieser Kinder spontan an, halfen ihnen bei der Schularbeit und machten sie zu ihren Freunden.

Als nach fünf Jahren dieses Farmprojekt zu Ende ging, war unser zweiter Sohn gerade zweieinhalb Jahre alt. In der Ruhe der Farm hatten wir Zeit gehabt, Neues über Kinderpsychologie, Erziehungsfragen, neurologische Forschungen und ähnliche Themen zu lesen. Unsere Arbeit hatte uns zudem mit den sozialen Problemen Ecuadors unmittelbar in Berührung gebracht. Wir hatten oft die bittere Erfahrung gemacht, wie schwierig es ist, mit Erwachsenen eine grundlegende Arbeit zu tun, die ihnen außer dem täglichen Brot wahres Selbstvertrauen gibt und damit die Möglichkeit zur Selbsthilfe erleichtert. Dagegen war es deutlich geworden, daß kleine Kinder schnell die geringste Gelegenheit ergreifen, sich selbst und ihre Umgebung zu erneuern und aus allem das Beste zu machen. Wollten wir also etwas Positives für unsere Umgebung tun und gleichzeitig unsere Talente anwenden, so zeigte alles in die gleiche Richtung: Wir mußten unserem kleinen Sohn einen richtigen Montessori-Kindergarten schaffen. Dieser Kindergarten sollte nicht nur seine eigenen Kosten decken, sondern auch die eines Parallelkindergartens für arme Kinder. Wieder ließen wir in der Farmschreinerei alles nötige Mobiliar herstellen. In Quito gingen wir auf die Suche nach einem großen Haus, das sowohl unsere Familie als auch den Kindergarten mit fünfundzwanzig Kindern beherbergen konnte. Nach unseren Jahren auf der Farm suchten wir natürlich nach einem Haus mit großem Garten, doch waren inzwischen solche Häuser vollkommen unerschwinglich. Ecuador war inzwischen zu einem Erdölland geworden. Durch das zunehmende Einströmen des Dollars erzielte jedes bessere Haus das Vielfache seines vor-

Erziehung zum Sein

herigen Mietpreises, während sich gleichzeitig die Armut immer krasser hervorhob.

So stürzten wir uns in das Abenteuer, unseren Kindergarten in eine ländliche Umgebung zu verlegen. Uns gefiel besonders das Tal von Tumbaco, das auf einer kurvenreichen Straße in dreißig Minuten von Quito zu erreichen ist. Bisher gab es dort idyllische Landgüter mit subtropischen Früchten aller Art und Wochenendhäuser. Doch seit kurzem hatten es immer mehr Familien gewagt, ins Tal hinunterzuziehen, um den Nachteilen der wachsenden Großstadt Quito zu entgehen. Doch spielten sich Arbeit und Schule weiterhin in Quito ab. Wir waren die ersten, die daran dachten, einen Kindergarten auf dem Land einzurichten. Diese Idee ging gegen jede Gewohnheit, und so war es auch kein Wunder, daß wir am ersten Schultag nur drei Kinder hatten. Erst allmählich steigerte sich die Zahl, als immer mehr Leute die Vorteile erkannten, die eine ländliche Umgebung mit einem idealen Klima, einer von Bergen und Eukalyptusbäumen verzierten Landschaft, reiner Luft und – aber das merkten wir erst später – ein neues, auf Freiheit und Nichtdirektivität beruhendes System mit einem großen Angebot an Material ihren Kindern boten.

Der herrschende Erziehungsmythos

In seinem Buch *Schulen helfen nicht* spricht Ivan Illich von einem Erziehungsmythos, dem wir seit zweihundert Jahren wie einer heiligen Kuh dienen. Dieser Mythos ist in Ecuador gerade zu seiner vollen Blüte gekommen.

Zwar berichten die Tageszeitungen in regelmäßigen Abständen von einem „dramatischen Versagen des Erziehungswesens". Sie sprechen davon, daß nur ungefähr 27 % der eingeschulten Erstklässler die sechsjährige Grundschule beenden. Diesen Mißstand schreiben sie den überfüllten Klassenzimmern zu, dazu einer unzureichenden Lehrerausbildung und ab und zu auch einem unpassenden Erziehungssystem. Oft wird in seitenlangen Artikeln darüber geklagt, daß selbst die Abiturienten anscheinend nur wenig von dem verstanden haben, was man ihnen in mindestens zwölf Jahren geduldigen Schulbankdrückens einzuflößen versuchte. Trotz dieser und anderer Klagen darf man es doch nicht wagen, daran zu zweifeln, daß die Schule oder besser ihr Besuch, der einzige Weg zur sozialen Anerkennung, zum ökonomischen Erfolg, zum Dienst am Vaterland und schließlich zur Selbstverwirklichung ist.

Das Gesetz sieht einen allgemeinen Schulzwang vor; früher waren es sechs, seit kurzem sind es neun Pflichtschuljahre. Ebenso existiert seit drei Jahren eine Kindergartenpflicht für die Fünfjährigen. Doch in der Provinz Pichincha, die am weitesten entwickelt und deren Hauptstadt Quito ist, standen zum Zeitpunkt der Verabschiedung dieses Gesetzes nur 150 unzulänglich ausgebildete Kindergärtnerinnen zur Verfügung. Dieses Verhältnis ist in den anderen Provinzen des Landes noch wesentlich ungünstiger, da ohnehin die meisten Kulturvorzüge auf die Hauptstadt konzentriert sind.

Die Gesetze des Landes stehen in großem Widerspruch zu den Möglichkeiten, die zu einem Schulabschluß führen können. Die Landbevölkerung gibt das Wettrennen um das begehrte Abschlußzeugnis am schnell-

Erziehung zum Sein

sten auf. Die meisten Ausfälle kommen in den Dörfern vor. In den öffentlichen Schulen der Städte herrscht ein verbissener Kampf um den Zugang zu einem Klassenzimmer, und einmal erlangt, will man ihn nicht durch unerwünschtes Benehmen verlieren. Eine besondere Kunst ist es, einen Platz an einer der privaten Prestigeschulen zu ergattern, die sich durch verschiedene Mittel gegen unerwünschte Schüler wappnen. Die Auslese wird mittels gesellschaftlicher Beziehungen, hoher Schulgelder und oft erheblicher Beteiligungssummen, psychologischer Tests und Forderung eines makellosen Benehmens getroffen.

Niemand will sich einmal gewonnene Vorteile verscherzen, und für eine anerkannte Schulbildung werden große Opfer gebracht: In den ländlichen Schulen sind es oft lange Fußmärsche und regelmäßige Abgaben von landwirtschaftlichen Produkten an die Lehrer, in den Stadtschulen sind es weite Busfahrten. Zum „Tag des Lehrers", zu seinem Namens- und Geburtstag, zu Weihnachten und kurz vor den Zeugnissen sind teure Geschenke an der Tagesordnung. An den Prestigeschulen wird vor allem großer Wert darauf gelegt, daß die Eltern in eleganter Kleidung an sozialen Anlässen teilnehmen, Basare zugunsten des weiteren Ausbaus der Schule organisieren und regelmäßig das Expertenurteil der Lehrkräfte und Schulpsychologen über ihre Kinder einholen. Durch dieses ideale Elternverhalten ersparen sie ihren Kindern manchen Kummer. Wichtig ist, daß sie immer wieder bezeugen, daß sie in Erziehungsangelegenheiten voll und ganz der dafür hochbezahlten Institution vertrauen.

Es ist ein ungeschriebenes Gesetz, daß die Schule die letzte Instanz zur Beurteilung der Kinder ist und das Exklusivrecht auf fehlerlose Erziehung besitzt. Die Eltern versprechen oft schriftlich, ihre eigene Autorität notfalls mit Druck dafür zu gebrauchen, die Schule in ihren hohen Zielen zu unterstützen. In der Praxis sieht es so aus, daß sich die Eltern für das Erledigen von Hausaufgaben verantwortlich fühlen. Oft legen sie bis spät abends kräftig Hand an, damit alles nach Wunsch erledigt wird und der Lehrer am folgenden Tag zufrieden ist. Die Stimmung zu Hause ist dadurch natürlich oft gespannt, doch besteht weit und breit kein Zweifel, daß die Kinder die volle Verantwortung für diesen Zustand tragen. Selbst die liebevollsten Eltern schieben ihren Kindern die Schuld zu, wenn sie ihre Aufgaben nicht richtig verstehen. Nur ein kleiner Prozentsatz von Eltern wagt zu zweifeln, ob soviel Pauken und Schreiben überhaupt sinnvoll sei. Doch solche Zweifel werden meist mit der Bemerkung abgetan, daß „das Leben auch nicht immer rosig ist und die

Der herrschende Erziehungsmythos

Kinder sollten sich am besten schon früh an Disziplin und ein hartes Leben gewöhnen."

In Ecuador ist das äußere Zeichen von Ordnung, Disziplin und Zugehörigkeit zu einem bestimmten Erziehungsorden die Schuluniform. Die Kinder hassen sie oft nach kurzer Zeit. Wer bekommt es nicht satt, jahrelang Tag für Tag in den gleichen Farben und im gleichen Stil einherzugehen? Andererseits bedeutet besonders für die Schüler der Prestigeschulen diese Uniform anfangs ein wichtiges Zeichen ihres Status, und sie zeigen sich nicht ungern in diesem Aufzug in der Öffentlichkeit. In allen Schulen wird größter Wert darauf gelegt, daß die Uniform jeden Tag komplett ist. Es werden täglich Paraden abgehalten mit Stichproben, ob nicht etwa ein Paar braune statt schwarzer Schuhe oder gar die falsche Strumpffarbe die Ehre der Schule untergraben. Die besten Schulen unterscheiden außerdem zwischen Alltags- und Paradeuniformen. Doch auch in den entlegensten ländlichen Schulen ist eine einfache Uniform unbedingt nötig, um das Erlernen von Grundkenntnissen würdig zu umrahmen. Täglich werden glattgebürstete Haare, gebügelte Taschentücher, gestärkte Hemden und blankgeputzte Schuhe, nicht selten sogar die Unterwäsche einer langwierigen Untersuchung unterzogen.

Der Glaube an die Macht der institutionalisierten Erziehung ist bei den Erwachsenen fast unerschütterlich und überträgt sich systematisch auf die neue Generation. Sollten sich doch einmal Zweifel anmelden, ist das folgende Argument unvermeidlich: „Ich kann es ja an mir selbst sehen, wie gut mir die Schule getan hat. Schauen Sie doch, aus mir ist ja auch etwas Rechtes geworden."

In den letzten Tagen meldete eine Mutter ihren vierjährigen Sohn von unserem Kindergarten ab. Sie meinte, es sei nun höchste Zeit, den Jungen auf das Aufnahmeexamen in einer der Prestigeschulen von Quito vorzubereiten, sonst könnte er dort noch seinen Platz verlieren. Sie beklagte sich, daß ihr Sohn vor seinem Kindergartenjahr bei uns schon viel weiter voraus gewesen sei; er habe etliche Buchstaben gekannt und bis zwanzig zählen können. Das freie System habe ihm sichtlich geschadet, denn er wolle nur noch spielen und nicht mehr studieren. Besonders skandalös kam ihr die Vorliebe ihres Sohnes für Sand und Wasser vor... Das ist kein vereinzelter Fall, sondern zeigt vielmehr die weit verbreitete Angst, den Anschluß ans Erziehungswunder zu verlieren.

Was steckt aber bei genauerem Hinsehen hinter diesem Mythos? Was ist das wirkliche Ziel, das sich hinter dem Drang zu höherem Wissen,

Erziehung zum Sein

hoher Moral und Kultur verbirgt? Wir erleben zwar, daß das Curriculum, der Lehrplan, in diesem Land immer wieder verbessert wird, daß ausländische Experten bemüht und den Lehrern Kurse über Kurse erteilt werden, neue Bücher und statistische Formulare gedruckt und neue Modellschulen mit nie dagewesenen Methoden eingeweiht werden. Doch der „versteckte" Lehrplan bleibt dabei unversehrt. Er ist dreifach und duldet keinen Widerspruch: die Schule erzieht unsere Kinder zum Gehorsam (du mußt wissen, daß jemand besser weiß als du, was, wie und wann und auch wieviel du lernen mußt); sie erzieht zur Pünktlichkeit und zur Routinearbeit. Für Wissenslücken können Auswege gefunden werden: Nachhilfeunterricht, oder vielleicht die Möglichkeit, eine schlechte schriftliche Note mit einer mündlichen aufzubessern. Doch wer nicht durch sein Benehmen beweist, daß er zur Anpassung bereit ist, hat bald seinen Platz an einer ecuadorianischen (oder anderen?) Schule verspielt.

In der letzten Zeit wird hier viel darüber geredet und geschrieben, daß die Erziehungsmethoden veraltet seien, daß zuviel diktiert wird, was eigentlich durch bessere pädagogische Systeme gelernt werden sollte, daß leider das Hauptgewicht auf dem Auswendiglernen und Abfragen liege. Doch niemand wagt es, sich leibhaftig einem Lehrer zu stellen, der solche veralteten Methoden anwendet. Ja, die Kinder flehen ihre Eltern an, die gegen eine unsinnige Hausaufgabe wettern: „Geh nicht zum Lehrer, sonst behandelt er mich schlechter als die anderen!" So bleibt der Mythos einer „guten Schulbildung" viel stärker als der konkrete Beweis ihres Gegenteils. Wer würde es auch wagen, der „heiligen Kuh" ein Leid anzutun?

Was sind sichtbare Folgen dieser Zustände? Bei den Kindern, angefangen vom Kindergartenalter, sind alle jene Anzeichen zu entdecken, die schon von John Holt am Beispiel amerikanischer Kinder vielfach beschrieben wurden: die „Schlauen" lernen alle Tricks, die ihnen dienlich sind, um den Erwachsenen – Lehrern und Eltern – den Anschein eines Erziehungserfolges zu geben. Ein intelligentes zehnjähriges Mädchen, das vor einem halben Jahr aus einer kolumbianischen Prestigeschule zu uns kam, formulierte ihre Erfahrung so: „Früher glaubten die Lehrer, daß ich gut im Rechnen sei, und ich selbst glaubte es auch ein bißchen, weil ich gute Noten hatte. Aber jetzt weiß ich, daß ich damals eigentlich nichts ganz verstanden hatte. Weil ich jetzt alles mit Material rechne, merke ich, wenn ich etwas wirklich verstehe."

Wer am schnellsten lernt, mit Worten, mit mathematischen Symbo-

Der herrschende Erziehungsmythos

len und logischen Schlüssen umzugehen, erntet die meiste Anerkennung und Zuwendung. Die sensiblen Kinder fühlen sich inwendig irgendwie betrogen, und tatsächlich muß früher oder später jemand für diesen Betrug zahlen. Doch der äußere Stolz auf ein Wissen, das meist gar kein echtes Wissen ist, hat häufig die Oberhand über das feinere Gefühl des Nichtwissens.

Manche Kinder – oft die ehrlicheren Naturen oder auch die emotional Schwächeren – werden vorzeitig aus dem Rennen geworfen. Da es in Ecuador keine oder fast keine alternativen Bildungswege gibt, verschwinden viele ganz aus dem allgemeinen Erziehungsprogramm. Andere erfahren einen schmerzhaften Abbau ihrer Persönlichkeit, gewöhnen sich daran, ständig in Angst zu leben und lernen, das Lernen zu hassen. Manche beginnen zu stottern, andere werden zu Bettnässern, leiden unter Kopfschmerzen oder Magengeschwüren. Nicht wenige greifen zu Drogen.

Als unser ältester Sohn mit zwölf Jahren deutliche Anzeichen von persönlicher Unsicherheit und Schulneurose hatte (das war, als er in einer Prestigeschule in Quito von einem Lehrer zynisch behandelt wurde, der sich rühmte, daß seinem Unterricht nur die Hälfte der Schüler folgen konnte), gaben wir ihm zu Hause die Sicherheit, daß er ohne Furcht die Schule an den Nagel hängen könne, falls er sich dazu entschließe. Das tat er wirklich für mehr als ein Jahr. In dieser Zeit gewann er sein altes Selbstvertrauen wieder; er interessierte sich für alles, was auf dieser Welt vorkommt und faßte dann selbständig den Entschluß, nochmals die Schulbank zu drücken, um ein „Stück Papier" zu bekommen.

Die Folgen des ecuadorianischen Schulsystems sind auf weite Sicht nicht nur für die Individuen, sondern für das ganze Land schädlich. Es schafft die richtigen Bedingungen für eine ungeheure Bürokratie, die all denen Arbeit verschafft, die alle Probleme mit Worten, Papier und Bleistift, neuerdings auch mit Computern lösen können, auch wenn sie damit immer neue und schwerer zu lösende Probleme heraufbeschwören. Die weit verbreitete persönliche Unzufriedenheit führt außerdem zum Verbrauchertum, das einem Land wie Ecuador außer den eigenen auch noch die ausländischen Probleme aufhalst. Was für eine Erziehung würden wir uns aber für ein Land wie Ecuador wünschen? Wenn wir bedenken, daß es ein Land ist, das versucht, sich neue Türen zu öffnen, aber in Gefahr schwebt, zwischen den Werten von gestern und heute, den eigenen und fremden Werten eingeklemmt zu werden, so wünschen wir uns,

Erziehung zum Sein

daß unsere Kinder nicht nur mit schönen Worten, sondern mit einer konkreten Wirklichkeit in Berührung kommen; daß sie dabei zu Menschen werden, die es wagen, Entscheidungen zu treffen, auch wenn die möglichen Alternativen den allgemein gängigen Erwartungen widersprechen.

In *Erinnerungen, Träume, Gedanken* beurteilt Carl Gustav Jung unsere Situation mit den Worten:

„Das Individuum ist aber in der Regel dermaßen unbewußt, daß es seine eigenen Entscheidungsmöglichkeiten überhaupt nicht kennt und aus diesem Grunde sich immer wieder ängstlich nach äußeren Regeln und Gesetzen umsieht, an die es sich in seiner Ratlosigkeit halten könnte. Abgesehen von der allgemein menschlichen Unzulänglichkeit, liegt ein gutes Stück Schuld an der Erziehung, die sich ausschließlich nach dem ausrichtet, was man allgemein weiß, nicht aber von dem spricht, was persönliche Erfahrung des Einzelnen ist. So werden Idealismen gelehrt, von denen man meist mit Sicherheit weiß, daß man sie nie wird erfüllen können, und sie werden von Amts wegen von denen gepredigt, die wissen, daß sie selber sie nie erfüllt haben, noch je erfüllen werden. Diese Lage wird unbesehen hingenommen."

Erste Erfahrungen in den Pestalozzi-Kindergärten

Es war also an der Zeit, unserem zweieinhalbjährigen Sohn Rafael einen Kindergarten zu schaffen, der die Grundbedingungen erfüllen konnte, die unserem Lebensgefühl und unseren Überzeugungen entsprachen, und Außen und Innen in Harmonie sich entwickeln lassen würde. Was wir kannten und was mit unserem Gefühl in Einklang zu bringen war, stützte sich auf das Montessori–System. Ich hatte inzwischen in London neben dem theoretischen auch einen praktischen Kurs abgeschlossen und bei dieser Gelegenheit viele zusätzliche Materialien nach Ecuador mitgebracht. Es fehlte nicht an Kritik und gut gemeinten Ratschlägen: War Montessori nicht längst überholt, und sollte man nicht lieber nach modernen Reformern Ausschau halten? Für die südamerikanischen fortschrittlichen Pädagogen sind die neuesten Methoden gerade gut genug, und die kommen geradewegs aus den Laboratorien des Behaviorismus. Sie erzielen ganz erstaunliche Resultate, indem sie menschliche Unzulänglichkeiten nur in ihren äußeren Auswirkungen berücksichtigen und die unbequemen inneren Vorgänge möglichst ignorieren. Durch eine methodische und vollkommen wissenschaftliche Zielstrebigkeit im Erziehungsprozeß, der sich auf die „richtige" Reaktion auf äußere Reize konzentriert, wird alles außer Acht gelassen, was im Individuum nicht meßbar ist. Tatsächlich sind die Ergebnisse solcher Methoden nachweisbar viel positiver als die des alten „Tafel-und-Kreide-Systems", in dem der Lehrer immer wieder der Versuchung zum Opfer fällt, sich selbst reden zu hören und, wie in der bekannten Studie *Pygmalion im Unterricht"* eindrucksvoll geschildert, durch seine mentalen Haltungen das Vorankommen der Schüler manchmal in positiver, aber allzuoft auch in negativer Weise beeinflußt.

Der Hauptunterschied zwischen diesen und der von uns bevorzugten aktiven Methode besteht darin, daß für uns das Hauptanliegen der Erziehung nicht darin besteht, wie man einem Individuum wissenswerte

Erziehung zum Sein

Inhalte möglichst schnell und schmerzlos einflößen kann. Uns geht es vor allem darum, wie Kinder und junge Menschen in eine sich schnell wandelnde Welt so hineinwachsen, daß ihr Sein und damit ihre Fähigkeit zu einer positiven Anpassung an neue Lebensumstände durch den Erziehungsprozeß nicht geschwächt, sondern vielmehr gestärkt wird. In seinen Betrachtungen über unsere Gegenwartsprobleme hebt C. G. Jung dringlich hervor, daß es gerade die Unkenntnis unserer eigenen psychischen Kräfte und unserer inneren Welt ist, die uns zu anfälligen, oft sogar zu gefährlichen Wesen macht. Unsere Angst vor den unbekannten Prozessen, die in unserem Inneren weitgehend unbeachtet stattfinden, spielt uns mit Vorliebe solchen Kräften in die Hände, die uns Sicherheiten versprechen und Verantwortungen abnehmen. So opfern wir unsere Autonomie gerne einer äußeren Autorität, wenn wir uns damit die Leiden der Bewußtwerdung unserer selbst, die Schmerzen unseres individuellen inneren Wachstums und persönliche Verantwortung ersparen können.

So widerstanden wir tapfer der Versuchung, unserem Kindergarten die modernsten Techniken zugrundezulegen. Trotz der Gefahr, als „unmodern" oder „unwissenschaftlich" zu gelten, vertrauten wir unserem eigenen Gefühl, das uns anriet, unmittelbare und schnelle Resultate nicht zu hoch einzuschätzen.

Wie sollte also ein Kindergarten aussehen, der sich vornahm, kleinen Kindern zur Bewußtwerdung ihres eigenen Seins ebenso zu dienen wie der Eroberung der Welt, in die sie heineinwachsen? Für uns bestand kein Zweifel, daß die montessorianische Vorstellung vom Werdegang eines Kindes mit einer „Erziehung zum Sein" ohne Schwierigkeit in Einklang zu bringen war. Maria Montessori respektiert von Anfang an all die natürlichen Kräfte, die das Kind von innen her in seinem Wachstumsprozeß leiten. Sie vertraut dem Kind die Steuerung seines eigenen kleinen Fahrzeugs an, durch die es seine Fähigkeiten in der Meisterung seiner eigenen Lebensbedingungen kennenlernt und übt. Sie zeigt, wie die Natur das Kind durch all solche „sensitiven Perioden" führt, durch die es allmählich seine eigenen Kräfte mit den Gegebenheiten seiner Umwelt messen lernt. Sie zeigt, wie die Sinne zum „Fenster der Seele" werden und das Kind so all das mühelos aufnimmt, was ihm zum eigenen Wachstum dienlich ist. In der „Dunkelkammer" des eigenen Unbewußten verarbeitet es, was ihm nützlich ist. Dabei scheint es vorübergehend kein Interesse für Dinge zu zeigen, die im Augenblick nicht seinen

Erste Erfahrungen in den Pestalozzi-Kindergärten

inneren Bedürfnissen entsprechen. Maria Montessoris Sprache ist in ihren frühen Büchern oft mehr mystisch als wissenschaftlich. Längst vor der Zeit, in der eine wissenschaftliche Disziplin das wachsende Verständnis des Kindes und die allmähliche Strukturierung seines Gehirns systematisch studiert, erkannte sie oft intuitiv einige der wichtigsten Phänomene der menschlichen Bewußtwerdung. Sie bewies zum Beispiel, wie wichtig eine dem Kind gerechte Umgebung für sein Wachstum ist. Sie gab dem Kind das Recht auf individuelle Aktivität, freie Wahl der Tätigkeit, seinen persönlichen Rhythmus und zeigte den Wert einer selbstkritischen, am Werdegang des Kindes interessierten Haltung des Erwachsenen, der nun lernt, sein eigenes Bedürfnis, jede Situation zu kontrollieren, zurückzustellen und statt dessen zu versuchen, die Bedürfnisse des Kindes nach sensorischen Erfahrungen, Bewegung und Zuwendung ohne Bedingungen zu erfüllen.

Wenn das kleine Kind nicht mehr um die Erfüllung dieser Bedürfnisse zu kämpfen braucht, ist seine Verwandlung oder „Normalisierung", wie es Montessori nennt, unausbleiblich. Das Kind wird aktiv, ohne dabei hektisch zu sein. Seine Bewegungen werden geordnet, sein Wesen harmonisch. Es beginnt, sich für oft lange Zeit tief in seine Handlungen zu vertiefen, ohne jedoch dabei zu ermüden. Es respektiert andere wie auch die Gegenstände seiner Umgebung und scheint sich dabei in seiner Haut wohlzufühlen, was sich sogar in einer stabileren Gesundheit kundtut. Die Bücher Maria Montessoris berühren uns immer wieder durch ihre liebevollen Beschreibungen solcher Normalisierungsprozesse. Auf diesen Seiten möchte ich jedoch von unseren eigenen Erfahrungen in Tumbaco berichten und etwas von den Prozessen der Kinder mitzuteilen versuchen, die in den letzten Jahren ihr Leben mit uns geteilt haben.

Wir begannen also mit einer Methode zu arbeiten, die in Ecuador vor fünf Jahren nur vom Namen her bekannt war. Unser Kindergarten wurde durch „Flüsterpropaganda" bekannt. Schon am Ende des ersten Schuljahres füllten fünfzig Kinder die Räume. Zwei junge Lehrerinnen, die wir selbst in die Methode eingeführt hatten, begleiteten uns im ersten Jahr. Wir selbst verdienten an den Nachmittagen und teilweise an den Wochenenden in Quito Geld und bauten von dem Erlös aus unserer Arbeit eine weitere Halle für den Kindergarten. Die Beiträge der zahlenden Kinder deckten die Kosten für Miete, Lehrergehälter und den Parallelkindergarten. Eine der Lehrerinnen besorgte den Kindertransport von Quito, und Mauricio fuhr die Kinder überall aus dem Tal von Tumbaco

Erziehung zum Sein

heran. Wir bauten eine Schreinerwerkstatt aus und stellten einen Schreiner fest ein, der seither unsere Gebäude, Möbel und Materialien und auch viele Gegenstände für andere Kindergärten hergestellt hat. Auf diese Weise überlebten die beiden Kindergärten das erste Jahr.

Von Anfang an waren wir uns im klaren, daß „Montessori in Ecuador" trotz der hohen Kosten bei dieser Methode nicht zum Modell einer Erziehung für Wohlhabende werden sollte. Darum brachten wir selbst Opfer, suchten außerhalb Arbeit und konnten damit nicht nur den Parallelkindergarten, sondern im Pestalozzi I zahlreiche Stipendien ermöglichen, die zu einer sozialen Integration führten. Doch nach den Erfahrungen des ersten Jahres sahen wir ein, daß wir trotz finanzieller Schwierigkeiten unsere Kräfte nun vollkommen auf die Arbeit in Tumbaco konzentrieren mußten. Das Herstellen neuer Materialien, Gespräche mit Eltern und Erziehern von anderen Schulen, die Ausbildung unserer Lehrer und Therapiesitzungen mit gestörten Kindern nahmen immer mehr Zeit in Anspruch. Das zweite Jahr begannen wir mit 70 Kindern im Pestalozzi I und 25 Kindern im Pestalozzi II. Alle Anzeichen deuteten darauf hin, daß unsere Arbeit begonnen hatte, ein wirkliches Bedürfnis in der hiesigen Gesellschaft zu berühren.

Vielleicht gelingt es mir, einen Geschmack von der Erfahrung zu vermitteln, die wir – Kinder und Erwachsene – in den ersten beiden Jahren in den Pestalozzi-Kindergärten sammelten und die schließlich zu dem Wunsch führten, eine alternative Erziehung auch den Schulkindern zu ermöglichen.

So ungefähr sieht ein typischer Morgen für die Vorschulkinder aus: Ab 7.30 Uhr fahren drei Busse mit dem Zeichen „Pestalozzi" durch die Straßen Quitos und auf den holprigen Naturstraßen des Tumbacotals. Die Kinder des Pestalozzi II wohnen alle im gleichen ländlichen Dorf. Sie erreichen ihren Kindergarten auf ungefährlichen Landwegen zu Fuß. Um 8.30 Uhr werden die Kinder von uns am Tor empfangen. Die kleinen Personen klettern oft mühsam, aber mit großem Bedacht auf Selbständigkeit die hohen Stufen des Busses herunter. Überall gibt es laute Begrüßungen. Manche Kinder springen an uns hoch und wollen uns einen herzhaften Kuß verabreichen, andere wollen lieber gekitzelt werden; wieder andere, die anscheinend zu Hause schon eine Überdosis an Erwachsenenliebe genossen haben, winken nur lässig und genießen es, hier erst einmal in Ruhe gelassen zu werden. Die Lehrer, die zum Großteil auch mit den Schulbussen ankommen, verteilen sich sofort auf ihre

Erste Erfahrungen in den Pestalozzi-Kindergärten

Arbeitszonen, die in jeder Woche nach einem rotierenden Plan verteilt werden.

Die Kinder bringen ihre „lonchera" – ihr Pausenbrot – mit. Manche, denen die Busfahrt schon zu lang geworden ist oder die zu Hause keinen Frühstückshunger hatten, richten sich auf dem Rasen, am Picknicktisch oder hoch auf dem Klettergerüst einen gemütlichen Platz fürs zweite Frühstück ein. Bei dieser Gelegenheit tauschen sie mit ihren Freunden die neuesten Erlebnisse, ein hartgekochtes Ei oder eine Mango aus. Andere verstauen ihre Habseligkeiten geradewegs in ihrem Fach und machen sich an Arbeit und Spiel. Doch wer sagt ihnen nun, was sie als erstes tun sollen? Ein großes Angebot von Möglichkeiten steht ihnen zur Verfügung. An jedem Morgen sehen sie sich vor der Aufgabe, sich für eine Beschäftigung zu entscheiden, solange dabei zu bleiben, bis ihr Interesse erschöpft ist, und sich dann eine neue Tätigkeit zu suchen. Die ersten Entscheidungen fallen bereits auf dem Weg vom Tor zum Fach. Soll das Kind gleich draußen bleiben? Die Morgensonne, die in Tumbaco nur selten ausbleibt, wärmt bereits aufs angenehmste. Vielleicht sollte man erst einmal nach den Kaninchen schauen und ihnen ein paar frische Kräuter verschaffen? Oder soll man nachsehen, ob die Hündin schon ihre Jungen bekommen hat, ob der Esel nicht mit den Lamas streitet, ob die Samen schon aufgegangen sind, die gestern ausgesät wurden?

Dort sind schon ein paar Kinder in der Sandkiste. Andere graben Tunnel in den großen Sandhaufen vor dem Haus und schon schleppen andere, von großen Gummischürzen geschützt, voller Eifer Kübel voll Wasser vom Wassertisch herbei, um die Sandkiste mit Flüssen und Seen zu verschönen.

Oder wie wäre es mit der Wippe, mit dem Trampolin, den Klettergerüsten, der Rutschbahn oder dem kleinen Bach, in dem schon ein paar Kinder selbstfabrizierte Schiffchen schwimmen lassen? Soll das Kind alleine spielen, sich einer Gruppe anschließen oder selbst ein Spiel erfinden und andere dazu einladen? Zwei Lehrkräfte haben draußen Dienst, aber keine scheint die Aktivitäten der Kinder zu organisieren. Was tun sie da draußen? Obwohl sie anscheinend keine Initiative für das Tun der Kinder übernehmen, sieht man sie einmal hier und einmal dort, immer in voller Aufmerksamkeit und keineswegs passiv. Eine von ihnen kümmert sich um neuankommende Kinder, die zu Fuß oder im Auto der Eltern den Kindergarten erreichen und in die Anwesenheitsliste eingetragen werden müssen. Beide behalten ständige Übersicht über das Ge-

Erziehung zum Sein

lände und fühlen sich für das Einhalten der Hausregeln verantwortlich: daß kein Kind das andere schlägt oder in seiner selbstgewählten Beschäftigung stört, daß zum Wasserspiel Schürzen angezogen, Abfälle in die bereitstehenden Kübel geworfen werden. Sie halten Ausschau nach Kindern, die vielleicht traurig sind und Trost benötigen; helfen, gewünschte Geräte herbeizuschaffen, unterhalten sich mit einzelnen Kindern, spielen mit ihnen, wenn die Kinder es wünschen. Oft sieht man sie inmitten des Treibens still sitzen, beobachten und hie und da etwas aufschreiben.

Eine ähnliche Situation herrscht in den verschiedenen Räumen, die den Kindern zur Verfügung stehen. Im „alten Haus", das uns gleichzeitig als Wohnhaus dient, gibt es drei Räume, die mit kleinen Tischen und Stühlen, Matten und Regalen voller einladender Materialien ausgestattet sind. Da gibt es all die bekannten Montessori-Materialien – fürs tägliche Leben, zur Übung der Sinne, zur Vorbereitung auf Schreiben und Lesen, Rechenmaterialien aller Art, aber auch Geschicklichkeitsspiele, Gesellschafts- und Denkspiele, Lego und andere Konstruktionsspiele, alle Arten natürlicher Materialien, die zum Sortieren, Vergleichen oder nur zum Bewundern und Anfassen dienen; eine Schreibmaschine, Buntstifte und Papiere, eine gemütliche Bücherecke, die von der Morgensonne erwärmt ist, und ein kleines Wohnzimmer mit Sofa, Sesseln, Cembalo und blühenden Pflanzen. In jedem Raum gibt es eine „Lehrerin", die einen freundlich fragt, ob man vielleicht Hilfe braucht und die einem auf Wunsch den Gebrauch eines Materials oder ein neues Spiel zeigt und notfalls daran erinnert, daß man jedes gebrauchte Material wieder an seinen Platz zurücklegt. Es ist nicht immer leicht, diese Lehrerin im Raum zu entdecken. Fast nie steht sie in ihrer vollen Größe da. Einmal hockt sie mit einer kleinen Gruppe von Kindern auf einem Teppich, oder sie sitzt neben einem Kind auf einem der kleinen Hocker und beugt sich mit ihm über seine Arbeit. Niemals übertönt ihre Stimme in belehrendem Ton die Stimmen der Kinder; immer ist sie darauf bedacht, sich unauffällig zu machen und die von den Kindern bestimmte Atmosphäre durch ihre Gegenwart nicht zu belasten oder den Kindern die Initiative zu stehlen.

Im „neuen Haus" herrscht eine ähnliche Stimmung. Dies ist ein leichtes sechseckiges Gebäude aus Holz mit großen Fenstern rundherum, durch die unsere Gebirgslandschaft, Sonne und das Singen der Vögel in den Raum eindringen. Eine Anzahl von niedrigen Tischen und Hockern im Zentrum des Gebäudes dienen allen Arten handwerklicher Beschäf-

Erste Erfahrungen in den Pestalozzi-Kindergärten

tigungen: Kuchen– oder Brotbacken, Plastilin, Keramik, Kleben, Malen, Schneiden, Weben und Nähen. Hier findet die „schmutzige" Arbeit statt, und viele kleine Hände bewegen sich in großer Regsamkeit.

Rund um die Tische gibt es eine Reihe von Interessenzentren, die zu verschiedenen Spielen und ernsthaften Betätigungen einladen: Eine Ecke mit Bauklötzen aller Größen, Farben und Formen, Eisenbahnen und Autos. Daneben ein großes Puppenhaus mit Zubehör, ein Laden, in dem die Kinder emsig kaufen und verkaufen, Schränke und Regale mit vielerlei Materialien fürs Basteln, eine „Familienecke" mit Eßzimmer, Bügelbrett und Bügeleisen, Geschirr, Spülbecken, Brettern und Messern zum Gemüseschneiden, eine fast versteckte Ecke mit Puppen, Puppenbetten, Kleidern, Bettzeug, Babyflaschen, Telefon und ähnlichem Zubehör. Hier können die Kinder ungestört alles herausspielen, was sie im Umgang mit der Welt in sich aufgespeichert haben. Neben der Puppenecke finden wir ein Kasperltheater, Staffeleien zum Malen und eine unverwüstliche Werkbank mit Hämmern, Sägen, Nägeln und Balsaholz. Draußen lädt ein kleines Spielhaus zu geheimen Spielen und ungestörter Unterhaltung ein.

Was ist es nun, das all dieses Treiben reguliert, und wie gelangt ein kleines Kind von drei bis sechs Jahren zu der Entscheidung, was es tun soll, wie lange es bei seiner Tätigkeit bleibt, mit wem es sich anfreundet, ob es Hilfe wünscht oder seine Schwierigkeiten lieber alleine löst, oder ob es sogar vorläufig überhaupt nichts unternimmt, sondern lieber die anderen bei ihrem Tun beobachtet? In einer solchen vorbereiteten Umgebung, die zwar viele Anreize bietet, aber in der die Erwachsenen keinen Druck ausüben, tritt erstaunlich klar hervor, daß jedes Kind, das nicht vorher durch respektlose oder unachtsame Behandlung allzusehr gestört worden ist, eine deutliche innere Führung besitzt. Diese Führung leitet es in der Wahl seiner Aktivitäten, ermöglicht ihm seinen eigenen Rhythmus und läßt es mit jeder Betätigung ein neues Gleichgewicht finden. Darf das Kind dieser Führung folgen, gelingt es ihm trotz seiner wenigen Lebensjahre, als selbstsicherer, froher und hilfsbereiter Mensch aufzutreten und jeden Tag in seiner Fülle auszukosten. Freilich kommen nicht alle, vielleicht nur wenige kleine Kinder so „ungestört" in unserem Kindergarten an. Schon mit drei oder vier Jahren haben viele das Zutrauen zu ihrer eigenen inneren Führung durch das ständige Dazwischenfahren und Besserwissen der sie liebenden Erwachsenen verloren. Manchen hat vielleicht schon beim Eintritt ins Leben die volle Zu-

Erziehung zum Sein

wendung der Eltern gefehlt, die ihnen das grundlegende Vertrauen ins Leben ermöglichen sollte.

Bevor sich ein Kind der schwierigen Aufgabe stellen kann, Entscheidungen für sich selbst zu treffen, muß es seine alten Bedürfnisse erfüllen, die es von innen her unter Druck setzen. Es ist unsere Aufgabe, auf das Kind einzugehen, wenn wir solche Bedürfnisse erkennen. Hat zum Beispiel einem Kind die hautnahe Liebe der Mutter gefehlt, so wird es sich womöglich wochen- oder gar monatelang immer an eine Lehrerin anschmiegen und vielleicht die gleiche Lehrerin von Woche zu Woche bei ihrem Wechsel von einem Raum zum anderen treu begleiten. Es wird jede Gelegenheit benützen, bei ihr auf dem Schoß zu sitzen und ihre Nähe jedem Angebot an interessanten Beschäftigungen vorziehen. Unsere Lehrerinnen wissen, daß solche Bedürfnisse erfüllt werden müssen, soweit es mit ihren sonstigen Verantwortungen in ihrem Arbeitsgebiet zu vereinbaren ist. Die Erfahrung hat uns gelehrt, daß selbst das liebeshungrigste Kind sich allmählich zu lösen beginnt und selbständig und unternehmungsfreudig wird, wenn man ihm genügend Zeit zur Erfüllung seines alten Bedürfnisses gewährt.

Eine andere Ausgabe des typisch unsicheren Kindes zeigt sich oft aggressiv. Nie werden wir vergessen, wie Laura als zweieinhalbjähriges Mädchen zu uns kam. Sie schlug unbesehen nach jedem Kind, das in ihre Nähe kam. Bald erfuhren wir, daß ihre Eltern sich seit ihrer Geburt nicht entscheiden konnten, ob sie sich trennen oder um des Kindes willen zusammenbleiben sollten. Sie hatten ihre Ehe mit dem beiderseitigen Einverständnis begonnen, daß jeder seine Freiheit behalten würde. Als Laura geboren wurde, merkte die Mutter, daß für sie diese Regel nicht mehr anwendbar war und fühlte sich von ihrem Mann im Stich gelassen, der sich durch die Ankunft seiner Tochter in seiner Art zu leben nicht einschränken ließ. Alle Pestalozzi-Lehrer einigten sich, Laura zusätzliche Sicherheit zu geben. Die Therapie, die bei ihr Wunder wirkte, bestand darin, daß, wo immer Laura auftauchte, sie von einem Erwachsenen leicht berührt, gestreichelt, auf den Schoß genommen und dort solange warm umfangen wurde, wie sie selbst es wünschte. Obwohl sich die Situation zu Hause keineswegs besserte, verschwand nach wenigen Wochen Lauras krankhafte Aggression.

Bei dem vierjährigen Eric konnten wir zuerst gar nicht verstehen, was ihn so unsicher und aggressiv machte. Er kam aus einer vorbildlichen Familie. Die Mutter, Akademikerin wie der Vater, hatte um ihrer beiden

Erste Erfahrungen in den Pestalozzi-Kindergärten

Kinder willen aufs Arbeiten verzichtet und widmete sich mit der größten Hingabe ihrer Erziehung. Am Anfang begleitete die Mutter Eric zum Kindergarten. Es war leicht zu sehen, wie der Kleine an ihr hing, und wie sehr sie aufeinander eingespielt waren. Die Mutter schaute aufmerksam herum, was ihrer Meinung nach ihren Sohn interessieren könnte und rief ihm etwa zu: „Schau, Eric, so ein schöner Schmetterling! Siehst du seine Farben? Sieh mal, er ist gelb und blau, mit ein wenig schwarz. Siehst du, wie er herumflattert und wie er in der Sonne glitzert? Ist das nicht wunderschön, Eric?" Eric machte ein glückliches Gesicht und bekräftigte: „So ein schöner Schmetterling. Blau und gelb. Glitzert. Ist wunderschön." Dann paßte er auf, ob seine Mutter ihm wieder etwas Schönes zeigen würde. Seine Hoffnung war nicht umsonst. Schon fand sie ein schönes Spiel für ihn, dann eine interessante Bastelarbeit. So ging es den ganzen Morgen. Sobald die Mutter Eric nicht mehr in den Kindergarten begleitete, ging es ihm schlecht. Er stand herum wie ein Häuflein Elend, fand nichts zu tun und konnte sich den ganzen Morgen nicht von seinem gefütterten Anorak trennen, den ihm die Mutter wegen des kalten Morgens in Quito angezogen hatte. Sobald sich ihm ein anderes Kind näherte, schlug er nach ihm. Dann merkte er, was er angestellt hatte und fing an zu weinen.

Eine andere Art von Unsicherheit zeigen die Kinder aus armen Familien. Sie werden mit der Empfehlung in den Kindergarten geschickt, „brav zu sein, nichts anzufassen, alles zu tun, was das Fräulein sagt, und keinen Lärm zu machen." Mit diesen Ermahnungen in den Ohren betreten die Kinder des Pestalozzi II anfangs ihren Kindergarten, in dem alle Spielsachen und Materialien in einladender Weise ausgelegt sind, die sie aber zunächst nicht zu berühren wagen. Doch auch im Pestalozzi I gibt es genügend Kinder, die zu Hause unendliche Male gehört haben: „Laß das sein, faß das ja nicht an! Was hast du jetzt schon wieder angestellt?" Diesen Kindern müssen wir uns besonders zuwenden. Wir lassen sie herumschauen und die Tätigkeiten der anderen Kinder beobachten, legen vielleicht einen Arm um sie, um sie unsere Nähe spüren zu lassen und beschreiben mit leisen Worten die Dinge oder Tätigkeiten, auf die ihr Blick fällt. Wir vermeiden es zunächst, ihnen dieses oder jenes Spiel anzuraten. Wir versuchen herauszufühlen, ob sie das Beobachten wirklich genießen und sich mit der Zeit selbst zu einer Tätigkeit entscheiden können. Doch falls ihnen das Entscheiden sichtlich Schmerz bereitet – das spiegelt sich meist deutlich in ihrem Gesicht und ihrer Haltung wie-

Erziehung zum Sein

der – geben wir ihnen die Auswahl zwischen zwei Möglichkeiten. Wir schätzen ihr Alter und womögliches Interesse und zeigen ihnen zwei verschiedene Dinge, mit denen sie spielen könnten. Dies ist vielleicht ihre erste Erfahrung mit einer klaren Entscheidungssituation.

Kinder, die aus wohlgestellten Familien kommen, wo es an Spielsachen nicht fehlt, deren wirkliche Bedürfnisse aber trotzdem nicht respektiert worden sind, brauchen oft lange, um sich in eine Beschäftigung zu vertiefen und daraus wahren Nutzen zu ziehen. Sie fassen hier und dort an, reißen vieles heraus und wollen es nicht mehr zurücklegen. Schließlich können sie sich für nichts entscheiden. Ihre Bewegungen sind ungeordnet, ihr Gesichtsausdruck traurig oder gelangweilt. Doch wenn man sie gewähren läßt und sie nur auf die Hausregeln aufmerksam macht (was du herausnimmst, kommt wieder zurück ins Regal. Was ein anderes Kind zum Spielen hat, kannst du ohne seine Erlaubnis nicht nehmen) und sie nicht zu längeren Beschäftigungen zwingt, besteht eine gute Chance, daß sie plötzlich auf etwas treffen, was sie, sei es auch nur für einen kurzen Augenblick, wirklich fesselt. Dies ist ein wichtiger Moment für sie. Unverhofft machen sie die Erfahrung, wie ein Mensch sich fühlt, wenn außen und innen, das heißt seine äußere Tätigkeit und sein inneres authentisches Bedürfnis für einen Moment zusammenstimmen. In diesem Augenblick ist die Gewißheit des Respektes einer aufmerksamen Lehrerin ungeheuer wichtig. Alle kleinen Kinder haben noch ein gesundes Gefühl für die Art von Respekt, die sie gerade so akzeptiert, wie sie wirklich sind. Dieses Gefühl verschafft ihnen die notwendige Sicherheit, die ihnen das Finden ihres eigenen Weges ermöglicht. Es ist also eine der wichtigsten Aufgaben des Erwachsenen, ein Kind da zu behüten, wo es zu einem Erlebnis wirklicher Konzentration kommt. Dieses Erlebnis ist so positiv für das Kind, daß es von nun an immer wieder danach streben wird. Die Gelegenheiten werden immer häufiger, die Zeitspanne und Tiefe der Konzentration immer größer, bis das Kind eines Tages die behütende Gegenwart der Lehrerin nicht mehr braucht. Es kann sich von nun an sogar dann konzentrieren, wenn neben ihm die Welt zusammenzufallen scheint. Dieser Zustand wird von einem Gefühl des Friedens und der Harmonie begleitet, die es dem gleichen Kind, das vorher Unfrieden und Unordnung verursachte, nun sogar erlaubt, seine eigene Tätigkeit freiwillig zu unterbrechen, um einem anderen Kind zu helfen.

Schwerer als die unordentlichen oder überaktiven Kinder haben es

Erste Erfahrungen in den Pestalozzi-Kindergärten

solche, die schon in diesem zarten Alter das Handeln durch das Reden ersetzt haben. Da sitzen sie doch leibhaftig, rühren inmitten der allgemeinen Emsigkeit keinen Finger und reden – nicht etwa über das, was sie sehen – sondern über das, was die Tante gestern gemacht hat oder der Opa sagt, kurz über alles, nur nicht über ihre eigene Erfahrung. Dies sind die gleichen Kinder, die noch nach Monaten im Kindergarten nie ihr Fach finden, die sich nie schmutzig machen und nicht aus dem Weg gehen, wenn ein anderes Kind mit einem Arm von Material vorbeikommt, die nicht merken, wenn die Busse zur Heimfahrt ankommen, und denen man ewig ihre Siebensachen nachtragen muß.

Das Bild wäre nicht komplett, wenn ich nicht auch noch die Schwierigkeiten der Kinder beschreiben würde, die zu Hause täglich viele Stunden vor dem Fernseher zubringen. Es fällt ihnen schwer, sich in Raum und Zeit zu orientieren, die Anreize der vorbereiteten Umgebung wahrzunehmen und sie sinnvoll zu nutzen. Wir erkennen sie an ihrem Gesichtsausdruck und ihren Bewegungen. Manche von ihnen fragen tatsächlich als erstes, wo denn hier der Fernseher sei! Sobald diese Kinder die ihnen gebotene Freiheit erfassen, tun sie genau das, was ihnen die Natur diktiert, die immer darauf bedacht ist, ein Gleichgewicht zwischen Außen und Innen herzustellen. Beim Fernsehen werden diese Kinder von Reizen überhäuft, die nur durch Augen und Ohren in sie eindringen, während der Rest ihres Organismus unterstimuliert bleibt. Sie benutzen also die Möglichkeiten der freien Umgebung, um ihrem Körper den nötigen Ausgleich zu verschaffen. Die Überzahl unzulänglich verinnerlichter Bilder, die in keinem Verhältnis zu ihrer wirklichen körpergebundenen Lebenserfahrung steht, muß veräußerlicht, also herausgespielt werden. Da niemand sie hier zwingt, etwas Bestimmtes zu tun oder zu lernen, verbringen sie die meiste Zeit auf der Suche nach einem erträglichen Gleichgewicht. Sie stellen Batman oder Superman dar und verwandeln Buchstaben und Nummern, Holzblöcke und überhaupt alles, was die Umgebung ihnen zu ihrer Benutzung bietet, in die Elemente des Fernsehspiels.

Unser schlimmster Fall war der kleine Andy. Zu Hause hatten sie fünf Fernseher, und mindestens einer davon war immer an. Andy brauchte für jede Stunde Fernsehen eine Stunde freies Spiel. Er stand hoch oben auf dem Klettergerüst und spielte täglich alles nach, was er am Tag zuvor gesehen hatte, einschließlich der zahlreichen Werbespots, die er meisterhaft zu imitieren wußte. Andy wurde schon bald sechs und hatte immer

Erziehung zum Sein

noch „nichts gelernt". Sechs Wochen vor Schuljahresschluß kam seine Mutter und bat uns dringend, ihm Englisch beizubringen, da er in der Amerikanischen Schule eine Aufnahmeprüfung mache müsse. An dieser Stelle muß ich erklären, daß wir im Kindergarten zwar mit jedem Kind so weit wie möglich in seiner Muttersprache reden, wodurch die Kinder andere Sprachen ständig hören und auch oft fragen, wie man dieses oder jenes auf Englisch, Deutsch oder Französisch sagt. Manchmal hören sie auch eine Geschichte in einer anderen Sprache an. Doch einen formellen Fremdsprachenunterricht, so wie er hier schon vom Kindergarten an in den „besseren" Schulen üblich ist, erteilen wir grundsätzlich nicht.

So erinnerten wir Andys Mutter: „Wir haben Sie schon beim Einschreiben gewarnt, daß wir hier keine Fremdsprachen lehren. Sie waren ja auch an verschiedenen Elternversammlungen dabei und haben mit uns über unsere Methode diskutiert." Doch die geängstigte Mutter bat uns, doch mal eine Ausnahme zu machen. Die Aufnahme in die Amerikanische Schule war ihr ungeheuer wichtig. So schlossen wir einen Vertrag mit ihr: „Sie schauen darauf, daß Andy in diesen Wochen nicht fernsieht, und wir bringen ihm Englisch bei." So wie wir erwartet hatten, konnten die Eltern den Vertrag nicht einhalten, und Andy spielte bis zum Ende des Schuljahres weiter Superman. So nahmen sie einen privaten Englischlehrer, und die Mutter war böse auf uns. Doch mitten im kommenden Schuljahr bat sie uns, ihr zweites Kind anzunehmen. Wir waren erstaunt: „Sie waren doch enttäuscht, weil wir Andy spielen ließen, soviel er wollte?" Sie gab es zu, meinte aber, daß sie jetzt eine andere Meinung über die Sache habe. Andy sei in seiner Klasse nicht nur der beste Schüler in allen Fächern, sondern allen falle außerdem seine Kameradschaftlichkeit, Selbständigkeit und schöpferische Ader auf.

Das Problem der fernsehenden Kinder beschränkt sich nicht auf die reicheren Kinder des Pestalozzi I, sondern hat auch seine Auswirkungen im Pestalozzi II. Selbst in armen Lehmhäusern, wo es oft an den nötigsten Geräten fehlt, wo oft noch die ganze Familie in einem Bett schläft und Meerschweinchen, Kaninchen und Hühner den einzigen Raum mit der Familie teilen, ist immer häufiger ein Fernseher zu entdecken. Wo es noch kein elektrisches Licht gibt, wird er vielleicht mit Batterien betrieben. Alle schönen und teuren Illusionen einer fremden Welt werden massiv in solche Häuser hineingestrahlt, die es noch nicht einmal zu fließendem Wasser gebracht haben. Noch lange vor einer zuverlässigen Versorgung mit den lebensnotwendigen Gütern macht das Fernsehen

Erste Erfahrungen in den Pestalozzi-Kindergärten

Propaganda für die neuesten Mixgeräte, Staubsauger, für automatisches Spielzeug, Deodorants und andere Luxusartikel sowie für industriell hergestellte Nahrungsmittel, die unnötig oder sogar gesundheitsschädlich sind.

Trotzdem sind die Auswirkungen des Fernsehens bei den Kindern der armen Landbevölkerung nicht so fatal wie bei den verwöhnteren Stadtkindern. Ihr ständiger Kontakt mit der Natur und mit den sichtbaren und konkreten Tätigkeiten der Eltern, an deren Leben sie unmittelbar teilnehmen, dazu die kleinen Verantwortungen, die sie schon früh in Haus und Hof übernehmen, geben ihrem Organismus noch Halt in der Wirklichkeit. Ihre Reaktion auf die angebotenen Anreize der sorgfältig vorbereiteten Umgebung des Kindergartens ist also durchaus gesund, sobald sie einmal ihre anfängliche Scheu vor dem Berühren der angebotenen Gegenstände überwunden haben.

In einer unserer monatlichen Elternversammlungen behandelten wir kürzlich die Streitschrift von Jerry Mander: *Schafft das Fernsehen ab!* Dieses Buch ist das Resultat einer jahrelangen Forschung über die Auswirkungen des Fernsehens im Leben des Individuums und der Gesellschaft und hat einen wichtigen Beitrag geleistet, um den Gebrauch des Fernsehens in manchen Pestalozzi–Familien drastisch einzuschränken.

Ich könnte noch viele Varianten von Schwierigkeiten erwähnen, die schon kleinen Kindern am Anfang ihrer Kindergartenzeit die Spontaneität rauben können. Doch wichtiger scheint mir aufzuzeigen, wie eine offene Erziehung diese Vorbedingungen des Kindes nicht zu vertuschen oder zu unterdrücken braucht. Statt dessen gibt sie dem Kind Gelegenheit, auf erlaubte Weise das „herauszulassen", was tief in ihm steckt und so allmählich Zutrauen zu seiner eigenen Tätigkeit zu gewinnen.

In der Kindergartenpraxis gehören die ersten eineinhalb Stunden regelmäßig der freien Betätigung. Während dieser Zeit sehen sich die Kinder der Aufgabe gegenüber, selbst zu fühlen, was ihrem innersten Interesse entspricht. Die Erwachsenen „machen sich klein" und überlassen dem Kind bewußt die Führung im Wählen und Gestalten seiner Tätigkeit. Es soll lernen, was es selbst mit einer konkreten Wirklichkeit beginnen kann und welche Schwierigkeiten es dabei zu überwinden hat. Der Erwachsene liefert ihm dafür die Materialien, zeigt ihm kleine Techniken und sorgt für die Sicherheit, in der sich das Tun des Kindes gefahrlos abspielen kann.

Es ist unsere Aufgabe zu lernen, wie wichtig unsere Zurückhaltung in

Erziehung zum Sein

diesem Prozeß ist. Unsere Lektionen im Gebrauch von Materialien sind zwar deutlich in jeder Bewegung, doch nur von sparsamen Worten begleitet: „Stellen wir den Block auf diesen Tisch. Wir nehmen alle Zylinder heraus (das Kind verfolgt mit den Augen die Bewegungen des Erwachsenen, der mit präzisen, aber harmonischen Bewegungen die Zylinder verschiedener Dimensionen aus ihren Höhlungen nimmt und sie möglichst lautlos vor sich auf den Tisch stellt). Jetzt mischen wir sie (das Kind hilft beim Mischen). Jetzt stecken wir sie zurück, wo sie hingehören (die Hände des Erwachsenen erproben die Dimensionen jedes einzelnen Zylinders und die Tiefen der Löcher. Sie stecken einen Zylinder in eine Höhlung, korrigieren einen eventuellen Fehler, bis alle Zylinder wieder an ihrem Platz sind). Willst du es selbst versuchen?" Es fiel kein Wort über die Art der Unterschiede zwischen den Zylindern, über Dikke, Dünne, Höhe, Tiefe. Wichtig ist die Aktivität des Kindes, das sich darin übt, mit scharfen Sinnen die Wirklichkeit „am eigenen Leib" zu erfahren. Erst später, wenn das Kind von seiner eigenen Erfahrung durchtränkt ist und beginnt, Parallelen zu diesem spezifischen Material zu entdecken, wird die Lehrerin die Gelegenheit zu einer informellen kleinen „Lektion" ergreifen: „Dies ist hoch, dies ist niedrig". Und so geht es mit all den Materialien, die das Kind zu immer neuer Tätgikeit einladen und durch die Verfeinerung und Inanspruchnahme aller seiner Sinne nicht nur seine Bewegungen koordinieren, sondern ihm dabei helfen, seine kleine Welt zu ordnen und zu organisieren. Durch diesen Vorgang wird zusammen mit seiner Umwelt sein eigenes Verständnis strukturiert und die Grundlage für intelligente Handlungen gelegt.

Monica hatte mit großem Interesse die kleinen Stoffmuster mit verbundenen Augen zu Paaren zusammengestellt. Nach getaner Arbeit sprang sie in den Garten hinaus. Durch das Fenster konnte ich sie draußen mit den Augen verfolgen. Sie begann, an den Büschen, die an der Mauer entlang wachsen, herumzuspielen. Sie betastete die Blätter und fing dann an, eine Menge davon abzureißen. Ein uneingeweihter Zuschauer hätte ihr womöglich zugerufen: „Laß doch das Blätterabreißen!" Nach einer Weile kehrte sie mit einer Ladung von Blättern stolz an ihren vorherigen Arbeitsplatz zurück. Sie holte noch einmal die Stoffmuster heraus und begann, die Oberfläche der Blätter mit ihren Fingerspitzen sorgfältig zu betasten. Dann verglich sie sie mit den Stoffen. Dabei entdeckte sie Unterschiede und Ähnlichkeiten und lud voller Freude die ihr nächsten Kinder ein, an ihren Entdeckungen teilzunehmen.

Erste Erfahrungen in den Pestalozzi-Kindergärten

Ich kann hier natürlich nicht all die Materialien beschreiben, die täglich von den Kindern in dieser und ähnlicher Weise benutzt werden. Ich möchte aber hervorheben, daß diese Materialien nur sinnvoll sind, wenn das Kind vor ihrem Gebrauch Gelegenheit gehabt hat, unzählige unstrukturierte Sinneseindrücke und Erlebnisse in sich aufzuspeichern. Einem Kind, dem durch eine verarmte Umgebung oder die Unkenntnis der Erwachsenen das freie Experimentieren mit einer Vielzahl von Gegenständen und vor allem mit natürlichen Materialien versagt geblieben ist, kann der Umgang mit strukturiertem Material nur wenig dienen. Darum sind wir darauf bedacht, unseren Kindern immer wieder eine Vielzahl von neuen, unstrukturierten Materialien anzubieten: Samen und Kerne aller Art, Flaschendeckel, Kästen, Kartons und Flaschen aller Größen und Formen, Schnüre, Drähte, Blumen, Blätter und Wurzeln – es wäre eine Liste ohne Ende, wollte ich alles aufführen, was in diesen Jahren durch die Hände unserer Kinder gegangen ist.

Bei den strukturierten Materialien ist eine die Sinne anziehende, schöne Präsentation wichtig. Ebenso die ihnen eingebaute „Fehlerkontrolle", durch die sich das Kind von der ewigen Korrektur der alleswissenden Erwachsenen unabhängig macht. Bei den unstrukturierten Materialien dagegen ist der „Überraschungsfaktor" bedeutsam. Sie erscheinen in der Umgebung auf unvorhergesehene Weise, zeigen ein immer neues Gesicht, laden zu immer neuen Entdeckungen und Spielmöglichkeiten ein. Niemand wird böse, wenn sie zu allen möglichen unvorhergesehenen Zwecken gebraucht werden. Jeder, der es mit kleinen (oder großen) Kindern zu tun hat, kann bezeugen, was ein paar unerwartet dastehende Kartons alles bewirken können: die Kinder versuchen vielleicht zuerst, ob die Deckel auf und zugehen, wie sie ineinanderpassen, wie sie übereinandergestellt einen Turm abgeben. Vielleicht klettern sie eine Weile lang in sie hinein und wieder heraus, versuchen, wieviele Kinder gleichzeitig hineinpassen, wie sie sich drinnen fühlen, wenn sie die Deckel zu, dann wieder aufmachen. Dann fangen sie vielleicht an, die Kartons herumzuschleifen und damit Auto zu spielen (den Erwachsenen tut das oft in den Ohren weh). Nach einer Weile dienen sie einem Hindernisspringen, das mit allgemeinem Umwerfen und einer Kartonschlacht enden kann. Von anderen Kindern mögen sie in ein Puppenbett oder mit Hilfe von Farben, Klebstoff und allerlei anderen Zutaten in eine Burg, ein Krankenhaus oder eine Raketenbasis verwandelt werden.

Wer wagt es zu entscheiden, ob ein Kind mehr lernt, wenn es ordent-

Erziehung zum Sein

lich an einem Tisch sitzt und fleißig mit strukturiertem Material arbeitet, oder wenn es aus ein paar alten Kartons einen Vormittag lang alle erdenklichen Gebrauchsmöglichkeiten herauslockt? Ganz gleich, wo ein Kind in seiner Aktivität beginnt: das Wichtigste ist, daß es sich ganz in sie „hineinkniet", daß es ein kompletter Akt ist. Das heißt für uns ganz einfach, daß das Kind sich selber in einer gegebenen Situation fühlt und aus diesem Gefühl heraus sich für eine Tätigkeit entscheidet, daß es seine Handlung mit voller Hingabe durchführt und sie dann auf eigenen Entschluß beendet. All dies dient der Befriedigung und dem Wachstum seiner Persönlichkeit. Doch die Rücksichtnahme auf seine Umwelt verlangt von ihm darüber hinaus, daß es wieder in Ordnung bringt, was es zu seiner eigenen Freude gebraucht hat. So schließt die vollkommene Handlung soviel Verantwortung ein, wie sie die Hand eines Kindes begreifen kann. Doch diese echte Verantwortung entspringt der freien Wahl der eigenen Tätigkeit und ist etwas ganz anderes, als wenn man das Kind nach dem Überreden zu einer Arbeit auch noch zum Aufräumen zwingt. Aus den Gesichtern der Kinder ist leicht zu lesen, welche gemischten Gefühle von solcher Taktik hervorgerufen werden.

Damit sind wir zu dem Problem der Disziplin gekommen, das natürlich in keiner Diskussion über Erziehungsfragen fehlt. „Aber wie sollen sie denn in einem freien System Disziplin lernen?" ist der ängstliche Ausruf aller Erwachsenen. Es ist wahr, daß wir von Anfang an eine willkürliche, auf die Autorität der Erwachsenen gestützte Disziplin vermeiden, sie sogar für schädlich halten. Doch in der aktiven Schule hat es das Kind mit ziemlich unbeugsamen Hausregeln zu tun, die aus der Notwendigkeit entspringen, einen sicheren Ort für jeden zu schaffen. Es ist einzig und allein die Rücksichtnahme auf die guten Rechte der anderen und die eigene Sicherheit, die die Grenze für die Freiheit des Einzelnen setzen. Das Einhalten dieser Regeln wird anfangs von den Erwachsenen, aber sehr bald von den Kindern selbst überwacht. Die Kinder erfahren am eigenen Leib die Notwendigkeit und den Sinn dieser „Freiheitsbeschränkungen". Sie ermahnen sich bald gegenseitig: „In dieser Schule darfst du nichts wegnehmen", „Hier schlägt man nicht" usw. Aus dieser funktionellen, für das Gemeinwohl nötigen Disziplin erwächst die Möglichkeit einer echten Selbstdisziplin. So wie ein Erwachsener, der sich schöpferisch betätigt, oft viel intensiver und anhaltender arbeitet als ein Angestellter, so auch das „kreative" Kind, das heißt das Kind, das durch seine Tätigkeit „sich selbst schafft", wie Maria Montessori es ausdrückt. Diese

Erste Erfahrungen in den Pestalozzi-Kindergärten

Selbstdisziplin, die durch jeden autonomen Akt zustande kommt, macht aus dem Kind einen Menschen, der später konkrete Verantwortungen für seine Welt übernehmen kann, da ihm heute schon erlaubt wird, die Verantwortung für seine eigenen Handlungen zu übernehmen.

Diese funktionelle Disziplin stößt nicht selten auf das Unverständnis der Erziehungsspezialisten, aber auch die Tatsache, daß im „offenen System" Kinder mit Altersunterschieden bis zu drei, manchmal sogar vier Jahren zusammen spielen und arbeiten und nicht ihrem Alter und Intelligenzgrad entsprechend in homogene Gruppen gefaßt werden. Das strukturierte Material hat zwar die Eigenart, die Kinder ihren Fähigkeiten und Erfahrungen entsprechend anzuziehen und so eine gewisse Gruppierung zu bewirken. Die sensorischen Materialien werden vorwiegend von den Kleinsten bevorzugt, dagegen die Materialien, die zum Schreiben, Lesen und Rechnen führen, von den Größeren. Mit fortgeschrittenem Zahlenmaterial, das das Rechnen bis 10.000 erlaubt, sieht man für gewöhnlich nur die Fünf- bis Sechsjährigen umgehen. Doch nicht selten sieht man größere Kinder mit den frühen Materialien spielen, als ob sie einen kleinen Abstecher in ihre „Jugend" machten. Oft bieten sie sich den Kleinen als Lehrer an, oder sie mischen sich mit ihnen fröhlich zu einem gemeinsamen Spiel. Immer wieder sieht man auch die Kleinen, wie sie den Großen bei ihrer Tätigkeit zusehen und daraus wer weiß was für Schlüsse ziehen. Das „offene System" benutzt also die ungeheure Dynamik, die durch eine vertikale Gruppierung der Kinder zustande kommt: Kleine Kinder lernen von den Großen leichter als von den Erwachsenen, da der Abstand zu ihnen nicht so unüberwindlich erscheint. Wer hat nicht schon eine Mutter ihr älteres Kind fragen hören, ob es verstehe, was das kleine Geschwisterchen sagen wolle? Die Großen wiederum können durch den Vergleich mit den Kleinen erfassen, wieweit sie selbst vorangekommen sind. Sie üben sich in der Rücksichtnahme auf die Schwäche der Kleinen und können selbst – ohne sich zu schämen – ab und zu klein sein, wenn ihnen danach ist.

Es ist wahr, daß in dieser vertikalen Gruppierung wenig Platz bleibt für den bekannten Wettstreit, besser sein zu wollen als der andere, mehr Lob zu ernten, bessere Noten zu bekommen. Dafür wird auch bei den Schwächeren oder Langsameren das frühe Trauma vermieden, daß sie „nun mal für nichts taugen". Doch damit wird nicht der gesunde Wettstreit unterbunden, den jedes Kind mit seinen eigenen Kräften austrägt und in dem es täglich seine Sache ein wenig besser als am Tag zuvor

Erziehung zum Sein

machen will. In jedem Jahr nehmen wir in den beiden Kindergärten auch eine kleine Anzahl von verschieden behinderten Kindern auf. Ihre Zahl muß zwar so lange sehr beschränkt bleiben, bis wir ihnen einmal eine spezifische Therapie anbieten können, doch für jedes dieser Kinder bedeutet allein die Möglichkeit der freien Tätigkeit und der Umgang mit konkreten Materialien und gesunden Kindern eine wirkungsvolle Therapie. Manche von ihnen, die vorher durch spezialisierte Therapie gegangen sind, zeigen bald nach Eintritt in den Kindergarten rapide Besserung. In manchen Fällen entschlossen sich die Eltern, außerschulische Therapien ganz abzubrechen.

Für die gesunden Kinder bedeutet dieses Zusammenleben mit behinderten Kindern eine wertvolle Übung im Rücksichtnehmen. Sie können oft viel genauer spüren als der Erwachsene, was das behinderte Kind für sich selbst tun kann und wofür es Hilfe braucht. Sie erkundigen sich sehr ernsthaft nach der Art der Behinderung und wie sie zustande kam. Niemals haben wir bemerkt, daß ein behindertes Kind von den anderen gehänselt oder bloßgestellt wurde – ein deutlicher Beweis, daß ein Kind, das sich respektiert fühlt, auch andere respektieren kann.

Oft erinnern wir uns meines kleinen Landesgenossen, den wir hier Hans nennen wollen. Als er dreieinhalb Jahre alt war, fiel er bei einem unverhofften Zusammenstoß mit einem anderen rennenden Kind kopfüber in das leere Schwimmbecken eines Hotels in Quito. Nach gefährlichen Operationen in einer amerikanischen Klinik wurde ihm zwar das Leben gerettet, aber das Verpflanzen von Hirnzellen versprach nur einen unsicheren Erfolg und eine Hoffnung auf vollkommene Gesundung, die man erst nach langer Therapie würde erkennen können. Hans war zehn Monate lang mit seiner Mutter zur Therapie in Deutschland; dann konnte sich die Familie in Ecuador wieder vereinen. Als er in den Kindergarten nach Tumbaco kam, hatte er nur einen geringen Wortschatz zurückerobert. Seinen rechten Arm und sein rechtes Bein konnte er nur sehr begrenzt gebrauchen. Er hinkte unsicher herum und konnte noch keine Stufen bewältigen. Den rechten Arm konnte er nur mit Schwung aus dem Kugelgelenk bewegen. Die Hand war einwärts gekrümmt und fühlte sich leblos und kalt an. Um sein faustgroßes Loch im Schädel zu schützen, mußte er einen gepolsterten Sturzhelm tragen. Den ärztlichen Attesten zufolge war seine Konzentrationsfähigkeit auf ein bis zwei Minuten beschränkt und könnte nur durch Belohnungen auf fünf Minuten erhöht werden.

Erste Erfahrungen in den Pestalozzi-Kindergärten

Vom ersten Tag an interessierte sich Hans brennend für den Wassertisch draußen auf dem Rasen, doch weigerte er sich tapfer, eine Gummischürze anzuziehen. Um einen Kampf zu vermeiden, erlaubten wir ihm, sich naß zu machen. Es war kaum zu glauben, mit welcher Beharrlichkeit er von nun an Wasser von einem Behälter in den anderen schüttete, wie er sich immer neue Schwierigkeiten mit Trichtern, kleinen Öffnungen, mit Sieben und Schläuchen erfand und dabei seinen fast gelähmten Arm zu immer neuen Dienstleistungen heranzog. In einem Monat war seine Konzentrationsfähigkeit beim Wasserspiel auf eine volle Stunde angestiegen. Wer ihn vor der von ihm bestimmten Zeit ablenken wollte, wurde einfach fortgejagt. Nach getaner Arbeit ließ sich Hans von einem Erwachsenen auf den Schoß nehmen, den lahmen Arm und die völlig kalte Hand streicheln und massieren. Er weinte und lachte und wurde gesprächig. Später begann er, außer mit Wasser auch mit Sand und vielen anderen Materialien zu spielen. Als er am Ende des Schuljahres zur Untersuchung und zu weiterer Therapie nach Deutschland reiste, konnten die Ärzte dort kaum glauben, daß dies das gleiche Kind sei, das sie wenige Monate zuvor entlassen hatten. Hans hatte nicht nur seinen Wortschatz ungeheuer erweitert, sondern konnte seinen Arm auf vielfache Weise gebrauchen, wie es die Ärzte eigentlich für unmöglich gehalten hatten. Im kommenden Jahr lernte Hans auch unterscheiden, mit wem er spanisch und mit wem er deutsch zu sprechen hatte. Er ist ein eindrucksvolles Beispiel dafür, wie die Natur dem Kind neue und unerwartete Möglichkeiten zur Entwicklung ermöglicht, wenn wir ihm nur die Freiheit zugestehen, das Wie, Wieviel und Wielange seinem eigenen Gefühl nach zu bestimmen.

Das Hauptgewicht in der Kindergartenpraxis liegt also auf den vielen selbstgewählten und nicht selten selbsterfundenen Handlungen der Kinder in einer wohl vorbereiteten und geordneten Umgebung. Erst im zweiten Teil des Morgens werden von den Erwachsenen organisierte Gruppenarbeiten angeboten. Bei den regulären Inspektionen sehen wir oft die Verwirrung der Amtspersonen, die an straffe Ordnung und unbeugsame Planung gewöhnt sind und nun bei uns irgendetwas Bekanntes suchen, das sie als Lehrplan erkennen können. Wenn sie unsere Gruppenarbeiten entdecken, sind sie sichtlich erleichtert: „Aber Sie haben ja doch einen Stundenplan! Das freut mich aber zu sehen!" Und sie tragen es gleich eifrig in ihre Bücher ein.

Um 10 Uhr geht Mauricio im Singsang durch die verschiedenen Räume und den Garten und ruft die Saftzeit aus. Jeder, der mit seiner Arbeit zu Ende gekommen ist, gibt seinen Tisch und Stuhl frei und hilft, sie auf den Rasen zu tragen. Wer lieber weiterarbeiten will, zieht sich mit seinem Material in ein stilles Zimmer zurück. Die Kinder tragen Kannen mit Saft und Keksen aus der Küche durchs Wohnzimmer, dann ein paar Stufen hinauf und durch den nächsten Raum, schließlich wieder mehrere Stufen hinunter und durch den Gang in den Garten hinaus. In den ersten Wochen gibt es noch manchen Fleck auf dem Fußboden, doch mit jedem Tag verbessern die Kinder ihre Kunst des Safttragens, bis schließlich kaum noch solche Unfälle passieren. Wir haben uns längst an die tägliche Saftprozession gewöhnt. Doch manche Besucher, die kleine Kinder nur von der zerstörerischen Seite her kennen, kommen aus dem Staunen nicht heraus. Eine Besucherin war letztens vollkommen überwältigt vom Anblick eines unserer kleinsten Kinder, das noch nicht ganz stubenrein ist. Dieser kleine Junge kletterte, nur mit seinem Windelpaket bekleidet – alle anderen Kleider hatte er umständlich in seinem Fach verstaut – auf einen Stuhl, holte sich eine volle Saftkanne herunter und schlug damit unter vollkommener Kontrolle seiner Bewegungen und ohne einen Tropfen auszuschütten, den Weg nach draußen ein.

Nach der Saftzeit wird wieder mit Singsang der Beginn des „Projektes" angekündigt. Im „neuen Haus" werden jeden Tag liebevolle Vorbereitungen für eine wohldurchdachte Bastel-, Mal-, Näh- oder Webearbeit getroffen. Bei dieser Gelegenheit arbeiten alle Kinder in der gleichen Technik und mit ähnlichen Materialien, und die meisten Lehrer stellen sich ihnen hierfür zum Helfen zur Verfügung. Falls sie teilnehmen wollen, müssen sie sich an die an diesem Tag angebotene Technik und die gebotenen Materialien halten. Was sie jedoch unter diesen Bedingungen herstellen, ist nicht von vornherein festgelegt. Die Beteiligung am Projekt wie auch an den anderen Arbeitsgruppen ist freiwillig. Die meisten Kinder sind begeistert dabei, aber andere reagieren überhaupt nicht auf die Einladung und lassen sich in ihrer eigenen selbstgewählten Tätigkeit nicht unterbrechen. Manche erkundigen sich erst einmal, was es denn heute gebe, bevor sie sich dafür oder dagegen entscheiden.

Etwas später gibt es eine neue Einladung: Es ist Musik- oder Tanzzeit, je nach Wochentag, also Singen, und Instrumentespielen nach dem Orffsystem, freie Bewegung mit Musik, Körperausdruck oder Volkstänze. Beides sind strukturierte Gruppenarbeiten. Wer daran teilnehmen will,

Erste Erfahrungen in den Pestalozzi-Kindergärten

unterwirft sich der Disziplin des Augenblicks, ohne welche die Gruppe nicht funktionieren könnte. Der Morgen im Kindergarten endet mit einer Geschichte, die für die verschiedenen Sprachgruppen in verschiedenen Ecken erzählt wird. Zwar sprechen die meisten Kinder spanisch, doch erscheint es uns als ein schöner Brauch, daß auch die andikssprachigen Kinder die Geschichte in ihrer Muttersprache hören können.

So endet der Morgen für die Kleinen. Manche können sich nur mit Mühe von ihrer Tätigkeit trennen, wenn der Ruf zum Heimgehen erschallt. Ungern suchen sie ihre Sachen zusammen, um in den Bus einzusteigen. Alle Lehrer helfen zusammen, damit dieser schwierige Moment nicht zu einer Streß-Situation wird und die frohe Stimmung des Morgens verlorengeht.

Am Wassertisch finden die Kinder immer etwas Neues zum Ausprobieren

Rückwirkungen auf die Erwachsenen

Bisher versuchte ich, von den Anfängen der Pestalozzi-Schule ein Bild zu geben: wie für uns persönlich der erste Anstoß zu einem Interesse an Erziehungsfragen aus der unmittelbaren Notwendigkeit kam, gangbare Wege für die eigenen Kinder zu schaffen. In der Philosophie und Methode Maria Montessoris fanden wir eine erste Alternative; auf sie bauten wir unsere Arbeit auf, die uns und auch anderen befriedigende Lösungen versprach. Bald entdeckten wir jedoch, daß nicht nur für die Kinder, sondern auch für uns selbst ein Prozeß begonnen hatte, der im Verlauf der Zeit immer neue Bedürfnisse aufdeckte, neue Unruhe hervorbrachte, das Suchen neuer Antworten und neuer Gleichgewichte forderte und womöglich in diesem Augenblick noch in seinem Anfangsstadium ist.

Unseren Eltern und Lehrern führten wir mehrmals einen holländischen Montessori-Dokumentarfilm vor, der hier durch das Kultusministerium auszuleihen ist. Für alle, die diesen Film sahen, war es immer wieder beeindruckend, wie geschmackvoll, geordnet, anziehend und harmonisch die Umgebung und die Menschen in solch einer Montessori-Atmosphäre sind. Man fühlt sich angespornt, es ebenso schön nachzumachen, nicht nur eine wirklich anziehende Umgebung zu schaffen, sondern selber zum Inbegriff eines immer proper gekleideten, immer ruhigen, freundlichen, sicheren Montessori-Lehrers zu werden und Tag für Tag mit gleichbleibendem Gemüt eine Schar von sauberen, ruhigen und freundlichen Kindern um sich zu versammeln, die unverwandt auf dem Weg zu Perfektion und höherem Wissen fortschreiten.

Eine unserer Lehrerinnen, eine damals schon über fünfzigjährige Frau, hatte nach 25 Jahren Dienst als Chefsekretärin und dem Aufziehen von fünf intelligenten Kindern den Drang verspürt, endlich etwas zu tun, was sie „von innen her wirklich befriedigen könne". Nach ihrem ersten Jahr bei uns gestand sie mir, daß sie monatelang versucht hatte, meine

Erziehung zum Sein

Art mit den Kindern zu sein, nachzuahmen. Es habe ihr große Konflikte bereitet, sich selbst einzugestehen, daß dies nicht nur unmöglich war, sondern ihrem Verhältnis zu den Kindern sogar schadete. Erst als sie sich dazu durchgerungen hatte, sie selbst zu sein, bekamen die Kinder wirkliches Zutrauen zu ihr. Doch erst dann begann bei ihr der eigentliche Prozeß, von dem hier die Rede ist: daß nämlich der Erwachsene beginnt, sich selbst zu beobachten – so wie er lernen soll, die Kinder zu beobachten – und sich zu fragen: „Bin ich jetzt ich selbst, oder mache ich ein vorgefaßtes Bild nach?" Und bald folgen immer neue Fragen: Warum reizt mich dieses Kind mehr als ein anderes? Warum habe ich Tage, an denen es mir Freude macht, mit den Kindern zu sein, und andere, an denen es mir schwerfällt? Früher oder später fanden wir uns zusammen mit unseren Lehrern vor der Notwendigkeit, authentisch mit den Kindern zu sein. Doch das setzte voraus, daß wir uns mit uns selbst und unseren eigenen unbewußten Regungen auseinandersetzten.

Zunächst intuitiv, später bewußter erkannten wir die Wichtigkeit, unseren Lehrern regelmäßig Gelegenheit zu einer Aussprache über ihre täglichen Erfahrungen zu geben. Im ersten Jahr war es eine informelle Angelegenheit. Wir aßen einmal in der Woche zusammen zu Mittag und besprachen anschließend die praktischen Aspekte der Arbeit, planten Projekte, Transport und berieten über sonstige technische Fragen. Bald beunruhigte uns das Verhalten einzelner Kinder und unsere eigenen Reaktionen in kritischen oder unverständlichen Situationen. Eine brave Anwendung der Montessori-Methode schien nicht immer passend. Vielmehr sahen wir die Notwendigkeit, uns neuen Erkenntnissen zu öffnen und unsere Arbeit auf kreative Weise zu tun. Bei Kaffee und Kuchen ergab sich ein spontaner Austausch über persönliche Unsicherheiten und Ängste, womöglich Fehler zu begehen, aber auch über positive Entdeckungen. Aus diesen Gesprächen erwuchs der Wunsch, einen Studienkreis über Erziehungsfragen, Kinderpsychologie oder jegliche Themen ins Leben zu rufen, die den Teilnehmern im Zusammenhang mit ihrer Arbeit oder im eigenen persönlichen Prozeß wichtig würden.

Zu Beginn des zweiten Schuljahres waren zwei regelmäßige Arbeitssitzungen pro Woche zur Tradition geworden und wurden von neu dazukommenden Lehrern so angenommen. Wir fühlten uns als Arbeitsgemeinschaft. Viele gemeinsame Mittagessen und Tassen Kaffee trugen dazu bei, daß wir mit wachsendem Interesse die Ergebnisse unserer Studien austauschten und sie auf die Kinder und uns selbst anwendeten. Die

Rückwirkungen auf die Erwachsenen

ständigen Vergleiche zwischen der Arbeit in den beiden Kindergärten mit ihren verschiedenartigen Bedürfnissen gaben uns Anlaß zu fruchtbarem Nachdenken. Zu der Studiengruppe gesellte sich bald eine kleine Gruppe von Eltern, die Interesse zeigten, aus dem Kindergarten eine Grundschule erwachsen zu lassen. Wir vertieften uns also immer mehr in die allgemein herrschende Praxis der Grundschule in Ecuador und verglichen sie mit den Erkenntnissen moderner Kinderpsychologie und mit erprobten Alternativen in anderen Ländern, diese wiederum mit den Besonderheiten der ecuadorianischen Situation. Später soll davon die Rede sein, wie diese Studien schließlich zu unserer eigenen alternativen Grundschule geführt haben. An dieser Stelle möchte ich noch ein wenig auf die kleinen und großen Krisen der Erwachsenen eingehen, die nun einmal begonnen haben, sich mit wachsender Hingabe mit dem Problem einer alternativen Erziehung auseinanderzusetzen.

Mit dem Wachsen der Kindergärten und später der Grundschule wuchs auch die Zahl der Lehrer, die mit uns die Verantwortungen teilten. Im vergangenen Schuljahr waren wir zwölf Lehrer, außer Mauricio, der als Direktor, Chauffeur, Therapeut und Vater für alle – je nach Notwendigkeit – einspringt. Ein Einführungskurs ins aktive Schulsystem wird seit zwei Jahren in den Sommerferien für etwa 25 Interessenten abgehalten. Aus seinen Teilnehmern bekommen wir neuerdings unseren Lehrernachwuchs. Dieser Kurs dauert etwa 120 Stunden bei theoretischer und praktischer Unterweisung, Diskussionen, Einführung in die Orff-Methode und vorbeugende Medizin. Er wird nach einer zweiwöchigen Praxis im Kindergarten durch ein offizielles Diplom des Kultusministeriums anerkannt.

Während der Kurszeit haben wir reichliche Gelegenheit, mit den Teilnehmern in persönlichen Kontakt zu treten. Die eingereichten Arbeiten, Beteiligung an den Diskussionen, Handhabung des didaktischen Materials und privaten Unterredungen helfen uns, einen Einblick in die persönlichen Aspekte und Arbeitsweisen der verschiedenen Interessenten zu bekommen. Trotzdem kann es vorkommen, daß ein Lehrer nach wenigen Wochen merkt, daß es sehr schmerzhaft sein kann, täglich „man selbst zu sein". Manche befinden sich unversehens in einer existentiellen Krise und brauchen darin Hilfe. In dem Maß, wie die Lehrergruppe wuchs, fühlten wir die Notwendigkeit, eine gewisse Verantwortung für unsere Mitarbeiter zu übernehmen, besonders wenn sie Anzeichen von Krisen zeigten. Eine persönliche Unterredung, ein gemeinsames Abend-

Erziehung zum Sein

essen oder ein Ausflug konnten oft die Gesprächskanäle offenhalten, die sich in Lehrersitzungen in größerer Runde nicht immer spontan öffnen. So konnten wir mehr als einmal verhindern, daß eine Lehrerin oder ein Lehrer die Arbeit an sich und den Kindern aufgab.

Auch die Studiensitzungen haben im Lauf der Zeit Änderungen erfahren. Aus dem spontanen Wunsch, uns über neue Forschungen und Erfahrungen mit einer offenen Methode außerhalb Ecuadors auf dem laufenden zu halten, wurde zeitweise ein formelles Studium mit geschriebenen Arbeiten und anschließenden Diskussionen. Im dritten Jahr gab es Lehrer, die solche Studien als zu hart empfanden. Wir versuchten also, alle Studien offen zu gestalten und überließen es jedem Lehrer, eine kurze Inhaltsangabe über jedes gelesene Buch abzugeben, so daß die Gruppe entscheiden konnte, über welches Buch wir zusammen diskutieren wollten. Doch dieses „freie System für Erwachsene" war leider zum Scheitern verurteilt, weil nur wenige ohne direkten Druck von außen arbeiten konnten. Nach wenigen Monaten kehrten wir reumütig zum alten „Pauksystem" zurück. Die Resultate waren verständlicherweise nicht so befriedigend, als wenn ein jeder aus echtem Interesse und wirklichem Wissenshunger zum Studium beigetragen hätte. Im vergangenen Jahr gab es wieder einen erfreulichen Aufschwung: die Beiträge waren eher von persönlichem Interesse gefärbt und viel lebendiger. Einige unserer Lehrer besuchten in diesem Jahr eine Anzahl öffentlicher und privater Schulen in Quito und auf dem Land und brachten uns eindrucksvolle Erlebnisse und wertvolles Vergleichsmaterial für die Studien zurück.

Trotz all dieser Anstrengungen, diese Arbeit mit kleinen Kindern auch für die Lehrer auf ihrem Erwachsenenniveau bedeutungsvoll zu machen und damit zu verhindern, daß sie aus Mangel an Verständnis in eine mechanische Verrichtung ihrer Pflichten verfallen, bleibt doch die Schwierigkeit bestehen, uns jeden Tag von neuem im Umgang mit kleinen Kindern genügend zu entspannen, um auf die Wellenlänge der Kinder zu kommen. Immer wieder bemerken wir, daß wir – wenn auch unbewußt – Arbeit mit Anspannung gleichsetzen. Sobald wir uns entspannen, fühlen wir, daß unsere eigenen unbefriedigten Bedürfnisse in den Vordergrund treten. Der Lehrer im freien System steht also selbst in einem Umerziehungsprozeß: er muß lernen, im entspannten Zustand die Bedürfnisse der Kinder den eigenen voranzustellen.

Das Bild wäre nicht vollständig, würde ich nicht auch von den Rückwirkungen auf die Eltern berichten, die ihre Kinder in einem Pestalozzi-

Rückwirkungen auf die Erwachsenen

Kindergarten eingeschrieben haben. Welche Motive haben die Eltern, ihre Kinder auf einer nicht ungefährlichen Straße in einen für viele entlegenen Kindergarten zu schicken, wo es keine Schuluniform, keinen Drill und keine Schulglocke gibt, aus dem die Kinder oft schmutzig, mit nassen Socken, von Schweiß verklebten Haaren und ohne Hausaufgaben zurückkommen und die auf die erwartungsvolle Frage: „Na, mein Schatz, was hast du heute gemacht?" entweder mit „Nichts" oder einem lakonischen „Gespielt" antworten? Bei den Kindern des Pestalozzi II liegen die Dinge einfach: Dieser Kindergarten ist auch für die Kleinen zu Fuß erreichbar. Hier machten sich die Eltern also zunächst keine Gedanken über eine „Alternative", sondern akzeptieren dankbar die gebotene Gelegenheit. Allerdings vergewissern sie sich zunächst, ob hinter diesem Glück nicht etwa eine andersgläubige Mission oder gar kommunistische Agenten stecken.

Im Pestalozzi I gab es verschiede Etappen, was die Motive der Eltern betrifft. In der „ersten Welle" hatten wir vor allem Kinder aus Tumbaco, denen eine unbequeme Fahrt nach Quito erspart werden sollte. Eltern aus Quito dagegen fanden das Landleben für ihre Kinder gesünder und geradezu idyllisch. Manche Eltern faßten zu uns persönlich Zutrauen – nicht zuletzt, weil viele Ecuadorianer immer noch von allem fasziniert sind, was aus dem Ausland zu kommen scheint. Einige waren seit Jahren unsere persönlichen Freunde und hatten sich längst für unsere Ideen interessiert.

Die „zweite Welle" bracht Eltern mit neuen Motiven. Für manche war der „Pestolozzi" jetzt der neue Modekindergarten, und sie wollten hinter ihren Bekannten nicht zurückstehen. Andere hatten gehört, daß die Kinder im Montessori-System besonders früh schreiben, lesen und rechnen lernen. Für gewisse Schichten in Ecuador sind das die besten Garanten für eine erfolgreiche Karriere, was hier bedeutet, daß man entweder Rechtsanwalt, Arzt oder Manager wird und damit die Schlüssel zu einem respektierlichen, sicheren und einigermaßen bequemen Leben in Händen hält. Doch gab es in der zweiten Welle auch schon Eltern, die selbst in ihrer Jugend unter einem autoritären System gelitten hatten. In Ordensschulen war ihnen vielleicht der Haß gegen die Religion eingeflößt oder durch Prügel die Freude am Lernen ausgetrieben worden. Manche waren mit Psychologie in Berührung gekommen und begannen sich zu wundern, warum ihre sonst fröhlichen Kinder nach einem Jahr im Kindergarten lustlos oder mißtrauisch wurden. Es gab auch Eltern, die ganz einfach einer natürlichen Intuition folgten und spürten, daß ihre Kinder in Tumbaco einfach Kinder sein konnten und lebenswerte Erfahrungen machen würden. Zu erwähnen sind auch noch eine Reihe von Hausangestellten, die an den Kindern ihrer Herrschaften gewisse Verwandlungen erlebt hatten (sie räumten jetzt ihr Zimmer auf, wollten in der Küche mithelfen oder behandelten neuerdings die Angestellte und ihre Familie mit Respekt). Sie begannen, sich für diese Art Erziehung zu interessieren und baten um einen Freiplatz für ihr Kind.

Unsere Kinder bringen also aus ihren so verschiedenen Elternhäusern alle Arten von Gebräuchen, Interessen und Lebenshaltungen mit. Die einen kennen von zu Hause kein Bad und verrichten mitten im Garten ihre Bedürfnisse, bis jemand ihnen den Gebrauch der Toilette erklärt. Andere haben große Angst, ihre frisch gestärkten Kleider schmutzig zu machen. Manche haben noch nie etwas für sich selbst getan, weil das Dienstmädchen ihnen alles abgenommen hat. Es gibt Kinder, die mit einer Mappe voller Schreibhefte in den Kindergarten kommen und darauf bestehen, sie zu füllen, um ihre Eltern zufriedenzustellen. Hin und wieder haben wir Kinder, die bei jedem kleinen Hindernis stolpern und die nicht einmal wissen, was ein Grashüpfer ist. Manche kommen mit schwerwiegenden Konflikten beladen und streiten sich vielleicht in der Sandkiste darüber, ob es einen Gott gibt oder nicht: „Meine Großmutter sagt, ich müsse jeden Tag beten. Mein Vater sagt, ich soll ihr nichts glauben, weil es keinen Gott gibt. Was sagen sie bei dir zu Hause?"

Gegen Ende des ersten Jahres unserer stimulierenden Arbeit mit Kindern dämmerte es uns allmählich, daß wir es bei jedem Kind auch mit seinen Eltern zu tun hatten und daß wir sie bewußt in unsere Arbeit einschließen mußten. Wir begannen also, im einzigen respektablen Restaurant von Tumbaco monatliche Elternsitzungen abzuhalten. Wir boten den Eltern kleine Einführungen in die Grundsätze des hier unbekannten offenen Systems an. In den nachfolgenden Diskussionen zeigten viele Eltern ein großes Bedürfnis, über ihre eigenen Probleme zu reden. Oft waren sie unfähig, die Grenze zwischen dem rein Persönlichen und dem für alle Interessanten zu wahren. Im folgenden Jahr verfaßten und verteilten wir vor jeder Versammlung vervielfältigte Informationsblätter, die wir den Diskussionen zugrunde legten. Hin und wieder luden wir Referenten von der Universität ein. In einem anderen Jahr gaben wir den Eltern Gelegenheit, das didaktische Material kennenzulernen und selbst damit umzugehen, um ein Gefühl dafür zu bekom-

Rückwirkungen auf die Erwachsenen

men, wie ihre Kinder auf konkrete Weise lernen. Hin und wieder hatten die Eltern selbst Themen, die behandelt und diskutiert werden sollten.

Durch all diese Methoden gelang es, die Eltern in gewissem Maß in den Prozeß einzubeziehen, durch den ihre Kinder auf unbefangene und natürliche Weise täglich gingen. Sie fühlten sich häufig zum Nachdenken angeregt und baten um Einzelgespräche, um sich in ihren Unsicherheiten und Nöten im Umgang mit den Kindern beraten zu lassen. Plötzlich hatten wir es mit dem Phänomen des ständig wachsenden Schneeballs zu tun. Oft konnten wir uns nicht einmal am Sonntag vor dem Ansturm retten. Wir versuchten, mit den Unterredungen fertigzuwerden, indem einer von uns im Büro und der andere im Wohnzimmer mit den Eltern sprach, während die wartende Kinderschar sich im Kindergarten vergnügte und nicht mehr nach Hause gehen wollte. Wir waren unversehens zu Vertrauenspersonen, Beichtvätern, Eheberatern und außerdem zum sonntäglichen Ausflugsziel für eine ungeahnte Zahl von Personen geworden. Sogar beim Einkaufen in Quito oder auf dem Wochenmarkt in Tumbaco wurden wir zu improvisierten Beratungen herbeigezogen oder gebeten, dringend zu jemandem nach Hause zu kommen, weil die Familie samt Großeltern und Tanten wegen der Kindererziehung in eine Krise geraten sei.

Als unser kleiner Sohn, um dessentwillen wir den Kindergarten angefangen hatten, durch die Sekretärin eine Verabredung mit seinem Vater bestellte und sich eine Stunde Spieltherapie pro Woche reservierte, erkannten wir, daß wir den Fehler begangen hatten, des Guten zuviel zu tun. Von nun an versteckten wir das Auto am Wochenende und führten feste Sprechstunden für Eltern ein, die zwar nicht immer von allen eingehalten werden können, aber doch das unkontrollierbare Eindringen der Eltern in unser Privatleben ein wenig eindämmen.

Wie ist dieses Phänomen, das sicher auch in anderen offenen Schulen bekannt ist, zu erklären? Vielleicht der wichtigste Grund für dieses Bedürfnis zur Aussprache liegt in der Tatsache, daß in unserer modernen Welt zu wenig Gelegenheit zum persönlichen Gespräch gegeben ist. Wieviele Arztbesuche oder psychotherapeutische Behandlungen befriedigen einfach das Bedürfnis nach einer Situation, in der man von sich selbst erzählen kann und wo jemand – sei es auch gegen Bezahlung – einem endlich einmal geduldig zuhört? Zwar haben die Gespräche mit den Pestalozzi-Eltern viel von diesem Bedürfnis in sich, doch sie geben auch Zeugnis von der Unsicherheit und Verwirrung, in die uns unsere

Erziehung zum Sein

eigenen Kinder stürzen können, wenn der Kindergarten ihnen eine Umgebung bereitet, in der ihre Bedürfnisse ernstgenommen werden, während sie zu Hause oft mit Menschen leben, denen die eigenen Bedürfnisse weitaus wichtiger sind. Hier die Worte eines dreieinhalbjährigen Jungen zu seiner Lehrerin: „Weißt du, zu Hause mache ich in die Hosen, weil ich meine Mutter strafen muß". Hier gehe ich lieber auf die Toilette." Der gleiche Junge wurde einmal von seiner Mutter ins Gesicht geschlagen und schrie zurück: „In meiner Schule schlägt man aber nicht." Am folgenden Tag wurde er aus dem Kindergarten genommen. Die Mutter wollte sich das Recht nicht nehmen lassen, ihr Kind nach ihrem Geschmack zu behandeln. Heute ist dieser Junge in einer Militärschule.

Trotz unserer Anstrengungen merken viele unserer Kindergarteneltern doch nicht, daß das „aktive System" nicht nur ihren Kindern, sondern auch ihnen selbst persönliche Bereicherung anbietet. Sie werfen die Informationsblätter in den Papierkorb, haben nie Zeit für eine Elternsitzung und schicken ihre Kinder in eine traditionelle Schule, sobald sie das nötige Alter haben. Andere bemerken die Gefahr sehr wohl, daß sie hier in Widerspruch mit ihrer eigenen Erziehung, mit ihrer Familie und den Werten ihres Bekanntenkreises geraten könnten und bringen sich und ihre Kinder bald in Sicherheit. Nicht selten mit einer guten Entschuldigung: „Man kann doch die Kinder nicht auf der gefährlichen Straße in den Kindergarten schicken." Oder: „Der Klimawechsel macht mein Kind immer krank." Oder: „Mauricio schlägt die Kinder", oder sogar: „Ich hoffte, daß mein Kind dort eine sozialistische Erziehung bekommen würde, weil sie doch alternativ sind."

Doch andere geraten oft unerwartet in den „Prozeß". Sie fangen an, die Gelegenheit des Zusammenlebens mit einer neuen Generation dafür zu benutzen, sich selbst noch einmal als Kind zu fühlen, das Leben mit den Augen des Kindes anzuschauen und neue Möglichkeiten zum Zusammenleben zwischen alt und jung zu suchen. Diese Alternativen stimmen nicht immer mit den Ratschlägen der Großeltern (die in Ecuador eine sehr bedeutende Rolle spielen), den eigenen eingefleischten Gewohnheiten und Überzeugungen oder gar mit den Meinungen der Bekannten überein. Eine Mutter drückte diese Situation sehr drastisch aus: „Seit meine Kinder im Pestalozzi sind, haben wir unsere Freunde gewechselt."

Was ist es aber so Schlimmes, das die Eltern von Pestalozzi-Kindern zuweilen so aus dem Gleis wirft? Durch all die Studien und Diskussionen, zu denen wir Montessori, Piaget, Janov, Bettelheim und ähnliche

Rückwirkungen auf die Erwachsenen

Geschütze auffahren, versuchen wir ihnen ganz einfach klar zu machen, daß ihr kleines Kind eine respektwürdige, wenn auch oft schwer zu verstehende Person ist und daß sie sich selbst und dem Kind schaden, wenn sie sich darauf versteifen, sich gegen diesen „Eindringling" in ihr Leben durch die eigene Autorität zu schützen. Ebenso schädlich ist es, die Verantwortung für das Wohlergehen ihrer Kinder auf Spezialisten – seien es Lehrer oder Psychologen – zu übertragen.

Wir versuchen, das Bewußtsein zu wecken, was eigentlich die häufigsten Konflikte zwischen Erwachsenen und Kindern verursacht: Wie die Erwachsenen unter dem Druck eines modernen, oft hektischen Lebens mit unerbittlichen Stundeneinteilungen leben, wie sie unter diesem Druck Arbeit und Zeit einsparen müssen, um den Wettkampf mit anderen zu bestehen; wie sie selbst im Denken und Fühlen alles abkürzen, theoretisch ihre Probleme lösen, bevor sie etwas praktisch ausführen; wie logisches Denken weitgehend das Gefühl ersetzt hat und wie ein jeder mit eigenen Sorgen und Ängsten zu kämpfen hat, und doch selten zufriedenstellende Lösungen findet.

Dagegen die Welt ihres Kindes: ein Lebensrhythmus, der weitgehend ohne Zeitgefühl, ganz auf das Erleben des Augenblicks gerichtet ist; das Bedürfnis, sich ständig zu bewegen, etwas anzufassen, Geräusche hervorzubringen, etwas Neues auszuprobieren; ein Tun ohne Zweckgebundenheit, einfach aus dem Drang zur Aktivität, die sich selbst Ziel zu sein scheint; ein unerklärliches Wiederholen scheinbar nutzloser Handlungen; die häufige Unfähigkeit, die Bedürfnisse der anderen, besonders der Erwachsenen, wahrzunehmen. Dazu der starke Wille des Kindes, auf irgendeine Weise doch das zu erreichen, was es als innere Notwendigkeit zu spüren scheint, aber was für den Erwachsenen oft unverständlich ist.

Auch die Werkzeuge, mit denen Erwachsene und Kinder umzugehen verstehen, sind in den ersten Jahren sehr verschieden: Der Erwachsene arbeitet mit Symbolen, die dem Kind unverständlich sind. Dagegen drückt sich das Kind durch Spiele aus, die der Erwachsene selten begreift und in deren Welt einzudringen ihm selten anziehend erscheint. Der Erwachsene ist Meister im Umgang mit vielen Gegenständen, komplizierten Maschinen, deren Gebrauch für die Kinder oft gefährlich oder unverständlich ist, die ihn aber immer wieder magisch anziehen. Das Kind dagegen fühlt sich noch zu Hause in einer Welt der Fantasie, die dem Erwachsenen kindisch oder sogar gefährlich erscheint. Der Erwachsene fühlt sich wohl mit Abstraktionen und logischen Erklärungen, die

Erziehung zum Sein

er oft über seine Kinder ausschüttet. Kinder dagegen brauchen Gelegenheiten, den Dingen durch ihre eigene Aktivität ihre Geheimnisse zu entlocken und ihre eigenen Entdeckungen zu machen.

So leben die Generationen häufig im Konflikt. Dabei hat der Erwachsene zunächst den Vorteil, daß er durch seine größere Statur, Entscheidungskraft, Autorität und Erfahrung die Situation kontrolliert. Doch es dauert nicht lange, so finden die kleinsten Kinder schon Mittel und Wege, sich zu wehren und ihre eigene Welt zu verteidigen. Die einen spezialisieren sich aufs Gehorchen und Gefallen, die anderen aufs Rebellieren; die einen machen die Welt der Großen durch ständige Forderungen, durch Lügen, Tränen oder Streit mit den Geschwistern auf sich aufmerksam; manche wollen nicht essen und andere essen zuviel. Es ist eine Liste, die wir endlos ergänzen könnten.

Was wir für diese allgemein bekannte Situation, die „in den besten Familien vorkommt", anbieten, ist das Entgegenkommen der Eltern. Wir raten an, daß die Eltern ihre Kinder so ernst nehmen, wie sie selbst ernst genommen werden möchten, und daß sie, ohne auf ihre eigenen guten Rechte zu verzichten, die Bedürfnisse der Kinder erst einmal zu verstehen suchen und sie dann, soweit es in ihrer Macht liegt und mit dem Allgemeinwohl zu vereinen ist, zu erfüllen trachten. So begeben sich die Eltern, wenn sie unsere oft ganz praktischen Ratschläge zu befolgen beginnen, in einen Prozeß, der sie immer mehr das Denken mit dem Fühlen verbinden läßt. Sie nähern sich allmählich einem Verständnis des geheimen Lebens ihrer Kinder und damit auch ihres eigenen Lebens, bis zurück zu ihrer oft verschütteten, aber in ihren unbewußten Reaktionen wiederkehrenden Kindheit. In der täglichen Praxis merken sie bald, daß sie schon mit kleinen Änderungen zugunsten der Kinder große Erfolge erzielen und für sich und ihre Kinder einen gemeinsamen Lebensraum schaffen können, in dem sich beide, Eltern und Kinder, respektieren und wohlfühlen.

„Seitdem ich unseren Kindern zehn Minuten vor Mahlzeitbeginn das Essen ansage, ist bei uns die gemeinsame Tischzeit viel harmonischer. Die Kinder kommen gutgelaunt an den Tisch, essen ohne zu mäkeln und genießen die Zeit, die wir bei Essen und Gesprächen gemeinsam verbringen." So zieht eine gute Gewohnheit viele andere nach sich. Fast unbemerkt wird aus dem „Kampfplatz der Generationen" eine Familie, in der sich jeder, einschließlich der Besucher, wohlfühlt.

Trotzdem müssen wir damit rechnen, daß die Zweifel nicht aufhören,

Rückwirkungen auf die Erwachsenen

und sich Eltern, die sich im „neuen System" schon sicher glaubten und ihren Nachbarn gute Ratschläge erteilen konnten, in einer ungewohnten Situation wieder ratlos fühlen und erneut in der Pestalozzi-Sprechstunde erscheinen. Eine Sorge, die niemals ausbleibt, ist, wie ihre Kinder die Umstellung aufs traditionelle Schulsystem überstehen werden. Wir versuchen, sie zu beruhigen, denn die Erfahrung hat gelehrt, daß Kinder aus dem freien System durchaus anpassungsfähig sind und den Übergang ohne Schwierigkeiten bewältigen können. In den meisten Fällen sind sie sogar Musterschüler geworden. Doch gibt es immer wieder Eltern, die das Zutrauen zur traditionellen Schule verloren oder selbst so schlechte Erfahrungen gemacht haben, daß sie ihre Kinder vor einer Wiederholung bewahren wollen. Sie waren und sind eine große Unterstützung beim Aufbau unserer alternativen Grundschule. Bevor ich jedoch von dieser neuen Erfahrung berichte, möchte ich einige Forschungen erwähnen, die uns in den letzten Jahren in unserer Arbeit mit Kindern und Eltern sehr hilfreich gewesen sind. Sie ließen uns unsere eigenen Erlebnisse besser verstehen, Zusammenhänge klarer sehen und diese besser erklären. Manche der Forschungen, die uns erst in der letzten Zeit bekannt wurden, habe ich in dem Buch *Sein zum Erziehen* erwähnt. An dieser Stelle möchte ich von einigen Studien berichten, die uns bald nach unseren ersten Erfahrungen mit der Montessori-Pädagogik halfen, unser Konzept zu erweitern und zu klären. Im Rückblick entdecken wir, daß das damit gewonnene Verständnis von Zusammenhängen uns selbst, den Eltern und nicht zuletzt auch in unseren Auseinandersetzungen mit den Behörden sehr dienlich war und wesentlich zum Überleben der Schule beigetragen hat.

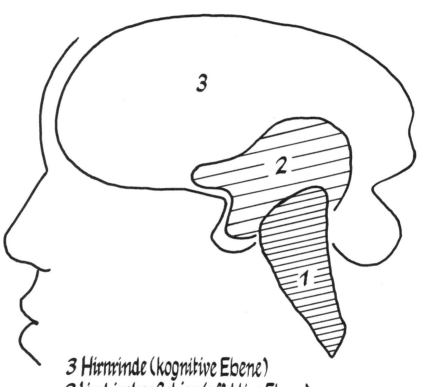

Entwicklung der Hirnstrukturen und Bewußtseinsebenen
(schematische Darstellung)

3 Hirnrinde (kognitive Ebene)
2 Limbisches Gehirn (affektive Ebene)
1 Retikuläres Gehirn (körperliche Ebene)

Erziehen und Fühlen

Auf den folgenden Seiten will ich davon berichten, wie sich allmählich das Konzept für unsere Arbeit herauskristallisiert hat. Doch möchte ich an dieser Stelle besonders betonen, daß bei uns die Theorie nie vor der Praxis da war, sondern sich umgekehrt durch die Praxis immer neue Fragen ergaben, auf die wir eine Antwort suchten und für die wir Informationen aus vielen verschiedenen Richtungen bekamen. Wir merkten ziemlich schnell, daß jegliche Entwicklung mit Bedürfnissen zusammenhängt, die erfüllt werden müssen, wenn sich ein Kind seinem inneren Gesetz gemäß entfalten soll. Aber wie konnten wir diese Bedürfnisse definieren, authentische von Scheinbedürfnissen unterscheiden lernen? Wann mußten wir "mit dem Kind gehen", wann Grenzen setzen? Solche Fragen beantworten zu können ist ja nicht nur für das Wohlbefinden des Kindes, sondern auch der Erwachsenen von großer Wichtigkeit.

Zu den ersten Autoren, die uns hier weiterhalfen, gehörten Arthur Janov und Michael Holden mit ihrem Werk *Das neue Bewußtsein*. Janov hatte viele Jahre lang als Psychoanalytiker gearbeitet und entwickelte dann eine Technik, die als Primärtherapie bekannt wurde. Er leitete später das Primärinstitut in Los Angeles, dem eine neurologische Forschungsabteilung unter der Leitung von Michael Holden angeschlossen war. Durch die Zusammenarbeit dieser beiden Ärzte wurden wertvolle Erkenntnisse über das Reifen von Hirnstrukturen zusammengetragen, und aus den von ihnen bekanntgemachten Beobachtungen wird deutlich, wie sehr die Kindheitserlebnisse das Lebensgefühl, also das Fühlen und Denken des Erwachsenen bestimmen – daß letztendlich viele unserer Spannungen, Ängste und ungeeigneten Verhaltensmuster mit Kindheitserlebnissen zusammenhängen, nicht selten sogar auf vorgeburtliche Erfahrungen zurückzuführen sind. Bei der Beschreibung jedes Therapiefalles erkennen wir voller Bestürzung, daß sich diese „Fälle" auch heute vor unseren eigenen Augen ständig wiederholen, und zwar am Beispiel unserer

Erziehung zum Sein

eigenen Kinder und der Kinder, mit denen wir täglich zusammentreffen – im Supermarkt, im Wartezimmer der Ärzte, bei unseren Freunden; auf Schritt und Tritt haben alle Kinder, von uns meist unbeachtet, Erlebnisse, die ihr Leben prägen werden. Uns wird deutlich, daß es von uns abhängt, ob unsere Kinder mit den gleichen Belastungen groß werden, die unser eigenes Leben beschweren. Es geht also um die Art, wie wir unsere Kinder in die Welt setzen, wie wir sie behandeln, was wir von ihnen erwarten und welche Umgebung wir für sie schaffen.

In der Arbeit von Holden und Janov liegt der Schwerpunkt auf Erlebnissen der frühen Kindheit und wie diese den Reifeprozeß des dreiteiligen Gehirns beeinflussen. Soweit die in ihrem Buch erwähnten Informationen unsere Arbeit besonders betreffen, werde ich sie kurz erwähnen. Ich möchte aber vorwegnehmen, daß sie nur der erste Anstoß für uns waren, die Entwicklung des Menschen vom Verständnis einer biologischen Wirklichkeit her anzugehen und damit einen neuen Blickwinkel auf jegliche Lebenssituation des Kindes zu gewinnen.

Der Gedanke ist einfach: Jedes Kind ist ein komplexes Wesen und gibt uns immer wieder neue Rätsel auf, aber als Organismus müssen seine elementarsten Bedürfnisse mit denen allen organischen Lebens auf der Erde übereinstimmen. Wenn wir diese Grundprinzipien nicht respektieren, können wir nicht erwarten, daß sich ein Organismus problemlos entwickelt und ein "gutes Lebensgefühl" hat – und systematisch die Grundbedürfnisse des Lebens zu mißachten, bedroht schließlich nicht nur die Lebenskraft des Individuums, sondern der gesamten Art.

Diese Zusammenhänge haben wir bisher in Hoimar von Ditfurths Buch *Der Geist fiel nicht vom Himmel* am eindrücklichsten zusammengefaßt gefunden. Er geht zurück bis zur Urzelle, um zu zeigen, wie sich organisches Leben auf der Erde erhalten und entwickeln konnte. Das Erscheinen der ersten Zelle war in der langen Erdgeschichte durch das Zusammenhalten einer großen Anzahl von Riesenmolekülen geglückt. Hier begann das erste Drama organischen Lebens. Die Urzelle war winzig, mikroskopisch klein, hatte noch nicht einmal einen Zellkern, nicht einmal Organellen. Doch ihr Protoplasmaleib enthielt ein Molekül, das ihren Bauplan speicherte, diesen kopieren konnte und somit Fortpflanzung ermöglichte. Damit setzte sich dieses erste organische Leben von der Übermacht der chemischen und physikalischen Reaktionen der Umwelt ab, es verselbständigte sich sozusagen und folgte seinem eigenen ihm innewohnenden Plan.

Erziehen und Fühlen

So entstand das erste Bedürfnis organischen Lebens – die Urzelle mußte sich gegen die Außenwelt abgrenzen, einen Schutz gegen das äußere Chaos schaffen, aus dem sie soeben hervorgegangen war, das sie aber gleich wieder zu zerstören drohte. Hier entstand auch der erste Konflikt in der Geschichte des organischen Lebens: Trotz aller Gefahren durfte sich die Urzelle nicht völlig vor ihrer Umwelt verschließen, denn das hätte genauso ihr Ende bedeutet wie ein zu weites Öffnen. Ohne Austausch mit ihrer, wenn auch noch so chaotischen Umwelt, würde sie durch das Grundgesetz der Entropie, das für geschlossene Systeme gilt, zugrundegehen.

Es war also unbedingt notwendig, daß sie sich der Außenwelt öffnete. Dieser Konflikt wurde von der Natur durch eine geniale Lösung bewältigt, die auch heute noch allem organischen Leben dient. Eine halbdurchlässige Membrane sorgte dafür, daß die Urzelle den nötigen Energieaustausch mit der Umwelt aufrecht erhalten konnte. Diese Membrane ließ nur das herein, was der inneren Struktur der Zelle zu ihrem Überleben und ihrer Entwicklung diente.

Nun gab es also ein Innen und ein Außen, und das erste Prinzip des Lebens war somit aufgestellt. Seither ist Leben möglich durch die Interaktion eines Organismus mit seiner mehr oder weniger chaotischen Umwelt. Damit stoßen wir auf das nächste Prinzip, das zur Bewahrung des ersten Lebens notwendig wurde: Die Steuerung der Interaktion lag von Anfang an nicht außerhalb, sondern innerhalb des Organismus. Es war die Zelle, die bestimmte, was von draußen hereinkommen durfte und was nicht. Dazu dienten ihr drei Fähigkeiten. Nur solche Zellen, die sich voll entwickelten, konnten überleben, um uns ihre Geschichte zu erzählen: Die Zelle mußte im äußeren Chaos zwischen den verschiedensten Stoffen und Dingen, mit denen sie in Berührung kam, unterscheiden können, sie mußte diese bewerten und schließlich auswählen, was sie hereinließ und auch, was wieder auszuscheiden war. Hier zeigt sich also schon, daß Intelligenz nicht das Ergebnis eines gut geplanten Curriculums ist, sondern seit Anbeginn zum organischen Leben gehörte.

Nachdem sich große Ansammlungen von Einzellern zu Organismen zusammengetan und darin bestimmte Aufgaben übernommen hatten, entstand die Notwendigkeit eines Organs, das als Koordinator für die bereits sehr vielfältigen Funktionen dienen konnte. So bildete sich allmählich das retikuläre Nervensystem, das bei den Reptilien einen hohen

Erziehung zum Sein

Grad an Perfektion erlangte und noch heute die automatischen Funktionen aller komplexen Lebewesen, einschließlich des Menschen, reguliert. Die biologische Forschung hat herausgefunden, daß das Retikulärsystem nur im direkten Kontakt mit der Umwelt reagiert und funktioniert. Dieses Prinzip sehen wir z.B. bei Würmern, die sich erst dann einringeln, wenn sie tatsächlich berührt werden oder erst dann ihre Richtung ändern, wenn sie direkt auf ein Hindernis stoßen. Im Retikulärsystem der Warmblütler gibt es so z.B. einen Monitor, der ständig die Bluttemperatur mißt. Empfängt dieses Meßzentrum die Meldung "zu kalt" oder "zu warm", so werden eine Reihe von Mechanismen in Gang gesetzt, durch die der Organismus sich vor zu großer Hitze oder Kälte zu schützen versucht.

Obwohl das Retikulärsystem mit seinen ausgefeilten Regulierungsfunktionen dem Organismus wertvolle Dienste leistet, stellte sich im großen Wechselspiel der Evolution heraus, daß eine solche Art und Weise, auf die Umwelt zu reagieren, nicht immer zweckmäßig ist, ja sogar gefährlich werden kann. Der Organismus reagiert erst dann, wenn er schon mitten im Geschehen ist. Eine Motte z.B. kann auf die Hitze einer Kerzenflamme erst reagieren, wenn sie direkt damit in Berührung kommt – sie kann die Gefahr also nicht schon im voraus erkennen. So erfand die Natur ein weiteres System, das nicht erst im direkten Kontakt reagiert, sondern Gefahren oder Ereignisse schon auf eine gewisse Entfernung "voraussehen" kann. Dabei handelt es sich um das limbische System, das bei den Säugetieren seine größte Perfektion erlangte. Es kann auf Signale reagieren, Hinweise bekommen und Handlungen in die Wege leiten, bevor der Organsimus mitten im Geschehen ist.

Es ist außerordentlich faszinierend, wie diese Koordinierungsarbeit des limbischen Systems ausgelöst wird und wie sie abläuft. Die wichtigsten Signale für das Überleben einer Art sind bereits im Erbgut enthalten, ebenso wie komplette vorprogrammierte Handlungsabläufe, die sich offenbar über viele Generationen hinweg als zweckmäßig erwiesen haben. Diese Kombinationen von Signalen und den entsprechenden Handlungsabläufen bestimmen vor allem die lebenswichtigsten Verhaltensweisen einer Art, wie z.B. das Paarungsverhalten, die Brutpflege, die Körperpflege und die Verteidigung. Solche angeborenen Verhaltensprogramme, die die Weisheit einer Art vererben, gaben dieser auch sehr viel bessere Überlebensmöglichkeiten.

Doch die Entwicklung hörte hier nicht auf. Gerade wegen ihrer fast

Erziehen und Fühlen

hundertprozentigen Effizienz und Genauigkeit bedeuteten diese Regelkreise auch eine Gefahr, wenn immer die äußeren Umstände nicht mehr mit den ursprünglichen Reizen, die das Programm hatten entstehen lassen, zusammenstimmten. Die Seeschildkröten von Galapagos z.B. lernten ihre Eier in einer bestimmten Distanz vom Wasser in den warmen Sand der Strände abzulegen. Doch diese Prägung geschah, bevor es dort Möwen gab, die sich nun über die ausschlüpfenden Schildkröten hermachen und einen hohen Prozentsatz von ihnen vertilgen, bevor sie das rettende Wasser erreichen können.

Wenn sich ihre Lebensbedingungen plötzlich veränderten, mußten viele Arten wegen solch vorgeprägter Strategien die Szene der Evolution wieder verlassen. Langsam bahnte sich eine Neuerung an, deren erfolgreichste Nutznießer wir selbst geworden sind. Es war eine verblüffende Antwort auf das Problem der Anpassung an eine veränderliche Umwelt, obwohl die Bausteine für das Neue – wie bei allen Lebensprozessen – aus dem Vorhergegangenen stammten. Den beiden ersten Nervensystemen wurde eine neue Struktur übergestülpt, nämlich die Hirnrinde oder das "neue Gehirn". Diesen Namen trägt es mit Recht, denn mit ihm hat sich die Natur etwas vollkommen Neues einfallen lassen. Die Hirnrinde ist, abgesehen von einer Einteilung in gewisse Bereiche, nicht vorprogrammiert. Doch selbst diese allgemeine Einteilung ist nicht definitiv und kann im Notfall verlagert werden.

Die Hirnrinde ist also im Gegensatz zum alten Gehirn, in dem geschlossene Regelkreise gespeichert sind, offen und wartet auf eine Prägung durch die Erlebnisse des Individuums vom Mutterleib an. Damit ist der individuelle Mensch frei zu lernen, die vom alten Gehirn gespeicherten Programme willentlich zu gebrauchen, auf Situationen nicht nur instinktiv zu reagieren, sondern sie von vielen Seiten her zu analysieren und im persönlichen Leben alternative Handlungsweisen zu finden. Die Hirnrinde ist seit der Entstehung der halbdurchlässigen Membrane zur genialsten Struktur des organischen Lebens geworden. Dank ihrer kann jeder Mensch in seiner kurzen Lebensspanne lernen, für unerwartete Situationen neuartige Lösungen zu finden.

Doch auch dieses Instrument enthält bereits seine eigenen Gefahren. Da es so offen ist, kann es, statt von innen durch die Weisheit seiner Art, die vom alten zum neuen Gehirn gelangt, nun von außen dirigiert und programmiert werden. Und so kann der Besitzer eines gut aktivierten Großhirns in Umständen funktionieren, die das Grundprinzip der Interaktion "von innen nach außen" nicht respektieren. Homo sapiens ist durch seine Anlage zu allem konditionierbar, wenn die Verbindung zu seinen tieferliegenden Strukturen gestört wird. Die Geschichte unserer Art gibt uns viele tragische Beispiele dafür, und heute sind wir nahe daran, sogar unser eigenes Habitat zu zerstören – ein Beweis, daß wir in der Kultivierung unseres Intellekts die innewohnende lebensbewahrende Intelligenz vernachlässigt oder vergewaltigt haben.

Es sollte uns nicht schwerfallen, die Verbindung zwischen diesem Ausflug in die Biologie des Menschen zu unserem Anliegen – einem respektvollen Umgang mit Kindern – herzustellen. Es geht darum, Umgebungen für Kinder zu schaffen, in denen sich ihr „menschlicher Plan" verwirklichen kann. Unsere Frage ist darum, wie wir eine Konditionierung von außen vermeiden und einen optimalen Reifeprozeß von innen unterstützm können. Um dahin zu kommen, dürfen die Verbindungen zwischen den verschiedenen Gehirnstrukturen, die nach den gleichen Prinzipien der halbdurchlässigen Membrane arbeiten, möglichst wenig blockiert werden. Und das ist nur möglich, wenn die Umgebung frei von Gefahren ist und nicht von außen in die inneren Funktionen des Organismus eingegriffen wird.

Der menschliche Plan, das heißt, Lernen durch persönliche, von innen gesteuerte Auseinandersetzung mit der Umwelt, sorgt dafür, daß das innere Gleichgewicht des Organismus nicht gefährdet und damit auch das Gleichgewicht in der äußeren Welt nicht gestört wird. Beim Lernen als Programmierung von außen werden diese sensiblen, in sich vernetzten Systeme, die alles Lebendige miteinander verbinden, zwangsläufig in Unordnung gebracht. Ziel solchen Lernens ist ja auch nicht eine harmonische Reifung, sondern richtet sich vielmehr nach den jeweiligen Erwartungen der Gesellschaft, die sich nicht vor Konditionierungstechniken scheut, um das Individuum ihren Werten anzupassen. Es ist darum kein Wunder, daß von außen gesteuertes Lernen gegen die Natur geht und früher oder später zu Problemen führt. Besonders eindrücklich und aufschlußreich beschreibt diese Zusammenhänge Joseph Chilton Pearce in seinen Büchern *Das magische Kind* und *Der nächste Schritt der Menschheit*.

In unserer Praxis haben wir über die Jahre hinweg Informationen über die Strukturierung der drei Gehirne sehr zu schätzen gelernt. Sie halfen uns, die Prozesse von Kindern und Erwachsenen ein wenig zu verstehen und respektieren zu lernen. Holden weist darauf hin, daß das retikuläre

Erziehen und Fühlen

System bereits im embryonalen Zustand voll ausgebildet wird. Offenbar ist bewiesen, daß es mindestens von der sechsten Schwangerschaftswoche an die Erfahrungen des sich entwickelnden Menschen registriert. Diese Erfahrungen sind notgedrungen durch das physische und psychische Erleben der Mutter selbst geprägt. Alle positiven Erlebnisse werden voll integriert und dienen der gesunden Entwicklung des neuen Organismus. Negative Erlebnisse, die dem neuen Organismus schädlich sein könnten, werden blockiert und nötigen den Organismus zu Umgehungsmanövern und Ersatzlösungen. Diese negativen Erfahrungen sind verantwortlich für alle psychosomatischen Krankheiten. Ist einmal die Entwicklung dieser ersten Strukturen abgeschlossen und das retikuläre Gehirn voll funktionsfähig, übernimmt es die Steuerung aller lebenswichtigen Körperfunktionen wie Kreislauf, Atmung, Verdauung usw. In diesem Augenblick gibt der neue Organismus dem Körper der Mutter das Signal, das den Geburtsprozeß einleitet. Dies ist der erste Lebensakt, der, falls die Natur zu ihrem Recht kommt, vom neuen Organismus selbst "gewollt" wird. Schon in diesem wichtigen Augenblick kann der neue Mensch seine erste Enttäuschung erleben, wenn die Geburt – sei es aus wirklicher Notwendigkeit oder nicht – von außen her eingeleitet wird.

Die Geburt selbst ist bekannterweise kritisch für den neuen Organismus. Geht sie fließend und mit der bereitwilligen Mitarbeit der Mutter vor sich, kann sie als ein starkes und positives Erlebnis registriert werden. Das Kind erfährt im Geburtskanal eine kräftige und für sein späteres Leben ungeheuer wichtige Stimulation seiner Haut, Muskeln sowie seiner inneren Organe und erreicht seine neue Umgebung mit wachen Sinnen und in höchster Aufnahmebereitschaft. Eine zweite Hirnstruktur, die bisher latent gewesen ist, wird durch dieses erste starke Erlebnis zur Funktion aufgerufen, nämlich das limbische Gehirn. Es soll von nun an die Verantwortung für all diejenigen Erlebnisse übernehmen, die das Kind mit seiner Außenwelt in Verbindung bringen: seine Sinneswahrnehmungen, seine unzähligen Bewegungsmöglichkeiten und Gemütserfahrungen. Es ist leicht zu begreifen, daß bei einer schwierigen oder unnatürlichen Geburt das neu in Funktion tretende Gehirn die ersten Vorsichtsmaßregeln zu treffen lernt. Ein Kind, das sich zum Beispiel in der Nabelschnur verwickelt hat, wird sich durch Zurückziehen oder Stillhalten in Sicherheit zu bringen suchen und diese Reaktion in allen schwierigen Momenten seines Lebens unbewußt wiederholen. Oder ein ande-

Erziehung zum Sein

res Kind, das durch eine verzögerte Geburt nicht schnell genug aus seiner gefährlichen Stellung nach außen gelangt, muß mit aller Kraft hinausstoßen und gehört womöglich später zu der Art Menschen, die bei Schwierigkeiten nicht erstarren, sondern vielmehr wild um sich schlagen oder hektisch das Weite suchen.

Aus diesen Gründen setzen sich immer mehr Frauen und Ärzte für eine natürliche Geburtspraxis ein. Die Mütter, und nicht selten beide Eltern, bereiten sich wochenlang durch Gespräche und Entspannungsübungen auf dieses wichtige Ereignis vor, das so ausschlaggebend für die Grundhaltungen ihres Kindes sein kann. Die Mutter lernt, durch ihre aktive Mithilfe die Geburt für das Kind und auch für sich selbst zu einem starken, aber positiven Erlebnis zu machen. Der Arzt verzichtet auf manche Vorteile, die ihm ein moderner Kreißsaal bietet. Das Kind wird in einem warmen Raum mit abgedämpften Licht geboren. Laute Geräusche und brüske Bewegungen werden vermieden, und noch vor dem Abnabeln wird es seiner Mutter an die Brust gelegt. Mütter, die solch eine natürliche Geburt praktiziert haben, bestätigen uns immer wieder, daß diese Babies sich positiv von denen unterscheiden, die unter den Bedingungen einer modernen Klinik geboren wurden. Sie schlafen nicht mit geballten Fäustchen, sondern mit weit geöffneten Händen; sie sind weniger schreckhaft, leiden weniger an Koliken und regulieren leichter ihren Tagesrhythmus. In Frankreich wurde beobachtet, daß alle Kinder, die nach der Leboyer-Methode auf die Welt kamen, mit beiden Händen gleich geschickt sind, also weder die Eigenschaften von Rechts- noch von Linkshändern haben. Die gleiche Beobachtung haben wir bei Indianerkindern gemacht, die in der Regel in einer dunklen Lehmhütte auf die Welt kommen.

Je nach Entwicklungsetappe spielen sich die Reifungsprozesse vorrangig in einer der drei Gehirnstrukturen ab. Doch dürfen wir uns diese Systeme nicht getrennt voneinander vorstellen. Vielmehr bezieht jede Erfahrung auf einer bestimmten Reifestufe die anderen Strukturen mit ein. In den ersten sieben bis acht Jahren nach der Geburt werden vor allem die artspezifischen Regelkreise des limbischen Gehirns aktiviert und gleichzeitig das Großhirn für neue Erfahrungsmöglichkeiten vorbereitet. Von Geburt an registriert also das limbische Gehirn, das wir mit den höheren Säugetieren gemeinsam haben, alle Erlebnisse des Kindes, koordiniert neue Erfahrungen mit den alten und vereint so in einer Struktur dreierlei: Gefühle, Sinneswahrnehmungen und Bewegungen. Erfährt

Erziehen und Fühlen

ein Kind nicht genügend Liebe, so kann sich dieser Mangel in unkoordinierten und gespannten Bewegungen und verminderter Sinneswahrnehmung widerspiegeln. Oder umgekehrt: wird sein Bewegungsdrang gehemmt oder erfahren seine Sinne nicht die passenden Reize, kann solch ein Mangel zu einem gestörten Gefühlsleben führen. Das limbische Gehirn wird also durch den vielfältigen und andauernden Umgang mit der Umwelt allmählich funktionsfähig. Diese Entwicklung ist erst um das siebte oder achte Lebensjahr herum abgeschlossen. Seine Funktionsfähigkeit, zusammen mit den ungestörten Funktionen des retikulären Gehirns, das für die Gesundheit des Körpers verantwortlich ist, gibt unseren Handlungen unser Leben lang die nötige Antriebskraft, aber auch Richtung und Tiefe.

Die Hirnrinde, das dritte und neue Gehirn, das uns zu denkenden Menschen macht und uns befähigt, mit Abstraktionen wie Sprache, Symbolisierungen und logischen Folgerungen umzugehen, tritt zunächst nur zögernd, bis zum siebten oder achten Lebensjahr vor allem im Dienst der Sinneswahrnehmungen und Gefühle in Funktion. Die Etappe seiner intensivsten Entwicklung liegt etwa zwischen dem siebenten und vierzehnten Lebensjahr und soll uns im folgenden Kapitel beschäftigen.

In unserem Umgang mit Kindern können uns die ersten sieben Jahre gar nicht wichtig genug werden. Wir müssen uns immer wieder bewußt machen, daß die Strukturen eines Kindes nicht ausgereift sind. Unsere „Erziehungsversuche" haben also nur einen Zweck, wenn wir bereit sind, die Bedürfnisse des wachsenden Organismus zu erfüllen und Störungen und Fehlentwicklungen zu vermeiden. Niemand zweifelt daran, daß die Bedürfnisse des wachsenden Körpers nach gesunder Nahrung, frischer Luft und Sauberkeit erfüllt werden müssen. In Europa sieht man die wohlgenährten Babies schon früh in ihren Krippen an der frischen Luft stehen. Manchmal werden sie nur hereingebracht, wenn sie gefüttert oder ihnen die Windeln gewechselt werden müssen. Jederman weiß, daß kranke, unterernährte Kinder in der Schule nicht vorankommen. So bekümmert uns längst der Nahrungsmangel in der Dritten Welt, und wir sehen es als unsere Pflicht an, diesem Leiden abzuhelfen.

Doch wenig Bewußtsein herrscht noch, was die zweite Hirnstruktur angeht und die Bedürfnisse, die mit ihr zusammenhängen. Hier liegt die überragende Bedeutung der Erkenntnisse Janovs und Holdens, die wir zur Bereicherung der Beziehungen zu unseren Kindern heranziehen sollten. Die Zusammenhänge sind in ihrer Essenz einfach, aber auch schwer-

Erziehung zum Sein

wiegend: Jeder wachsende Organismus hat Bedürfnisse, die erfüllt werden müssen, sollen spätere Probleme vermieden werden. Jedes unbefriedigte Bedürfnis erzeugt Schmerz, der im ganzen Körper einen Warnzustand hervorruft – Hormonausscheidungen, erhöhten Herzschlag und erhöhte Temperatur, veränderte Hirnwellen. Dabei ist die Wirkung die gleiche, ob es sich nun um psychische oder physische Bedürfnisse handelt (zum Beispiel, ob man körperlich oder seelisch verletzt wird). Ist der Schmerz zu stark oder andauernd, so muß sich der Organismus gegen ihn, der an sich ein lebensnotwendiges Warnsignal ist, verteidigen. Er blockiert also den Schmerz in gerade der Hirnzone, die für die Registrierung der entsprechenden Erlebnisse zuständig ist. Das ursprüngliche Bedürfnis bleibt zwar weiterhin unbefriedigt, wird aber dem Organismus unbewußt.

Der Organismus sorgt nun dafür, den Zugang zum schmerzlichen Erlebnis zu versperren, um eine Wiederholung der gefährlichen Körperreaktionen zu verhindern. Kommen weitere Schmerzerlebnisse hinzu, werden sie in einem gemeinsamen „Schmerzbrunnen" verwahrt und versiegelt (doch dieser Brunnen kann in besonders kritischen Situationen überlaufen). Durch diese Vorkehrung lebt der Organismus im großen und ganzen scheinbar ungestört weiter – allerdings mit einigen Veränderungen, die dem Betroffenen oft ein Leben lang unbewußt bleiben. Der Zweck dieser Strategie liegt ja gerade darin, „unbewußt" zu machen, also den Schmerz nicht fühlen zu lassen. Um die Blockierungen aufrecht zu erhalten, muß der Organismus Energien aufwenden, die sonst anderweitig nutzbar wären. Diese Energien erzeugen Spannungen, die vielleicht dem „Blockierten" nur auffallen, wenn sie sich in körperlichem Unbehagen, Rückenschmerzen, Magendrücken oder Kopfschmerzen bemerkbar machen. Leichter als an uns selbst entdecken wir solche Spannungen oft an unseren Mitmenschen. Wir entdecken an unserem Nachbar eine schrille Stimme, wundern uns, warum er unaufhörlich redet oder über alles Witze macht. Viele solcher kleinen Anzeichen einer inneren Spannung halten wir womöglich für den „typischen" Charakter einer Person. Diese Spannung löst aber gerade gewisse Abweichungen von unserer ursprünglichen Art zu sein aus, die uns selbst und unseren Mitmenschen unbewußt bleiben, falls sie nicht pathologische Formen annehmen. Alle unbefriedigten Bedürfnisse, deren begleitender Schmerz wohl verkapselt ist, sind nämlich im Wachen und Schlafen gegenwärtig. Da ihnen die ursprüngliche Befriedigung versagt geblieben ist, drängen

Erziehen und Fühlen

sie bei jeder Gelegenheit auf Ersatzbefriedigungen. Sie machen aus unseren Kindern Menschen, die immer neue „Sensationen" brauchen, die an die Stelle wohl integrierter Gefühle treten. Sie machen uns zu Menschen, die immer Neues und immer mehr brauchen und doch nie recht zufrieden sind. Wo immer wir uns selbst und unsere Mitmenschen kritisch beobachten, entdecken wir auf Schritt und Tritt typische Anzeichen einer gewissen Unzufriedenheit, die auf Ersatzlösungen drängt – bei den „normalen" wie auch bei „neurotischen" Menschen. Für uns bleiben diese Beobachtungen oft subjektive Eindrücke, und meist werden wir uns ihrer erst bewußt, wenn sie irritierend wirken.

Was sind aber die wirklichen und ursprünglichen Bedürfnisse eines kleinen Kindes, die wir als Erwachsene erfüllen müssen, um spätere Spannungen zu vermeiden und eine optimale Entwicklung zu unterstützen? Es ist für uns als Eltern oder Lehrer, die jedes Opfer bringen, um unseren Kindern von klein auf Kultur zu vermitteln, nicht einfach zu akzeptieren, daß die wichtigsten Bedürfnisse eines Kindes bis zum siebten Jahr sehr „primitiver" Natur sind. Es scheint schockierend, daß wir diese Bedürfnisse mit den Primaten gemeinsam haben: das Bedürfnis nach Körperkontakt, Bewegung und reichlichen Sinneseindrücken. Uns Menschen bereitet es oft große Schwierigkeiten, unserem Nachwuchs diese Bedürfnisse ohne Widerstand zu erfüllen. In dieser Hinsicht verursacht unser höherer Verstand uns manche Verwirrung. Wie oft sehen wir intelligente Mütter ihr Baby an die frische Luft stellen, um es da draußen so lange schreien zu lassen, bis es endlich erschöpft einschläft!

Wenn wir im Kindergarten davon sprechen, daß ein Kind nicht genügend Mutterliebe bekommen habe, so heißt dies keineswegs, daß manche Mütter ihre Kinder nicht lieben, sondern daß sie ihnen den nötigen Körperkontakt versagen, wenn die Kinder ihn am nötigsten brauchen. Dieses unbefriedigte Bedürfnis nach Körperkontakt bleibt oft ein Leben lang gegenwärtig. Es wird vom kleinen Kind, dessen Mutter es nicht genügend oder im falschen Moment in den Arm nimmt, es nicht ohne Gegenbedingungen streichelt, herzt und küßt, mit der Zeit in „Ersatzbedürfnisse" umgewandelt, auf welche die Mutter leichter eingeht. Es wird vielleicht ein „gescheites" Kind, das sich schon früh mit der Mutter weise unterhält; vielleicht lernt es, die Aufmerksamkeit der Mutter durch schön gemalte Bilder, frühes Schreiben oder Klavierspielen zu erkaufen. Doch es hilft alles nichts: das eigentliche Bedürfnis nach Körperkontakt bleibt bestehen. In der Adoleszenz wird es vielleicht zum ersten Mal im

Erziehung zum Sein

Zusammensein mit einem Freund oder einer Freundin befriedigt und dann womöglich mit „wahrer Liebe" oder „tollem Sex" verwechselt.

In Südamerika fällt es den Müttern, falls sie nicht schon allzu modern sind und selbst mit ihren Gefühlen auf Kriegsfuß stehen, noch leicht, den kleinen Kindern den nötigen Körperkontakt zu geben, da sie die gültige Kultur in dieser Hinsicht unterstützt. Die Indianerfrauen tragen ihre Kinder bei all ihren Beschäftigungen auf dem Rücken und legen sie zum Schlafen neben sich ins Bett. Zwar legt die fortschrittlichere Ecuadorianerin großen Wert darauf, keine Indianersitten zu pflegen. Trotzdem findet sie nichts dabei, ihr Kind bei Tag oder Nacht in die Arme zu nehmen, sobald es schreit. Eine ganze Familienorganisation – Großmütter, Tanten, ältere Geschwister und Freunde – sorgen dafür, daß das Baby getragen, gewiegt, gehätschelt und gestreichelt wird. Man singt, spricht, lacht und spielt mit ihm, und wenn einer müde ist, wird er vom anderen abgelöst.

Doch wenn wir bedenken, daß die gleiche frühe Struktur des Gehirns sowohl fürs Gemüt, die Motorik und die Sinne verantwortlich ist, ist mit solch unermüdlicher Hingabe nicht alles für das Kind getan. Hier bietet sich uns wieder ein interessanter Vergleich an: Der gebildete Weiße, der es dem Kleinkind oft an hautnahem, innigem Körperkontakt fehlen läßt, begünstigt jedoch vielfach die Entwicklung seiner motorischen Unabhängigkeit und spornt es nicht selten zu früher Selbständigkeit und Erforschung seiner Umwelt an. Nicht immer verlangen diese kleinen Wesen nach soviel Erkundungsmöglichkeiten, denn jede persönliche Sicherheit hat ihren Ursprung in den Armen der Mutter. Oft können wir beobachten, wie diese Kinder geradezu angetrieben werden, die Welt zu erobern und ihren Unternehmungsgeist und ihre Tapferkeit zu beweisen. Diese Zusammenhänge werden uns im Kindergarten täglich am Beispiel von Kindern klar, die zwar ungeheuer aktiv, aber gleichzeitig aggressiv sind und die in kritischen Situationen leichter als andere in Tränen und Beschuldigungen ausbrechen.

Den traditionellen ecuadorianischen Müttern, Großmüttern und Tanten dagegen fällt es nicht leicht, dem herzigen Baby die nötige Unabhängigkeit zu geben. Das Indianerbaby bleibt fest in Tücher und Bänder gewickelt, auch wenn es längst kriechen und nach Gegenständen greifen möchte. Dem Mischlingskind wird alles abgenommen, was es selbst für sich tun könnte: Es wird gefüttert, bis es fünf oder mehr Jahre alt ist, getragen, wenn es laufen möchte, und wonach es greifen will, wird ihm

Erziehen und Fühlen

schnell in die Hand gegeben. Wenn diese Kinder in den Kindergarten kommen, verlangen sie zwar nicht so sehr nach der unmittelbaren Nähe einer Lehrerin, doch sie zeigen anfangs wenig Unternehmungsgeist und Entdeckerfreude. Kommen sie jedoch in eine Streß-Situation, bewahren sie viel häufiger ihre Seelenruhe.

Es besteht also kein Zweifel, daß die wahre Kunst im Umgang mit kleinen Kindern darin besteht, ihnen zur rechten Zeit und in der rechten Weise sowohl Sicherheit und Körperkontakt als auch Unabhängigkeit und Bewegungsfreiheit zu geben. Wie können wir Mütter es aber fertigbringen, in jeder Situation das Richtige zu tun oder zu lassen, wenn wir unsere eigenen Gefühle kaum verstehen? Vor kurzem wurde in Mexico ein interessantes Experiment mit einer Anzahl von Müttern und ihren neugeborenen Babies durchgeführt. In verschiedenen Varianten wurden sie nach der Geburt beisammengelassen oder getrennt. Dabei ergab sich, daß die kritischste Zeit die zwölf Stunden unmittelbar nach der Geburt sind, und dies nicht nur fürs Kind, sondern in besonderer Weise für die Mutter. Hat eine Mutter in dieser kritischen Zeit nach der Geburt mit ihrem Kind Körperkontakt, so wird in ihr eine spezifische Sensibilität begünstigt, durch die sie auf natürliche Weise die Bedürfnisse ihres Kindes verstehen kann. Sie kann zum Beispiel klarer unterscheiden, ob ihr Kind wegen Hunger, Unterkühlung, Bauchweh oder aus einem anderen Grund weint. Damit wird es ihr viel leichter, die Bedürfnisse des Kindes ohne Zeitverlust zu erfüllen. Dagegen geht den Müttern, die in diesen ersten zwölf Stunden von ihren Kindern getrennt werden, dieser Spürsinn weitgehend verloren – so wie etwa eine Tiermutter ihr Kind nicht wiedererkennt, wenn es nach der Geburt von ihr genommen wird. Wie schwer muß es also für uns „moderne" Mütter sein, spontan und natürlich auf unsere Kinder einzugehen und wie groß das Bedürfnis, uns von Spezialisten beraten zu lassen!

Schließlich drängt sich uns die wichtige Frage auf: Wie können Eltern, die selbst voll unerfüllter Bedürfnisse und Spannungen sind, das unmittelbare Gefühl für die Bedürfnisse ihrer Kinder aufbringen, wenn doch alles, was sie fühlen, wenn sie sich öffnen, ihr eigener Schmerz ist? Janov zeigt an vielen Beispielen, wie sehr Eltern oft in den besten Absichten für ihre Kinder in Wirklichkeit ihre eigenen unerfüllten Bedürfnisse auf sie projizieren. In den unteren Schichten Ecuadors ist es eine ganze Gesellschaft, die ihren Kindern eine Schulbildung ermöglichen will, die sie selbst nicht genossen hat. In einer Eliteschule in Quito wird

Erziehung zum Sein

in jedem Jahr eine fünfte Klasse zusammengestellt, welche die intelligentesten Kinder aus den weniger angesehenen Schulen der Stadt zusammenfaßt. Hier wird den erwählten Kindern nach vielen Tests und Proben eine erstklassige Schulbildung bis zum Abitur und die Hoffnung auf ein Studium im Ausland geboten. Mehr als einmal war ich Augenzeuge von Szenen wie dieser: Eine Gruppe Zehnjähriger wartet auf den Beginn ihrer Auslesetests. Um jedes verängstigte Kind steht eine Reihe von Verwandten, die einen Schwall von letzten Ratschlägen und aufgeregten Ermahnungen auf die Kinder loslassen. Sie kämmen ihnen noch einmal die Haare, stecken ihnen ein frisches Taschentuch zu, erteilen schnell noch einen Segen. Wieviel Erwartungen der Erwachsenen, die über die Kinder ausgeschüttet werden!

Tag für Tag sehen wir bei unserem Umgang mit Eltern und Kindern das gleiche Bild in verschiedenen Schattierungen: Eltern, die selbst nicht so geliebt und akzeptiert worden sind, wie sie wirklich waren, denen es nicht gegönnt worden ist, liebes- und erfahrungsbedürftige Wesen mit vielen Möglichkeiten zur Selbstverwirklichung zu sein; Kinder, die nicht auf Schritt und Tritt belehrt werden wollten, sondern durch ihre eigene Aktivität und eigenes Ausprobieren die Welt erleben wollten: diese gleichen Eltern verwandeln nun ihre eigenen Kinder in kleine Menschen, die nur unter ganz bestimmten Bedingungen ihre Liebe verdienen.

Vor einem Jahr wurde der kleine Pedro von uns in eine traditionelle Schule entlassen. Seine Mutter weinte bei der Abschiedsfeier. Es hatte zwischen ihr und ihrem Mann viele Meinungsverschiedenheiten über die rechte Erziehung des Kindes gegeben, und sie hatte sich entschlossen, dem Mann nachzugeben, um ihre Ehe nicht zu gefährden. Pedro kam zu uns als Vierjähriger mit einer deutlichen Muskelschwäche in den Beinen und einer unangenehm schnarrenden Stimme, die nach jedem Wochenende zu Hause stärker schnarrte als nach einer Woche Kindergarten. Nach dem Bericht der Mutter mühte sich der Vater an den Wochenenden mit seinem Sohn richtig ab. Er wollte nicht zugeben, daß er schwache Beine hatte. Er selbst hätte in seiner Kindheit gern Fußball gespielt, doch seine Eltern fanden es nicht standesgemäß und ließen ihn statt dessen ein Musikinstrument lernen. So war es ihm nun ein Anliegen, mit dem kleinen Pedro in seiner Freizeit kräftig Fußball zu üben, ohne es jedoch weit zu bringen. Im Kindergarten, wo Pedro die Wahl hatte, rührte er keinen Ball an. Bald wurde er von seinen Eltern in den Schwimmunterricht geschickt, obwohl er zu dieser Zeit Probleme mit

Erziehen und Fühlen

den Ohren hatte und zum Gespött anderer Kinder Pfropfen im Ohr und eine hierzulande nicht übliche Badermütze tragen mußte. Pedro lernte dort also „vorschriftsmäßig" schwimmen und war der einzige Sechsjährige, der beim Eintritt in die Vorschule – wenn auch mit steifen Bewegungen – das Becken durchquerte. Doch als die Pestalozzi-Kinder bald lustig herumplätscherten und mit Lust alles ausprobierten, was sie im Wasser anstellen konnten, genoß es nun Pedro, am Rand zu sitzen und von niemandem ins Wasser gezwungen zu werden.

Am Beginn des letzten Schuljahres nahmen wir nach langen Gesprächen die zehnjährige Tochter unserer Nachbarn in die Grundschule auf, denn die Eltern wurden immer unzufriedener mit den Auswirkungen ihrer früheren Schule auf den Charakter ihrer sonst lebensfrohen Tochter. Sie beschrieben, wie sehr sie den Spaß am Lernen und sogar am Spielen verloren habe. Das einzige, wofür sie noch Lust zeige, seien ihre Klavierstunden. Nach wenigen Wochen im freien Schulsystem erklärte Megan ihren Eltern, daß sie „nie wieder Klavier spielen wolle". Es war ein schwarzer Tag für die ganze Familie. An der Verstörtheit der Eltern konnten wir ablesen, wie wichtig diese Klavierstunden für sie selber gewesen waren. Obwohl Megan überduchschnittlich musikalisch begabt ist, mußte sich sich erst von dem Gefühl befreien, daß ihr Klavierspielen für ihre Eltern wichtig war, weil sie selbst sich dadurch bestätigt fühlten. Es dauerte ein Jahr, bis Megan sich als Person genügend respektiert wußte, daß sie ohne Gefahr wieder Klavier spielen konnte.

Es ist notgedrungen ein wichtiger Aspekt der Kindergartenarbeit, unbefriedigte Bedürfnisse der Kinder ans Tageslicht kommen zu lassen und wenn möglich zu befriedigen. In der Elternberatung ist es eine niemals leichte Aufgabe, den Eltern den Unterschied zwischen authentischen Bedürfnissen und Ersatzbedürfnissen klarzumachen. Sie versuchen, sich zu wehren: „Sie können doch nicht von uns erwarten, daß wir unseren Kindern jeden Wunsch erfüllen!" Wir versuchen, ihnen den feinen Unterschied klarzumachen: Das kleine Kind, das im Supermarkt schreit und strampelt und alles haben will, was in den Regalen ist, würde auch dann nicht satt, wenn es alles essen würde, was ihm das Geld seiner verwirrten und verärgerten Mutter kaufen könnte. Es zeigt einfach, daß es nicht seinen wirklichen Bedürfnissen entsprechend geliebt worden ist.

Manche Eltern, die unseren Rat angenommen haben, machen es sich nun zur Gewohnheit, ihre Kinder viel auf den Schoß zu nehmen, sie zu

Erziehung zum Sein

streicheln oder sie auch Entscheidungen treffen zu lassen. Doch nicht selten bleibt es eine Technik. Wenn sie nicht aus einem echten Gefühl entspringt, wird sie vom Kind als unzulänglich, oft sogar als Manipulation empfunden. Dem Kind ist nichts gut genug außer wirkliches Gefühl. So wie wir uns selbst fühlen, so fühlen wir auch das Kind, denn das Gefühl ist ja eine allumfassende, nicht teilbare Kraft. Aus vielen Gründen dauert es oft lange, bis Eltern, die von Herzen ein gutes Verhältnis zu ihren Kindern herstellen wollen, wirklich selbst zum Fühlen kommen. Solchen, die darum bitten, geben wir einfache und konkrete Ratschläge. Wir erklären zum Beispiel immer wieder, daß Lachen und Weinen die Schlüssel der Natur sind, die alte Blockierungen lösen und die mit ihnen verbundenen Energien freimachen können. Weinen ist besonders bei Jungen häufig verpönt. Schnell trösten wir das weinende Kind, um es möglichst schnell zum Schweigen zu bringen: „Zeig mal her, ist doch nichts passiert, ist schon wieder gut." Oder: „Große Kinder weinen nicht." Wir ahnen ja nicht, daß der gegenwärtige kleine Unfall nur ein Anlaß ist, all den Schmerz herauszuweinen, der bereits im „Schmerzbrunnen" diese kleinen Kindes aufgespeichert ist. Ließe man das Kind jetzt aus Leibeskräften weinen und hielte man es dabei im Arm und bestärkte man es in seinem Gefühl: „ja, es tut wirklich weh", so könnte der Brunnen endlich leerlaufen und die Spannungen von Wochen, Monaten und Jahren wären vielleicht gelöst.

Als unser zweiter Sohn Rafael sechs Jahre alt war, hatten wir ein eindrucksvolles Erlebnis: Wir waren in Kindergarten und Schule beschäftigt. Plötzlich hörte Mauricio, der gerade im Büro arbeitete, ein entsetzliches Geschrei und erkannte die Stimme Rafaels. Noch bevor er hinausspringen konnte, um das Ausmaß des Unfalls festzustellen, wurde Rafael von einer Lehrerin auf den Armen hereingetragen. Er schrie wie am Spieß und hielt seine Hände von sich. Mauricio versuchte herauszubekommen, was passiert sei. Die Lehrerin konnte es nicht erklären. Er sei nur ein wenig mit den Händen auf den Zementboden vor dem Haus gefallen. Dem Geschrei nach zu schließen, konnte es sich um einen Knochenbruch handeln, doch beim vorsichtigen Abtasten war nichts zu bemerken. Man konnte an den Händen nur eine leichte Röte, nicht einmal einen Schürfer entdecken. Es gab zwei Möglichkeiten: entweder fuhr man nach Quito, um eine Röntgenaufnahme machen zu lassen, oder man folgte dem äußeren Anschein, daß wirklich nichts Schlimmes passiert war und brachte Rafael zum Schweigen. Statt dessen entschloß sich

Erziehen und Fühlen

Mauricio, seinen Sohn auf den Schoß zu nehmen, ihn fest zu umarmen und ihm bei jedem neuen Schreiansatz zu bestätigen: „Es tut schrecklich weh." Das dauerte eine halbe Stunde. Es war ein Riesenausbruch, der jeden Menschen erschüttern mußte. Schließlich bekam Rafael endlich etwas Luft und brachte in kleinen Stößen hervor: „Ich habe mich verbrannt!" Da fiel es Mauricio wie Schuppen von den Augen: Als Rafael vier Jahre alt war, hatte er einen schlimmen Unfall mit kochendem Wasser und glühenden Tauchsiedern erlitten. Sein Bauch und der rechte Oberschenkel waren mit Brandwunden zweiten und dritten Grades bedeckt gewesen. Damals war Rafael erstaunlich tapfer gewesen. Hätte er den Schmerz nicht blockiert, hätte dieser ihm sicher einen Schock verursacht. Die Wunden waren längst geheilt und manchmal erzählte Rafael stolz von seinem Unfall. Das Brennen an den Händen hatte ihn nun plötzlich mit seinem blockierten Schmerz verbunden. Er war nun größer und widerstandsfähiger und konnte die Schmerzsituation noch einmal erleben. Als das Weinen fast verstummt war, kam ich gerade aus der Schule herüber, und Mauricio erklärte mir: „Rafael hat eben ein schlimmes Erlebnis gehabt. Er hat sich die Hände beim Fallen verbrannt." Und Rafael fügte hinzu: „Ja, und das tat viel mehr weh als damals, als ich mir den Bauch verbrannte. Aber der Bauch ging kaputt, und die Hände sind nicht verletzt."

In den folgenden Wochen hing Rafael oft an uns, obwohl er sonst seine Selbständigkeit sehr schätzt. Einmal, als Mauricio ein Buch zur Seite gelegt hatte, um mit ihm zu spielen, fing er ohnen jeden Grund zu weinen an. Die erste Regung des Erwachsenen, der sich ein wenig Zeit für sich selbst gönnen wollte, wäre natürlich gewesen: „Ich spiele mit dir, und du weinst. Ich habe dir doch nichts getan!" Doch Mauricio hatte bemerkt, daß das Weinen beim Berühren des Bauches begonnen hatte. So fuhr er fort, massierte die gleiche Stelle ganz leicht und löste damit immer neues Weinen aus. Sobald er einen anderen Körperteil streichelte, ließ das Weinen nach. So ging es fast eine Stunde lang. Nach diesem Erlebnis war Rafael drei Wochen lang ein neues Kind. Selten hatten wir ihn so entspannt, fröhlich, unternehmungslustig und schöpferisch gesehen. Nach dieser Zeit suchte er sich ähnliche Gelegenheiten zum Weinen. Es bedurfte oft nur einer kleinen Berührung, um den Prozeß auszulösen. Das dauerte mehrere Monate, doch jedesmal war das Weinen ein wenig kürzer als zuvor.

Janov stellt die Behauptung auf, daß nur Eltern, die selbst eine Pri-

Erziehung zum Sein

märtherapie mitgemacht haben, wirklich fühlende Eltern sein könnten. In seinem Buch „Revolution der Psyche" findet er selbst es bemerkenswert, daß viele seiner ehemaligen Patienten einen so großen Respekt vor ihrer Verantwortung den Kindern gegenüber haben, daß sie es vorziehen, keine Kinder in die Welt zu setzen – aus Angst, ihnen nicht gerecht zu werden. Wir haben oft über dieses Dilemma diskutiert und sind für uns selbst zu dem Schluß gekommen, daß eine Therapie, wie sie in Janovs Büchern beschrieben wird, in vielen Fällen sicher angebracht ist, aber doch eine künstliche Situation bleibt. Wir befürworten vielmehr eine „Wirklichkeitstherapie", die jeder von uns in seinem täglichen Leben anwenden kann. Jede konkrete Lebenssituation, der Umgang mit unserer Familie, unseren Freunden oder Arbeitskollegen, gibt uns reichlich Gelegenheit, uns selbst ehrlich in dieser Situation zu fühlen, unsere geheimen Motive, versteckten Ängste und Erwartungen zu erkennen und Alternativen zu unseren gewohnten Reaktionen zu finden. Die Kinder, die in unserer Obhut sind, warten geradezu auf jede Gelegenheit, neue Wege einzuschlagen. Sie sind ihrem Lebensgefühl noch nahe und nicht wie wir von den Verteidigungsmauern eines logischen Gedankengebäudes umgeben.

Vor ein paar Monaten kamen Andres Eltern in die Sprechstunde. Sie wollten ihrer Besorgnis Ausdruck geben, daß ihr fünfjähriger Sohn, der schon das zweite Jahr bei uns war, im Kindergarten so wenig Neigung zu „ernsthafter Arbeit" zeigte. Wir versuchten, die Eltern – beide Lehrer an der Universität – zu beruhigen, daß das Kind am besten wisse, was es brauche. Tatsächlich war uns längst aufgefallen, daß dieses Kind wie kaum ein anderes fast ausschließlich wilde Spiele suchte. Wollte man es einmal packen und im Spiel in die Arme nehmen, riß es sich schleunigst los und zeigte große Abwehr. Am Ende der einstündigen Unterredung wollten die Eltern fast nebenbei wissen, ob die häufigen Alpträume, unter denen Andres seit Monaten leide und die ihn jede Nacht weinend zu ihnen ins Bett trieben, irgendeine Bedeutung haben könnten. Sie waren unsicher, ob sie ihn in sein Bett zurückschicken oder bei sich lassen sollten. Beim Wort „Alpträume" horchten wir auf und stellten den Eltern Fragen über Andres Leben zu Hause und seine frühe Kindheit. Da hörten wir, daß Andres Mutter in der Schwangerschaft große Schwierigkeiten gehabt hatte und monatelang still liegen mußte. Das Kind kam dann in einer Zangengeburt auf die Welt und lag nach zwei Wochen zum ersten Mal auf dem Operationstisch. In den ersten zwei Lebensjahren machte es drei

Erziehen und Fühlen

große Operationen durch. Doch zum Glück ging es dann schnell bergauf mit seiner Gesundheit. Die Mutter konnte sich wieder ihrer Arbeit widmen, und die Familie, besonders eine sehr dominante Großmutter, übernahm die Pflege des Jungen. Es war auffallend, daß Andres sich besonders gut mit allen Familienmitgliedern verstand, die keine Zeit mit Gefühlsbezeugungen vergeudeten, dagegen die gefühlsbetonteren Verwandten möglichst mied. Die Eltern waren nun etwas besorgt, denn in den letzten Wochen war eine alte Operationswunde wieder aufgegangen und habe seitdem ständig geeitert. Doch zum Glück beklage sich Andres nie darüber. Er sei überhaupt ein tapferer Kerl und weine nie.

Wir konnten die Sache mit der offenen Wunde zuerst nicht glauben, denn wie kein anderer sprang Andres vom Klettergerüst und raufte mit seinen Freunden, ohne sich je über einen Schlag zu beklagen. Am nächsten Tag vergewisserten wir uns, daß er tatsächlich eine handgroße eiternde Wunde an der Seite hatte. Wir versuchten, den Eltern klarzumachen, daß ihr Kind in Gefahr war, zu einem intelligenten, aber gefühllosen Menschen zu werden, und rieten ihnen, ihn bei jeder Gelegenheit zu streicheln und ihn zum Weinen geradezu einzuladen. Eine Woche später kam die Mutter erschrocken zurück. Ihr kleiner Andres weine jetzt nur noch die ganze Zeit. Einmal habe er sie gefragt: „Mammi, warum liebst du mich nicht mehr?" Und sie habe ihm unter Tränen versichert, daß sie ihn wirklich liebe. Doch Andres Antwort war: „Immer wenn du mich berührst, tust du mir weh!" Durch die Hilfe seiner Eltern war Andres mit seinem eigenen, seit der Geburt aufgestauten Schmerz in Berührung gekommen. Jedes Gefühl, selbst die Liebkosungen seiner Mutter, ließen ihn seinen alten Schmerz spüren. Seine Eltern, die bisher vor allem an ihrer Karriere interessiert gewesen waren, begannen nun, um ihres Kindes willen Alternativen für ihr gemeinsames Leben zu suchen.

Während ich mit der Reinschrift dieses Kapitels beschäftigt bin, hat das neue Schuljahr längst begonnen. Die Zahl der Grundschulkinder hat sich in diesem Jahr verdoppelt. Wir haben wieder einige neue Kinder aus anderen Schulen aufgenommen, über die ich ein ganzes Kapitel interessanter Beobachtungen füllen könnte. Doch will ich hier nur noch eine Geschichte anfügen, die uns besonders ans Herz ging.

Eine amerikanische Familie hatte in diesem Sommer die Staaten verlassen, um in Tumbaco ein „sinnvolles und erfüllteres" Leben zu beginnen. Dazu gehörte die Möglichkeit einer offenen Erziehung, die für sie an ihrem früheren Wohnort unerschwinglich gewesen war. Der Wechsel

Erziehung zum Sein

ist besonders für ihren ältesten Sohn schwerer geworden, als sie sich vorgestellt hatten. Dieser zehnjährige Junge, der gleichzeitig seine Freunde verlassen, das Schulsystem wechseln und eine neue Sprache lernen muß, fühlte sich seit seiner Ankunft in Ecuador vollkommen verloren und niedergeschlagen. Er will nichts tun, schleppt sich nur so dahin, will auch nicht einmal mit den Englisch sprechenden gleichaltrigen Kindern in der Schule eine Freundschaft beginnen. Kurz, er ist ein richtiges Häuflein Elend, bei dessen Anblick sich jeder traurig fühlen muß. Wirklich schlecht fühlte ich mich aber erst, als ich hörte, daß seine Eltern ihm für jeden Tag, an dem er versuchen würde, ein glückliches Gesicht zu machen, eine Belohnung von zehn Sucres angeboten haben! Armer John, du lernst früh, daß dich deine Eltern nicht so ertragen, wie du dich wirklich fühlst! Im Grunde genommen wollen wir ja alle lächelnde, intelligente und starke Kinder. Was sollen wir mit ihnen anfangen, wenn sie niedergeschlagen und weinerlich sind, wenn sie uns ihre Wut und Abwehr zeigen, nichts begreifen, nichts hören und nichts sehen wollen und uns schwach und unbrauchbar vorkommen?

Begreifen heißt erfinden

Janovs und Holdens Studien haben inzwischen eine große Bedeutung in unserem täglichen Umgang mit Vorschulkindern bekommen. In unserer Arbeit mit den größeren Kindern helfen sie uns unaufhörlich, alte unbefriedigte Bedürfnisse zu erkennen und therapeutische Maßnahmen zu begünstigen. Das umfangreiche Werk Jean Piagets dagegen ist besonders für die Grundlegung der Primarschule von entscheidender Wichtigkeit geworden, obwohl natürlich sein Studium auch unseren Vorschullehrern ein wertvolles Verständnis ihrer täglichen Arbeit ermöglicht und sie auf ihrem eigenen Erwachsenenniveau befriedigen kann.

Jean Piaget hat selbst immer wieder betont, daß er kein Pädagoge sei, sondern als Psychologe die Entwicklung des kindlichen Denkens erforsche. Sein Lebenswerk ist so reich, daß es vielleicht Generationen dauert, bis seine Anwendungsmöglichkeiten in ihrer Fülle erkannt und der Allgemeinheit zugänglich gemacht worden sind. Nur hin und wieder hat sich Piaget mit konkreten Hinweisen und Vorschlägen zum Thema Erziehung geäußert, so in den beiden zusammen veröffentlichten Arbeiten *Das Recht auf Erziehung und die Zukunft unseres Bildungssystems*. Einige Gedanken aus diesem Buch mögen einen Hinweis geben, welche Schlüsse Piaget selbst aus seinen weitreichenden Forschungen für die allgemeine Erziehungspraxis gezogen hat.

Piaget hat der Vorstellung ein Ende bereitet, daß Kinder bereits mit ähnlichen Denkstrukturen wie Erwachsene auf die Welt kommen. Wir können uns nun nicht mehr mit der alten Idee zufriedengeben, daß Kinder durch den Erziehungsprozeß zu vollwertigen Mitgliedern der menschlichen Gesellschaft gemacht werden, indem wir das bereits vorhandene, aber leere „Gefäß des menschlichen Geistes" mit den nötigen Inhalten und Kenntnissen füllen. Ein normales fünfjähriges Kind kann für uns einfache und eindeutige Zusammenhänge auch dann nicht verstehen, wenn wir sie ihm klar und liebevoll erklären. Wenn zum Beispiel zwei

Erziehung zum Sein

Gefäße verschiedener Form (Gefäß A und B) die gleiche Menge Wasser enthalten, und ein wiederum andersgeformtes Gefäß C die gleiche Menge wie B enthält, so muß logischerweise das Gefäß A soviel Wasser enthalten wie das Gefäß C. Diese Folgerung wird von einem normalen achtjährigen Kind verstanden, doch bis zum elften oder zwölften Lebensjahr gibt es noch Zweifel, sobald neue Faktoren, z.B. des Gewichtes, dazukommen, oder wenn solche Argumente auf mündlichem Weg und ohne die Handhabung von konkreten Materialien durchgeführt werden. Piaget hat in seinem Werk immer wieder bewiesen, daß eine Logik, wie sie von Erwachsenen verstanden wird, sich erst vom elften oder zwölften Lebensjahr an zu formen beginnt und daß dieser Prozeß erst gegen das vierzehnte oder fünfzehnte Lebensjahr abgeschlossen ist.

Solche Erkenntnisse müssen notgedrungen unsere Erziehungsarbeit tiefgreifend beeinflussen. Im Artikel 26 der Menschenrechte lesen wir, daß jeder Mensch das Recht auf Erziehung hat. Wollen wir aber die Forschungen über die Denkprozesse im Kind und ihre Entwicklung nicht einfach übergehen, als gehörten sie in die Regale der Universitätsbibliotheken, kann ja dieses Recht nicht einfach bedeuten, daß überall auf der Welt die Kinder auf die Schulbank gehören, um mit Hilfe eines Lehrers, von Textbüchern, Heft und Bleistift schreiben, lesen und rechnen zu lernen. Beziehen wir also zum Beispiel Piagets Studien in unsere unmittelbare Schulpraxis bewußt mit ein, so öffnen sich uns überall neue Perspektiven – nicht nur für die erziehungshungrige Dritte Welt, sondern auch für die fortschrittlichen Länder mit ihren alten pädagogischen Traditionen.

Piaget zeigt, daß die intellektuellen und moralischen Strukturen des Kindes von denen des Erwachsenen qualitativ grundsätzlich verschieden sind, daß aber das Kind dem Erwachsenen in seinen wichtigsten Funktionen sehr ähnlich ist. Wie er ist es ein aktives Wesen, und seine Aktivität unterliegt den Gesetzen des Interesses und innerer und äußerer Bedürfnisse. Piaget veranschaulicht diesen Sachverhalt mit dem bekannten Beispiel von der Kaulquappe und dem Frosch. Beide brauchen Sauerstoff, doch um ihn aufzunehmen, atmet die Kaulquappe mit einem anderen Organ als der Frosch. In ähnlicher Weise handelt das Kind weitgehend wie der Erwachsene, doch mit einer Mentalität, deren Strukturen je nach seinem Alter verschieden sind. Dabei fragt sich Piaget ernstlich, ob die Kindheit nur ein „notwendiges Übel" sei, das man so schnell wie möglich beseitigen sollte, oder ob sie einen tieferen Sinn habe, den uns

Begreifen heißt erfinden

das Kind durch seine spontane Aktivität aufzeigen kann und den es in möglichst reichem Maß auskosten sollte.

Piaget besteht darauf, daß das Recht auf eine ethische und intellektuelle Erziehung mehr bedeutet als nur das Recht, sich Wissen anzueignen, zuzuhören und zu gehorchen: Es ist vielmehr ein Recht, gewisse wertvolle Instrumente für intelligentes Handeln und Denken auszubilden. Dafür wird eine spezifische soziale Umgebung benötigt, nicht aber Unterwürfigkeit gegenüber einem festen System. Piaget spricht von dem Recht auf eine möglichst wirksame Ausnützung der im Individuum schlummernden Kräfte, durch die es später einmal der Gesellschaft dienen kann. Doch können diese Kräfte im Verlauf des Erziehungsprozesses nicht nur entwickelt, sondern auch zerstört werden oder ungenutzt bleiben. Piaget verdächtigt die traditionelle Schule, eine ähnliche Funktion auszuüben wie die Initiationsriten primitiver Gesellschaften, die eine vollkommene Anpassung an kollektive Standards bewirken. Spielt nicht die traditionelle Schule mit ihrer Erwartung von Unterwerfung unter die moralische und intellektuelle Autorität des Lehrers und von Aufnahme einer bemessenen Menge von Wissen, das zum Bestehen von Examen nötig ist, eine ähnliche Rolle wie jene Initiationsriten, die ein ähnliches Ziel verfolgen: Nämlich allgemein akzeptierte Wahrheiten auf die neue Generation zu übertragen und damit den Zusammenhalt der durch gemeinsame Werte und Standards geprägten Gesellschaft zu garantieren und ihr Bestehen möglichst unverändert fortzusetzen?

Dagegen sollte nach Piaget Erziehung auf die volle Entwicklung der menschlichen Persönlichkeit ausgerichtet wein. Sie sollte also Individuen hervorbringen, die sowohl intellektuell als auch moralisch autonom sind und solche Autonomie bei anderen respektieren, indem sie das Gesetz der Gegenseitigkeit anwenden, so wie es auf sie selbst angewandt wird. Dieses Erziehungsziel bringt uns auf direktem Weg zu den zentralen Fragen, die der Bewegung der „aktiven Schulen" zugrundeliegen.

Die traditionelle Schule bietet ihren Schülern ein wohlbemessenes Maß an Wissen und gibt ihnen Gelegenheit, es in vielen „intellektuellen Gymnastikübungen" anzuwenden. Sollte dieses Wissen im Laufe der Jahre allmählich vergessen werden, so bleibt uns doch die tiefe Befriedigung, daß wir es einmal besessen haben. Dem können wir entgegenhalten, daß nicht so sehr das Ausmaß des Bildungsprogramms wichtig zu nehmen ist – zumal ja ohnehin soviel erlerntes Wissen nie benutzt und darum vergessen wird – sondern daß wir uns vielmehr um die Qualität des Ler-

Erziehung zum Sein

nens kümmern sollten. Wir wissen sehr wohl, daß Kenntnisse, die durch persönliche Forschung und spontane Anstrengung erworben worden sind, nicht nur viel besser behalten werden, sondern daß die dadurch erworbene Methode ein Leben lang dienlich sein kann. Die natürliche Neugierde wird durch solch eine Methode immer neu angeregt, während sie durch die passiv aufnehmenden Methoden abstumpft oder erlischt. Durch seine persönliche Beteiligung im Lernprozeß fördert der Schüler seine Denkkraft und formt seine eigenen Ideen, statt sein Gedächtnis zu üben oder sich von außen verordneten Denkübungen zu fügen.

Nicht einmal die Gründer aktiver Schulen ahnen, wie wichtig eine radikale Reform intellektuellen Lernens und Lehrens tatsächlich ist. Es ist schwer zu begreifen, welche Faktoren eine durchgreifende Anwendung der bereits bekannten Forschungen über die Entwicklung rationaler Operationen und die Bildung grundlegender Ideen auf die pädagogische Praxis so lange verhindern oder beschränken konnten.

Piaget widmet dem Problem der mathematischen Erziehung einen bedeutenden Raum in seinen Betrachtungen über die *Zukunft unseres Bildungssystems*. Für ihn besteht kein Zweifel, daß ihre wirkliche Bedeutung lange vor der Handhabung von Symbolen im intelligenten Gebrauch konkreter Gegenstände liegt. Er zeigt, daß selbst Personen, die sich längst gegen das Verständnis zahlenmäßiger Zusammenhänge blockiert haben, solche Operationen in regulären Lebenssituationen durchführen können, wenn ihre Handlungen durch persönliches Interesse und Bedürfnis motiviert waren. Piaget geht so weit zu behaupten, daß überhaupt nichts verstanden werden könne, was nicht durch immer wiederkehrende Handlungen, die durch neue Anreize und neue Zusammenhänge immer frischen Anstoß erfahren, und durch immer neues aktives Experimentieren vom Individuum selbst „erfunden" und entdeckt worden ist. „Begreifen heißt erfinden" formuliert er als unerläßliches Grundprinzip eines Lernens durch selbstbestimmtes Handeln, wenn unsere Kinder nicht nur zum Wiederholen von Vorgekautem, sondern zu eigener Produktivität imstande sein sollen. Der Prozeß des Abstrahierens solcher experimenteller Handlungen zu Begriffen geschieht dann völlig von selbst und folgt bei jedem Individuum seinem eigenen Rhythmus. Ein intelligentes Umgehen mit solchen Abstrahierungen, also mit fertigen Begriffen, kann erst nach dem Einsetzen der Pubertät, das heißt also nach der Ausbildung des entsprechenden Denkinstruments, erfolgreich geübt werden.

Begreifen heißt erfinden

Diese Notwendigkeit zum freien Handeln und Experimentieren beschränkt sich jedoch nicht allein auf Mathematik, auf Logik und ähnliche Wissensgebiete, die von uns schon immer ein gewisses Maß an Mitdenken verlangt haben. Piaget weist ausdrücklich darauf hin, daß es unmöglich sei, ethisch denkende Menschen zu erziehen, wenn es in ihrem intellektuellen Lernen nicht erlaubt ist, Wahrheiten selbst zu entdecken.

Ebenso wird es einem Menschen unmöglich sein, intellektuell unabhängig zu werden, wenn seine Ethik darin besteht, sich der Autorität von Erwachsenen zu unterwerfen, und wenn der einzige soziale Ausdruck, der den Unterricht belebt, sich zwischen dem einzelnen Schüler und dem Lehrer abspielt. So könnte eine „aktive Schule" zwar alles so einrichten, daß der Schüler sein Wissen um die Dinge durch den Umgang mit konkreten Materialien erarbeitet, doch gleichzeitig mag sie sich scheuen, diese Aktivität in einem freien, spontanen und unbehinderten Austausch der Schüler untereinander sich abspielen zu lassen.

Für Piaget verdient eine aktive Schule nur dann ihren Namen, wenn in ihr freies Zusammenleben und -arbeiten der Schüler nicht nur erlaubt, sondern bewußt begünstigt wird. In seinem Werk *Das moralische Urteil beim Kinde* zeigt er auf vielerlei Weise, wie der einseitige Respekt einer Autorität den Egozentrismus verstärkt, also wirklich ethisches Verhalten, das den Gesichtspunkt des anderen anerkennt, unmöglich macht. Einzig und allein durch das freie und spontane Zusammen- und Aufeinanderwirken Gleichgestellter ist es dem Individuum möglich, die „Seite des anderen zu sehen", und damit aus einem egozentrischen Stadium herauszuwachsen und zur „Person" zu werden.

Hieraus entsteht das notwendige Gegenargument auf den häufigen Vorwurf, daß eine freie Erziehung „zum Individualismus" führt und allgemein angewandt, die Gesellschaft zerstören würde. Wollen wir Piaget glauben und in unserer Praxis die Probe machen, so entdecken wir, daß es sich gerade umgekehrt verhält: Eine demokratische Gesellschaft wird durch freie Erziehung erst möglich, ist aber in Gefahr, solange autoritäre Methoden an der Tagesordnung bleiben.

In seinem oben erwähnten Büchlein *Das Recht auf Erziehung und die Zukunft unseres Bildungssystems* gibt Piaget seine Eindrücke von einem Besuch wieder, den er in der Zeit zwischen den beiden Weltkriegen einer Besserungsanstalt für Jugendliche in Polen abgestattet hatte. Dort hatte es der leitende Erzieher gewagt, die Verantwortungen für das gesamte

Erziehung zum Sein

Leben der Anstalt den Jugendlichen, also den Verhaltensgestörten und jungen Kriminellen, die die Gesellschaft ja sicherstellen wollte, zu überantworten. So hatten es die Jugendlichen nicht mit Anstaltswärtern und Aufsehern, sondern mit Personen ihresgleichen zu tun. Ähnlich wie in Summerhill stellten sie selbst ihre Regeln auf, sorgten für ihre Einhaltung und gingen notfalls zur Bestrafung des Übertreters über. Piaget beschreibt, wie diese Jugendlichen auf eindrucksvolle Weise ihre eigene Besserung herbeiführten, was die erfahrenen Autoritätspersonen in ihrer früheren Umgebung nicht erreicht hatten. Sollte solch eine Selbstregulierung und das Üben gegenseitigen Respekts nur unter den Kriminellen möglich sein, während unsere braven bürgerlichen Kinder weiterhin treu einer Autorität gehorchen und sich untereinander um gute Noten, das Lob des Lehrers oder andere zu erhaschende Vorteile den Rang streitig machen?

Aus Piagets Kommentaren zum Thema Erziehung können wir einen doppelten Schluß ziehen: Erstens, daß es nicht anzuraten ist, Kinder in eine obligatorische Schulsituation zu zwingen, ohne zumindest über die Natur des Kindes genausoviel in Erfahrung zu bringen wie über die Natur des Stoffes, den man zu lehren wünscht. (Ein theoretisches Studium der kindlichen Psychologie ist hier nur beschränkt hilfreich. Es kann eine aufmerksame Beobachtung der Kinder in ihrer spontanen Aktivität mit konkreten Dingen und Gleichgestellten niemals ersetzen.) Der zweite Schluß ist, daß wir unsere Lehrmethoden so reformieren sollten, daß sie den Gesetzen der kindlichen Natur nicht entgegenwirken. Sie sollten es sich zum Hauptziel setzen, die latenten Fähigkeiten des Kindes zu wecken und zu vermeiden, daß das Kind sich verschiedene Taktiken der Selbstverteidigung aneignet, um in einer ihm nicht gerechten Lernsituation seine Integrität erhalten zu können.

Diese Bemerkungen würden zu allgemein bleiben, würden wir uns nicht die bekannten Entwicklungsetappen in Erinnerung rufen, die möglicherweise der wichtigste Aspekt von Piagets Werk sind. David Elkinds Buch *Child Development and Education* stellt wertvolle und hilfreiche Verbindungen zwischen diesen Studien und einer modernen Pädagogik her. Piaget selbst bekannte sich schon früh zu einem „vitalen Strukturalismus": Statt das Objekt seines Studiums mit Hilfe einer eng begrenzten und scharf umrissenen wissenschaftlichen Disziplin zu untersuchen, vereinte er von Anfang an die verschiedensten scheinbar untereinander nicht verbundenen Elemente zu einer Art interdisziplinären

Begreifen heißt erfinden

Methode und kam zu unerwarteten Einsichten, die inzwischen beginnen, das Schulwesen überall auf der Welt zu beeinflussen. Elkind gibt uns wichtige Richtlinien, wie die pädagogische Praxis und die Forschungen auf dem Gebiet der Psychologie, statt wie bisher unzulänglich verbunden zu sein, zu einem dynamischen gegenseitigen Austausch gelangen können. Wohl eine der wichtigsten Erkenntnisse, die solchem lebendigen Strukturalismus zu verdanken sind, ist die der Integrität des Kindes. Ganz gleich, in welchem Entwicklungsstadium ein Kind sich befinden mag, es ist doch eine vollkommene organische Einheit. Seine Erfahrungen und sein Erleben der Welt sind jederzeit gültig und des größten Respekts würdig. Diese Einheit macht anhaltende Transformationen durch, die durch das dynamische gegenseitige Einwirken zwischen dem wachsenden Menschen und seiner Umgebung hervorgerufen werden und durch die beide, das Individuum und seine Welt, ständig verwandelt werden. In diesem Prozeß ständiger Transformation muß es immer wieder zu neuen Gleichgewichten kommen; früher gefundene Gleichgewichte werden durch jedes neue Erlebnis reorganisiert und auf eine neue Stufe des Verständnisses gehoben.

Dieser Prozeß spielt sich in jeder neuen Etappe immer wieder in den gleichen Phasen ab: die erste dieser Phasen ist immer durch Anpassung charakterisiert. So lernt zum Beispiel das neugeborene Baby, seine Mundstellung der Brust der Mutter anzupassen, um zu seiner Nahrung zu gelangen. Die zweite Phase ist die der Assimilation: Das Kind saugt an einer Vielzahl von Objekten, paßt also die Umwelt seinem Saugtrieb an. Auf diese Weise lernt das neugeborene Kind immer neue Möglichkeiten, seinen Mund zu gebrauchen und kommt mit immer neuen Formen, Temperaturen, Oberflächen, Dimensionen usw. in Berührung, die es von denen der Mutterbrust zu unterscheiden lernt. Durch dieses Wahrnehmen von Unterschieden wird das kleine Kind zu einem intelligenten Wesen.

In diesem Prozeß kommt es immer wieder zu einer Art Gleichgewicht zwischen dem Organismus und seiner Umwelt. Neue Reize und die fortschreitende organische Reifung führen das Kind jedoch immer von neuem zu der Notwendigkeit, sein gewonnenes Gleichgewicht zu verlassen und Anpassungen und Assimilationen auf verschiedenen Stufen zu erlangen. Durch diese unaufhörliche Aktivität in seiner Umwelt bildet es allmählich Muster aus; so erfährt es zum Beispiel früh, daß ein Gegenstand, den es mit seinem Mund berührt, der gleiche ist, den es mit seinen Augen sieht oder mit seinen Händen berührt, mit seinen Ohren hört oder mit seiner Nase riecht. Verschiedene durch Aktivität gebildete Muster werden wieder miteinander verbunden und führen nach und nach zu einer ersten Kenntnis der Umwelt und zu den ersten intelligenten Handlungen.

Auf diese Weise kommt das kleine Kind bis zum Ende seiner *"motorischen Etappe"* zu der Sicherheit, daß es eine konkrete, mit seiner Person nicht zu verwechselnde Welt gibt. Durch seine wachsende Beweglichkeit und körperliche Kraft lernt es, sich in dieser Welt räumlich zu orientieren und macht durch aufeinanderfolgende Handlungen seine ersten Erfahrungen mit einfachen Zeitabläufen.

Die *"voroperative"* Etappe (ca. 2-7 Jahre) zeichnet sich durch den wachsenden Gebrauch der Sprache und durch die Neuschaffung von Symbolen aus. Das Kind lernt nicht nur, Gegenstände bei ihrem Namen zu nennen, sondern es nimmt sich auch die Freiheit, zum Beispiel ein Stück Holz in seinem Sprachgebrauch zu einem Flugzeug zu erheben und es dementsprechend zu benutzen. In dieser Etappe kommt das freie, fantasievolle Spiel zu seiner vollen Blüte. Das Kind spielt nicht nur auf ihm lastende Erlebnisse heraus und integriert sie dadurch in sein Leben, sondern gelangt durch das gleiche Spiel zu immer neuen Reorganisationen und Beherrschungsgraden der Elemente seiner Umwelt. So wird das fantasievolle Spiel wichtig für das Gemüt wie für die wachsende Intelligenz des Kindes. In dieser Etappe leidet es manchmal unter Alpträumen, unerklärlichen Ängsten; es lebt in einer Fantasiewelt voller Feen und Hexen und gesteht jedem Gegenstand ein eigenes Leben zu. Der Name einer Sache oder Person ist für das Kind in dieser Etappe identisch mit dem Ding selbst. (Dies ist ein wichtiger Grund für das bekannte Phänomen, daß sich ein kleines Kind nur mit Mühe von seinem Spielzeug trennen kann, weil es sich in gewissem Sinn identisch mit ihm fühlt.)

Die Ichbezogenheit des Kindes ist in dieser Etappe sehr ausgeprägt. Es ist ihm noch unmöglich, Spielregeln zu befolgen, da es noch nicht die Fähigkeit hat, Verhaltensmuster zu verallgemeinern. Es braucht noch die Sicherheit, gewisse Handlungen mit einem gewissen Ritual auszuführen. Dadurch gelingt es ihm allmählich, Verallgemeinerungen zu bilden.

Die *"Etappe der konkreten Operationen"* oder operative Etappe ist mit Sicherheit erst um das siebente, in machen Fällen erst um das achte Lebensjahr deutlich erkennbar. Sie dauert bis zum Einsetzen der Etappe

Begreifen heißt erfinden

der *formalen Operationen,* das heißt bis zum 13. oder 15. Lebensjahr. In diesem Zusammenhang ist sie besonders wichtig, weil sie mit den Grundschuljahren zeitlich zusammenfällt. Ein Merkmal dieser operativen Etappe ist es, daß das Kind Situationen und Gegenstände zu verstehen beginnt, bei denen mehr als ein Faktor – zum Beispiel gleichzeitig Farbe, Form und Material – eine Rolle spielen. Doch dies nur mit Sicherheit, wenn es die Gegenstände zur Hand hat oder sie zumindest aus früherer Erfahrung genau kennt. In dieser Etappe beginnt das Kind, sich den Begriff der Beibehaltung der Masse, des Gewichtes, der Zahl, der Länge und des Raumes zu eigen zu machen. Diese Begriffe erarbeitet es sich ausschließlich durch den Umgang mit konkreten Materialien und Situationen. Versucht man in dieser Etappe, den Lernprozeß auf Symbole zu stützen, seien sie auch noch so anschaulich und „kindgerecht" vereinfacht, so zwingt man das Kind zu einer Art Verteidigungsmaßnahme: es wird sein Gedächtnis gebrauchen, um das geforderte Wissen auf Verlangen wiedergeben zu können.

Ein besonders interessanter Aspekt dieser Etappe ist das „Erfinden" von Regeln. Auf spontane Weise neigt das Kind in dieser Zeit dazu, seine unzähligen vereinzelten Erfahrungen zu einem verständlichen Ganzen zu ordnen. So nähert es sich allmählich allgemeinen Wahrheiten und Methoden, die es immer wieder mit den Wahrheiten und Methoden seiner Umwelt vergleicht. Dies ist ein nie endender Prozeß, der das Kind zu immer neuen Gleichgewichten zwischen sich und seiner Welt führt und der mit den Schuljahren keineswegs enden sollte.

Es ist beeindruckend, wie gerade in einem Land wie Ecuador in der Grundschule eine Unmenge Zeit an das Diktieren und Auswendiglernen von Regeln verwendet wird: Grammatikregeln, Rechenregeln, Orthographieregeln, Verhaltensregeln usw. Claparède hat das Gesetz formuliert, daß alles, was man einmal auswendig gelernt hat, später viel schwerer zu begreifen ist. Es ist kein Wunder, daß wir immer wieder beobachten, wie sehr solch eine Praxis des Regellernens eine spätere intelligente Anwendung erschwert. In den häufigen Kritiken des Erziehungssystems in Ecuador wird dies auch immer wieder anerkannt, doch die wahren Gründe dafür werden selten verstanden.

In der operativen Etappe lernt das Kind in zunehmender Weise, seine Umgebung zu beherrschen, Faktoren gegeneinander auszutauschen, die Resultate miteinander zu vergleichen, die Kehrseite der Dinge zu sehen, immer feinere Unterschiede zu bemerken. Es lernt zu mischen und zu

Erziehung zum Sein

trennen, zu messen und Gemessenes aufzuschreiben und sein eigenes Verhalten den sich ständig verändernden Umständen anzupassen. Doch seine Fähigkeit, aus seinen persönlichen Erfahrungen logische Schlüsse zu ziehen und sie zu formulieren, ist noch beschränkt. Versucht man, das Kind in dieser Zeit dazu anzuspornen, solche Folgerungen auf Wunsch des Erwachsenen zu produzieren, so bekommt man ganz erstaunliche Antworten – es sei denn, das Kind verlegt sich auf das Hersagen von Auswendiggelerntem. Die Studien Piagets sind reich an solchen Aussagen von Kindern vor dem 14. Lebensjahr, die diese Unfähigkeit zum logisch einwandfreien Verbalisieren von Aktivitäten und Lebenssituationen illustrieren.

Doch wie können wir sicherstellen, daß Kinder schließlich aus ihrer konkreten Aktivität zur Fähigkeit des Abstrahierens gelangen, ohne die sie ja keine vollberechtigten Mitglieder unserer Gesellschaft werden können? Diese Frage beängstigt viele unserer Eltern. Dieser Prozeß des „Denkenlernens" und Symbolisierens kann nach Piaget bis zu drei Jahren hinter dem Auftreten einer konkreten intelligenten Handlung herhinken, wenn wir ihn nicht künstlich beschleunigen. Für gewöhnlich fällt es uns Erwachsenen ungeheuer schwer, so lange zu warten, und wir neigen dazu, Intelligenz mit frühzeitiger Symbolisierung gleichzusetzen. Den Eltern unserer Kinder versuchen wir klarzumachen, daß dieser Prozeß der Intelligenzausbildung dem organischen Assimilationsprozeß nicht unähnlich ist: Um unsere Kinder ausreichend zu ernähren, können wir ihnen nur gesunde Nahrung anbieten, ihnen aber nicht beibringen, wie ihr Körper sie verdauen soll. Ähnlich verhält es sich mit dem Verstehen der Wirklichkeit. Wir können unsere Kinder nur mit ihr in Berührung bringen, sie aber nicht anleiten, sie zu assimilieren. Das Beste, was wir tun können, ist ihnen eine unaufhörliche und vielseitige Aktivität in wirklichen Lebenssituationen zu erlauben. Das Verstehen ist eine natürliche Funktion des wachsenden Organismus; das Kombinieren und Abstrahieren eine natürliche Funktion der Hirnrinde, die aber erst durch eben diese Aktivität gegen Ende der Kindheit voll funktionsfähig wird.

In seinem Buch *Und werdet sein wie Götter* gibt Carl Sagan gewisse Hinweise auf diese Zusammenhänge. Er beschreibt, wie das Gehirn seine Funktionsfähigkeit durch Markbildungsvorgänge erreicht, deren Stärke sich danach richtet, wie intensiv sich die körperliche Aktivität im Austausch mit der konkreten Welt abspielt. Diese Studien stimmen auf verblüffende Weise mit Piagets Forderung überein, daß in der Kindheit die

Begreifen heißt erfinden

Strukturen der Intelligenz nur durch konkrete Aktivität gebildet werden können, und zwar unter Einbeziehung aller Sinne und größtmöglicher Bewegungsfreiheit. Diese Forderung führt uns zurück zu einer „aktiven" Erziehung, deren Grundelemente von David Elkind ausführlich beschrieben werden:

Das wichtigste und am häufigsten mißverstandene Element ist dabei das operative Lernen. Es kommt zustande durch spontane experimentelle und ständig sich erneuernde Aktivität mit einer Vielzahl konkreter Materialien, die sowohl strukturiert wie auch unstrukturiert sein sollten. Das Kind lernt, mit all den Schwierigkeiten umzugehen, die jedes Material enthält und sie seinem Niveau entsprechend zu bewältigen. Diese operative Aktivität ermöglicht die Markbildung des Gehirns und die Entwicklung der Intelligenzstrukturen, die zu gegebener Zeit zur Abstrahierung und zu gültigen Verallgemeinerungen führen. Für diese Aktivität braucht das Kind Freiheit, sehr viele verschiedene und immer neue Materialien und möglichst wenig Einmischung des Erwachsenen.

Es genügt also nicht, dem Kind eine einzige Art von Material anzubieten, damit es durch dessen Handhabung ein aktives Verständnis von dem bekommt, was das Material es lehren kann. Um zum Beispiel zum Begriff der „Einheit" zu gelangen, benötigt das Kind eine ungeheuer weite Erfahrung mit den verschiedensten Materialien, die es ordnet, vergleicht, einreiht, in gewissen Fällen zerstört und neu schafft. Das Kind muß ähnliche Handlungen mit vielen Dingen und in verschiedenen Situationen wiederholen, vielleicht mit Blättern und Blumen, Mustern, geologischen Formen, Hausmodellen, Kleidern, Geweben und Oberflächen, Dauerhaftem und Vergänglichem. Solch ein Reichtum an Erfahrungen kann nur durch große Bewegungsfreiheit garantiert werden. Auf Genauigkeit kommt es dabei zunächst nicht an. Ein Kind, das schwimmen lernen soll, muß sich zuerst im Wasser wohlfühlen, damit seine Bewegungen nicht verkrampft werden. In gleicher Weise verlangt jede Aktivität nach einer langen Periode des freien Experimentierens, das zu fließenden Handlungen führt, bevor es sich auf die beste Technik festlegt.

Erst an zweiter Stelle steht in der aktiven Schule das figurative Lernen, auch wenn es meist so wie im wirklichen Leben – parallel zum operativen Lernen vor sich geht. Es hat nicht mit dem zu tun, was ein Kind sich selbst erarbeitet, sondern mit dem, was es übernimmt, also mit Nachahmung, Gedächtnisübung, Sprache, Sitten und Gebräuchen. Dieses Ler-

Erziehung zum Sein

nen ist jedoch nur sinnvoll, wenn eine breite Basis operativen Lernens sichergestellt ist. Fehlt diese Basis, so kann ein Übergewicht an figurativem Lernen zu Verzerrungen und letztlich zum Vergessen führen, wie wir es vom Examenswissen her kennen, das meist figurativer Art ist. Ein Gesetz, das für das figurative Lernen gilt, sagt, daß es vor allem auf den Lernprozeß und seine Intensität ankommt und nicht auf die Menge des Gelernten.

Die dritte Art des Lernens in der aktiven Schule, das konnotative Lernen stellt über das Kennenlernen von Bezeichnungen die Verbindung zwischen den beiden ersten Formen her, zwischen Handeln und Worten, zwischen direkter Erfahrung und ihren Symbolen. Durch seinen Umgang mit Erwachsenen und anderen Kindern fängt das Kind Worte und Begriffe auf und lernt sie nachzusprechen. Erst allmählich versteht es, welcher Begriff zu welcher Situation paßt. So wechseln sich operatives und figuratives Lernen im praktischen Leben ab und gehen Hand in Hand. Durch ständiges Ausprobieren und Experimentieren bringt es das Kind dazu, daß sich für seinen Gebrauch diese beiden Lernbereiche zu decken beginnen. Ständiges Korrigieren macht das Kind unsicher und hemmt seine Entdeckerfreude. Handwerkliche und künstlerische Betätigungen bieten reiche Gelegenheit zu konnotativem Lernen. Auch vielerlei Texte mit Bildern, die bei uns in Gebrauch sind, fördern die konnotative Verknüpfung. Als beste, von der Natur selber vorbestimmte Möglichkeit erscheint mir aber das freie Spiel, das es dem Kind erlaubt, auf experimentelle Weise Worte und Handeln allmählich zum Zusammenstimmen zu bringen. Auf dieses freie Spielen werde ich noch mehrmals zu sprechen kommen.

Die aktive Schule will den Kindern eine Umgebung zur Verfügung stellen, die diese drei Lernwege in gebührender Weise fördert. Doch wer diese Umgebung zu gestalten beginnt, sollte sich nicht wundern, daß Kinder sie auf ihre eigene Weise benutzen. Jedes Kind wird aus all den gebotenen Anreizen zum Lernen die Auslese treffen, die seinen Bedürfnissen entspricht. Der Erwachsene wird manchmal von einem Tag auf den anderen nicht vorhersagen können, für welches Material sich die Kinder interessieren werden. Wir wissen aber, wie tiefgreifend die Vorrangstellung dieser inneren Bedürfnisse ist und daß ein wirkliches Gleichgewicht mit der Umwelt nur möglich ist, wenn wir dem kindlichen Organismus erlauben, es im Einklang mit seinem „Druck von innen" herzustellen. Dieser Zusammenhang ist für die tägliche Praxis der aktiven

Begreifen heißt erfinden

Schule wichtiger, als es anfangs erscheinen mag und wird unser Verhalten als Lehrer stark beeinflussen. Das Wissen um dieses Bedürfnis nach wirklichem Gleichgewicht, das im freien System deutlich hervortritt, kann uns helfen, weniger enttäuscht zu sein, wenn wir vielleicht nach aufopfernder nächtlicher Arbeit ein ganz wunderbares Arrangement von neuen Materialien ins Klassenzimmer gebracht haben, die Kinder dies aber vollkommen übersehen und stattdessen ein längst vergessenes Material aus dem Regal hervorkramen.

Diesem „Schleusenmechanismus" können wir gar nicht genug Wichtigkeit beimessen. Ein Kind, das sich gerade in der Auswertungsphase von Erfahrungen befindet und dem außerdem erlaubt wird, aus einer Vielzahl von Reizen diejenigen auszuwählen, die seinen inneren Strukturen entsprechen, schützt sich auf natürliche Weise gegen neue oder unpassende Reize und sperrt sie zumindest zeitweise aus seinem Bewußtsein aus. Sanfte oder brüske Gewalt von außen mag diese Sperre beseitigen. Das Kind kann liebevoll motiviert oder durch Belohnungen oder Strafen gezwungen werden, einem äußeren Druck nachzugeben und seine Aufmerksamkeit auf Dinge zu lenken, die nicht seinem wirklichen Interesse entsprechen. Doch sein Verständnis wird dabei getrübt und Lerninhalte werden verzerrt, weil sie den wirklichen Bedürfnissen des wachsenden Organismus angepaßt sein müssen und nicht objektiv erfaßt werden können. Auf der Gefühlsebene bringt dieser Vorgang Spannungen hervor, von denen sich die Kinder auf verschiedene Weise zu befreien suchen – ein Phänomen, das vielen Erziehern Kopfschmerzen bereitet, das aber selten voll verstanden wird.

Ein weiterer Mechanismus des kindlichen Lernens, den wir in Betracht ziehen müssen, ist das Bedürfnis, Erlebtes aufzubewahren. Alle Erfahrungen, die ein Kind vorläufig nicht assimilieren kann, weil sie nicht in die gegenwärtigen Gemüts- oder Intelligenzstrukturen passen, werden erst einmal unverarbeitet abgestellt. Es wird dem Unterbewußtsein überlassen, das Erlebte einer ersten Verarbeitung zu unterwerfen. Dieser Prozeß kann Stunden, Tage, Wochen, Monate oder in manchen Fällen sogar Jahre dauern. Drängen wir als Eltern oder Erzieher das Kind, sich zum Beispiel bald nach einem Erlebnis darüber zu äußern; bestehen wir zum Beispiel darauf, daß es uns erzählt, was es in der Schule erlebt hat oder daß es nach einem Schulausflug umgehend einen Aufsatz darüber schreibt, so rufen wir allerlei unerwartete Probleme hervor. Die folgende kleine Geschichte mag dies illustrieren:

Erziehung zum Sein

Der Schulbus hatte bei der Einfahrt nach Quito eine ungewohnte Verzögerung von fünfzehn Minuten erlebt, weil eines unserer behinderten Kinder von den Eltern nicht rechtzeitig abgeholt wurde. Bei anderen Kindern kann der Busfahrer keine großen Rücksichten nehmen. Das Kind macht die Rundfahrt mit und kommt dann wieder zurück zur Einfahrt nach Tumbaco, wo die Eltern inzwischen geduldig warten; doch einem behinderten Vierjährigen konnte man solch eine Tour nicht zumuten. Der Bus wartete also ausnahmsweise auf die verspäteten Eltern, und die Rundfahrt ging mit erheblicher Verzögerung weiter. Eine Mutter hatte sich beim Warten so aufgeregt, daß sie ihre Tochter mit einem Schwall von Fragen überhäufte, ohne auf die Entschuldigungen der Begleitpersonen zu hören. Das fünfjährige Mädchen konnte natürlich keine logische Erklärung für das Vorgefallene geben. Um die Fragen ihrer Mutter einzudämmen, malte sie ihr aus, daß der Bus einen Zusammenstoß mit einem blauen Auto gehabt habe. Das Auto sei kaputtgegangen, das Krankenauto habe die Vewundeten abtransportiert und die Polizei habe den Busfahrer um ein Haar ins Gefängnis gesteckt ....

Nicht alle Kinder antworten so fantasievoll auf unsere bohrenden Fragen. Manche machen es sich zur Gewohnheit, zum Beispiel langweilige Aufsätze zu schreiben und den Erwachsenen im großen und ganzen doch nur wenig Einblick in ihr persönliches Leben zu gewähren. So beschreibt C.G. Jung in *Erinnerungen, Träume, Gedanken,* wie es ihm am Gymnasium jahrelang gelungen war, durch mittelmäßige Arbeiten die Aufmerksamkeit der Lehrer und Mitschüler von sich abzulenken, um in Ruhe sein eigenes Leben zu leben. Doch in einer höheren Klasse interessierte ihn unerwarteterweise ein Aufsatzthema so sehr, daß er seinen ganzen Verstand in diese Arbeit hineinlegte. Der peinliche Erfolg dieser Anstrengung war, daß sein Lehrer ihn öffentlich des Plagiats ankagte, auch wenn er nicht beweisen konnte, von welchem Autor Jung seine glänzende Arbeit abgeschrieben haben sollte.

In engem Zusammenhang mit den erwähnten natürlichen Mechanismen des kindlichen Lernens steht das für den Erwachsenen oft ärgerliche Bedürfnis zum Spielen. Ich kann hier nur kurz andeuten, welche Wichtigkeit Piaget diesem Mechanismus beimißt.

Obwohl sie längst nicht immer voneinander zu trennen sind, können wir hier um des besseren Verständnisses willen von zwei Arten Spielen sprechen: Einmal das symbolische Spiel, durch das sich das Kind vom inneren Druck überwältigender Erlebnisse zu befreien sucht. Mit vieler-

Begreifen heißt erfinden

lei Spielelementen inszeniert das Kind Situationen seines Lebens, die in Raum und Zeit entfernt sein können. Was das Kind im wirklichen Leben notgedrungen zu einer Stellungnahme oder zur Unterwerfung unter eine Autorität, zur Rebellion oder Zusammenarbeit zwingt, wird in diesem symbolischen Spiel kurzerhand von seinem konflikthaften Charakter befreit. Das Kind beherrscht hier die Situation nach Gutdünken und führt Lösungen herbei, die im wirklichen Leben unmöglich wären. Es wird selbst zum Doktor, der einer sich wehrenden Puppe Spritzen aufzwingt oder zur Mutter, die einem unerwünschten Besucher mitleidlos die Tür weist. Dieses Spiel sollte in Kindergarten und Schule (in der sein symbolischer Charakter eine höhere Bedeutung einnimmt) nicht nur erlaubt, sondern durch passende Materialien begünstigt und von aufmerksamen Erwachsenen beobachtet und richtig eingeschätzt werden. Eine besondere Bedeutung erhält das symbolische Spiel in der Praxis der Spieltherapie, von der in einem späteren Kapitel noch die Rede sein wird.

Die zweite Art Spiel hat einen weniger gefühlsgeladenen Charakter. Es wird Funktions- oder Übungsspiel genannt und besteht aus drei Stadien: Das Kind findet sich einer neuen Situation gegenübergestellt und paßt sich ihr – vielleicht mit einer gewissen Zaghaftigkeit – an. Stellen wir uns vor, daß es zum ersten Mal vor dem Problem steht, über einen kleinen Bach springen zu müssen, Es zögert, schaut sich womöglich nach einem Umweg um, schließlich überwindet es sich und springt hinüber.

Nun beginnt das Kind – und dies ist das zweite Stadium – immer wieder hin und her über den Bach zu springen. Es übt anhaltend, manchmal springt es noch zu kurz und wird naß, dann wieder springt es zu weit und fällt um, bis es schließlich diese neue Kunst des Bachspringens für sich erobert hat (dabei hat es vielleicht vergessen, was das ursprüngliche Ziel seines Weges war).

Nun fühlt sich das Kind als Meister im Bachhüpfen. Aus reiner Freude an dieser Meisterschaft springt es von jetzt an über alle Bäche, wo sie auch immer zu finden sein mögen. Dieses ist die dritte Etappe, die wiederum zum Aufsuchen neuer Situationen und zu komplizierteren Handlungen führt.

Nach Piaget ist das Spiel der authentischste Ausdruck und das wirksamste Lernmittel des Kindes. Das Regelspiel ermöglicht ihm besonders reichhaltige Erfahrungen im Zusammenleben mit Gleichgestellten. Die Schule sollte die Wichtigkeit des Spiels hoch genug einschätzen und es nicht auf die große Pause und in den fast leeren Schulhof verdrängen.

Erziehung zum Sein

Doch selbst wenn wir das Spiel bewußt in das Schulleben einbeziehen, sollten wir uns darüber im klaren sein, daß eine seiner wichtigsten Zutaten seine Spontaneität ist und daß es nur mit Vorsicht und ausnahmsweise vom Erwachsenen organisiert werden sollte, um seinen selbstregulierenden Charakter nicht zu gefährden.

Einige Hinweise möchte ich noch auf den Gebrauch der Sprache geben, dem Piaget ebenfalls ausführliche Studien gewidmet hat. Schon früh zeigt das Kind ein ausgeprägtes Interesse am Sprechen und Zuhören. Bis zum Einsetzen der operativen Periode hat es darin eine erstaunliche Meisterschaft erlangt. Untersuchen wir dieses bekannte Phänomen nicht genauer, können wir leicht zu dem Schluß kommen, daß das Kind nun die Sprache im gleichen Sinn gebraucht wie wir und uns im Umgang mit den Kindern weitgehend auf dieses gemeinsame Instrument verlassen. Als hingebungsvolle Eltern geben wir unseren Kindern oft lange Erklärungen über alles mögliche ab. Das dreijährige Kind, das vom Klang unserer Stimme fasziniert ist und uns gern in seiner Nähe haben möchte, entwickelt seine berühmte Technik des Warum-Fragens und entlockt uns viele wohldurchdachte Erklärungen. Am Ende des Tages sind wir oft vollkommen erschöpft und können den Augenblick kaum erwarten, in dem wir den kleinen Frager endlich ins Bett verstauen können. Mit dem älteren Kind, das die Sprache schon mit größerer Gewandtheit gebraucht, werden wir immer wieder ungeduldig: „Das habe ich dir doch schon tausendmal erklärt. Warum verstehst du es immer noch nicht?" Eine ganze Schultradition wurde auf diesem Mißverständnis aufgebaut, daß das sechs- bis vierzehnjährige Kind die „gleiche Sprache" spricht wie wir. Unser Sprachunterricht bemüht sich, diese „gemeinsame Sprache" weiter auszufeilen. Doch Piagets Studien zeigen, daß die Annahme einer gemeinsamen Sprache auf einer Täuschung beruht. Noch mit sechs Jahren dient die Sprache des Kindes nur in geringem Maß der Mitteilung; sie kann noch in diesem Alter bis zu 50% egozentrischen, also auf sich selbst gerichteten Charakter haben. Erst allmählich, vor allem durch den zunehmenden Umgang mit Gleichaltrigen, nimmt sie einen sozialeren Charakter an. Schon früher haben wir uns daran erinnert, daß das Kind erst beim Eintreten in die Pubertät die notwendigen Denkstrukturen voll ausgebildet hat, die unsere Sprache als Verständigungsmittel einigermaßen funktionell machen.

Kein Wunder also, daß wir mit den Kindern immer wieder schon darum in Konflikt kommen, weil wir uns zu sehr auf eine „gemeinsame"

Begreifen heißt erfinden

Sprache und zuwenig auf andere wichtige Elemente der Verständigung verlassen. Große Unsicherheit fühlt das Kind, wenn wir unbewußt durch unseren Gesichts- oder Körperausdruck, den Klang unserer Stimme oder sonstige nonverbale Mitteilungen etwas ausdrücken, was mit dem Sinn unserer Worte nicht übereinstimmt. Solche nicht verbalen Ausdrucksmittel sind für das Kind in Wirklichkeit viel klarer als unsere sprachliche Logik und meist entscheidend für sein Urteil.

Jeder, der in einem offenen Klassenzimmer arbeitet, findet große Bereicherung in Piagets Studien über die intellektuelle Reifung der Kinder, die auf der ganzen Welt in ähnlicher Weise geschieht. Diese Studien sind ein wertvoller Ausgangspunkt für die eigenen Beobachtungen, die uns die Praxis der aktiven Erziehung täglich ermöglicht. Ein kurzer Hinweis auf die Problematik des Egozentrismus, die sich wie ein roter Faden durch Piagets Werk zieht, soll dieses Kapitel abschließen.

Jede Entwicklungsetappe ist charakterisiert durch eine besondere Art des Egozentrismus. Besonders sichtbar ist er natürlich in der frühen Kindheit, in der der neue Organismus zur Erfüllung seiner lebensnotwendigen Bedürfnisse vollkommen auf andere Menschen angewiesen ist. In dieser Zeit ist es ihm unmöglich, auf die Interessen anderer Menschen Rücksicht zu nehmen. Sein Egozentrismus ist sein grundlegender Schutz und für sein Überleben wichtig. Doch selbst dann, wenn das Kind sich allmählich selber „helfen" kann, lebt es noch lange in der Überzeugung, daß alle anderen Menschen Einsicht in seine eigenen Gefühle, Absichten und Erfahrungen haben; daß sie irgendwie eins sind mit ihm, so wie es sich selbst eins glaubt mit seiner Umwelt. Solange dieser Zustand andauert, sieht das kleine Kind keine Notwendigkeit, uns auf verständliche Art seine Gedanken, Gefühle und Erlebnisse mitzuteilen.

Im Schulalter zeigt der Egozentrismus ein neues Gesicht. Das Kind neigt dazu, alle Informationen einem von ihm geformten Weltbild anzupassen, um seine bisher gewonnene Integrität zu bewahren. Nur durch den ständigen Umgang mit konkreten Wirklichkeiten und Lebenssituationen wird es dem Kind ermöglicht, sein eigenes Weltbild zu revidieren und einer objektiven Wirklichkeit anzupassen.

Der Egozentrismus der halbwüchsigen Jungen und Mädchen kann besonders irritierend sein. Die jungen Leute leben in der Überzeugung, daß jedermann wissen müsse, wie ihnen zumute ist. Sie glauben, daß alle Menschen das gleiche fühlen wie sie selbst. In jeder Etappe hat der Egozentrismus eine die eigene Integrität beschützende Funktion. Das

Erziehung zum Sein

Baby, das auf die Müdigkeit seiner Eltern Rücksicht nehmen wollte, würde nie zu seinem eigenen Lebensrhythmus kommen. Das Schulkind, das nicht auf seinem eigenen Weltbild bestünde, könnte nie eine kritische Haltung erlangen. Der Halbwüchsige, der an den Gefühlen und Motiven der Erwachsenen zweifelt, verliert früh das Interesse, selber im Leben Verantwortungen zu übernehmen. Ganz gleich in welcher dieser Etappen tragen wir als Erwachsene dazu bei, den Egozentrismus zu verstärken und erst zu einem Dauerübel zu machen, wenn wir verhindern, daß die spezifischen Bedürfnisse des Individuums in seinem Wachstumsstadium erfüllt werden. Das Kind setzt eine ganze Reihe von Mechanismen ein, um seine Bedürfnisse notfalls gegen unseren Willen zu erfüllen, auch wenn es oft nur Ersatzlösungen erreicht. Ein Kind, das sich durch falsch verstandene Autorität in seiner Integrität gefährdet fühlt, klammert sich länger an seinen Egozentrismus als ein Kind, das sich verstanden fühlt und sich entspannt, ohne Angst und Vorbehalte, der Welt und den Menschen, die darin leben, öffnen kann.

Eine alternative Grundschule

In unseren Studiensitzungen mit Lehrern und Eltern hatten wir ein beachtliches Material über Erziehungsprobleme, Kinderpsychologie, die Schulpraxis in Ecuador und die Schulgesetze des Landes zusammengetragen. Die Notwendigkeit einer Alternative war nicht mehr abzuweisen. Sollten wir jetzt beginnen, die öffentliche Meinung durch Publikationen zu beeinflussen, und dazu beitragen, daß die Situation bewußt wird? Doch welchen Ausweg konnte man den Eltern anbieten, die durch ein neugewonnenes Bewußtsein an der traditionellen Schule zweifeln würden? Welche Alternativen waren in anderen Ländern erfolgreich, und gab es irgendein Modell, das eine Anpassung an die Situation unseres Landes erlaubte? Und war es möglich, einen alternativen Erziehungsweg mit den Forderungen des Kultusministeriums in Einklang zu bringen?

Bei unseren Nachforschungen stießen wir auf eine Reihe von alternativen Erfahrungen, die vor allem in Europa und in den Vereinigten Staaten bekannt geworden sind. So kritisiert Paul Goodmans *Verhängnis der Schule* mit großer Überzeugungskraft die Struktur des modernen amerikanischen Erziehungssystems. Seiner Meinung nach entspringen viele seiner Übel gerade aus der Schulpflicht, die ursprünglich zur Behütung und zum Wohl des Kindes eingeführt worden war. Goodman bietet eine ganze Reihe von Lösungen und Auswegen aus diesem Dilemma der „schädlichen Schulpflicht" an. Die Konstellation und das Kräftespiel in der ecuadorianischen Gesellschaft sind jedoch so verschieden von der nordamerikanischen Situation, daß wir uns nur die grundsätzlichsten Einsichten des Buches zunutze machten. Eine von ihnen hat uns immer wieder Unterstützung gegeben, wenn Zweifel zu überwinden waren: Ein Kind, das im rechten Augenblick und in der rechten Weise unterrichtet wird, kann ohne Schwierigkeiten den gesamten Stoff einer sechsjährigen Grundschule in vier bis sieben Monaten aufnehmen. Es besteht also kein Grund, sich um des offiziellen Lehrplans willen die Gelegenheit entgehen zu lassen, eine Alternative zu finden.

Erziehung zum Sein

Die Mitglieder der John Holt Association in den Staaten gehen in ihren Lösungen zum amerikanischen Erziehungsdilemma so weit, daß sie allen Eltern, die ihre Kinder aus dem allgemeinen System ziehen und ihnen zu Hause eine alternative Erziehung ermöglichen wollen, aktive Unterstützung zur Lösung der vielen daraus entstehenden Probleme anbieten. Hieraus ist inzwischen in den Staaten eine beachtliche Bewegung geworden. Diese Bewegung stützt sich auf die Initiative einer wachsenden Anzahl von bewußten Eltern, die nicht nur die Nachteile der öffentlichen Erziehung erkannt haben, sondern auch gewillt sind, gegen Wind und Wetter ihren Standpunkt zu behaupten und die volle Verantwortung in der Erziehung ihrer Kinder zu übernehmen und persönliche Opfer zu bringen. Wie weit solche Opfer reichen können, ist in der Geschichte einer außerordentlichen Familie in England beschrieben. Der Bericht über diese Familie von Michael Deakin kam unter dem Titel *The Children on the Hill* heraus. Mit größter Verwunderung lesen wir darin, wie ein Ehepaar für die Wachstumsjahre seiner vier Kinder bewußt alle eigenen Bedürfnisse zurückstellt und durch ein konsequentes Erfüllen der authentischen Bedürfnisse der Kinder ihren Werdegang so begünstigt, daß die ungwöhnlichsten Begabungen in Erscheinung treten und zum Blühen gebracht werden.

Wir sind natürlich weit entfernt, unseren Eltern solch eine vollkommene und extreme Hingabe anzuraten. Vielleicht ist in Ecuador die Verzweiflung am öffentlichen Schulsystem noch nicht stark genug, und es fehlt meist am nötigen Vertrauen in die eigenen Fähigkeiten, um drastische Maßnahmen zu empfehlen, die eine Erziehung zu Hause in Betracht ziehen. Unsere Alternative mußte also im Rahmen der bekannten Schule bleiben. Verschiedene Alternativen in anderen Ländern zogen unsere Aufmerksamkeit auf sich: So das „offene Klassenzimmer" in den Staaten und im Norden Europas, der „Integrated Day" in England, die „Reisende Schule" in Dänemark, Montessori-Schulen in vielen Ländern, die Waldorf-Schulen und Célestin Freinets „Ecole Moderne" in Frankreich; schließlich auch die „Schulen zum Denken", die gestützt auf Piagets Forschungen, die frühen Denkprozesse des Kindes auf wissenschaftliche Weise in rechte Bahnen lenken wollen.

Das Modell der Waldorf-Schulen fiel als erstes aus, da wir unseren Schulversuch nicht von vornherein an eine anthroposophische Weltanschauung binden wollten. Ebenso konnte uns die Idee der „Schule zum Denken", wie sie von Furth und Wachs beschrieben wird, nicht recht

Eine alternative Grundschule

überzeugen. Wie sollte ein Stundenplan, der die geplanten Aktivitäten der Schulkinder in Fünf-, Zehn-, Zwanzig- und Fünfundzwanzigminutenspannen einteilt, die Entscheidungskraft der Kinder stärken, auf ihre individuellen Bedürfnisse und Interessen Rücksicht nehmen und zu einem authentischen Lebensgefühl führen, auch wenn er die allgemeinen Denkstrukturen und die kindliche Logik berücksichtigt?

Die meisten Eltern und Lehrer, die schon in diesem Stadium am Projekt einer alternativen Schule Interesse zeigten, waren selbst durch einen persönlichen Prozeß gegangen. Jeder versuchte auf seine Weise, zu einem Gefühl der Ganzheit zurückzufinden, zu lernen, wieder „ganz da zu sein", alte Spannungen und Blockierungen aufzulösen und dem Leben mit neuer Hoffnung und Aufgeschlossenheit zu begegnen. Für sie konzentrierte sich die Frage nach einer alternativen Schule auf das Grundproblem: Wie können wir eine Schule schaffen, die dem Kind nicht seine natürliche Lebensfreude, seine Neugierde, Selbstsicherheit, seine Individualität und das Gefühl des eigenen Wertes und des Wertes der anderen wegerzieht? Eine Schule, die das Kind nicht dazu zwingt, den freien Fluß seines Gefühls zu blockieren und die sein Leben unzerstört läßt, so daß es nicht später einmal die Stücke seines Selbst mühsam zusammentragen muß, um „sich wiederzufinden"? Gab es eine Schule, die den Anstoß zum Lernen im Kind selbst beließ und ihn nicht systematisch auf den Erwachsenen übertrug?

Bei unserer Suche stießen wir bald auf John Deweys Schriften, die schon früh in unserem Jahrhundert richtungweisend für fortschrittliche Erziehungsmethoden geworden sind:

„Was ist fortschrittliche Erziehung? Im Vergleich zu den traditionellen Schulen betonen die fortschrittlichen Schulen die Achtung des Individuums und zunehmende Freiheit. Sie sind sich darin einig, daß sich die Erziehung auf die Natur und Erfahrung der Jungen und Mädchen, die zu ihnen kommen, gründen muß, statt von außen Lernstoffe und Normen aufzuzwängen. Sie alle sind erkennbar an einer gewissen informellen Atmosphäre, denn die Erfahrung hat uns gelehrt, daß übermäßige Formalität einer wahren intelligenten Tätigkeit, aufrichtigem Gefühlsausdruck und dem Wachstum abträglich ist. Ein gemeinsamer Faktor ist auch der Nachdruck auf Tätigkeit gegenüber Passivität. Und ich nehme auch an, daß in all diesen Schulen auf die menschlichen Faktoren, normale zwischenmenschliche Beziehungen, Umgang und Verkehr der Kinder und Erwachsenen untereinander geachtet wird, die solchen Bezie-

Erziehung zum Sein

hungen gleichen, die in der großen Welt außerhalb der Schule gang und gäbe sind. Alle fortschrittlichen Schulen sind sich darin einig, daß diese normalen menschlichen Kontakte zwischen Kindern und Erwachsenen von höchstem erzieherischem Wert sind und daß die künstlichen persönlichen Beziehungen, die ein Hauptfaktor in der Isolation der Schule vom wirklichen Leben sind, negative Folgen haben. Soviel also über den gemeinsamen Geist und das gemeinsame Ziel, die wir in fortschrittlichen Schulen voraussetzen.

Soweit erkennen wir zumindest die Elemente, die zu einer Erziehungswissenschaft einen charakteristischen Beitrag liefern: Respekt für individuelle Fähigkeiten, Interessen und Erfahrungen; genügend äußere Freiheit und Informalität, um es den Lehrern zu ermöglichen, die Kinder so kennenzulernen, wie sie wirklich sind; Respekt vor selbstbegonnenem und selbstgeleitetem Lernen; Respekt vor Aktivität, die sowohl Anreiz als auch Mittelpunkt des Lernens ist; und vielleicht über alles der Glaube an menschliche Kontakte, Verbindungen und Zusammenarbeit in einer normalen menschlichen Atmosphäre...

Auch wenn es wahr wäre, daß alles, was existiert, gemessen werden kann, wenn wir nur wüßten wie – was n i c h t existiert, kann nicht gemessen werden. Und es ist kein Widerspruch, wenn wir behaupten, daß der Lehrer ein tiefes Interesse an dem hat, was nicht existiert. Denn eine fortschrittliche Schule ist vor allem am Wachstum interessiert, an einem beweglichen und wechselnden Prozeß, an der Transformation von bestehenden Fähigkeiten und Erfahrungen. Was durch natürliche Veranlagung und frühere Leistungen bereits vorhanden ist, ist dem untergeordnet, was werden soll, die Möglichkeiten sind wichtiger als das, was schon existiert, und unsere Kenntnis des bereits Vorhandenen empfängt seine Bedeutung aus seiner Beziehung zu den daraus erwachsenden Möglichkeiten."

Die offenen Schulen Europas und der Staaten, wie auch die Montessori-Schulen bewahren die wichtigsten Elemente einer kindgerechten und die Persönlichkeit respektierenden Erziehung. Viele von ihnen arbeiten jedoch mit einem großen Aufwand an teuren Materialien und bevorzugen mit Teppichboden ausgelegte Schulräume. Sie erwecken den Eindruck, daß die ideale Lernumgebung riesige Investitionen benötige. Selbst die Schulen des englischen „Integrated Day", obwohl weniger luxuriös als viele ihrer amerikanischen Gegenstücke, rechnen noch mit einer Unterstützung aus öffentlichen Mitteln und dem Zugang zu Bibliothe-

Eine alternative Grundschule

ken und ähnlichen Hilfsmitteln. Dagegen geben uns die Erfahrungen der Ecole Moderne in Frankreich wertvolle Hinweise, wie eine Erziehung, die die Aktivität und Initiative der Kinder in den Mittelpunkt stellt, auch in einer ärmlichen Umgebung und mit einfachen Mitteln möglich ist. Freinet versuchte allerdings, diese Initiative der Kinder mit den ministeriellen Lehrplänen in Einklang zu bringen und erarbeitete zusammen mit den Kindern Arbeitspläne, die dann in der Praxis vor dem spontanen Interesse der Kinder Vorrang hatten. Die eindrucksvolle Bewegung der Ecole Moderne ist inzwischen weitgehend vom allgemeinen Erziehungssystem Frankreichs aufgesogen, und soweit wir in kurzen Besuchen entdecken konnten, scheint es dort nur noch wenige Versuche zu geben, die Ideen Freinets voll anzuwenden und auszubauen.

Wir standen nun vor der doppelten Frage: Wie konnten wir mit geringen Mitteln eine ideale Umgebung für Schulkinder schaffen, die mit genügend Material ausgestattet ist? Diese Umgebung sollte nicht einfach die Modelle aus anderen Ländern nachahmen, sondern soweit wie möglich mit lokalen Elementen arbeiten. Wir konnten mit keinerlei Unterstützung aus öffentlichen Mitteln rechnen und mußten zunächst diese alternative Schule aus den Beiträgen der Eltern finanzieren. Dabei war es wichtig, die Kosten so niedrig zu halten, daß die Schule auch für Leute mit mittlerem Einkommen erschwinglich blieb und Wege aufzeigte, wie solche offenen Methoden auch den armen Bevölkerungsschichten zugänglich gemacht werden können.

Die andere Frage, die wir lösen mußten, bezog sich auf unser Verhältnis zum Erziehungsministerium. Von Anfang an konnten wir keine finanzielle Unterstützung erwarten, da der Haushaltsplan des Ministeriums weit davon entfernt ist, die Bedürfnisse der öffentlichen Erziehungsprogramme zu decken. Es ging vielmehr darum, das Ministerium dazu zu bewegen, innerhalb der Einförmigkeit des Erziehungswesens das Bestehen einer alternativen Schulform zuzulassen. Als jedoch eine Kommission unserer Studiengruppe die einschlägigen Stellen im Ministerium zu Rate zog, bekam sie die klare Antwort: „In Ecuador darf keine Schule bestehen, die nicht die Pläne und Programme des Ministeriums vorbehaltlos akzeptiert. In diesem Land sind wir gewohnt, die Dinge richtig und gut zu machen. Wir erlauben keinerlei Experimente".

Doch innerhalb des Ministeriums gibt es ein Institut, das für die Ausbildung und Weiterbildung der Lehrer aller Stufen zuständig ist. Wir hörten von einer kleinen Gruppe fortschrittlicher Beamter in diesem

Erziehung zum Sein

Institut, die insgeheim eine neue Linie verfolge und sicher unseren Plänen nicht abgeneigt sei. Ein inoffizieller Austausch mit dieser Gruppe führte schließlich zu dem Rat, uns vorläufig nicht um eine ministerielle Anerkennung unserer alternativen Schule zu kümmern, sondern einfach die Arbeit zu beginnen und wichtige Erfahrungen zu sammeln. In der Zwischenzeit ergebe sich womöglich eine günstige Konstellation im Ministerium, die eine nachträgliche Anerkennung der Schule bewirken könne, ohne auf die Grundsätze der fortschrittlichen Methoden zu verzichten. Dies ist eine südamerikanische Weise, juristischen Problemen gegenüberzutreten. Tatsächlich dauerte es seit diesem ersten inoffiziellen Entscheid fast drei Jahre, bis sich im März 1982 solch eine „günstige Konstellation" ergab und der Kultusminister die Erlaubnis zum Bestehen des „Centro Experimental Pestalozzi" mit der Berechtigung zu einer aktiver Erziehung unterzeichnete.

Wer würde es aber wagen, sein Kind in einer Schule anzumelden, die ohne Genehmigung des Ministeriums funktionieren sollte und vorläufig nur im Kopf einer kleinen Gruppe von Menschen bestand? Zu der Jahreszeit, in der normalerweise die Einschreibungen vorgenommen werden, gab es weder ein Gebäude, noch Stühle, Tische oder sonstiges Zubehör. Mehrere Eltern, die theoretisch an den Ideen einer aktiven Schule interessiert gewesen waren, bekamen es angesichts dieser unsichtbaren Schule mit der Angst zu tun und meldeten ihr Kind schnell in einer sichtbaren, wenn auch traditionellen Schule an. Es blieben sieben Elternpaare, die in dieser schwierigen Lage doch auf einer aktiven Schule für ihre Kinder bestanden. Mit ihnen schlossen wir eine Art Vertrag ab: Die Schule verpflichtete sich, den Kindern eine Umgebung zu schaffen, die den Grundsätzen der aktiven Erziehung entsprechen würde und außerdem im Ministerium die Anerkennung der Schule voranzutreiben. Die Eltern versprachen ihrerseits, an monatlichen Studiensitzungen teilzunehmen, die sich mit den Prinzipien der aktiven Erziehung befassen würden und diese soweit wie möglich zu Hause anzuwenden und mindestens einmal in jedem Trimester einen Morgen in der Schule zu verbringen, die Aktivitäten der Kinder zu beobachten und sie in der Studiensitzung zu besprechen.

Unser erstes Klassenzimmer mußte also nur eine kleine Kinderschar aufnehmen. Wir planten einen kleinen Anbau an das sechseckige Kindergartenhaus. Alles war denkbar einfach: ein leichter Zementboden, Pfeiler aus Eisenröhren, die ein leichtes Eternitdach zu tragen hatten.

Eine alternative Grundschule

Die Wände aus Holzplatten und mit großen Fenstern waren von Rahmen aus Eukalyptusholz gehalten. Ein kleines Lager trockenen Holzes, die Geschicklichkeit unseres Schreiners und ein Kredit im Eisenwarengeschäft von Tumbaco machten es möglich, daß bis zum ersten Schultag der Schulraum beinahe fertiggestellt war. Es fehlten nur noch die Fensterscheiben, die mit den ersten eingehenden Schulgeldern erstanden werden sollten. Die fehlenden Regale wurden vorläufig durch Bretter und Ziegelsteine ersetzt. Am ersten Schultag zogen unsere ersten sieben Schulkinder stolz in ihr Reich ein. Es zu betreten, war für die Vorschulkinder nicht erlaubt, und darum kam es ihnen wie das verbotene Paradies vor. Es war ein Paradies mit viel frischer Luft; die Tische und Stühle waren in fröhlichen Farben bemalt, und die provisorischen Regale waren voller neuer Materialien. Eine kleine gemütliche Bibliothek war mit Kissen, Strohmatten und Büchern in drei Sprachen ausgestattet. Es gab eine Ecke fürs Familienspiel, ein Puppentheater, ein großes Becken mit Wasser und vielerlei Gerät zum Experimentieren, einen Sandtisch mit Spielzeug, Waagen, Meßgeräten und vor allem freien Zugang zum großen Gelände, ein Stückchen Garten, das jeder bearbeiten konnte, dazu die Freiheit, nach Wunsch für Tage oder Stunden in den Kindergarten zurückzukehren, falls unbefriedigte Bedürfnisse aus früheren Jahren danach verlangten.

Dieses erste Schulzimmer wurde schon am Ende des ersten Schuljahres zu klein, als nach und nach schulkranke Kinder aus anderen Schulen eintrafen. Zu Beginn des nächsten Schuljahres hatte sich die Zahl der Schulkinder verdreifacht. Wieder mußten wir das Eingehen der neuen Schulgelder abwarten, um einen größeren Raum zu bauen. In den ersten drei Monaten war das alte Klassenzimmer dicht gefüllt. Tische und Stühle wurden im Garten aufgestellt. Viele Aktivitäten wurden nach draußen verlegt, und manch ein Kind verbrannte sich die Nase in der Sonne, während es schreiben und rechnen lernte. Doch trotz der Enge ließen sich die Kinder in ihrer Tätigkeit nicht beeinträchtigen. Mit Armen voller Material kletterten sie über die Stühle, baten um Entschuldigung, wenn sie an fremde Beine stießen oder jemandem auf die Zehen traten. Vor unseren Augen sahen wir das neue Schulhaus entstehen. Die Kinder halfen beim Gießen der Fundamente, maßen Tiefen, Höhen und Längen, schritten die Seiten, den Umfang und Durchmesser des Raumes ab; sie schätzten und maßen, legten mit Hand an beim Sägen, beim Malen der Wände und beim Scheibeneinsetzen. Schließlich halfen alle beim

Erziehung zum Sein

Umzug und Dekorieren. In diesen drei Monaten, die der Hausbau dauerte, war das Schulhaus zu einem Stück ihres Lebens geworden.

Es war wieder ein sechseckiger Bau mit großen Fenstern, an die Esel und Lamas ihre Nasen drücken. Das überhängende Dach schafft auf vier Seiten des Hauses einen kleinen Vorplatz, der unterschiedlich genutzt wird. Auf der einen Seite steht ein geräumiges Terrarium, das eine wechselnde Sammlung von Pflanzen, kleinen Tieren, moosbewachsenen Zweigen und ähnlichen Schätzen aufnimmt, die die Kinder von ihren Erkundigungstouren zu Bergen und Schluchten, Bächen, Flüssen und Wäldern heimbringen. Daneben ist ein roher Tisch, der je nach Gelegenheit in ein Stadtmodell, einen Tierpark oder ein Ausstellungszentrum verwandelt wird.

Die andere Seite beherbergt einen erhöhten Sandtisch und ein Zentrum zum Wasserspiel, Aufhängevorrichtungen für Gummischürzen und Gartengeräte. Am Haus entlang sind die Fächer der Kinder untergebracht, in denen sie ihre persönlichen Habseligkeiten aufbewahren. Ein weiterer überdachter Platz dient als Keramikwerkstatt, und die gegenüberliegende Seite nimmt eine riesige Kiste auf, in der all das zu finden ist, was in den meisten Familien in den Abfall geworfen wird: alte Bügeleisen, Autoersatzteile, ausgediente Motoren, Reste von Uhren, Radios oder Kühlschränken, Räder, Feuerzeuge, Röhren und Schläuche, kurz: ein großes Sammelsurium an kaputten Gegenständen, die sich dank der Fantasie und des Tatendranges der Kinder in Raumschiffe, Unterseeboote, Roboter oder in unserer Zivilisation noch unbekannte Erfindungen verwandeln.

Der erste Schulraum wurde in einen Lagerraum verwandelt und ist vom neuen Schulhaus nur wenige Schritte entfernt. Dort finden die Kinder Papiere, Pappen, Farben, Stifte, Klebstoff und einen unerschöpflichen Vorrat an Kartons, Plastikbehältern, Korken, Stoff- und Wollresten, Flaschendeckeln, leeren Papierrollen und „Abfällen" aller Art, die wir den verschiedensten Fabriken abbetteln. Die nahe Schreinerei liefert uns Holzabfälle in allen Größen und Formen, Späne und Sägemehl, Nägel, Kleister und Schmirgelpapiere.

Außerhalb des eigentlichen Schulraums dienen ein großer Picknicktisch, ein gemütliches Spielhaus und ein riesiger Sandberg verschiedensten Zwecken, die täglich durch die Initiative der Kinder bestimmt und abgewandelt werden. Das Gelände rundherum ist ein wenig hügelig. Die flachsten Stellen sind von den Kindern in Sportplätze für Ballspiele,

Eine alternative Grundschule

Weit- und Hochsprung, Wettläufe und ähnliche Aktivitäten verwandelt worden. In der Nähe des Schulhauses haben sich die Kinder ein kleines Gartengelände abgesteckt, das sie mit wechselnder Zuverlässigkeit beackern. Eine kleine meteorologische Station vervollständigt die „Außenausstattung".

Im Haus selbst sind auf der einen Seite zwei Toiletten untergebracht, deren Türen von den Kindern in großen Lettern mit der Warnung „APESTALOZZI" (Apestar bedeutet stinken) geschmückt wurden. In der Mitte finden wir eine lockere Anordnung von Regalen, Tischen und Stühlen. Rundherum, den Seiten des Hauses folgend, sind die Interessenzentren mit allem verfügbaren Material untergebracht: eine Küche mit allem Zubehör; ein Spielzentrum voller Gesellschafts-, Denk- und Geschicklichkeitsspiele, mit Lego, Mecano und Holzblöcken aller Formen; ein Handarbeitszentrum mit allem, was zum Werken und Nähen benötigt wird, einschließlich einer vorsintflutlichen Nähmaschine und eines Webrahmens; ein Meß- und Wiegezentrum mit Zollstöcken, Waagen und Gewichten sowie Uhren aller Art; ein Experimentierzentrum mit einem Mikroskop, mit Lupen und Magneten, einem kleinen Chemielabor und Ideen für einfache Experimente; ein Kasperletheater und eine Kiste voller Puppen, alten Kleidern, Hüten und vielem Firlefanz zum Theaterspielen. Dem folgt ein geräumiges Regal voller Montessori-Material für Rechnen und Geometrie; eine Bibliothek, in der die Kinder es sich zum Lesen, Geschichtenhören gemütlich machen können; ein Regal mit Orff-Instrumenten; ein Schrank für die Freinet-Kartei mit Informationsmaterial und Arbeitskarten für Naturkunde, Rechnen, Rechtschreiben und Geographie; ein besonders umfangreiches Sprachzentrum mit Material in Spanisch, Englisch und Deutsch; ein Regal mit Landkarten, einer Weltkugel und naturkundlichem Material; schließlich eine Freinet-Schuldruckerei mit Trockenständern für die gedruckten Blätter, Schürzenständer und Waschbecken und endlich auch eine Wandtafel.

Dies ist also die Umgebung für eine wachsende Anzahl von Schulkindern, die hier in ihrer eigenen Welt leben, deren Gesetze teilweise eigener Art sind, weil sie den Bedürfnissen der heranwachsenden Kinder entsprechen müssen, und teilweise allgemeingültige Gesetze der Gesellschaft sind, in welche diese Kinder hineinwachsen. Noch sind alle Altersgruppen von sechs bis elf Jahren gemischt, doch wenn diese Grundschule alle Stufen aufgebaut hat, sollen die Zehn- bis Dreizehnjährigen ihren eigenen Raum haben, der auf ihre Interessen abgestimmt ist.

Erziehung zum Sein

Uns scheint es ein gutes Omen, daß unsere alternative Schule, auf die wir große Hoffnung für die Zukunft setzen, in einem Schulhaus funktioniert, das von einem Laien entworfen, von einem schlichten ecuadorianischen Schreiner gebaut und mit selbstgefertigten Möbeln und vielem hausgemachten Material ausgestattet ist. Für manche Besucher, die solide und dauerhafte Ausstattungen lieben, mag unsere Improvisation beunruhigend sein. Das kleine Buch von C.N. Parkinson mit dem Titel *Parkinsons Gesetz* hat uns selbst in Momenten des Zweifels Heiterkeit und Ruhe zurückgegeben. Es argumentiert mit viel Humor, daß ein Unternehmen oder eine Institution schon in dem Augenblick zum allmählichen Absterben verurteilt ist, in dem man in ein „endgültiges" Gebäude einzieht. Nach Parkinson sind Unternehmen, die lebendig und wachstumsfähig sind, für gewöhnlich in improvisierten oder provisorischen Unterkünften zu finden. So besehen haben wir keinen Grund, uns mit dem Bau eines ehrwürdigen Schulhauses zu beeilen!

Ein Montag in der Primaria

Es ist ein kühler Montagmorgen. Die kleine Gruppe von Primaria-Kindern, die eine halbe Stunde vor allen andern mit dem ersten Bus von der Ostseite des Tumbaco-Tals eintreffen, betreten den Schulraum fröstelnd und mit demonstrativem Zähneklappern. Man sieht ihnen an, daß sie am Wochenende etwas zu spät ins Bett gegangen sind. Vielleicht sind sie im häuslichen Treiben auch nicht ganz auf ihre Kosten gekommen. Sie finden mich an einem Tisch in der Nähe der Druckerei beim Vorbereiten der wöchentlichen Kontrollblätter, in welche die Kinder ihre täglichen Aktivitäten eintragen. Mit dem Vorwand, sich bei mir wärmen zu wollen, setzen sich die Kinder so nah wie möglich an mich heran. Jedes bekommt eine kleine Umarmung. Eins setzt sich auf meinen Schoß und erklärt, daß es den ganzen Vormittag dort bleiben werde. „Ihr schaut ja aus, als ob ihr vom Nordpol kommt!" eröffne ich das Gespräch. Die Kinder geben mir recht und meinen, daß sie heute den ganzen Tag nichts anderes tun könnten, als sich bei mir zu wärmen. So sitzen wir ein Weilchen. Die Kinder schauen zu, wie ich Daten in die Blätter eintrage. Eins bittet darum, mir helfen zu dürfen; ein anderes möchte die Namen der Kinder eintragen. Es dauert nicht lange, bis wir alle zusammen an den Blättern arbeiten. Inzwischen haben sich die Kinder genügend erwärmt, um mir vom Wochenende zu erzählen.

„Meine Großmutter hat uns besucht, und meine Mutter war den ganzen Tag so komisch," berichtet eins. Ein anderes erzählt von einem Familienausflug auf eine Hazienda, ein anderes vom Fußballplatz. In wenigen Minuten sind die Kinder wach und lebendig. Sie rücken mir von der Pelle und beginnen, Pläne für den Schulmorgen zu schmieden. Zwei der Kinder wollen den anderen, die in kurzer Zeit aus Quito und Tumbaco eintreffen werden, einen Willkommenstrunk zubereiten. Sie setzen einen großen Topf mit Wasser auf den Gasherd und suchen im Garten Kräuter für einen Tee. Dann stellen sie drei Tische zusammen, legen eine Tischdecke auf und beginnen, Tassen, Löffel, Zucker und Servietten mit

Erziehung zum Sein

großem Umstand darauf zu verteilen. „Glaubst du, daß heute alle da sein werden? Am Freitag hatte Natalia Ohrenweh. Hoffentlich ist sie heute nicht krank?" Die Kinder zählen die Tassen für jeden noch abwesenden Kameraden. „Sollen wir Santiago auch zum Tee einladen? Letzte Woche hat er mir beim Fußballspielen ein Bein gestellt. Ich hätte Lust, ihm nichts zu geben. Na, wollen wir mal nicht so sein; er friert sicher auch an diesem kalten Morgen."

Bei diesen Gesprächen fällt es Carmen ein, daß sie die Wettertabelle für heute ausfüllen könnte. Sie lädt ihre Schwester Alba ein, den Regenmesser aus dem Garten zu bringen. Sie kommen mit lauten Rufen zurück: „Jetzt wissen wir, warum es so scheußlich ist: es hat 17 mm geregnet!" Sie lassen alle Anwesenden den Wasserstand bewundern und tragen nach einigem Fragen, welches Datum es wirklich sei, den Niederschlag im vorgesehenen Blatt ein, das in der Nähe des Eingangs an der Wand hängt. Dann messen sie die Luftfeuchtigkeit: 91 %. „Kein Wunder, wenn es doch so viel geregnet hat." Die Temperatur? 15 Grad. „Da muß man sich ja totfrieren!" Sie tragen alles ein. Dabei entschließt sich Carmen, heute weiter an ihren Niederschlagskurven zu arbeiten, die sie fürs ganze Jahr herstellt. Doch für den Augenblick ist die Aufmerksamkeit auf ein wichtiges Ereignis gelenkt: die drei fehlenden Busse fahren in unseren Weg ein. Die Kinder springen zum Tor und empfangen ihre Freunde mit großem Hallo. Sie ziehen die aussteigenden Kinder an den Händen ins Schulhaus und laden sie stolz zum Kräutertee ein.

Mit den Kindern aus Quito kam auch Vinicio, unser zweiter Lehrer in der Primaria. Auch er hat in der halben Stunde Busfahrt Gelegenheit gehabt, sich mit den Kindern „anzuwärmen", ihre Stimmungen aufzufangen, sie auf den Schoß zu nehmen, zu kitzeln und mit ihnen zu lachen. So brauchen wir alle keine großen Formalitäten mehr, um den Tag voll zu beginnen. Vinicio schüttelt mir kräftig die Hand. Das ist einer der wenigen direkten Kontakte, die wir den ganzen Morgen über haben werden. Jeder wird sich den Kindern auf seine Weise widmen, wie es jede Situation verlangt. Beide haben wir gewisse Ideen für Aktivitäten, die diesem oder jenem Kind, dieser oder jener Gruppe entsprechen könnten. Doch wir sind uns einig, daß die Initiativen der Kinder vor unseren Ideen Vorrang haben werden. Jeder weiß vom anderen, daß er sich so wie an jedem Morgen ganz den Kindern widmen wird. Es gibt unter uns keine Vorrangstellung, obwohl Vinicio zwanzig Jahre jünger ist als ich und außerhalb seiner Arbeit im Pestalozzi noch Psychologie studiert.

Ein Montag in der Primaria

Einmal in der Woche verbringen wir einen Nachmittag zusammen, tauschen unsere Erfahrungen mit den Kindern und neue Ideen oder Zweifel aus. Doch hier sind wir nur Auge und Ohr für die Kinder und ihre Bedürfnisse.

Inzwischen haben wir alle eine Tasse Tee zugeteilt bekommen. Wir sitzen und stehen herum wie auf einer Cocktailparty. Es bilden sich kleine Gruppen. Auf der einen Seite werden die Sonntagsereignisse und Resultate vom gestrigen Fußballspiel ausgetauscht. Zwei unserer Jungen sind fanatische Fußballer und werden darum manchmal von den andern ein wenig gehänselt. Nacheinander waschen die Kinder ihre Tassen ab und verstauen sie – nicht immer in vorbildlicher Ordnung – im Regal. Dieser kleine Trunk und das Gespräch miteinander hat uns allen geholfen, uns in der Schule wieder daheim zu fühlen. Einzeln oder in kleinen Gruppen organisieren sich die Kinder für ihre Tätigkeiten.

Victor und Santiago, die mit ihren Vätern jeden Sonntag auf dem Fußballplatz zubringen, versuchen, ein paar Kameraden zu einer Partie Fußball zu überreden. Da keiner recht Lust hat, beginnen sie ein Spiel zu zweit. Eine kleine Gruppe von Jungen und Mädchen, bei denen offenbar am Wochenende der Fernseher die Atmosphäre bestimmt, einigen sich auf ein gemeinsames Spiel mit Holzblöcken, die zusammen mit Raumschiffen und menschlichen Figuren aus Lego und Mecano die Szene für einen ganzen Fernsehfilm abgeben. Aus den Gesten und der intensiven Wortbegleitung zu ihrem Spiel ist schnell zu ersehen, wie wichtig für sie dieser Ausdruck ist und auch, daß sie für einige Zeit keinen Platz für erwachsene Eindringlinge haben.

Drei von den größeren Mädchen stecken die Köpfe in der Bibliothek zusammen. Sie haben das Tonbandgerät in ihrer Mitte und diskutieren zunächst aufgeregt. Ich begleite die achtjährige Deniss, um ihr beim Aussuchen eines Buches zu helfen. Die drei Mädchen machen mir ein Zeichen: Achtung, Aufnahme, nicht stören! Wir verhalten uns so still wie möglich und hören gerade genug, um zu erfahren, daß es sich um eine „Familien-Szene" handelt. Jedes der Mädchen übernimmt abwechselnd verschiedene Rollen und verstellt seine Stimme entsprechend. Deniss läßt sich auf einem Kissen neben ihnen nieder und beginnt zu lesen. Liz nähert sich der Bibliothek. Deniss deutet auf die drei mit dem Tonbandgerät: Mach keinen Krach, Aufnahme! Liz sucht sich so vorsichtig wie möglich ein Buch heraus und macht es sich an einem Tisch bequem. Sie packt ihre Schreibsachen aus und beginnt, mit ihrer gut

Erziehung zum Sein

leserlichen Handschrift aus dem Buch abzuschreiben. Sie war ein Jahr lang in einer öffentlichen Schule und sucht immer wieder Sicherheit in dieser Beschäftigung, die nicht zuviel Initiative von ihr verlangt. Als sie mitten in ihrer Arbeit ist, lege ich einen Augenblick meinen Arm um sie und lasse mir erklären, was sie schreibt. Sie genießt sichtlich die Beachtung und benutzt die Gelegenheit, mir von ihrer Mutter zu erzählen, die sich gestern den Arm verstaucht hat. Dann klagt sie, daß sie keine Ideen hätte und was sie heute im Rechnen anfangen könnte. Seit sie vor ein paar Monaten zu uns kam, ist das ihr tägliches Lied. Noch nie hat sie ein Rechenmaterial selbständig benutzt. Immer bittet sie um erneute Anleitungen, auch wenn sie erst am Vortag den Gebrauch eines Materials verstanden zu haben schien. Wüßte ich nicht, daß Liz in den ersten Lebensjahren tagsüber in einer kleinen Wohnung allein eingeschlossen gewesen ist, während ihre Mutter arbeiten ging, daß sie dann ohne operative Grundlage auf abstrakte Weise rechnen lernen sollte und von ihrer Lehrerin geschlagen wurde, wenn sie falsch rechnete, könnte ich mit ihr vielleicht einmal die Geduld verlieren. So wie jeden Tag verspreche ich ihr auch heute, ihr beim Rechnen zu helfen. Sie solle mich nur rufen, wenn sie bereit sei. Liz beugt sich wieder über ihre Schreibarbeit, und ich verabschiede mich von ihr mit einem kleinen Druck auf die Schulter.

Mein Blick fällt auf eine Gruppe von sechs oder sieben Mädchen und Jungen, die einen Korb mit Plastikflaschen und Pappschachteln, den ich am Morgen auf eine Tischgruppe gestellt hatte, mit fachmännischen Bemerkungen auspacken. Als sie meinen Blick auffangen, zieht mich Carolina an den Händen herbei: „Schau mal, wir wollen eine Stadt bauen. Welchen Kleister können wir brauchen? Glaubst du, daß wir die eingetrockneten Farben von der letzten Woche noch mal aufweichen können oder sollen wir lieber neue mischen?" Ich helfe ihnen, noch ein paar Tische anzustellen, damit sie genügend Platz zum Arbeiten haben, erkläre Pablo, wo er im Lagerraum buntes Papier zum Bekleben der Häuser und sonstige nützliche Zutaten finden kann, zeige Cristina, wie sie einen hartgewordenen Pinsel auswaschen kann und empfehle mich bald mit der bekannten Litanei: „Wenn ihr mich braucht, ruft mich nur." Hier ist wieder eine Gruppe unter Dach und Fach, die in diesem Stadium ihrer Aktivität ihre eigenen Ideen verwirklichen kann und soll.

Vielleicht wird mein Beistand in der Druckerei gebraucht? Alejandro und Natalia haben sich eine Annonce ausgedacht, die sie zusammen druk-

Ein Montag in der Primaria

ken wollen. (Mein Hintergedanke: Haben sich die Väter gestern hinter der Sonntagszeitung vergraben?) Ich frage, ob sie mir vorlesen wollen, was sie geschrieben haben. Sie schauen sich fragend an. Sollen sie mich einweihen oder nicht? Schließlich meinen sie großzügig, ich könnte ihnen vielleicht beim Korrigieren helfen, damit nicht zu viele Fehler in die Annonce kommen. Beim Vorlesen kugeln sie sich vor Lachen. Es kommen ihnen auch gleich ein paar Ideen zur Verbesserung ihres Textes in den Sinn. Ich helfe ihnen, die fraglichen Wörter im Duden nachzuschauen. Schließlich kommt etwa der folgende Text heraus:

Wer will mein Haus kaufen?
Gebe billig ab:
Lehmhaus mit schiefen Wänden.
Fenster mit zerbrochenen Scheiben.
Dach nicht mehr ganz dicht.
Fußboden mit Löchern.
Wurmstichige Möbel.
Sofa mit Flöhen.
Garten mit viel Unkraut.
Auf Wunsch können Gespenster mitgeliefert werden.
Preis: eine Million Sucres.

Sie übertragen die Annonce auf kariertes Papier. So können sie leichter die Zeilen fürs Setzen einteilen. Dann schauen sie sich im Raum nach jemandem um, der nicht zu beschäftigt erscheint. „Willst du uns beim Drucken helfen?" Peter, der das Interesse am Stadtbau verloren zu haben scheint, stellt sich zur Verfügung. Bis zur Saftzeit werden diese drei mit dem Setzen und Drucken zu tun haben. Wenn der Probeabzug bereit ist, werden sie mich noch einmal rufen, um ihnen bei der Fehlerjagd zu helfen.

Wieder ein Blick über den Raum, ob ich irgendwo gebraucht werde. Vinicio hockt mit einer Gruppe von Jungen auf einer Strohmatte. Sie sind von einem Ratespiel gefangengenommen und haben für nichts anderes Augen und Ohren. Sie schätzen Längen, Abstände, Tiefen, Höhen, Durchmesser; alles, was ihnen ins Auge fällt. Nachdem jedes Kind seine Schätzung aufgeschrieben hat, wird mit dem Zollstock gemessen. Wer dem wirklichen Maß am nächsten kam, bekommt einen Eukalyptussamen als Preis.

Erziehung zum Sein

Aus der Küche kommen Laute, die mich aufmerken lassen. Megan und Tui, die untereinander nur englisch reden, sind in ein spanisches Wortgefecht mit Edmundo und Patricio verwickelt. Von weitem versuche ich zu verstehen, worin das Problem besteht. „Wir waren zuerst am Kochen. Warum kommt ihr uns stören?" erklären die Mädchen mit erhobener Stimme. „Aber wir wollen ein anderes Rezept ausprobieren. Seid nicht so egoistisch, laßt uns auch hier arbeiten," verteidigen sich die Jungen. „Ja, und dann sollen wir für euch aufräumen, das kennen wir schon." „Was kennt ihr schon?" „Die Jungen wollen nur kochen und dann nicht abwaschen." Die Emotionen steigen in die Höhe. Ich entschließe mich, ein wenig näher zu rücken. Sofort wollen beide Parteien, daß ich zu ihnen halte. Ich fasse ihre Probleme in Worte, ohne jedoch eine Lösung anzubieten. Allein dieser moralische Beistand ist – wie in den meisten Fällen – genug. Die Kinder einigen sich nach vielem Reden, auf welcher Seite der Küche jede Gruppe arbeiten kann, und versprechen sich gegenseitig, ihren Teil sauber zu hinterlassen. Auch hier muß ich mich nicht weiter kümmern. Die Kinder werden sich nicht nur gegenseitig zur Ordnung anhalten, sondern noch einen Wettstreit inszenieren, wer „am besten saubermachen kann." Nur zweimal noch erinnere ich mich an sie: Einmal, als Edmundo, der noch nicht sehr fließend lesen kann, sein Rezept nicht ganz versteht und mich um Hilfe bittet; das andere Mal, als die Mädchen mir eine Probe ihres fertigen Produktes zur Begutachtung bringen, während ich gerade Paulina ein neues Material zum Multiplizieren demonstriere.

Die beiden Kleinsten, Gabriela und Mariana, können sich immer noch nicht zu einer eigenen Tätigkeit entschließen. Sie gehen von Gruppe zu Gruppe, schauen hier zu und dort zu und fassen selbst nichts an. Ich versuche, ihrem Gesichtsausdruck und ihrer Körperhaltung zu entnehmen, ob sie in dieser halb passiven Beschäftigung, die nun schon mehr als eine halbe Stunde dauert, zufrieden sind, oder ob ihnen eine Anregung lieber wäre. „Möchtest du, daß ich dir etwas zeige?" frage ich Gabriela so neutral wie möglich. Ihre Geschichte ist mir bestens bekannt, und ich weiß, daß sie schon mit ihren knapp sieben Jahren Probleme mit der „Autorität" hat. „Nein, ich will nur zuschauen", ist die zu erwartende Antwort. Ich streichle ihr so leicht wie möglich über den Kopf. „Ja, du willst jetzt nichts tun, du willst nur den andern zuschauen:" Gabriela wirft mir einen dankbaren Blick zu. Wenige Minuten später, als ich bereits mit Mariana Buchstaben aus dem Montessori-Alphabet zu

Ein Montag in der Primaria

Worten zusammensetze, will sie auch mitarbeiten. Sie sortieren zuerst die bereits bekannten Buchstaben aus dem Kasten, lernen einen neuen Buchstaben kennen, formen verschiedene Wörter und haben die Idee, mit den neuen Wörtern gleich ein Bilderbuch anzufertigen. Sie illustrieren jede Seite ihres Buches mit bunten Zeichnungen und schreiben die Wörter nach bestem Können darunter.

Inzwischen kommen aus verschiedenen Ecken Hilferufe. Carmen, die gerade dabei ist, Wetterkurven nach unseren täglichen Eintragungen anzufertigen, kann sich nicht mehr erinnern, wie sie beim letzten Mal mit dem Montessori-Divisionsmaterial den monatlichen Durchschnitt ausgerechnet hat. In wenigen Minuten vergewissere ich mich, daß sie das Material richtig gebraucht und selber zurechtkommt.

Liz braucht ein wenig mehr Aufmerksamkeit, bis sie sich wieder mit ihrem Material sicher fühlt und allein das Addieren und Subtrahieren mit vierstelligen Zahlen bewerkstelligen kann. Doch ist sie nur zufrieden, wenn sie mich bei jedem Schritt zurückrufen kann.

Alba und Tania arbeiten mit logischem Material und streiten sich über die richtige Verteilung von stehenden, gehenden und laufenden Männern, Frauen, Jungen und Mädchen in verschiedenen Farben. Auch hier ist bald durch kurzes Dazuhocken und Verbalisieren ihrer Probleme genügend Hilfestellung geleistet.

Die drei Tonbandmädchen haben nach vielem Löschen und Neuaufnehmen ihr Hörspiel fertiggestellt. Ob sie daraus ein Puppentheater machen und es später den Kleinen vom Kindergarten vorführen können? Wir besprechen, daß sie für solch ein Unternehmen gut vorbereitet sein müßten. Sie wollen versuchen, eine Abschrift des Bandes herzustellen und dann die anderen zu einem Wettstreit einzuladen, wer die besten Handpuppen für die benötigten Personen anfertigen kann.

Auch die Gruppe von Kindern, die mit dem Bau einer Stadt beschäftigt ist, scheint den Höhepunkt der selbstgewählten Aktivität überschritten zu haben. Ich schlage vor, daß wir zusammen die fertigen Häuser und Autos zum großen Ausstellungstisch tragen. Da merken die Kinder, daß sie mit Sand, Steinen und kleinen Pflanzen das Stadtmodell viel anschaulicher machen könnten. Mit Schubkarren und Schaufel bewaffnet, schaffen zwei von ihnen das nötige Material herbei. Eins von den größeren Kindern hat die Idee, mit Hilfe des Stadtplanes von Quito die wichtigsten Straßen zu bestimmen und das Modell dem wirklichen Quito möglichst ähnlich zu machen. So werden die Hauptstraßen angelegt, die

Erziehung zum Sein

Häuser aufgereiht. Es fehlen Ampeln, ein Flugplatz, Verkehrsschilder und Straßenbezeichnungen. Nach vielem Beraten, Herumkommandieren und Rennen wird alles Nötige beschafft und hergestellt. Ein Kind besteht darauf, den Tisch so zu drehen, daß die Himmelsrichtungen stimmen. Ein Kompaß wird zu Rate gezogen. Es dauert wieder lange, bis alle Meinungen geprüft und aufeinander abgestimmt werden. Die Krönung des Werkes ist ein kegelförmiges Gebilde aus Sand und Watte auf der Südseite der Stadt, das unschwer als Cotopaxi, der von Quito am besten sichtbare schneebedeckte Vulkan, zu erkennen ist. Mit großen Hallo wird der Krater mit einer Schachtel voller Streichhölzer gefüllt. Alle Kinder werden zusammengetrommelt. Auch vom Kindergarten kommen einige staunend herüber. Unter Angst- und Wonnerufen wird der Vulkan zum Explodieren gebracht.

Wer vor diesem Ereignis voll und ganz in seiner Tätigkeit versunken war, kehrt nach dieser kurzen Unterbrechung wieder zu ihr zurück. Für die anderen war es ein guter Vorwand, die Arbeit abzubrechen, das Material fortzuräumen und auf die Uhr zu schauen. Du liebe Güte, es ist schon längst Saftzeit! Fast hätten wir vergessen, daß wir Hunger und Durst haben!

Die Hungrigsten laufen ins „alte Haus" und holen aus der Küche die Kannen mit Saft und die Kekse. Die Kinder machen es sich am Picknick-Tisch, im Gras oder in der Küchenecke gemütlich, packen auch das von zu Hause Mitgebrachte aus und tauschen ihre Schätze untereinander. Andere, die schon vorher etwas gegessen haben, beginnen eine neue Arbeit. Sie schauen nach ihren Pflanzen im Garten, laden zu einem Dame- oder Warispiel ein oder besuchen ein Geschwisterchen im Kindergarten. Vinico gibt seinen Fußballfans ein paar neue Tips fürs Fußballspiel. Er wird von ihnen hoch verehrt, weil er selbst in der Universitätsliga spielt.

Ich entschuldige mich einen Augenblick und hole mir eine Tasse Kaffee und ein Stück Brot aus der Küche. Damit setze ich mich ins Gras. Gleich landet jemand auf meinem Schoß, will mal abbeißen oder einen Schluck Kaffee probieren. Emerson nähert sich mit einem Buch und will mir vorlesen. Ein anderer bittet mich dringend, zu ihm zu kommen. Er habe endlich ein Grashüpferbein ins Mikroskop gebracht, und ich müsse die Sache ansehen. Ich verspreche zu kommen, sobald ich frei bin. Zusammen mit einer ganzen Reihe neugieriger Kinder stehen wir am Mikroskop Schlange. Dann suchen wir zusammen illustrierte Bü-

Ein Montag in der Primaria

cher über Insekten. Ein paar Jungen und Mädchen wollen sie malen und Texte aus dem Tierlexikon dazuschreiben. So sind unversehens neue Interessengruppen entstanden. Der Enthusiasmus der Kinder zieht mich hier und dort hin. Im Verlauf von zwei Stunden bin ich mit jedem einzeln oder in kleinen Gruppen mehrmals zusammengewesen, habe jedes Kind berührt, ihm zugehört, etwas über seine Tätigkeit bemerkt, Fragen beantwortet, meinen Rat angeboten, Mut zugesprochen, neue Möglichkeiten erwähnt; habe angefaßt, wo ein Kind allein nicht zurechtkam, ein neues Material vorgeführt oder beim Aufschreiben eines Resultates geholfen. Nun ist es an der Zeit, mich zu erinnern, wer bisher noch nicht in eine ernsthafte, intensive Arbeit eingestiegen ist. „Wer möchte ein neues Schreibspiel versuchen?" „Carolina, hast du heute schon geschrieben? Willst du dir selbst etwas suchen oder willst du hier mitmachen?" „Was gibt es hier Gutes?" „Sie wollen hier mit der Stoppuhr messen, wer in fünf Minuten die meisten Wörter finden kann, die etwas mit Wasser zu tun haben." „Können wir dann auch Wörter für Krankheiten finden? Meine Großmutter kam gestern ins Krankenhaus." Ich verspreche, daß jeder ein Thema vorschlagen darf. Manche Kinder haben noch Schwierigkeiten, zu einem spontanen schriftlichen Ausdruck zu kommen. Sie sind dankbar für Anregungen: mal ein Aufsatzthema (oder besser gesagt: wenigstens zwei zum Auswählen), eine Nacherzählung, Ende oder Anfang einer Geschichte, zu der sie den Rest erfinden; eine Bildbeschreibung oder Beschreibung von Gegenständen, welche die Kinder selbst zusammenstellen; mal ein Diktat, Umsetzen in die Vergangenheit oder Zukunft. Alles, was normalerweise im Sprachunterricht vorkommen kann, wird hier angeboten. Aber es bleibt immer ein Angebot und wird nie zum Zwang. Nie soll der fröhliche Grundton des Neuen, Interessanten verlorengehen. Nicht selten genügt es einem unentschlossenen Kind, unsere Vorschläge zu hören, um sich doch zu etwas Eigenem zu entschließen: „Nein, laß nur. Jetzt fällt mir schon ein, was ich schreiben will. Ich will meinem Freund einen Brief schreiben und ihm von unserem letzten Ausflug erzählen."

Längst haben wir alle vergessen, daß der Morgen kalt war und daß wir eigentlich zu nichts recht Lust gehabt hatten. Selbst an den Stimmen der Kinder hört man nach zwei Stunden reger Tätigkeit den Wechsel. Sie klingen weniger schrill und gespannt und haben eine ruhige und volle Qualität. Manche Kinder sind schweigend in ihre Arbeit vertieft. Auch an den Bewegungen wird der Wechsel in der Atmosphäre sichtbar. Die

Erziehung zum Sein

Kinder bewegen sich zwischen den Regalen und den Tischen mit vollen Tabletts voller Materialien hin und her, weichen sich gegenseitig aus, organisieren sich auf einem Tisch oder einer Strohmatte, machen sich gegenseitig Platz. An der Art ihres Gehens, Tragens und Ordnens ist eine neue Harmonie erkennbar; eine Freude an der Meisterung der Umgebung und ein Gefühl der Leichtigkeit des eigenen Körpers. Die Kinder sind jetzt ganz da. Ihr Gesichtsausdruck ist wach und entspannt. Ihre Aktivitäten folgen einem eigenen Rhythmus. Nach einer Periode konzentrierter Arbeit, die Stillsitzen verlangt, sucht sich ein jedes Bewegung auf seine Art: an den Turnstangen, am Kletternetz, mit dem Ball oder der Boxbirne, mit Hammer, Säge und einem Stück Holz, in der Gartenarbeit, am Wassertisch oder im Sand. Die Umgebung gibt unzählige Möglichkeiten, mit angestauter Körperkraft oder Gemütsbewegungen zu Rande zu kommen. Das Maß wird von jedem Kind selbst bestimmt. Wir können nur dann mit Sicherheit wissen, daß sich ein Kind „genügend Bewegung gemacht hat", wenn es aus eigenem Antrieb wieder zu einer stilleren Tätigkeit zurückkehrt.

Die Kinder spüren, daß der Schulmorgen seinem Ende entgegengeht. Die Kleineren, die heute in den letzten dreißig Minuten Flötenkurs haben, erkundigen sich, wieviel Zeit noch bis zum Unterricht fehlt. Es ist für sie ein besonderer Tag, der sich gegen alle andern hervorhebt. Sie haben sich am Anfang des Schuljahres freiwillig dazu gemeldet und mit eigener Hand einen „Vertrag" geschrieben: „Ich will an allen Flötenstunden teilnehmen und jeden Tag fünfzehn Minuten üben." Sie nehmen diesen Vertrag ungeheuer ernst und erinnern mich schon lange vor der Zeit ans Flöten.

Dies ist die intensivste halbe Stunde des Morgens. Jeder möchte noch fertigbringen, was er bisher nicht geschafft hat. Anfangs schien der Morgen so lang und keine Eile geboten, doch jetzt wird die Zeit knapp. „Glaubst du, daß ich noch drei Rechenkarten schaffe?" „Na, schau nur, wie weit du heute noch kommst. Vergiß nur nicht, daß du auch Zeit zum Aufräumen brauchst, bevor der Bus kommt." Megan hat eine neue Art entdeckt, die Multiplikationsketten zu gebrauchen. Sie fühlt es als persönliche Beleidigung, daß sie jetzt, wo sie gerade so richtig Lust zum Arbeiten empfindet, ans Wegräumen denken soll.

Jose hat vor sich auf zwei Tischen eine ganze Serie von Gegenständen aufgereiht, die er heute noch wiegen will. Er schätzt zuerst das Gewicht eines jeden Gegenstandes, trägt es in eine Tabelle ein und wiegt ihn dann

Ein Montag in der Primaria

mit Hilfe einer zweischenkligen Waage so genau wie möglich. Oft dauert es lange, bis er das Gleichgewicht hergestellt hat. Auch das Addieren der Gewichte geht noch langsam vor sich, und schließlich muß er noch den Unterschied zwischen geschätztem und wahrem Gewicht ausrechnen. Er hat sich eindeutig in seinem Pensum übernommen. „Ob ich mich morgen noch erinnere, was ich heute alles wiegen wollte?" So lernt er außer dem Wiegen und Rechnen etwas, das ihm sein ganzes Leben lang dienlich sein wird, was immer auch seine Arbeit sein mag: Seine Arbeit einteilen und sie mit der verfügbaren Zeit in Einklang zu bringen.

Bevor ich mit den Flötenanfängern ins andere Haus umziehe, wo das Cembalo steht, gibt es noch einmal einen kleinen Aufruhr. Die Sekretärin bringt die Abzüge der wöchentlichen Hausaufgaben herein: ein Blatt für jedes Kind, in drei Schwierigkeitsgraden. Aus ihnen können sich die Kinder für jeden Tag eine Arbeit auswählen. Es handelt sich hier um Anregungen, nicht um Zwangsarbeit. Die Kinder reißen sich um die Blätter, als wären es frische Brötchen. Sie beginnen sofort zu lesen und miteinander zu beratschlagen: „Welche Frage gefällt dir am besten?" „Ich weiß schon, welche Aufgaben ich machen werde und welche ich nicht mag. Kannst du mir erklären, was das hier heißt?" Ein Kind gibt mir das Blatt zurück: „Diese Woche habe ich keine Zeit. Wir bekommen Besuch aus Guayaquil und wollen mit ihm jeden Tag spazierenfahren." Alle genießen das stille Einverständnis, daß die Aktivitäten der Familie genauso wichtig sind oder gar noch wichtiger als die der Schule. Auch wenn ein Kind hier und da fehlt, weil es mit der Familie etwas Interessantes unternehmen kann, gilt dies als triftiger Entschuldigungsgrund. „Mein Sohn konnte mich auf einer Geschäftsreise begleiten" oder „Meine Tochter wollte gestern mit mir Einkäufe machen" ist auf dem Entschuldigungszettel ebenso häufig zu lesen wie „Konnte wegen Halsschmerzen nicht in die Schule gehen." Auch das Abgeben der Hausaufgaben ist freiwillig. Alle, die von mir Kommentare zu ihrer Arbeit bekommen wollen, legen ihre Hefte auf ein vereinbartes Regal. Bilder, Illustrationen und Zeitungsausschnitte kommen ans schwarze Brett, Handarbeiten oder interessante Gegenstände auf den Ausstellungstisch, Experimente oder Kochrezepte werden unter der Woche den Kameraden vorgeführt. Manchmal zeigt mir ein Kind erst nach Wochen ein Hausaufgabenheft, wenn es mit mir eine bestimmte Arbeit besprechen will, und ich merke zu meinem Erstaunen, daß es regelmäßig jede Woche etwas gearbeitet hat, ohne

Erziehung zum Sein

das Bedürfnis zu haben, mich in seine kleinen Forschungen einzuweihen. Auch die Eltern berichten erstaunt, daß die Kinder mit ihnen die Hausaufgaben ohne Vorbehalte besprechen. Doch sie wissen, daß es die Angelegenheit der Kinder ist, ob sie viel oder wenig oder gar nichts davon erledigen. Ist ein Kind an seiner Arbeit interessiert, so haben die Eltern zuweilen das Problem, es zum Schlafengehen zu bewegen.

Das Austeilen der Hausaufgaben ist also eine fröhliche Zeremonie, die dem Montag einen besonderen Geschmack verleiht und von den Kindern ungeduldig erwartet wird. So geht der erste Schultag der Woche in gehobener Stimmung zu Ende. Die kleinen Flötenschüler arbeiten intensiv bis zur letzten Minute und rennen dann zu den schon wartenden Bussen. Immer gibt es ein paar Kinder, die bis zum letzten Moment eine Arbeit fertigbringen wollen. Andere lassen den Morgen mit Spielen, Lesen oder Handarbeiten ausklingen. Bis zum letzten Augenblick gibt es keine Anzeichen von Müdigkeit oder Langeweile. Vielmehr spürt man das Bedürfnis, die Zeit auszukosten und „das Leben zu leben". Dieses Gefühl setzt sich bei der Heimfahrt im Bus fort, auch wenn hier aus Sicherheitsgründen die Aktivitäten ruhiger Art sein müssen. Bis zum Aussteigen sind alle voll beschäftigt mit Singen und Reimen, Unterhaltungen und Spielen, Deutsch-, Französisch- oder Englischlernen, Reihen abfragen oder Pläneschmieden für den nächsten Tag.

Jeder Tag ist anders

„Wie kann es eine Schule ohne Stundenpläne geben?" ist die entsetzte Frage mancher Lehrer, die zum ersten Mal ein offenes Klassenzimmer erleben. Tatsächlich ist die Strukturierung unserer Arbeitszeit minimal, aber doch ausreichend, um jedem Tag eine bestimmte Färbung und den Kindern gewisse Anhaltspunkte für den Ablauf der Woche zu geben. So ist die letzte Stunde jedes Schultages einer bestimmten Tätigkeit gewidmet, die über das ganze Jahr hinweg konstant bleibt: Montags Flötenunterricht für Anfänger, donnerstags für Fortgeschrittene, dienstags Orff oder Bewegung, mittwochs Englisch oder Französisch, freitags Geschichtenerzählen. Für manche Aktivitäten schreiben sich die Kinder am Anfang des Schuljahres ein und verpflichten sich, das ganze Jahr dabei zu bleiben. Sollten sie auf halbem Weg die Lust verlieren und aufhören, können sie bis zum neuen Schuljahr nicht mehr zurückkommen. Sie verstehen schon gut, daß das Fortkommen der Gruppe durch unregelmäßige Teilnahme gefährdet würde. Für andere Aktivitäten können sie sich dagegen von einem aufs andere Mal entscheiden. Einmal dazu entschlossen, können sie die Arbeitsgruppe nicht vor ihrem Ende verlassen. Ab und zu kommt es vor, daß solche Gruppen nicht stattfinden, wenn alle so in anderen Beschäftigungen verwickelt sind, daß ein Minimum von sechs Teilnehmern nicht zusammenkommt. Bei allen geplanten Gruppenaktivitäten ist die Teilnahme freiwillig und für solche, die nicht mitmachen wollen, stehen alle Alternativen unter der Bedingung offen, daß sie die arbeitende Gruppe nicht stören. Doch wer an einer Arbeitsgruppe teilnimmt, unterwirft sich damit der Gruppendisziplin und läuft Gefahr „hinauszufliegen", sollte er die anderen stören.

Außer diesen wechselnden Aktivitäten im Schulgebäude sind die Kinder jeden Dienstagmorgen zum Schwimmen in einem nahen Thermalbad und jeden Donnerstag zu einer Exkursion eingeladen. Das Schwimmbad, am Fuß eines erloschenen Vulkans in einem idyllischen Seitental gelegen, wird von immer frischem, lauwarmem Wasser gespeist. Um diese

Erziehung zum Sein

Zeit sind wir meist die einzigen Gäste. Der Schwimmunterricht paßt sich ganz dem Bedürfnis jedes Kindes an. Die Kleinsten sind oft am Anfang wasserscheu. So lassen wir sie am Rand des Beckens hocken, solange sie wollen, und den Größeren geruhsam beim Schwimmen, Springen und Tauchen zuschauen. Manche wagen sich erst nach und nach ins Wasser und sind anfangs steif und ängstlich. Mit kleinen Wasserspielen und der Freiheit, selber im Wasser so weit zu experimentieren, wie der Mut reicht, werden auch die Wasserscheusten allmählich locker, probieren verschiedene primitive Schwimmarten aus und bitten allmählich um Unterweisung. Noch lange bevor sie stilgerecht schwimmen, wagen sie sich ins Tiefe. Sie erzählen voller Stolz: „Keiner hat mir das Schwimmen beigebracht. Ich habe es ganz allein gelernt!" Diese Auseinandersetzung mit einem neuen Element, das allmähliche Besiegen der Angst, die lange Periode des Experimentierens in der sicheren Nähe von Erwachsenen, die zum Helfen zur Verfügung stehen, ohne den Lernrhythmus zu bestimmen, all diese Elemente übertragen sich unbewußt auf die anderen Lernbereiche. So wie im Wasser verlieren sie auch in anderen Lernsituationen ihre Verkrampfungen und trauen sich immer mehr zu.

Ein weiteres Ereignis, das den Wochenrhythmus markiert, ist der wöchentliche Ausflug, der pünktlich jeden Donnerstag stattfindet. An jedem zweiten Donnerstag ist es eine Wanderung, oft verbunden mit Abenteuern in steilen Schluchten, dunklen Tunneln, die wir mit Taschenlampen zu durchdringen suchen, Bächen, die uns beim Durchqueren die Kleider fortreißen und uns zu Rettungsaktionen zwingen. Wir planen schon am Tag vorher, welche Kleider und Schuhe wir mitnehmen müssen und welche Behälter zum Heimbringen von Tieren, Pflanzen und Gestein zu empfehlen sind. Oft folgt solch einer Exkursion eine Naturausstellung. Das Herbarium wird neu ausgestattet, Pflanzen getrocknet, Zeichnungen angefertigt, Insekten präpariert, Fachbücher zu Rate gezogen, Mütter bekommen Mitbringsel von seltenen Pflanzen, die in einer feuchten namenlosen Schlucht gefunden worden sind. Doch die schönsten Andenken sind die Erinnerungen der Kinder. Immer wieder erzählen sie einander beim Klettern oder Marschieren die schönsten Erlebnisse. Kommt ein neues Kind dazu, das damals nicht dabei war, malen sie ihre Abenteuer in allen Farben aus: „Weißt du noch letztes Jahr? Tania verlor ihren Schuh im Rio San Pedro. Als erster warf sich Santiago mit allen Kleidern ins Wasser. Dann sprangen wir alle hinterher. Zum Schluß badeten wir alle in den Kleidern und mußten in der

Jeder Tag ist anders

Unterhose in die Schule zurückfahren. Und dann kam das Lustigste: Wir schneiderten uns selbst neue Kleider, Schuhe und Strümpfe. Rebeca mußte all ihre alten Tischdecken und Leintücher dafür stiften. Noch nie haben wir solch schöne Garderobe gehabt. Und ihr hättet die Gesichter unserer Mütter sehen sollen, als wir am Mittag aus dem Bus stiegen!" Als wir kürzlich einen dreißig Meter tiefen Abhang auf dem Hosenboden hinunterrutschten, der durch die Erosion zu einer sandigen Rutschbahn geworden ist, erinnerten sie sich an ein früheres Erlebnis: „Wer weiß noch, wie wir vor einem Jahr versucht haben, diesen Abhang heraufzuklettern? Vinicio hat uns an Seilen heraufgezogen, aber wir mußten so fuchtbar lachen, daß wir immer wieder hinunterrutschten. Es dauerte eine Stunde, bis wir endlich alle oben ankamen."

Jeder Ausflug hat seine Geschichte. Auch die Unsportlichen machen große Anstrengungen, um Hindernisse zu überwinden. Schließlich wollen ja alle wieder heil nach Hause kommen. Wenn ein Kind bei einem langen Aufstieg behauptet, daß es jetzt nicht mehr könne, meinen die andern wohlwollend: „Bleib nur hier. In zwei Wochen holen wir dich wieder ab." Wie stürzen sie sich alle auf einen kleinen Wasserlauf, um sich Gesicht und Hände nach einer Kletterei zu kühlen! Die einfachen Freuden und Erfrischungen des Lebens werden selbst von den Verwöhntesten neu entdeckt. Und kommt ein neuer Schüler dazu, der sich nicht gern bewegt oder etwas dick ist, trösten die andern ihren neuen Kameraden: „So waren wir früher auch. Du wirst dich schon an die Ausflüge gewöhnen und ein bißchen Speck verlieren." Von der Möglichkeit, in der Schule zu bleiben, macht nur selten ein Kind Gebrauch. Meist sind es Kinder, die den Beweis erbringen wollen, daß hier auch wirklich alles freiwillig ist und die ihre Autonomie erst garantiert sehen müssen. Wenn sie die Berichte der anderen von den durchgestandenen Abenteuern hören, fassen sie von allein den Entschluß, den nächsten Ausflug nicht zu verpassen.

An jedem zweiten Donnerstag besuchen wir mit den Kindern einen Ort, an dem wir die Arbeit der Erwachsenen, das Leben von Kindern in anderen Lebensbedingungen oder Zeugnisse unserer Kultur kennenlernen. Solche Exkursionen müssen von uns besonders gut vorbereitet werden, damit den Kindern der Zutritt zu Arbeitsplätzen gestattet wird und ihnen kindgerechte Erklärungen gegeben werden. Uns liegt daran, daß die Kinder nicht nur durch eine Fabrik oder ein Museum geschleust werden, sondern daß sie nach Möglichkeit ihre Nasen in alles hinein-

Erziehung zum Sein

stecken können, daß sie möglichst viel anfassen, ausprobieren und fragen dürfen, mit Arbeitern und Aufsichtspersonal in ein persönliches Gespräch kommen und ein kindgerechtes, unvergeßliches Erlebnis, nicht nur eine Reihe neuer Daten mitnehmen. So sprechen wir zuerst mit dem Besitzer einer Fabrik; manchmal findet er Mittel und Wege, die Kinder einen Arbeitsprozeß selbst ausprobieren zu lassen. Oft bekommen wir Produktionsabfälle geschenkt, die uns in der Schule für viele Projekte und Erfindungen dienen.

Im Museum für vorinkaische Geschichte dürfen die Kinder mit großer Vorsicht verschiedene Gegenstände anfassen, und der Führer setzt sich mit ihnen auf den Boden und tauscht mit ihnen Geschichtskenntnisse aus. Bei einer Orchesterprobe dürfen sich die Kinder zu den Musikern setzen und ihnen von nah beim Spielen zuschauen. Am Schluß lassen sie uns sogar ein paar Instrumente ausprobieren. Im Zoologischen Garten helfen die Kinder sowohl beim Füttern als auch beim Ausstopfen der toten Tiere. Zum Zoo gehört ein kleines Museum, in dem alle gestorbenen Tiere ausgestellt werden. In einem kleinen Labor arbeitet der netteste Präparator, der selbst nicht größer ist als ein zehnjähriges Kind und mit dem sich die Kinder schon seit Jahren angefreundet haben. Beim Besuch der Feuerwehr handeln sie eine Rundfahrt mit dem Feuerwehrauto gegen eine Sendung selbstgemalter Bilder aus.

Bei Erkundigungsbesuchen in Geschäften überhäufen die Kinder die Ladenbesitzer mit Fragen über Preise, Herkunft der Produkte, Verkaufsrekorde. Sie schreiben alles in ihre Notizbücher, vergleichen die Preise von Quito mit denen von Tumbaco und kaufen Vorräte für die Schule ein. In verschiedenen Restaurants vergleichen sie Arbeitsmethoden, Herkunft der Rohprodukte, Speisekarten und Preise und notieren sich die Anzahl der Kunden über verschiedene Zeitspannen. Darüber fertigen sie Kurven an, die sie den Besitzern bei Gelegenheit zurückbringen. In einer Ausbildungsstätte für Behinderte lernen sie verschiedene Arbeitsgänge, versuchen, sich mit den Taubstummen zu verständigen, und laden eine Gruppe in die Schule ein.

Den eindrucksvollsten Beweis von der unerschöpflichen Neugierde und dem Wissensdrang von Kindern, die sich unter keinem Zwang fühlen, bekamen wir bei einem Besuch des Chemielabors der Zentralen Universität von Ecuador. Mit dem Vater eines unserer Kinder, der dort Professor ist, hatten wir uns geeinigt, den Kindern nur einen kleinen Geschmack von Chemie zu geben und hatten dafür höchstens eine Stunde

Jeder Tag ist anders

veranschlagt. Drei Stunden später brachten wir die Kinder nur mit Mühe aus dem Gebäude. Sie hatten eine Stunde lang an Experimenten teilgenommen, hatten Glas geblasen, hatten mit den Laborantinnen mikroskopiert und sich freiwillig Blut abzapfen lassen. Ihre Notizbücher waren mit den wohlklingendsten wissenschaftlichen Namen vollgeschrieben, an denen sie noch im Bus Leseübungen veranstalteten. Bei all dem hatten sie vergessen, daß sie Hunger und Durst hatten. Ihre einzige Sorge war, wann sie das nächste Mal in die Universität eingeladen würden. Diesem Ausflug war nicht nur in der Schule, sondern auch bei ihnen zuhause eine lange Periode des Experimentierens gefolgt.

Obwohl wir, die Gesetze des „Aufspeicherns" respektierend, von den Kindern keine sofortige Auswertung ihrer Exkursionserlebnisse erwarten, geben sie doch ständigen Anlaß zum Berichten, Malen, Modellieren, Schreiben und Rechnen. Eine ansehnliche Anzahl von Aufsätzen über unsere Kontakte mit der Welt – nicht wenige davon einem Lehrer in die Schreibmaschine diktiert, weil die Kleineren noch nicht fließend genug schreiben, um ihren Gedanken dauerhaften Ausdruck zu geben – dienen uns als beliebtes Lesematerial. Besonders eindrucksvolle Erlebnisse werden in einem selbstgemachten und selbstillustrierten Buch festgehalten und kommen ebenfalls in die Bibliothek. Andere Erlebnisse werden gedruckt und an alle verteilt. Doch all dies funktioniert nur, wenn die Kinder keinen Druck von Erwachsenen verspüren.

Werden bei einer Exkursion wichtige menschliche Beziehungen aufgenommen, folgt dem Ausflugstag oft rege Tätigkeit im Werken, Bakken, Schreiben oder Malen. Briefe und Dankesgeschenke geben den entstandenen Gefühlen würdigen Ausdruck. Oder aus dem Besuch eines Waisenhauses erwächst der Wunsch, den ärmeren Kindern Kleider und eigene Spielsachen zu schenken.

Bei jedem Ausflug versuchen wir zu fühlen und auszuwerten, ob die Eindrücke lebendig und vollwertig oder zu kompliziert und überwältigend für die Kinder sind. So lernen wir selbst aus diesen Ereignissen ebensoviel wie die Kinder und ziehen unsere Schlüsse für spätere Gelegenheiten. Dies alles erfordert ein hohes Maß an Planung, auch wenn sie für die Kinder meist unsichtbar bleibt. Ähnlich steht es im offenen Klassenzimmer selbst, auch wenn die Planung hier nicht durch Stundenplan und Schulglocke leicht sichtbar ist. Jedes Interessenzentrum ist sorgfältig ausgedacht und mit abgestuftem, anziehendem und der Erfahrung und Entwicklung der Kinder entsprechendem Material ausgerüstet. Struk-

Erziehung zum Sein

turierte wie auch unstrukturierte Materialien müssen reichlich vorhanden sein. Jedes Zentrum ist mit Material zum operativen, figurativen und konnotativen Lernen ausgestattet. In dieser Umgebung ist es unerläßlich, daß sich der Erwachsene nicht nur im Gebrauch des Materials sicher fühlt, sondern auch den Entwicklungsstand und die Denkstrukturen eines jeden Kindes einzuschätzen lernt. Nur so kann er dem Lernenden im rechten Moment die bestmögliche Hilfestellung beim Ausprobieren und Erkunden der konkreten Materialien geben. In diesem Zusammenstimmen äußerer Anreize und innerer Voraussetzungen, das sich in konkreten, intelligenten Handlungen äußert, finden wir den Schlüssel zu vielen Türen, die sonst oft isolierte Wissensgebiete miteinander verbinden: Auf der einen Seite die in den Lehrerseminaren häufig theoretisch behandelten Fächer der Psychologie und Pädagogik, und auf der anderen Seite den „Stoff", der laut Lehrplan den Kindern beigebracht werden soll. In der üblichen Praxis sind diese beiden Gebiete nur schwer zu vereinen, es sei denn, daß die Grundvoraussetzungen des kindlichen Organismus respektiert werden, der seine eigenen Gesetze hat: Vor allem das Bedürfnis nach konkreter Tätigkeit im Gegensatz zu einer verbalen Übermittlung von Inhalten und Kenntnissen und damit verbunden die Freiheit, sich zu bewegen und über eigene Erfahrungen mit den Kameraden spontan zu sprechen.

Was dem Lehrer in der aktiven Schule ermöglicht, seinen Unterricht zu planen, ist also nicht das, was er „abfragen" kann, sondern seine genaue Beobachtung der spontanen Handlungen der Kinder im Umgang mit konkreten Materialien und anderen Kindern. Tag für Tag modifizieren wir die Umgebung anhand unserer Beobachtungen des vergangenen Tages. Wir rücken versteckte Materialien an einen neuen Platz, um ihre Neuentdeckung zu begünstigen; wir bringen allerlei Neues herein und beobachten, was damit geschieht. Wir bemerken Kinder, die durch neue plastische Materialien zu immer neuem Ausdruck und einem koordinierteren Gebrauch ihrer Hände kommen. Andere, die durch neue naturkundliche Elemente lebendig werden und durch solches Interesse einen unerwarteten Fortschritt im Lesen machen. Wieder andere, die neue parallele Rechenmaterialien brauchen, um in einer Rechenart sicherer zu werden, bevor sie sich an schwierigeres Material heranwagen können. Dieses beständige Verändern der Umgebung, das doch die Grundordnung nicht stört, liefert immer neue Anreize zu immer frischer Aktivität und verhindert, daß sich die Kinder langweilen.

Jeder Tag ist anders

In unserer Planung müssen wir unterscheiden lernen, welche Methode von Fall zu Fall die Tätigkeit der Kinder am besten einleitet. Das aktive Klassenzimmer erlaubt uns die größte Flexibilität. Wir können zum Beispiel stillschweigend neue Gegenstände zur Umgebung hinzufügen und abwarten, was die Kinder damit anstellen. Zeigen sie Interesse, so können wir einen Schritt weitergehen und nach dem Beobachten der ersten spontanen Aktivität einigen Kindern neue Möglichkeiten des Gebrauchs zeigen. Eine andere, in der Praxis häufige Methode ist es, uns selbst mit einem neuen Material angeregt zu beschäftigen. Für gewöhnlich kommen die Kinder neugierig heran und fragen, was wir da machen. Einige lassen sich sofort begeistert die neue Technik zeigen. Andere bleiben ungerührt, erklären gewichtig, daß sie jetzt keine Zeit haben und kommen vielleicht später zurück.

Hin und wieder haben wir den Versuch gemacht, für eine Woche ein allgemeines Thema vorzuschlagen und die Kinder einzuladen, sich auf die verschiedensten Arten damit zu beschäftigen. Nehmen wir als Beispiel das Thema Wasser: Die Kinder können es malen, Schiffe bauen, Experimente damit machen, es messen, wiegen und berechnen, schreiben, lesen, Geographie lernen, zum Fluß gehen und mit Wasser spielen. Doch fast immer, wenn die Kinder sich im Rahmen eines von uns gegebenen Themas zu Tätigkeiten entschlossen, verloren sie oft schon am folgenden Tag das Interesse daran. Versuchten wir unsererseits, auf unserer Idee zu bestehen, zeigte ihre Tätigkeit bald eine deutliche Verminderung an Intensität und Konzentration. So kamen wir zu dem Schluß, daß zumindest die Kinder unter zehn Jahren selbst für eine so „lose" Planung um ein Thema herum noch zu klein sind und daß es besser ist, von Tag zu Tag auf ihre eigenen spontanen Interessen einzugehen.

Nicht selten kommen sie schon mit eigenen Plänen in die Schule und stecken mit ihren Ideen eine Gruppe von Freunden an. Ein anderes Mal sind es „Zufälle", die eine ganze Lawine von einander folgenden Tätigkeiten heraufbeschwören und uns für lange Zeit in Atem halten: Kürzlich kreiste ein Militärhubschrauber mit großem Lärm über unserem Gelände, entfernte sich wieder und kam wieder zurück. Das dauerte fast eine halbe Stunde. Natürlich waren wir alle draußen und reichten den einzigen Feldstecher aufgeregt von einem zum anderen. Die Kommentare der Kinder wurden immer fantasievoller. Doch als der Hubschrauber plötzlich im Nachbargelände landete, gab es kein Halten mehr. Wir kletterten alle über die dornige, mit Agaven bewachsene Mauer und er-

Erziehung zum Sein

reichten den Hubschrauber gerade, als er sich wieder in die Luft erhob. Es kam uns vor, als hätten wir die Räder fast berühren können. Alle hatten das Gefühl, mit der großen Welt unmittelbar in Kontakt zu sein.

Dieses Ereignis gab uns Gesprächsstoff für lange Zeit. Es gab Anlaß für Zeichnungen, Detektivgeschichten (eine davon wurde in der Schuldruckerei verewigt), Nachforschungen in Büchern über Hubschrauber und wie sie funktionieren, Vergleiche von Geschwindigkeiten verschiedener Verkehrsmittel, und ein achtjähriger Junge begann an diesem Tag mit der Lektüre seines ersten „großen" Buches: *In 80 Tagen um die Welt* von Jules Vernes.

Ein anderer „Zufall", der eine Kettenreaktion spontaner Interessen hervorrief, war die Geburt eines Lamababys, die wir mit tiefer Bewunderung erlebten. Jedes Kind begann, über seine eigene Geburt zu reden. Später fanden wir die Plazenta im Gras und das Fragen, Zeigen, Kopfschütteln und Konsultieren von Biologiebüchern wollte kein Ende nehmen.

Nicht immer sind die Ereignisse so überwältigend wie dieses. Doch auch unscheinbare Erlebnisse bringen die Kinder auf unerwartete Weise in Aktion: Ein Vogel, der sich ins Klassenzimmer verirrt hat, eine Spinne, die über Nacht ihr Netz von einem Pfahl zum anderen gesponnen hat, oder eine Nachbarskatze, die mit unseren Katzen in Streit gerät. Ab und zu gibt es eine Überschwemmung im ganzen Gelände, wenn es einen Wolkenbruch gegeben hat oder zuviel Bewässerungswasser in unser Reservoir einfließt. Dann werden Schiffe gebaut, es wird Seefahrt getrieben, neue Pflanzungen werden angelegt, Kanäle zum Umleiten und kunstvolle Brücken gebaut, Springübungen und neuartige Wasserexperimente getätigt.

Gerade solche Unterbrechungen des Alltags, die im „normalen" Schulbetrieb gefürchtet sind, weil sie die Aufmerksamkeit der Schüler vom programmgemäßen Ablauf des Unterrichts ablenken, werden in der aktiven Schule als Bereicherung willkommen geheißen. Sie bringen uns zusätzliches „Leben in die Bude" und geben uns immer wieder Stoff und Anreiz zum Gruppengespräch, zum Herbeischafffen neuer Materialien, nicht zuletzt zum Lesen, Schreiben und Rechnen.

Willkommen sind uns auch kleine festliche Gelegenheiten. Wir nehmen sie als Anlaß zu zahlreichen Vorbereitungen und wissen sie mit großem Geschäftssinn und viel Freude zu begehen. Um besondere Ereignisse vorzubereiten, halten wir Versammlungen ab. Kommt uns zum Bei-

Jeder Tag ist anders

spiel eine Klasse aus einer anderen Schule besuchen, planen die Kinder, was sie fürs gemeinsame Essen kochen wollen, was man alles zusammen unternehmen könnte oder wie man sich verhalten sollte, falls die anderen unsere Hausregeln nicht beachten. Ist es ein kulturelles Ereignis in der Schule, eine Theatervorstellung, ein Film oder eine Fotoausstellung, wozu auch die Eltern eingeladen werden, dann benutzen die Größeren die Gelegenheit, einen Basar zu organisieren und Geld für den großen Jahresausflug hereinzubringen. Es werden Kekse gebacken, gewogen, eingetütet und mit Preisen versehen, hausgemachte Bücher mit Rezepten, Liedern oder selbstverfaßten Gedichten gedruckt, geheftet und verziert, Windmühlen und kleine Spielsachen für die Kleinen gebastelt („Wenn die Kleinen ein Spielzeug wollen, können sich die Eltern nicht wehren", war das treffende Urteil eines siebenjährigen Jungen mit ausgeprägtem Geschäftssinn). Bei solchen Ereignissen gibt es Arbeit in Hülle und Fülle. Dabei werden Kosten berechnet und Gewinnchancen veranschlagt. Beim Verkauf selbst herrscht Hochstimmung. Wenn das verdiente Geld gezählt wird, ist die Spannung ungeheuer. Die Kinder scheuen keine Mühe, um die Schülerkasse zu bereichern. Notfalls verlegen sie sich aufs Schuhputzen in der Verwandtschaft, aufs Autowaschen oder Körbeschleppen. Ein kleines verwöhntes Mädchen, das ungern arbeitet, erbot sich in der Schülerversammlung, auf der Straße betteln zu gehen. Doch ihr Vorschlag wurde allgemein als „unwürdig" verworfen. So verlegte sie sich aufs Dichten und Malen und entdeckte unverhofft ein verstecktes Talent.

Ein besonderes Fest bereiteten wir eine kleinen Kameradin, die noch vor dem Schuljahresende zu Verwandten nach Alaska eingeladen wurde. Das Abschiedsgeschenk war ein Buch, zu dem jedes Kind eine bemalte Seite mit vielen Ratschlägen beigetragen hatte. Die Kinder kochten ein vorzügliches Abschiedsessen und dekorierten den Raum fürs Fest. Als wir alle nach dem gemeinsamen Essen an zwei langen Tischen zusammensaßen, stellten die Kinder endlose Fragen über Alaska, über die Reise dorthin und alles, was damit zusammenhing. Das Fest endete in einem Geographieunterricht, zu dem Bücher und Illustrationen herbeigeholt wurden und dem alle das größte Interesse widmeten. Bevor das Schuljahr zu Ende ging, schrieben die meisten der Kinder die originellsten Briefe über unsere Erlebnisse in der Schule und während der Ausflüge. Das Porto für diese beachtlichen Briefpakete wurde aus der Schülerkasse finanziert. Die Antworten aus Alaska wurden zur allgemeinen Freude

Erziehung zum Sein

vorgelesen und sind daraufhin in unsere Freinetkartei als wichtiger Lesestoff über Alaska eingegangen.

Nicht selten beeinflußt das Interesse eines einzigen Kindes zeitweise die ganze Gruppe. Maria Belén war vorübergehend in augenärztlicher Behandlung. In dieser Zeit verwandelte sie den Schulraum in eine Augenklinik und wurde selbst für Stunden zum Mittelpunkt. Sie hängte ein Schild mit der Aufschrift „Augenklinik" und eine Sehtafel in die Bibliothek. Davor stellte sie einen Tisch mit Schreibmaschine, Stempeln, Quittungsblöcken und allerlei Büroartikeln. Es dauerte nicht lange, so konnte sie sich vor Patienten nicht retten. Mit großer Autorität kommandierte sie alle herum, ließ keinen Fehler durchgehen und schrieb unzählige Brillenatteste aus. Sogleich kam eine kleine Brillenindustrie (Brillen aus Karton und durchsichtigem Papier in verschiedenen Farben, je nach Augenkrankheit) zum Blühen. Spielgeld wurde fabriziert und in Umlauf gebracht. Ein Wartezimmer wurde in der Bibliothek eingerichtet. Die wartenden Kinder nützten die Zeit zum Lesen von Zeitschriften und Büchern. Wer durch die Behandlung gegangen war, konnte nun mit interessanten Brillen geschmückt der eigenen Arbeit nachgehen, ohne sich von dem regen Treiben in der Klinik weiter stören zu lassen.

Am folgenden Tag wurde auf der anderen Seite der Bibliothek eine Praxis für allgemeine Medizin eröffnet. Zwei zusammengestellte und mit weißem Papier verkleidete Schultische dienten als Untersuchungstisch. Stethoskop, Blutdruckmesser, Verbände, Mikroskop, Reagenzgläser, Lupen, Tropfer und allerlei mysteriöse Medizinen gesellten sich zu den Attestblöcken und Nachschlagewerken über den menschlichen Körper. Wieder wurden zahlreiche Kinder untersucht, behandelt und in die bald eröffnete Apotheke geschickt, die eine Abteilung für Naturmedizin – mit Kräutern aus dem Garten – aufwies. All diese Aktivitäten nahmen zwar einen beträchtlichen Teil des Schulraumes in Anspruch und brachten viel Betrieb mit sich, doch verhinderten sie keineswegs, daß auf der anderen Seite des Raumes der „normale Schulbetrieb" weiterging und konzentrierte Arbeit geleistet wurde.

Hin und wieder wird die Schuldruckerei in eine Tageszeitung verwandelt. Abonnements werden eingeholt, Nachrichten gesammelt und druckreif gemacht, Lehrer und Schüler interviewt. Das Stimmungsbarometer geht steil in die Höhe, wenn der erste Probeabzug zur Korrektur bereit ist und die erste Ausgabe verteilt wird. Dieser Unternehmungsgeist erwacht oft unerwartet. Nicht nur die Primaria, sogar der Kindergarten

Jeder Tag ist anders

werden zum Forschungsinstitut. Kinder werden gemessen, Statistiken angelegt über Augenfarbe, Lieblingsspeisen, Krankheiten und Heilungsmethoden. Die Anzahl von fröhlichen oder traurigen, stillen oder lauten Kindern werden für die verschiedenen Spielbereiche des Kindergartens festgestellt.

Kein Tag ist also wie der andere. Nie gibt es eine gleichbleibende Kombination oder Folge von Aktivitäten. Auch die Stimmungen sind großen Wechseln unterworfen und müssen ernstgenommen werden. Obwohl die Vitalität der Kinder und ihre Bereitschaft zum Frohsinn meist die der Erwachsenen übertrifft, gibt es doch „graue Tage", an denen wir zu allerlei Hilfestellungen, zum Trösten und Beruhigen bereit sein müssen, soll der Tag in Harmonie verlaufen. Ein Morgen ist mir in besonderer Erinnerung: Eine ganze Gruppe von Kindern verschiedenen Alters verschwand schon früh mit einer Handarbeit im kleinen Spielhaus, das uns für kleine private Unterhaltungen, Familienspiele, zum Musikhören oder Vorlesen dient. An diesem Morgen war dieses Häuschen vollgestopft und das Klassenzimmer leerer als sonst. Plötzlich tauchte aus dem Spielhaus ein weinendes Mädchen auf und suchte auf meinem Schoß Zuflucht. Es war mir unmöglich, den Grund ihres Weinens herauszufinden. Als sie sich etwas beruhigt hatte, näherte ich mich dem Spielhaus und bemerkte zu meiner Bestürzung, daß dort weitere zehn Kinder wie die Schloßhunde heulten. Ich kroch hinein und setzte mich so gut es ging auf den Boden. Ob ich ihnen irgendwie helfen könne? Die Kinder verstummten und schauten sich verlegen an. Ob sie sich gestritten hätten? Nein, niemand hätte gestritten. Ob ihnen irgend etwas wehtue? Nein, es tue ihnen nichts weh. Schließlich gaben sie mir höflich, aber deutlich zu verstehen, daß ich kein Recht habe, sie zu stören. Sie wollten einfach weinen. Niemand habe die Schuld, niemand habe angefangen, und ob ich bitte hinausgehen könnte, damit sie weiter weinen können? Ich zog vollkommen ratlos und betreten ab. Hier konnte ich meinen Einfluß auch nicht mit „guter Stimmung" geltend machen. Das Weinkonzert dauerte noch eine Viertelstunde, dann gingen die Kinder mit roten und geschwollenen Augen jedes an seine Arbeit. Ich hütete mich, weitere Fragen zu stellen und beschränkte mich auf Hilfestellungen in äußeren Tätigkeiten. Am Ende des Morgens war das Gleichgewicht wieder hergestellt. Wir hatten keine Erklärung für dieses Vorkommnis und trugen es als eine Art Naturphänomen in unser Tagebuch ein. Doch was wäre geschehen, wenn wir in dieser Situation die Kinder gezwungen hätten, „keine

Dummheiten zu machen" und schleunigst wieder an ihre Arbeit zu gehen?

Das aktive Klassenzimmer bedient sich also einer Vielzahl von unsichtbaren Hilfsgriffen, um die Tätigkeit der Kinder in die Wege zu leiten, ihre Neugierde zu wecken, Konzentration und Ausdauer zu begünstigen, Unbewußtes und Bewußtes zu vereinen und scheut nicht vor unvorhergesehenen Situationen zurück. Eine kleine Holzkiste mit einem Schlitz und der Aufschrift „Fragen" gibt hin und wieder Anlaß für eine Aktivität, die gleichzeitig geplant und ungeplant ist. Manchmal bleibt diese Kiste wochenlang unbeachtet, doch plötzlich und unerklärlicherweise bricht eine Epidemie des Fragens aus. Die Kinder schreiben und schreiben und füllen die Kiste bis zum Rand. Dann gehen sie mit Trommeln und Kuhglocken durchs Gelände und rufen zu einer Versammlung. Wir sitzen im großen Kreis. Die Fragekiste wird von einem zum andern gereicht. Jeder darf eine Frage laut vorlesen; die Kleineren, die noch nicht fließend lesen, werden dabei von den Größeren unterstützt. Es gibt rein persönliche Fragen, wie zum Beispiel: „Warum trägt Florencia ihre Haare lang?", deren Beantwortung den Hausregeln entsprechend freiwillig ist. Die meisten Fragen sind jedoch „wissenschaftlicher" Natur, nicht selten von der Art, die uns Erwachsene in Verlegenheit bringt, weil wir uns entweder nicht mehr genau erinnern, was wir darüber vor vielen Jahren gehört haben, oder aber, weil wir nicht wissen, wie wir unser Wissen den Kindern erklären sollen. Die meisten dieser Fragen sind ein lebendiges Zeugnis dafür, daß Kinder von Natur aus Universalisten sind und sich nicht für leicht erklärbare Einzelheiten, sondern für globales Wissen interessieren. In seinem Werk *Psychologie und Pädagogik* schreibt Piaget zu diesem Phänomen:

„Auch Pestalozzi ... kam (abgesehen von den fruchtbaren Ideen über Interesse, Übung und Aktivität) wieder auf die geläufigen Vorstellungen vom Kinde, das bereits den ganzen Erwachsenen in sich trägt, und von der geistigen Präformation zurück. Und deshalb weisen die Institute Pestalozzis neben erstaunlichen Kennzeichen im Sinn der gegenwärtigen aktiven Schule so viele veraltete Züge auf. Beispielsweise war Pestalozzi von der Notwendigkeit überzeugt, in allen Unterrichtszweigen vom Einfachen zum Komplexen überzugehen: nun, jedermann weiß heute, wie relativ der Begriff „einfach" ist und daß das Kind mit dem Ganzheitlichen und Undifferenzierten beginnt. Allgemein gesprochen war Pestalozzi von einem gewissen systematischen Formalismus besessen, der sich

Jeder Tag ist anders

in seinen Stundenplänen, in seiner Klassifizierung der Unterrichtsgegenstände, in seinen Übungen zum Intelligenztraining, in seiner Demonstrationsmanie offenbarte; der Mißbrauch, den er damit trieb, zeigt zu Genüge, wie wenig er im einzelnen der tatsächlichen Entwicklung des Verstandes Rechnung trug."

Als wir zum ersten Mal so im Kreis saßen und die Frage herausgefischt wurde: „Warum gibt es Luft?" geriet ich insgeheim in große Verlegenheit. Alles, was ich über die Logik der Kinder und ihren Gebrauch des „Warum" in diesem Alter wußte, sprach gegen eine kausale Beantwortung dieser Frage. Jede verbale, wenn auch noch so einfache Erklärung würde mich, sollte ich den Studien über die Entwicklung der Denkstrukturen und meiner eigenen Erfahrung Glauben schenken, auf Glatteis führen. Zum Glück befreiten mich die Kinder selbst aus meinen Zweifeln. Mit offenem Mund hörte ich zu, wie sie sich gegenseitig genau solche Erklärungen gaben, wie sie ihrer Logik entsprachen und sich eine „Diskussion" entfachte, die eigentlich keine richtige Diskussion war, weil sie zum Ausdruck eines jeden Kindes diente, ohne daß die Teilnehmer auf die Ideen der anderen in logischer Weise eingingen oder ihnen richtig zuhörten. Diese von Piaget oft beschriebene egozentrische Art der Diskussion ist typisch für den Umgang zwischen Kindern, die sich frei vom Druck einer erwachsenen Autorität wissen. Doch war es nicht meine Rolle, als Lehrer ihr Wissen zu erweitern, ihre Begriffe zu klären und den Stand ihres Bewußtseins zu heben? Ich saß in diesem Kreis und versuchte zu fühlen, was meine Aufgabe in dieser Situation sei. Und da gab es keinen Zweifel: Es war eine außerordentliche Gelegenheit für mich, erst einmal richtig zuzuhören. Wenn ich diese Chance nicht verpaßte und mich nicht „danebenbenahm", konnte ich den größten Nutzen aus meiner Lage ziehen und einem Verständnis über die Denkweise der mir anvertrauten Kinder ein wenig näherkommen. In diesem Augenblick wünschte ich, das Tonbandgerät eingeschaltet zu haben. „Warum gibt es Luft?" Die Antworten überstürzten sich, und die Kinder mußten untereinander Ordnung schaffen, um jedem das Wort zu geben. „Wir brauchen Luft zum Atmen." „Die Tiere wollen auch atmen." „Ohne Luft wäre es zu heiß." „Die Luft trocknet die Wäsche." „Die Luft bewegt die Blätter." „Gott hat die Luft gemacht." „Zu Hause haben wir ein Buch, da steht drin, warum es Luft gibt." „Manchmal riecht es gut, dann atme ich ganz tief. Manchmal stinkt es, dann atme ich lieber nicht." „Die Flugzeuge brauchen Luft zum Fliegen."

Erziehung zum Sein

Dies ist eine kleine Auswahl der spontanen Antworten. Ich fragte die Kinder, ob sie von mir auch noch eine Antwort wollten. Sie zweifelten keinen Augenblick. „Nein danke, jetzt haben wir die Frage schon beantwortet." Das nächste Kind ergriff die Kiste. Ich hatte nicht einmal die Zeit, mir über meine zweifelhafte Rolle Sorgen zu machen. Bevor die nächste Frage zur Diskussion kam, nahm ich mir vor, mich über verschiedene Experimente mit Luft zu informieren und die entsprechenden Materialien in den nächsten Tagen bereitzustellen.

„Warum gibt es Menschen?" Wieder großer Aufruhr und die Notwendigkeit, die Sprecher zur Ordnung zu bringen. „Ohne uns wäre die Schule leer." „Gott macht die Menschen." „Damit die Menschen die Erde bearbeiten." „Weil jemand denken muß." „Die Menschen bauen Häuser." „Auch Autos." „Auch Fabriken." „Die Menschen füttern Hunde." „Es gibt Menschen, um das Leben zu genießen." Ich meldete mich wieder zu Wort. Diesmal beschränkte ich mich darauf, noch einmal zu bekräftigen, was die Kinder selbst gesagt hatten, und ihnen zu versprechen, ihnen später ein paar Bücher herauszulegen. Dieser Hinweis wurde geduldet, und die Kiste dem nächsten Kind gereicht. „Warum gibt es Eltern?" Siebenmal die Antwort: „Damit wir glücklich sind!" Einmal: „Damit sie uns Essen und Kleider geben." Nur ein neunjähriges Mädchen kam auf die Idee, daß „wir ohne Eltern gar nicht da wären."

Unter all diesen Warum-Fragen gab es eine, mit der die Kinder allein nichts Rechtes anfangen konnten. Ich wurde offiziell zu Rate gezogen: „Warum sprechen sie in den Vereinigten Staaten Englisch?" Ich vergewisserte mich umständlich, ob sie wirklich etwas von mir wissen wollten. Als sich alle über diesen Punkt geeinigt hatten, erzählte ich ihnen mit vielen Anekdoten und mit Hilfe illustrierter Bücher die Geschichte von der Mayflower, von den Pionieren, den Kämpfen mit den Indianern, den Befreiungsbewegungen. Die Kinder hörten mit großer Faszination zu. Sie wollten von ihren Englisch sprechenden Kameraden dies oder jenes in Englisch hören und holten sich Bücher aus der Bibliothek, die sich mit den Vereinigten Staaten befaßten.

Bisher habe ich vor allem davon berichtet, wie Aktivitäten von den Kindern selbst begonnen werden, doch könnte vielleicht der Eindruck entstehen, daß die Erwachsenen in der offenen Schule niemals die Initiative ergreifen und sich nicht trauen, eine direkte Führung zu übernehmen. Doch dies würde ein falsches Bild vermitteln. Es muß jedoch klar sein, daß jede direkte Führung und Initiative der Erwachsenen eine sinnvolle Folge der unmittelbaren Beobachtung des Kindes in konkreten Situationen ist. Nur durch die Kunst, die spontane Tätigkeit des Kindes zu wahrzunehmen, wird der Lehrer in die Lage versetzt, die Interessen und den Entwicklungsstand der Kinder zu beurteilen. Manchmal rufen wir eine kleine Gruppe von Kindern zusammen, um eine schulmäßige Leseübung zu machen. Doch der Lesestoff und die Methode beziehen sich auf die Bedürfnisse und Interessen der Kinder. Oder ich wende mich an ein einzelnes Kind: „Wenn du mit dem Schreiben fertig bist, möchte ich dir ein neues Rechenmaterial zeigen, das ich mir für dich ausgedacht habe." Oder zu einer Gruppe von Jungen: „Habt ihr schon die neuen Karteikarten für Experimente mit Feuer gesehen?"

Kinder, die solche direkten Einladungen, manchmal sogar Anordnungen nicht vertragen können, geben den Beweis, daß sie noch ein Problem mit der „Autorität" haben. Das ist leicht verständlich, wenn sie frisch aus einer anderen Schule kommen, und mit solchen Kindern gehen wir mit der größten Vorsicht um. Doch ist ein Kind schon lange bei uns und reagiert immer noch negativ auf direkte Führung, so liegt der Verdacht nahe, daß das Problem zu Hause liegt.

Die aktive Schule arbeitet also nicht mit *einer* Methode, sondern schafft viele verschiedene Lern- und Lebenssituationen. Jede Situation und jedes Kind verlangen nach Anpassung. Jeder Tag will neu erspürt werden. An jedem Tag soll sich das Kind vollkommen lebendig fühlen. Es soll ihm erlaubt sein, die Gegenwart voll zu erleben und sich nicht von den Erfordernissen einer unbekannten Zukunft hetzen zu lassen. In seinem Essay *Biologie und Pädagogik* schrieb José Ortega y Gasset diese Sätze:

„Für gewöhnlich glauben wir, daß der beste Weg, um vollkommene Menschen hervorzubringen, darin besteht, das Kind ans Ideal des reifen Menschen anzupassen. In den vorhergehenden Artikeln wird auf die Notwendigkeit hingewiesen, die umgekehrte Methode anzuwenden. Reife und Kultur sind keineswegs eine Schöpfung des Erwachsenen oder des Gelehrten, sondern vielmehr des Kindes und des Wilden. Lassen wir doch vollkommene Kinder heranwachsen, indem wir soweit wie möglich vergessen, daß sie einmal Männer und Frauen sein sollen. Erziehen wir die Kinder zu Kindern und nicht nach dem Ideal des vorbildlichen Erwachsenen, sondern nach kindlichen Maßstäben. Der beste Mensch ist nie der, der weniger Kind gewesen ist, sondern umgekehrt der, der beim Erreichen seines dreißigsten Lebensjahres in seinem Herzen den wunderbarsten Schatz der Kindheit angesammelt findet."

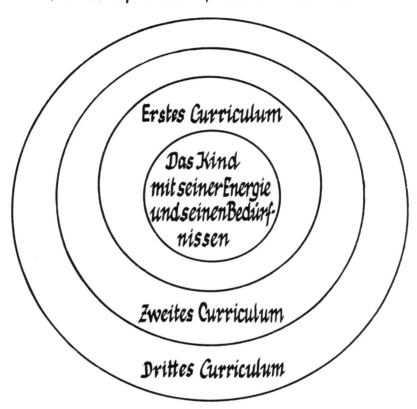

Erstes Curriculum der persönlichen Interessen
Zweites Curriculum der Entwicklungsetappen
Drittes Curriculum der allmählichen Teilnahme an der allgemeinen Kultur

Das dreifache einfache Curriculum

Die Frage des Curriculums, des Lehrplanes, bringt wohl unter den Freunden wie auch unter den Feinden der offenen Schule ebensoviel Verwirrung und Zweifel hervor wie die Frage von Disziplin und Freiheit. Wenn wir zu einem Erwachsenen von der Freiheit des Kindes sprechen, seinen Interessen nachzugehen und Freude am Lernen zu erfahren, bleibt selten der Einwand aus: Und wenn nun ein Kind immer nur eine Sache tun will? Was tun Sie, wenn ein Kind nie rechnen oder nie lesen und schreiben lernen will? Glauben Sie nicht, daß jedes Kind einen Mindeststoff beherrschen muß, wenn es in unserer Zivilisation überleben soll? Oder es kommt die Angst auf: Wie sollen denn diese Kinder die Aufnahmeprüfung in eine höhere Schule bestehen, wenn sie immer nur das tun, was sie gerne haben? Unsere Kollegen von anderen Schulen und die Verantwortlichen im Kultusministerium sind besorgt, wie der offizielle Lehrplan, der fürs ganze Land gültig ist, mit einer aktiven Schule in Einklang gebracht werden kann. In einem Land wie Ecuador, das versucht, unter einer Regierung unterschiedliche Rassen und Volksgruppen zu vereinen und selbst jene Siedlungen dem Rest der Nation einzuverleiben, die auf keiner befahrbaren Straße zu erreichen sind, scheint es ja besonders wichtig, den Lehrplan für alle Kinder gleichzuschalten und damit ein Gefühl der Einheit zu bewirken. Ob in Quito oder Guayaquil, im entlegensten Andendorf auf 3000 m Höhe, im verstecktesten Urwalddörfchen der Amazonasgegend oder an der Küste des Pazifik: Es gibt doch etwas Sicherheit, wenn man bedenkt, daß die Kinder sich ihr Wissen aus den gleichen Schulbüchern und von den gleichen in der Hauptstadt gedruckten Lesetafeln und Wandbildern aneignen, in jedem Monat des Schuljahres je nach Klasse die gleichen Kenntnisse in allen Fächern vorweisen und die gleichen Taten der Helden des Befreiungskampfes aufsagen können!

Von klein auf wurden wir daran gewöhnt, daß alle 45 Minuten die Schulglocke ertönt, die Rechenbücher geschlossen und fünf Minuten

Erziehung zum Sein

später die Geschichtsbücher geöffnet werden und immer so fort, bis der Stundenplan erfüllt ist. Vielleicht hat es uns immer wieder Zweifel bereitet, ob es wirklich eine bestimmte Menge von Wissen gibt, das in einer bestimmten Anzahl von Jahren zu erlernen ist, und daß es ein Lernziel geben soll, das am Ende eines Schuljahres oder einer ganzen Schulzeit zu erreichen ist, wenn wir das vorgeschriebene Wissen schön gleichmäßg auf die verfügbaren Tage, Wochen, Monate und Jahre verteilen. Doch dies schien nun einmal die Praxis zu sein. Fielen Schultage aus, so war es meist die Aufgabe des Lehrers, den Stoff so zusammenzuraffen, daß schließlich doch das Lernziel erreicht war und man am Ende des Schuljahres die Schulbücher beruhigt schließen konnte. Waren durch Krankheit oder Unaufmerksamkeit des Schülers Lücken in der soliden Mauer des zu erwartenden Wissens geblieben, wurde ein Nachhilfelehrer auf den Plan gerufen oder über die Ferien gepaukt.

Oft kam es uns so vor, daß die Lehrer sich freuten, wenn sie den umfangreichen Lehrstoff in möglichst kurzer Zeit bewältigen konnten. Auch wir Schüler hatten an diesem Stolz teil. Ich erinnere mich noch gut, wie wir uns in der Pause den Kameraden aus der Parallelklasse gegenüber brüsteten, weil wir in irgendeinem Fach etwas weiter vorangekommen waren als sie. Wir waren eben eine A-Klasse und lernten darum schneller als die andern aus der B- oder C-Klasse!

Die meisten Erwachsenen sind sich darin einig, daß sie sich nur noch an wenig von dem erinnern, was sie auf der Schule gelernt haben. Doch halten sie es für wichtig, die Abschlußzeugnisse aus ihren verschiedenen Bildungsstufen wohl verwahrt zu wissen. Menschen, die durch die Umstände gezwungen wurden, sich an vollkommen neue Umstände und Werte anzupassen, sind oft von der Fragwürdigkeit oder Relativität des auf der Schule Gelernten betroffen. Früher kritiklos angenommene Inhalte verlieren ihre Absolutheit, und die „beste Art, eine Sache anzupacken", wird sogar zum Problem. Viele unserer ausländischen Bekannten litten in Ecuador jahrelang am Kulturschock. Manche von ihnen verbrachten anfangs viel Zeit mit Schimpfen „auf diese dummen Ecuadorianer". Doch nach mehreren Jahren im Ausland konnten sie sich später auch nicht mehr im Heimatland mit den eigenen Landsleuten wohlfühlen, weil die „eben nicht gelernt haben, sich auf andere Lebensweisen umzustellen".

In seinem Buch *Der Zukunftsschock* beschreibt Alvin Toffler, daß eine ähnliche Art Schock all denen in Zukunft bevorsteht, die mit der Sicher-

Das dreifache einfache Curriculum

heit eines festen Lehrplans und gleichbleibender Werte und Lebensweisen großgeworden sind. Nach Toffler wird das feste Gebäude zuverlässigen Grundwissens durch neue Forschungen so schnell umgerissen, daß morgen schon eine Falschinformation sein wird, was ein Schulkind heute noch als gültiges Wissen lernen mag: „Der Analphabet von morgen wird nicht der Mensch sein, der nicht lesen kann, sondern derjenige, der nicht das Lernen gelernt hat", warnt Toffler. Was ist aber seiner Meinung nach mit dieser „Fähigkeit zu lernen" gemeint?

Toffler ist überzeugt, daß unsere heutigen Schulkinder als Erwachsene in einer Welt leben werden, die von der uns bekannten Welt auf unvorstellbare Weise verschieden ist. Das Wissen und die Arbeitsmethoden, die wir Lehrer zur Grundlage unserer Autorität nehmen, mögen uns zwar bisher ganz gut über die Runden gebracht haben. Doch sollten wir uns an den Gedanken gewöhnen, daß dieses gleiche Wissen und Können unseren Kindern morgen sogar zum Hindernis werden könnte. Toffler beschäftigt sich in einem Kapitel damit, wie unser Bildungswesen verändert werden müßte, damit es den Erfordernissen der Zukunft gerecht wird. Dort macht er konkrete Vorschläge, die uns helfen können, über das Schulcurriculum neu nachzudenken. Hier einige seiner grundsätzlichen Forderungen zur Reformierung der bestehenden Systeme: eine bewegliche Organisation, die nicht durchgängig, sondern fallweise operiert; Dezentralisierung; Eindringen der Schulkinder in wirkliche Lebens- und Arbeitsbereiche der gegenwärtigen Gesellschaft; Auflockerung der starren Stundenpläne und Klasseneinteilungen. Toffler schlägt vor, elastische Lehrpläne zu schaffen und zu vermeiden, daß jedermann die gleichen Inhalte und Wissensgebiete erarbeiten muß. Dabei soll jedoch ein allgemeiner menschlicher Zusammenhang, der wichtige Anhaltspunkte und Anknüpfungsmöglichkeiten bietet, nicht verloren gehen. Eine systematische Förderung von Fähigkeiten, die der Verbindung der Menschen untereinander und der sozialen Integration dienen, soll an die Stelle eines einheitlichen Curriculums treten. Das Curriculum soll nicht nur flexibel und vielgestaltig sein, sondern bewußt auch unbekannte Faktoren des Lebens berücksichtigen, also nach allen Seiten offen bleiben.

Die Vorbereitung auf eine unbekannte Zukunft setzt voraus, daß jeder junge Mensch statt feststehender Daten, die zum größten Teil im praktischen Leben kaum mehr anzuwenden sind, schon heute lernen soll, unbrauchbare Ideen auszurangieren und sie durch neue Ideen zu

Erziehung zum Sein

ersetzen. Er muß lernen, seiner inneren Steuerung zu vertrauen, die es ihm ermöglicht, aus der Vielzahl neuer Ideen und Werte die für seine Situation gültigen auszuwählen. Aus diesem festen Stand, der durch die Sicherheit seines persönlichen Urteilsvermögens und seines integrierten Gefühls ermöglicht wird, kann es dem Individuum gelingen, in einer Welt voll ständiger Wechsel und unvorhergesehener Situationen Informationen zu ordnen und umzuordnen, sie auf Wahrheit zu prüfen, sich vom Konkreten zum Abstrakten und wieder zurück zum Konkreten zu bewegen und aufkommende Probleme von vielen verschiedenen Seiten her anzugehen.

Toffler sieht voraus, daß es in Zukunft noch schwieriger sein wird als bisher, wertvolle menschliche Beziehungen einzugehen und zu unterhalten. Die Kinder von heute sollten sich darum jetzt schon darin üben, menschliche Beziehungen zu pflegen. Durch diese Fähigkeit kann es ihnen auch als Erwachsenen leichter werden, ohne Zeitverlust und Umschweife einen wertvollen Austausch mit solchen Menschen zu pflegen, die wirklich zu ihnen passen. Die Schulstunden sollten also nicht mit einem „Nebeneinandersitzen" und „Nach-vorne-schauen" der Kinder vergeudet werden. Ständiger direkter Kontakt der Kinder untereinander und die Freiheit, Arbeits- und Spielpartner dem eigenen Gefühl nach zu wählen, sind unbedingt notwendig, um eine Bereitschaft zu wirklichen menschlichen Beziehungen für die Zukunft zu üben.

Eine weitere Fähigkeit, die in steigendem Maß von uns gefordert werden wird, ist die Kunst des Wählens. Wählen, wenn die Zahl von Angeboten jeder Art ins Unermeßliche steigt, ohne uns in einem Wirrwarr von Ideen, Beschäftigungsmöglichkeiten und Warenangeboten zu verlieren.

Für Toffler besteht kein Zweifel, daß Menschen, die sich nur auf von außen vermitteltes Wissen verlassen können und keine innere persönliche Sicherheit entwickelt haben, einen schmerzhaften „Zukunftsschock" erleiden werden. Die Ausmaße können wir uns nur unzureichend in Analogie zu den milderen Formen von Störungen ausmalen, die schon heute dem modernen Menschen zu schaffen machen.

Menschen, die nur gelernt haben, einem von außen auferlegten Programm zu folgen, sind zudem in Gefahr, auch von außen her „neu programmiert" zu werden, wenn es der Druck einer neuen Gesellschaft erfordert. Ohne aktives inneres Leben und Bewußtsein seiner eigenen Menschlichkeit entbehrt auch der intelligenteste Mensch jener spezifisch

Das dreifache einfache Curriculum

menschlichen Qualitäten, die seine eigene innere Wirklichkeit den von außen auferlegten Programmierungen entgegensetzen kann, wenn die Integrität seines Wesens gefährdet ist. Hier klafft in unseren Lehrplänen eine besonders schmerzhafte Lücke im Umgang mit inneren Welten und dem dynamischen Austausch zwischen Außen und Innen, der unser Leben erst lebenswert macht!

Die aktive Schule setzt an die Stelle eines allgemein verbindlichen festen Lehrplans die systematische Pflege von erneuerungsfähigen Lernprozessen. Sie will vermeiden, in den Kindern die Illusion zu schaffen, daß Bildung etwas sei, das man in verschiedenen Stufen „abschließen" kann, wodurch man es dann vorläufig „geschafft" hat. Die aktive Schule hütet sich, das Einssein des Kindes mit sich selbst in Gefahr zu bringen. Gewöhnt sich der junge Mensch erst einmal daran, die Wirklichkeit zu zersplittern und das Leben aufzuschieben, bis die Glocke ertönt oder ein Examen geschafft ist, so wird es ihm von Jahr zu Jahr schwerer, zu einem Gefühl des Ganzseins und Heilseins zurückzufinden. Ein sinnvolles Curriculum beginnt also dort, wo sich ein Kind gerade befindet. Es zieht die Natur des Kindes in Betracht und trennt nicht auf „sinnlose" Art den wachsenden Organismus von seinen eigenen Sinnen: Wenn du schön still sitzt, nicht versuchst, aus dem Fenster zu schauen, dich nicht mit deinem Nachbarn unterhältst, deine Hände ordentlich auf dem Tisch hältst und mir zuhörst, dann kannst du etwas Sinnvolles lernen. Dann werden die Schulbücher geöffnet und dem Kind die Welt durch die Brille einer pädagogischen Expertenkommission nahegebracht. Der Lehrer erklärt, schreibt an die Tafel, leitet die Gespräche. Die Kinder hören zu, schreiben mit und geben nach bester Möglichkeit die von ihnen erwarteten „richtigen" Antworten.

Ein sinnvolles Curriculum bewahrt das Einssein des Kindes mit sich selbst und seiner Welt. Es stützt sich auf all die kindlichen Eigenheiten, die die Stärke des jungen Organismus ausmachen: Seinen Bewegungsdrang, seine Neugierde, seine Gefühlsstärke und Sinnesfreude. So werden Bücher, Tische und Stühle zwar nicht abgeschafft, haben aber in der aktiven Schule viel weniger Bedeutung als die sich ständig erneuernde Umgebung voller konkreter Gegenstände und eine Vielzahl von Angeboten zu praktischen Tätigkeiten. Sind die Kinder einmal wirklich tätig, zeigt ein jedes seinen individuellen Charakter: in der Art seiner Bewegungen, in seiner Art zu reden, zu lachen, Schmerz auszudrücken und Kontakte aufzunehmen. Versuchen wir, die starken Seiten des Kindes zu

Erziehung zum Sein

unterdrücken, es so schnell wie möglich zu unseren erwachsenen Perspektiven zu bekehren und zum analytischen und reflektierenden Denken anzutreiben, so verliert das Kind allmählich seine natürliche Neugier. Seine Sinne werden stumpf, seine eingeborene praktische Intelligenz geht in Deckung und taucht oft auf unerwünschte Weise wieder auf.

In dem bereits erwähnten Buch von David Elkind ist die Rede von einem dreifachen Curriculum, das sich konzentrisch um jedes Kind ausbreitet. Sein Zentrum bleibt immer das Kind selbst in seiner vollen Lebenswirklichkeit. Aus diesem Zentrum erwächst die Harmonie, die alle Lernprozesse durchdringt, zusammen mit dem Curriculum seiner persönlichen Interessen, seiner Entwicklungsetappen und seiner allmählichen Teilnahme an einer allgemeinen Kultur.

Der erste der konzentrischen Kreise, in dem die Energie für alle weiteren Prozesse erzeugt wird, hat seinen Mittelpunkt im persönlichen Interesse des Kindes. Dieses Interesse stammt zunächst aus dem Bedürfnis zu fühlen, sich zu bewegen, zu lieben und geliebt zu werden. Wir können uns nicht genug vor Augen halten, daß ein Curriculum, das diese Grundbedürfnisse des Kindes nicht berücksichtigt, die Einheit des jungen Organismus gefährdet und den Lernprozeß von seinem ursprünglichen Impuls abschneidet, der zunächst den Gesetzen seines eigenen Wachstums dienen muß. Sobald wir beginnen, diese natürliche Energiequelle zu verschütten, sind wir auf äußere Motivierungen zum Lernen angewiesen: Strafen und Belohnungen, das Ausspielen der Kinder untereinander und das Versprechen von großen Erfolgen, die das Kind auf die Zukunft „gespannt" machen. Oder in den positiveren Fällen auf die Akrobatik eines Lehrers, der die Kinder so „fesseln" kann, daß sie voller Freude lernen, was er ihnen zu bieten hat. Doch durch diese Mechanismen wird die Steuerung und Programmierung des Kindes nach außen verlegt, und das volle Erleben der gegenwärtigen Wirklichkeit – einschließlich des Schmerzes, den ein Kind verspüren kann, wenn es mit sich selbst in Kontakt ist – wird durch Versprechungen auf eine Zukunft ersetzt, die doch erfahrungsgemäß nur schwer wieder in wirkliche Gegenwart einzuwechseln ist.

Was sind nun die Gegenstände des natürlichen Interesses der Kinder in ihren ersten Schuljahren? Es sind vor allem wirkliche Menschen: An erster Stelle die eigene Person und die eigene Familie, die sich allmählich erweitert und fremde Menschen einbezieht. Dazu kommen Tiere, Pflan-

Das dreifache einfache Curriculum

zen, die natürlichen Elemente und alle Gegenstände, die ohne Gefahr zu handhaben sind. Schließlich der Konkakt mit dem Leben der Erwachsenen, soweit es nicht zu kompliziert und unnatürlich geworden ist. Wir müssen also das Kind in allem ernstnehmen, was es außerhalb der Schule erlebt und beeindruckt. Jeden Morgen kommen die Kinder, erzählen, was ihnen passiert ist, bringen etwas Interessantes aus ihrem häuslichen Leben mit und setzen all dies in Malen, Schreiben, Spielen, Rechnen und all die Tätigkeiten um, die ihnen die bereitstehenden Materialien der Schule ermöglichen. Mit dem gleichen ungebrochenen Interesse suchen die Kinder in der Schule wieder nach neuen Anreizen, nach Gelegenheiten zum Beobachten, Ausprobieren, Fragen und Nachahmen.

Langsam erweitert sich der Kreis der Erfahrungen, und aus der kleinen Welt persönlicher Erlebnisse entsteht das Bild einer vielgestaltigen und vielschichtigen Wirklichkeit. Wir freuen uns also an jedem ursprünglichen Interesse des Kindes und helfen ihm schrittweise weiter: Wieviele neue Arten kannst du finden, um das zu tun, was du bei anderen gesehen hast. Wie kannst du noch genauer beobachten? Wieviele Unterschiede kannst du entdecken? Wieviele Gleichheiten? Was passiert, wenn du dies oder jenes einmal anders machst?

Jedes operative, figurative und konnotative Lernen des Kindes dreht sich zunächst um seine eigenen persönlichen Interessen. Das Kind lernt, seine Erlebnisse aufzuschreiben, zu berechnen, zu messen, Vergleichskurven anzulegen, über die Erfahrungen von anderen auf diesem Gebiet zu lesen. Es spricht gern und unbesorgt über seine Erfahrungen und merkt allmählich, daß seine eigene Perspektive nicht immer mit der Erfahrung anderer übereinstimmt.

Angefacht durch seine persönlichen Interessen erweitert das Kind die Kreise seiner Erfahrungen und durchläuft seiner Natur und den Gesetzen des Reifens und Wachsens entsprechend das Curriculum seiner Entwicklungsetappen. Diese Etappen sind für alle Kinder die gleichen, doch der persönliche Rhythmus ist verschieden. Ungeachtet ob es sich um das intellektuelle oder das soziale Wachstum des Kindes handelt: Die Etappen der Entwicklung beeinflussen all sein Denken und Handeln. Durch seine praktische Tätigkeit erarbeitet sich jedes Kind von neuem die Begriffe der Masse, des Gewichtes und Volumens, des Raums, der Zeit, der Kausalität, Geschwindigkeit, Bewegung und Geometrie. Oft ist dieses Curriculum der Entwicklung der Kinder ganz verschieden vom vorgeschriebenen Schulcurriculum. Die gängigen Schulbücher geben reiches

Erziehung zum Sein

Zeugnis, daß die innere Entwicklung der Kinder von den Bildungsplanern kaum berücksichtigt wird.

Da ist zum Beispiel in einem modernen Arbeitsbuch für Zweitklässler eine ganze Reihe von Verwandschaftsverbindungen angegeben. Es wird von den Kindern erwartet, aus einem danebenstehenden Text herauszuknobeln, welche Person welcher anderen Person etwas antut, wenn die eine Person Onkel von der anderen Person, Vater einer dritten Person usw. ist. Haben sich die Verfasser dieses Schulbuches die Mühe gemacht, einmal nachzulesen, was Piaget über die Fähigkeiten der Kinder, mit Relationen umzugehen, herausgefunden hat? Wie sollen siebenjährige Kinder es fertigbringen, ohne ein Sinken ihres Selbstvertrauens intelligent (also nicht durch Raten oder durch Achtgeben auf die Reaktion des Lehrers) mit solch einem Text umzugehen, wenn sie sich ihrem „Entwicklungscurriculum" entsprechend bewiesenermaßen erst kurz vor dem Eintreten der Pubertät mit solchen Relationen sicherfühlen?

Hier ein anderes Beispiel aus dem gleichen Lehrbuch für Zweitklässler: Die Geschichte eines Traums und einer wahren Begebenheit werden auf einer Seite nebeneinander wiedergegeben. Gleich darauf sollen die Kinder herausfinden, welche der beiden Erzählungen einem Traum, und welche einer wahren Begebenheit entsprechen könnte. Das Kind soll auch gleich noch analysieren, woran man diese feinen Unterschiede erkennen kann. Als nächstes soll es selbst eine ähnliche Geschichte – einmal als Traum und einmal als wahre Begebenheit – zu einem vorgeschriebenen Thema produzieren.

Diese Aufgabe setzt voraus, daß siebenjährige Kinder sich mit reflektierendem Denken wohlfühlen; daß sie erst einmal in ihrem eigenen Erleben gut unterscheiden können, was Traum und was Wirklichkeit ist und dann solche Unterschiede in einem gedruckten Text (das Lesen haben sie erst ziemlich frisch gelernt) wiedererkennen. Wiederum zeigt das Studium der kindlichen Entwicklungsetappen, daß solch reflektives Denken erst mit dem Einsetzen der Pubertät zum natürlichen Instrumentarium gehört, bei kleineren Kindern nur als Intuition auftritt und als solche nicht forciert werden sollte. Das Kind könnte aber sehr wohl Meister im praktischen Denken werden, würden wir ihm dazu nur genügend Gelegenheit verschaffen.

Nicht nur die gängigen Sprachbücher sind so abgestimmt, daß Kinder sich darauf verlegen müssen, die Wünsche der Erwachsenen zu erraten (wodurch sie eigentlich Lehrbücher der Psychologie werden). Auch

Das dreifache einfache Curriculum

beim Rechnen, das unter den rechten Bedingungen die natürlichste Beschäftigung für den wachsenden Intellekt des Kindes ist, brauchen die meisten Kinder einen sechsten Sinn, um mit all den Symbolen umzugehen, die nur schwer mit dem alltäglichen Kommen und Gehen, Nehmen und Geben, Messen, Heben und Vergleichen in Einklang zu bringen sind, mit all den Aktivitäten, die ja für gewöhnlich während der Schulstunden streng verboten sind.

Die aktive Schule setzt es sich zum Ziel, durch wirkliche Tätigkeiten in einer wirklichen, nicht in Schulbüchern plattgedrückten Welt, jedes Kind dem Rhythmus seiner Entwicklung entsprechend lernen zu lassen. In einer Gruppe, in der das Alter der Kinder unterschiedlich ist, fällt es dem Lehrer nicht schwer, mit den verschiedenen Entwicklungsetappen der Kinder zu rechnen. Die wirklichen Lebenssituationen vereinen die Kinder verschiedener Reife in einer gemeinsamen Tätigkeit. Doch das Lernniveau kann und muß bei jedem Kind verschieden sein. Es ist eine der faszinierendsten Beschäftigungen des aktiven Lehrers, die Kinder in ihrem Tun zu beobachten, ihren Gesprächen zuzuhören und an der Art ihrer Fragen und Antworten ihre Entwicklungsetappe einzuschätzen. Durch solches Beobachten gelingt es ihm immer häufiger, ihnen seinerseits auf ihrem eigenen Niveau zu begegnen und sich ihnen nahe zu fühlen. Vielleicht fragt sich hier mancher Leser: Ist es nicht gerade die Aufgabe des Lehrers, die Kinder zum erwachsenen Denken anzuregen und sie von ihrem unlogischen kindlichen Denken zu befreien?

Diese Frage können wir auf verschieden Weise zu beantworten versuchen. Wenn wir jedes Kind in seiner gegenwärtigen Etappe respektieren, ermöglichen wir ihm vor allem ein großes Maß an persönlicher Sicherheit. Gleichzeitig erlauben wir ihm, auf seiner augenblicklichen Stufe soviele Erfahrungen wie möglich zu sammeln, um dann mit einem Gefühl großer Bereicherung mühelos zur nächsten Stufe fortzuschreiten. Dies ist ein natürlicher und darum langsamer Prozeß. Unsere Aufgabe ist es, die rechten Bedingungen dafür zu schaffen, aber nicht den Prozeß zu beschleunigen. Bringen wir es als Erwachsene fertig, diese inneren Prozesse nicht durch unsere Ungeduld zu stören, sondern ihnen den nötigen Nährstoff zu liefern, so lernt das Kind, auf eigenen Füßen zu stehen und nicht sein Leben lang von äußerer Führung abhängig zu sein.

Von diesen ersten konzentrischen Kreisen, die ihre Impulse aus dem persönlichen Interesse des Kindes und seinem natürlichen Wachstumsprozeß erhalten, entsteht nun in immer neuen und weiteren Kreisen das

Erziehung zum Sein

dritte „Curriculum", das zu einer Eroberung der Welt, zu einer dynamischen Verbindung mit den Erfahrungen anderer Menschen und der Begegnung mit einer allgemeinen Kultur führt. Langsam entdeckt das Kind, daß seine eigene gegenwärtige Erfahrung mit den Erfahrungen anderer in weitentlegenen Orten oder in der Vergangenheit zusammenhängt. Nach und nach beginnt es nun auch, sich über die Zukunft Gedanken zu machen.

In diesem Stadium neuer intensiver Interessen ist es nicht nur wichtig, *was* ein Kind lernt, sondern *wie* es etwas lernt. Der aktive Lehrer darf nie vernachlässigen, die Kinder in ihren Lebenssituationen zu beobachten, um dadurch zu einem Urteil zu gelangen, welche neuen Situationen und Vorstöße in die große Welt er seinen Schützlingen zumuten kann. Solange die Kinder noch klein sind, muß sich der Erwachsene hüten, den natürlichen Gedankengang der Kinder, der aus ihren Erfahrungen hervorquillt, durch eine künstliche Unterteilung des Stoffes zu unterbrechen. Es ist ja nicht die Aufgabe der Kinder, „Stoff zu lernen", sondern vielmehr in analogen Situationen gemeinsame Elemente zum Lösen von Problemen zu entdecken, Gesetzmäßigkeiten herauszufinden und ihre Anwendung in neuen Situationen zu prüfen. Dieses Ineinandergreifen der Fächer ist ungeheuer wichtig, wollen wir das Gefühl des Einsseins nicht vorzeitig zerstören. Ist einmal die Grundlage für das analytische Denken geschaffen, so mag eine disziplinäre Unterteilung in Lernfächer von großem Nutzen sein, um ein tieferes Eindringen in verschiedene Gebiete zu ermöglichen. Doch die Tendenzen der modernen Wissenschaften weisen darauf hin, daß dieser Unterteilung später wieder ein erneutes Suchen nach Querverbindungen folgen muß, um schöpferisches Denken auf einem höheren Niveau zu ermöglichen.

Wie bringt es die aktive Schule zustande, das Lernen der Kinder und ihre praktischen und intellektuellen Fähigkeiten zu fördern, ohne einer pädagogischen Tradition zu folgen, die gewohnt ist, alles Lernbare in Schulfächer zu unterteilen?

Betrachten wir in diesem Zusammenhang noch einmal die „vorbereitete Umgebung" und verschiedene Tätigkeiten, die sich in ihr abspielen können. Nehmen wir als Beispiel, was alles im Interessenzentrum „Küche" geschieht: Ein paar Kinder haben Hunger oder einfach Lust, etwas Selbstgekochtes zu essen, etwas Praktisches zu tun oder den Beweis zu liefern, daß sie ganz allein, ohne Mutter, ein Essen zubereiten können. Die einen machen vielleicht zuerst einen Abstecher in den Garten, um

Das dreifache einfache Curriculum

zu sehen, ob es etwas Gutes zu ernten gibt. Sie berühren die Pflanzen, reden mit einem Kameraden, wie lange es doch dauert, bis so eine Rübe oder ein Kohlkopf groß ist. Wann haben wir diese Rüben ausgesät? Hat ihnen vielleicht Wasser gefehlt? Wollen wir einmal auf unserer Wetterkurve nachlesen, wieviel es in diesem Monat geregnet hat. Der nächste Schritt: Die Kinder erfinden ein neues Rezept für die vorhandenen Zutaten oder suchen sich eins im Rezeptkasten oder im Rezeptbuch. Sie lesen, schauen nach, ob das Gebrauchte in der Küche vorhanden ist. Notfalls muß in eine Einkaufsliste eingetragen werden, was für morgen gebraucht wird. Nun wird gemessen, gewogen, doppelte oder halbe Rezepte werden ausgerechnet. Schälen und Schneiden, Anbraten – was auch immer das Rezept erfordern mag – bringen reichlich Gelegenheit für das Üben der Geschicklichkeit, für eifriges Hin- und Hergehen und angeregte Küchengespräche. Die Kochzeit wird geschätzt oder abgelesen. Inzwischen muß alles gebrauchte Gerät gewaschen und der Tisch geräumt werden, damit andere Interessenten auch in der Küche arbeiten können. Abfall wird nach organisch oder nicht-organisch in verschiedene Körbe verteilt. Wenn der organische Abfall auf den Kompost getragen wird, ist es eine gute Gelegenheit, verschiedene Arten der Düngung, ihre Vor- und Nachteile zu besprechen. (Die Kinder kennen sich gut mit den Argumenten für organische Landwirtschaft aus und hüten sich auch, auf ihren Spaziergängen die Natur mit unorganischem Abfall zu beschmutzen).

Sollen Brot oder Kuchen gebacken werden, so wird der Sonnenofen auf die rechte Temperatur geprüft, die Reflektoren dem Stand der Sonne angepaßt, dabei noch die Uhrzeit geschätzt. Bis das Essen bereit ist, schreibt manch ein Kind sein Rezept für die Mutter auf – immer mehr Familien scheinen zu Hause auf Drängen der Kinder „à la Pestalozzi" zu essen – oder das Kind überlegt, was es bis zur Essenszeit noch alles unternehmen kann. Dann lädt es verschiedene Kinder zu seinem kleinen Fest ein. Teller werden bereitgestellt, der Tisch gedeckt, die Eingeladenen probieren vorsichtshalber lieber vorher, ob es ihnen auch schmeckt. Beim Essen gibt es große Unterhaltung mit Lachen, Pläneschmieden und schließlich gemeinsamem Abwaschen.

Hier ein anderes praktisches Beispiel, wie ein Lehrer bewußt das Lernen und Forschen der Kinder fördern kann, ohne sie von ihrer selbstgewählten Tätigkeit abzulenken. Da sind zwei Kinder darin vertieft, mit allerlei Geräten das Wasser am Spieltisch in Bewegung zu bringen. Sie

Erziehung zum Sein

rühren und plantschen, schlagen auf die Oberfläche, spritzen das Wasser hoch hinaus und begleiten ihre Spiele mit verschiedenen Lauten und Reden. Ich helfe gerade einem Jungen, die Druckwalze zu reinigen und bleibe eine Weile in der Nähe der Wasserspieler. Fast nebenbei frage ich sie: „Könnt ihr das Wasser auch bewegen, ohne es zu berühren?" Sie schauen mich verdutzt an. Dann lacht eins der Kinder und bläst aus voller Lunge gegen die Wasseroberfläche. Bald sind noch mehr Kinder von dieser neuen Beschäftigung angezogen und starten einen Wettstreit, wer das Wasser am stärksten anblasen kann. Dabei reden sie von Winden – Ostwind und Westwind, von ihren Ferien am Strand, als die Wellen so hoch waren, daß sie sich nicht ins Wasser trauten. Neue Ideen tauchen auf: Ein Blasebalg, eine Radpumpe, und die Wellen schlagen höher und höher. Wenige Minuten später erscheint eine Wasserpumpe im Spiel, bald darauf Schläuche verschiedener Durchmesser, Gefäße, die mit Strohhalmen verbunden werden. Eine Wasserbahn wird gebaut und über verschiedene Hindernisse geleitet. „Schiffe" werden zum Fahren gebracht und die Reisezeit mit der Stoppuhr gemessen. Um diese Wasserprojekte haben sich verschiedene Grüppchen gebildet, die untereinander jeden neuen Schritt beratschlagen und kommentieren. Zwei größeren Mädchen, die dabeistehen, ohne selbst Hand anzulegen, stelle ich eine neue Frage: „Könntet ihr Wasser bewegen, ohne es mit dem Körper oder einem Gegenstand zu berühren, ohne es ins Gefälle zu bringen oder Wind zu machen?" Die Mädchen versuchen dies und jenes, aber immer wieder müssen sie sich selbst korrigieren: „So geht es nicht. Es darf kein Gefälle dabei sein." „Du hast eben durch den Strohhalm geblasen." Sie sind von der gesuchten Lösung so weit entfernt wie am Anfang, als eine Freundin ihnen zuruft: „Kommt essen, die Suppe kocht!" Einem der Mädchen bleibt der Mund offen: „Komm, ich zeig dir was!" Sie zieht ihre Kameradin zum Suppentopf, in dem es lustig brodelt. „Siehst du: es bewegt sich, aber nicht durch Rühren, nicht mit Pusten, nicht durch Gefälle".

Und so geht es weiter. Ich frage ein paar Kinder unschuldig, was denn das Meer zum Bewegen bringt. Die Vermutungen sind von der wildesten Natur. Wir suchen Hilfe in Büchern, die vom Meer handeln und Flut und Ebbe erklären. Wieder Erinnerungen aus den Ferien. „Einmal war das Meer ganz draußen, und wir konnten Muscheln und Seesterne suchen. Wenn Ebbe ist, fahren die Autos am harten Strand entlang. (Die Kinder haben erfahren, daß zur Ebbezeit die Strände die besten Auto-

Das dreifache einfache Curriculum

straßen Ecuadors sind). Einmal haben wir gesehen, wie ein Auto nicht mehr rechtzeitig vor der Flut zur nächsten Ausfahrt kam und vom Meer verschluckt wurde." Die Größeren lesen über den Einfluß des Mondes, machen sich Modelle über die Stellung von Sonne, Mond und Erde und ihre Bewegung. Sie spielen mit den Magneten und erproben ihre Anziehungskraft auf verschiedene Objekte. Wir machen ein Assoziationsspiel: Wer kann in fünf Minuten die meisten Wörter aufschreiben, die mit Wasser zusammenhängen?

Am nächsten Tag nehmen wir vielerlei Gegenstände ins Schwimmbad mit, die wir zum Sinken bringen. Wir stoppen die Zeit, die ein jeder braucht, um auf Grund zu kommen. Die Kinder springen und tauchen und holen die Gegenstände unzählige Male wieder aus dem Wasser, lassen sie an einer tieferen Stelle hineinfallen, probieren neue Springtechniken aus.

Am Mittwochmorgen finden die Kinder ein großes Tablett mit Gefäßen verschiedenster Durchmesser und auch Meßbänder auf den Tischen gleich am Eingang. Denen, die neugierig fragen, was sie damit anfangen sollen, zeige ich, wie sie eine Tasse Wasser nacheinander in die verschiedenen Behälter gießen und die Höhe des Wasserstandes zusammen mit dem entsprechenden Durchmesser in eine Tabelle eintragen können. Für die Kleineren ist dies ein schwieriges Unternehmen, und sie bringen es vielleicht nur auf fünf Eintragungen. Den Größeren geht diese Arbeit schnell von der Hand, und sie lernen bei der Gelegenheit, eine Kurve herzustellen, die Wasserstände und Durchmesser in ein sichtbares Verhältnis bringt.

Am Donnerstag machen wir einen Ausflug zu einem nahen Fluß. Die Kinder werfen Steine ins Wasser, üben Weitwurf, waten im Wasser, fischen Kaulquappen und Algen. Sie schicken Schiffchen flußabwärts, diskutieren über Flüsse im allgemeinen und diesen insbesondere und wollen wissen, in welcher Provinz unsere Schiffchen schließlich zum Meer gelangen. In der Schule holen wir uns die Landkarten aus dem Schrank, verfolgen mit den Fingern Flußläufe, lesen die Namen der Provinzen ab. Manche Kinder packt das Reisefieber. Mit Hilfe von Autokarten rechnen sie Distanzen aus – dazu benutzen sie wieder konkrete Materialien – kalkulieren Benzinpreise und Reisestunden. Andere ziehen auf vorbereiteten Karten die Flüsse des Landes nach und schreiben ihre Namen ein, malen die Meere der Welt aus oder stellen ein großes Bild von Meeren und Flüssen her, für das sie die typischen Fische Ecuadors als Vorlage

Erziehung zum Sein

nehmen; Muscheln und getrocknetes Seegras wird zu einer Collage vereinigt und neue Varianten um das Thema Wasser solange bearbeitet, wie das Interesse der Kinder anhält.

In diesem ganzen Prozeß müssen die kleinen Hilfen, Fragen und Anstöße, die wir Erwachsene beisteuern, um das Interesse der Kinder immer neu anzufachen und sie neue Möglichkeiten und Hilfsmittel finden zu lassen, mit Vorsicht dosiert werden. Niemals sollen die Kinder das Gefühl bekommen, daß ihr Interesse vom Lehrer für seine – den Kindern unerklärlichen – Ziele „ausgeschlachtet" wird. Kindern, die an diesen Tätigkeiten nicht teilnehmen, steht die ganze Fülle der sonstigen Beschäftigungsmöglichkeiten offen. Ihre Interessen werden von den Lehrern ebenso ernst genommen wie die der Kinder, die in Gruppen arbeiten und spielen.

So wächst in dem Maß, wie wir mit den Kindern jeden Tag voll erleben, der Lehrplan immer wieder aus den authentischen Bedürfnissen und Interessen der Kinder und auch der Erwachsenen organisch heraus. Der Schwerpunkt des Lernens bleibt immer im Kind selbst und darf nicht auf Lehrer oder Lehrbücher übertragen werden. Immer sind wir darauf bedacht, daß die eigene Aktivität der Kinder und ihre Erfahrungen vor jeglicher Information stehen, die vom Lehrer gegeben werden kann. Statt sehnlich auf das Zeichen zum Heimgehen zu warten, leben die aktiven Kinder immer in dem Gefühl, daß sie nie all das tun können, wonach ihnen der Sinn steht.

Doch wie können wir sicher sein, daß die Kinder auf diese Weise zu einem befriedigenden, „allumfassenden" Wissen kommen? Wann bringt man ihnen bei, all diese oft ungeplanten Erfahrungen zu einem logischen Ganzen zu vereinen? Wie lernen sie, sich anzustrengen und Hindernisse zu überwinden?

Vielleicht ist es schwer für uns, wirklich zu akzeptieren, daß wir Kindern in diesem Alter logische Verbindungen nun einmal nicht erklären können. Unter den rechten Lebensbedingungen übernimmt das Gehirn mit wachsender Reife nach und nach die Funktion, alle unter positiven Umständen gemachten Erfahrungen so zu verarbeiten, daß sie verstanden und in neuen Situationen wieder angewandt werden können. Für diesen Prozeß gibt uns die aktive Schule ein reiches Beobachtungsfeld. Schließlich sehen wir auch täglich, wie Kinder für ihre selbstgewählten Tätigkeiten oft viel mehr Ausdauer und Kraft aufwenden, als wir es bei von außen auferlegten Handlungen erwarten könnten. Freilich werden

Das dreifache einfache Curriculum

Kinder, die man selbst wählen läßt, es vermeiden, sich mit „leblosen" Ideen abzugeben, die sie mit ihrer Erfahrung und ihrem Gefühl nicht in Verbindung bringen können. So könnte zum Beispiel ein Geschichtsverständnis bei den Kleineren bei ihrer eigenen Person beginnen. Die Kinder bringen vielleicht Fotos in die Schule, auf denen sie selbst in verschiedenem Alter zu sehen sind. Sie machen eine Ausstellung und schreiben unter die chronologisch geordneten Fotos ihr damaliges Alter und allerlei andere persönliche Daten. Die Geburt des Kindes dient als Nullpunkt, und auf der negativen Seite der Zeitlinie erscheinen Bilder und Eintragungen über Familienmitglieder, die vorher schon gelebt haben. Diese Art Familiengeschichte führt später zu allgemeineren Zeitlinien, die die Geschichte unserer Erde oder der großen Zivilisationen symbolisieren.

Um diesen primitiven Geschichtssinn zu schärfen, bringen wir die Kinder in Kontakt mit allerlei alten Dingen und Menschen. Wir laden eine erzählfreudige Großmutter in die Schule ein oder lassen uns von ihr nach Hause einladen. Die alten Leute erzählen gern von ihrer Kindheit, zeigen voller Stolz alte Gegenstände. Die Kinder stellen Fragen, schauen alte Fotos an und versuchen zu verstehen, was in den alten Zeiten anders war als heute. Vielleicht haben unsere Gastgeber alte Bücher mit Illustrationen, die das Leben vor hundert Jahren darstellen. Zu Hause stellen die Kinder ähnliche Forschungen in ihren eigenen Familien an. Dann untersuchen sie die Straße, in der sie wohnen. Gibt es darin alte Häuser? Wann wurden sie gebaut? Wie unterscheidet sich ihre Bauweise von der heutigen? So lernen es die Kinder, bei allem Wissenswerten und Interessanten aus der Vergangenheit nie den Faden zu ihrem eigenen Leben zu verlieren.

Sie fotografieren mit einem einfachen Apparat in der Schule und bei den Spaziergängen, was ihnen besonders interessant vorkommt. In der Dunkelkammer eines Vaters, der in der Nähe der Schule wohnt, dürfen sie in kleinen Gruppen ihre eigenen Fotos entwickeln. Die besten Fotos gelangen zur „Ausstellung", die übrigen in ein Archiv, in dem Tag und Stunde, Belichtungszeiten und all die äußeren Umstände beschrieben sind, die das Foto für spätere Betrachter interessant machen.

Viele Kontraste und neue Eindrücke erwarten die Kinder auf ihren Ausflügen. Statt ausgeschilderte Waren in einem schön illustrierten Schulbuch abgebildet zu sehen und damit rechnen zu lernen, gehen wir in die Geschäfte selbst. Wir bitten den Besitzer, uns die Waren anfassen, Preise

Erziehung zum Sein

notieren und Fragen über ihre Herstellung oder ihr Ursprungsland stellen zu lassen. Dabei lernen die Kinder nicht nur rechnen, sondern auch mit vielen verschiedenen Leuten umzugehen, Fragen zu stellen, Höflichkeit zu üben und speichern in diesen – freilich etwas langwierigen – Erfahrungen eine Vielzahl von Sinneseindrücken auf. Diese Art, Kinder geruhsam leben und wachsen zu lassen, zeigt noch ganz andere, unerwartete Resultate. Einer unserer Freunde, der in Norwegen Professor für Psychologie ist und selbst Bücher über Piaget geschrieben hat, beklagte sich vor kurzem in einem Brief an uns: „Ich werde es allmählich müde, in Schulen, die sich auf Montessori und Piaget gründen, kulturell bevorzugte Kinder mit all dem Klassifizieren und Seriieren beschäftigt zu sehen." Auf seinen Reisen, die er in den letzten Jahren als Präsident einer sozialen Stiftung in verschiedene Länder der Welt unternommen hat, ist er mit soviel Elend und Unterentwicklung in Berührung gekommen, daß er nun fragt: „Wäre es nicht besser, den Kindern eine Erziehung zu ermöglichen, durch die sie außer logischem Denken auch Mitleid mit anderen lernen?"

Wie können wir aber „Mitleid" in den Lehrplan unserer Schulen einbeziehen? Unsere Erfahrung mit den Pestalozzi-Kindern, die untereinander ein großes soziales Gefälle kennen, lehrt uns, daß es möglich ist, sowohl intellektuelle Entwicklung als auch das Verständnis für den anderen in einem Zug zu fördern. Gewähren wir den Kindern Freiheit im Handhaben konkreter Gegenstände, weil wir damit ihr intellektuelles Wachstum begünstigen wollen, so übernehmen die Kinder unsere Werte und legen bewußt das Hauptgewicht auf die Meisterung der materiellen Welt. Die gleiche Freiheit auf das Experimentieren mit menschlichen Beziehungen aller Art angewandt, das für uns Erzieher oft schwer als „Schularbeit" erkennbar ist, ist notwendig, um in den Kindern ein soziales Verständnis zu fördern. Nicht zuletzt werden die Kinder in uns Lehrern klar fühlen, ob wir ihnen Handlungsfreiheit vor allem darum gewähren, weil wir dadurch ihren Verstand schärfen wollen, oder ob es aus einem tiefen Respekt ihrer wirklichen Bedürfnisse geschieht. Es ist unser Respekt ihrer vollen Menschlichkeit, der Kinder nicht nur „fördern" will, damit sie durch unsere wissenschaftlichen Methoden logisch denkende Erwachsene werden, sondern sie heute in ihrem kindlichen Sein akzeptiert und von den Kindern selbst als Liebe empfunden wird. Die gleiche Haltung, durch die wir in die Lage kommen, die authentischen Bedürfnisse der Kinder erfüllen zu lernen, wodurch sie den Kon-

Das dreifache einfache Curriculum

takt mit ihrem eigenen Gefühl bewahren oder neu herstellen, wird von den Kindern übernommen. Im gleichen Maß, wie sie sich respektiert und geliebt fühlen, erlangen sie die Fähigkeit, diesen Respekt und diese Liebe an andere weiterzugeben und deren Bedürfnisse zu fühlen und zu erfüllen.

Im vergangenen Schuljahr kamen mehrere Gruppen von Kindern aus anderen Schulen zu uns zu Besuch. Einmal war es eine dritte Klasse aus einer Eliteschule aus Quito. Am Tag zuvor machten die Pestalozzi-Kinder Pläne: Sie würden ein großes Mittagessen für die Besucher kochen, ihnen ihre Lieblingsspiele und -bücher zeigen. Die Besucher stiegen in ordentlicher Reihe, vorschriftsmäßig uniformiert aus ihrem Bus aus, stellten ihre Mappen in eine Ecke, rochen Freiheit und begannen, wie die Wilden durchs Gelände zu rennen. Die Gastgeber versuchten, sie zum Essen und Spielen einzuladen. Mit Müh und Not konnten sie sie für ein paar Minuten um die Tische versammeln, die sie mit großer Sorgfalt gedeckt hatten. Kaum hatten die Gäste in Eile etwas gegessen – nicht ohne zu mäkeln – verließen sie ohne Dank die Tische und waren für den Rest des Morgens nicht mehr zu bändigen. Unsere Kinder waren enttäuscht und wollten wissen, warum die anderen denn „so komisch" seien. Als sie hörten, daß sie sonst die meiste Zeit still in der Schule sitzen müssen, zeigten sie Verständnis, wuschen dreißig zusätzliche Teller ab und ließen sich daraufhin nicht weiter von ihren eigenen Interessen abhalten.

Ein anderes Mal besuchten uns dreißig Indianerkinder. Ihr Bedürfnis nach Bewegung ist nur gering, denn viele von ihnen laufen täglich kilometerweit zur Schule. Diese Kinder stürzten sich ausgehungert auf die konkreten Materialien. Unsere Kinder teilten sich untereinander die Arbeit. Die einen zeigten den Besuchern ihre Lieblingsrezepte. Bald füllte sich der Schulraum mit einladenden Gerüchen, die allen das Herz höher schlagen ließen. Andere Kinder führten den Besuchern ihre Lieblingsspiele vor und weihten sie in das Funktionieren der Schuldruckerei ein.

In beiden Fällen hatten wir vermieden, den Kindern Anleitungen für ihr Benehmen zu geben, Rollen zu verteilen oder ihnen die Eigenheiten der anderen Kinder vorher zu beschreiben. In jedem Fall paßten sich unsere Kinder spontan der gegebenen Situation an. Wir überließen es ihnen, aus ihrer Enttäuschung mit den Kindern aus Quito und ihrer positiven Erfahrung mit den Indianerkindern ihre eigenen Schlüsse zu ziehen. Wir glauben nicht, daß wir Mitleid und Menschlichkeit lehren oder züchten können. Die einzige Methode, sie dennoch zu pflegen, ist, sie „aktiv" an und mit den Kindern zu praktizieren.

Über mehrere Wochen hinweg unterhielten unsere Kinder regen Kontakt mit einem Waisenheim. Sie luden die Kinder zu uns ein und statteten ihnen mehrere Besuche ab. Vor jedem Besuch drehten sich viele ihrer Projekte um das Bedürfnis, den Waisenkindern eine Freude zu bereiten. Sie buken Kekse und verkauften sie mit 50% Gewinn an ihre Verwandten und Bekannten. Sie heimsten gebrauchte Kleider und Spielzeuge ein, hatten Spaß daran, Preise für diese Dinge anzusetzen und den Gesamtwert auszurechnen. Wir versuchten zu beobachten, ob die Kinder beim Überreichen ihrer Gaben Herablassung zeigten und konnten keine entdecken. Die Besuche im Waisenheim waren für sie Höhepunkte. Sie genossen es, dort Freundschaften zu pflegen und mit den Spielsachen der Waisenkinder und ihren Haustieren zu spielen. Sie fühlten sich geehrt, daß sie den Waisenkindern beim Brotbacken helfen durften. Mit Wonne schürten sie den großen Holzofen, walkten die Laibe und erbaten sich selbst ein kleines Brot, „damit sie zu Hause auch etwas von unserem schönen Morgen abbekommen". Ein paar unserer Kinder, die zu Hause kein harmonisches Familienleben kennen, wurden bei ihren Besuchen im Waisenhaus nachdenklich: „Vielleicht sind die Kinder gar nicht richtig arm? Ich glaube, daß sie es hier gut haben: nie fehlt es ihnen an Kindern zum Spielen, und sie brauchen ihre Eltern nicht streiten zu sehen."

Wo sollen wir die Grenzen des Curriculums setzen, wenn Schule und Leben nicht getrennt sind? Einmal hatten wir ein Erlebnis, das nicht im geringsten geplant war und sicher in keinem Lehrbuch für Volksschüler beschrieben ist: An einem kühlen Morgen in Quito – es war noch zu früh für unseren Besuch im Goldmuseum – statteten wir unseren „Verwandten" im Zoo einen Kurzbesuch ab. Dieser einzige Zoo Quitos ist einer Militärschule angeschlossen, in der es auch eine Reitschule gibt. Gerade strebten unsere Kinder dem Ausgang des Zoos zu, als sie magisch von einem unerhörten Geschehen angezogen wurden. Ein altes Pferd, das anscheinend für die Reitschule nicht mehr taugte, lag an Vorder- und Hinterbeinen gefesselt am Boden. Ein Soldat legte gerade das Gewehr an seinem Schädel an. Mein dringender Impuls war, die Kinder so schnell wie möglich fortzuziehen. Ich schaute in ihre Gesichter. 25 Augenpaare waren in größter Konzentration und Erwartung des Kom-

Das dreifache einfache Curriculum

menden auf Pferd und Soldaten gerichtet. 25 Kinderherzen zitterten und waren doch gebannt in diesem Augenblick, der sie unversehens an die Grenze von Tod oder Leben stellte. Im nächsten Moment schon ertönte der laute Knall des Gewehres. Eine große Fontäne von Blut schoß aus dem Schädel des Pferdes empor. Das Pferd ruckte und zuckte und gab sein Leben auf. Sofort näherten sich mehrere Soldaten mit großen Messern und zerstückelten den Kadaver, um das Fleisch den Löwen und Tigern vorzuwerfen. Es war uns unmöglich, die Kinder von diesem Schauspiel zu lösen. Die eben noch erschrocken gewesen waren, zeigten nun die größte Neugier. Wie sah es drinnen im Pferd aus? Hatte es die gleichen Eingeweide wie die Menschen? (Ein paar von ihnen hatten sich vor kurzem für Anatomie interessiert). Wir verschoben unseren Museumsbesuch auf einen andern Tag und blieben solange im Zoo, bis das letzte Stück Pferdefleisch von den Löwen und Tigern verspeist worden war. Auf der Fahrt in die Schule waren die Kinder nachdenklich. Hier und da wurde wie gewohnt ein Lied angestimmt, aber die Begeisterung fürs Singen war geringer als an anderen Tagen.

In der Schule halten die Kinder viele der draußen gewonnenen Eindrücke in selbstgefertigten Büchern, gedruckten Artikeln oder Bildern fest. Doch viele Erlebnisse werden vorläufig nur registriert. In der Freinet-Kartei bewahren wir manches Material über unsere Ausflüge in die Welt der Großen für späteren Gebrauch auf. Kurze Berichte, die von den Kindern diktiert oder manchmal direkt von uns verfaßt werden, kommen in die Sammlung mit dem Titel „Unser Leben" Sie werden immer wieder als Lesestoff aus erster Hand hervorgeholt. Eine andere Kartei mit „Entdeckungen" zeigt die Schritte, die Kinder in ihren Experimenten getan haben, läßt aber die Lösungen offen. Eine Rechenkartei hält für jeden Interessierten die wirklichen Situationen fest, die uns in Haus und Schule Gelegenheit zum Umgang mit Zahlen gegeben haben. Zeitungs- und Illustriertenausschnitte über jegliches Gebiet werden auf weiße Blätter geklebt und kurz kommentiert. Mit Hilfe eines einfachen Index werden sie auf die verschiedenen Mappen verteilt. So sammelt sich allmählich ein umfangreiches Informationsmaterial über die verschiedensten Themen an, das den kleineren Kindern willkommenen Lesestoff und den größeren Material für kleine Vorträge liefert.

Wie wir gesehen haben, wird die Schulumgebung den wechselnden Interessen der Kinder und dem wachsenden Curriculum angepaßt. Die Lernprozesse folgen weitgehend einem natürlichen Rhythmus: Erstes

Erziehung zum Sein

Interesse durch innere oder äußere Anreize – lange Perioden des aktiven Experimentierens – Ausweitung der selbstgewählten Tätigkeit auf weitere Gebiete des Wissens – Schreiben, Lesen und Rechnen im Zusammenhang mit diesen Themenkreisen, die sich aus der dynamischen Beziehung zwischen Kindern, Erwachsenen und der konkreten Welt ergeben. Doch selten folgen die Kinder geradlinig diesem „idealen Muster". Die meisten von ihnen widmen beträchtliche Energie und Zeit einem freien Spiel, das sowohl konstruktive wie auch repräsentative, das heißt der inneren Problematik der Kinder entstammende Elemente vereint. Solche Spiele blühen da am prächtigsten, wo kein Erwachsener seine Meinungen äußert. Piaget spricht in *Nachahmnung, Spiel, Traum* davon, daß dieses symbolische Spiel, das ja schon in seinen frühesten Formen wichtige Funktionen zur Bildung der Intelligenz des Kindes erfüllt, nun in der operativen Entwicklungsetappe (also zwischen dem 7. und 12. Lebensjahr, wonach es allmählich verschwindet) eine ganz neue und bedeutungsvolle Rolle spielt: In dieser Zeit „wandelt sich das Symbolspiel im Sinne einer fortschreitenden Angleichung der Symbole an die symbolisierte Wirklichkeit, mit anderen Worten, es wandelt sich im Sinne einer Reduktion des Symbols auf das einfache Bild".

Diese etwas trockene Erklärung Piagets stand plötzlich in neuer Bedeutung vor mir, als ich sie mit Mike Samuels Buch *Seeing with the Mind 's Eye* in Zusammenhang brachte. Dieses Buch handelt von unseren „inneren Bildern", die für kleine Kinder die natürliche Form des Denkens darstellen, aber beim Erwachsenen weitgehend durch konzeptionelles Denken verdrängt werden. Sie haben ihre Ursprünge in frühen Erfahrungen, in denen wir noch ein Gefühl des Einsseins mit der Welt kannten und in denen wir die Welt vornehmlich durch unsere Sinne zu uns einließen. Samuel beschreibt, wie auch Erwachsene der Welt der inneren Bilder wieder gebührende Aufmerksamkeit schenken können, so daß sie neue Kraft bekommen und für uns sinnvoll und sinngebend werden. Wäre es möglich, auch noch beim Verlassen der Kindheit mit unseren inneren Bildern zu leben und sie sorgfältig zu pflegen, so könnten sie unserer persönlichen Integration, der Bewahrung unseres inneren Lebens und einer sinnvollen Beziehung zur äußeren Wirklichkeit dienen. Die Fähigkeit zur inneren Schau stärkt unsere Persönlichkeit, verbindet uns aber gleichzeitig mit der übrigen Menschheit. Sie ermöglicht uns schöpferisches Denken, spendet heilende Kräfte und hilft in der Planung fürs praktische Leben.

Das dreifache einfache Curriculum

Diesem Denken in Bildern steht das Denken in Begriffen entgegen, das in der traditionellen Schule systematisch gefördert wird. Nach Piaget können gerade im Schulalter die inneren Bilder zum größtmöglichen Einklang mit der äußeren Wirklichkeit gelangen. Doch gerade in diesen Jahren verbietet die Schuldisziplin die Ausübung einer großen Anzahl von Tätigkeiten, die solchen Einklang bewirken, das Kind von innen her stärken und es lehren könnten, in Harmonie zwischen seiner äußeren und inneren Welt zu leben. Geht es seinen Bildern nach, so werden sie zu wirklichkeitsfremden Fantasien und Tagträumen, wenn das Kind im übrigen in der Schule mit Begriffen umgeht, die ohne Gefühlswert und jederzeit durch neue Begriffe austauschbar, aber für die Erwachsenen weitgehend zum höchsten Erziehungswert geworden sind.

Die aktive Schule leugnet nicht die Wichtigkeit der Begriffe, die im Leben der Erwachsenen wertvolle Funktionen erfüllen. Doch sie läßt dem Kind Zeit, sich solche Begriffe seinem Reifeprozeß entsprechend anzueignen. Dieses Ziel soll erreicht werden, ohne die Fähigkeit zur Visualisierung zu gefährden. Lernen die Kinder in konkreten Situationen, mit harmonischen Bewegungen und in vollem Gebrauch ihrer Sinne, so wird dabei ihr inneres Leben gestärkt und zum Einklang mit der äußeren Wirklichkeit geführt. Setzen wir jedoch an die Stelle des wirklichen Lebens „Abbilder", Illustrationen oder eine ganze wohl ausgedachte audio-visuelle Technik, besteht die Gefahr, daß die inneren Bilder, die sich während der operativen Etappe einer dreidimensionalen, die fünf Sinne ansprechenden Wirklichkeit entsprechend bilden sollten, unzuverlässig werden und dem inneren Leben nicht genügend Kraft verleihen können, wie J.C. Pearce in seinen Büchern so eindrücklich zeigt.

In Ecuador sind audio-visuelle Methoden im Kindergarten und der Grundschule zum letzten Schrei geworden. Sie scheinen uns ein wirksames Mittel, um Kinder passiv und von außen lenkbar zu machen. Mit dem Einsetzen der Etappe der formalen Operationen (um das 14. Lebensjahr) sind solche Medien sicher hilfreich, um den jungen Menschen mit zahlreicher Information in Kontakt zu bringen. Für die aktive Grundschule dagegen nimmt, je tiefer wir in ihr Verständnis eindringen, der Kontakt mit einer lebendigen Welt eine immer wichtigere Rolle ein.

Auf diesem Bild können wir sehen, wie interessiert und engagiert Kinder aus eigenem Entschluß Lesen und Schreiben lernen – ohne dirigierende Eingriffe oder Druck von außen.

Schreiben und Lesen als Selbstausdruck und Selbsterweiterung

Nur wenige Besucher bei uns sind nicht beeindruckt von all den neuen Möglichkeiten und Perspektiven einer offenen Erziehung, von den Grundsätzen des Respektes und einer Methode, die mit der Natur des Kindes geht, statt sie zu bekämpfen. Die meisten bewundern die Materialien, die den Kindern zur Verfügung stehen und freuen sich über die Atmosphäre, die unter Kindern und Erwachsenen herrscht. Aber schließlich machen viele doch ihrer Besorgnis Luft: „Man hat uns gesagt, daß die Kinder hier nicht schreiben und lesen lernen. Wir sind zwar einverstanden, daß dies nicht zum Lehrplan des Kindergartens gehört. Aber wir haben gehört, daß auch die Kinder in der Schule nicht dazu gezwungen werden. Was machen Sie denn, wenn die Kinder sich Jahr für Jahr weigern, lesen zu lernen? Wenn sie es auch mit zwölf Jahren noch nicht können?"

Diesen Sorgen liegt sicher die Überzeugung zugrunde, daß das Lehren von Schreiben und Lesen – und natürlich Rechnen (aber davon soll erst im nächsten Kapitel die Rede sein) – nun einmal die wichtigste Aufgabe der Schule ist. Daß zum andern diese Kunst von allen Kindern im gleichen Rhythmus gelernt werden sollte und das Alter dafür ziemlich feststehe. Und drittens, daß dies nicht ohne systematische und ausdauernde Übungen zu erreichen sei, durch die die Kinder rechtzeitig den „Ernst des Lebens" erfahren. In diesem Prozeß ist es auch dem Erwachsenen möglich, von Anfang an die Begabten von den weniger Begabten zu unterscheiden. Es stelle sich also ziemlich früh heraus, wer später einmal für höhere Bildungswege geeignet sein wird. In anderen Worten, uns allen schwebt im Zusammenhang mit dem Wort „Schule" mehr oder weniger das gleiche Bild vor Augen: Ordentliche Reihen von Tischen und Stühlen – in modernen Schulen vielleicht in Gruppen aufgelockert – an denen Kinder eifrig über ihre Hefte gebeugt und mehrere

Erziehung zum Sein

Stunden des Tages mit Schreiben und Lesen beschäftigt sind. Hin und wieder werfen sie fragende Blicke auf die Tafel oder auf den diktierenden Lehrer (in Ecuador werden noch bis in die höchsten Klassen viele Stunden mit Diktieren zugebracht) oder sie blättern in einem Buch. Tausende von Wörtern, Sätzen und Seiten hat so ein Schulkind zu schreiben, bevor es sich schließlich in die zivilisierte Gesellschaft einreihen kann. Niemand fragt, ob es auch später im Leben viel Zeit und Energie zum Schreiben verwenden wird. Viele Erwachsene schreiben und lesen später im Berufs- und Privatleben nur einen Bruchteil von dem, was sie als Schulkinder an Geschriebenem produziert oder assimiliert haben.

Ist dieses systematische Füllen von Heften und Arbeitsbüchern wirklich die beste Art, Kinder in die Welt des geschriebenen Wortes einzuführen? Schon seit einiger Zeit setzen sich nachdenkliche Erzieher dafür ein, den Kindern diese ermüdende und oft geisttötende Arbeit zu erleichtern. Doch immer wieder folgt solch einer Welle der Erneuerung eine Gegenreaktion zurück zum „Wesentlichen", wenn einige Jahrgänge freier erzogener Kinder ohne solide Rechtschreibung und Grammatikkenntnisse an den Pforten höherer Bildungsstufen stehen.

In *Verhängnis der Schule* spekuliert Paul Goodman, daß jeder einigermaßen intelligente Mensch in unserer heutigen Zivilisation, die das geschriebene Wort überall öffentlich zur Schau stellt, auch ohne eine formelle Einführung in die Geheimnisse der Schriftzeichen früher oder später zum Entziffern geschriebener Texte kommen müßte. In seinem kleinen Buch *Methode naturelle de lecture* beschreibt Célestin Freinet mit großem Einfühlungsvermögen die Anfänge und Fortschritte eines Kindes, das spontan, dem Bedürfnis nach Einklang mit seiner Umgebung folgend, fast allein und ganz allmählich schreiben und lesen lernt. Dazu benutzt es auf unschuldige Art die gleichen Mechanismen, mit denen es zum Beispiel das Sprechen oder das Gehen gelernt hat, nämlich sein Bedürfnis, sich zu bewegen, nachzuahmen, sich auszudrücken und immer größere Möglichkeiten für den menschlichen Austausch zu entwickeln. Und wie in diesen Künsten, die jedes Kleinkind ohne „Methode" lernt, werden seine Fortschritte durch ständiges Ausprobieren, durch Vergleichen und Verbessern ermöglicht. Immer sucht es neue Vorbilder, und notfalls bittet es um Hilfe. Mit welcher Wonne „malt" schon das einjährige Kind mit seinem Brei oder Saft auf dem Tisch herum. Schlamm, Farben und alles, was beim Verschmieren Spuren hinterläßt, locken aus dem Kleinen die Lust am „Schreiben" heraus. Welch ein Glück

Schreiben und Lesen

für solch ein Kind, wenn die Erwachsenen es gewähren lassen und ihm immer neue Möglichekiten zu diesem ersten spontanen Ausdruck, der mit soviel Wohlgefühl verbunden ist, bereitstellen. Könnte solch ein Kind bis ins Schulalter bei seinen Mal- und Schreibversuchen auf den Beistand seiner Umwelt vertrauen, ohne jedoch durch Loben oder Tadeln, ungeduldiges Besserwissen und ständiges Dirigieren den Mut zum Probieren und Fehlermachen zu verlieren, dann würden auch unsere Schulkinder noch die gleiche Lust und vollkommene Hingabe beim Schreiben zeigen wie die kleinen „Schmierfinken", die ohne Angst mit jedem Material und auf jeder Oberfläche herummalen, die wir ihnen nicht ausdrücklich verbieten!

Um das dritte oder vierte Jahr herum beginnt solch ein Kind in der natürlichsten Weise, die ersten Buchstaben und Wörter zu schreiben. Es zeigt um das fünfte Lebensjahr Interesse an allem Geschriebenen und schreibt oft mit großer Ausdauer Wörter und Sätze ab. Es will richtige Briefe schreiben und diktiert mit Freude lange Texte, die dann doch zuviel zum Abschreiben sind. All dies ist ein spontaner Ausdruck des wachsenden Organismus, der auf natürliche Weise die Elemente der Umgebung geradeso assimiliert, wie es den inneren Strukturen seiner Altersstufe entspricht und zumindest bis zum achten Lebensjahr immer neue Differenzierungen der Bewegungen, des Gefühls und der Sinneswahrnehmung anstrebt. Doch der Erwachsene bewertet diese erste Liebe zum geschriebenen Wort auf eine für ihn gültige – also egozentrische – Weise, weil er die inneren Maßstäbe des Kindes nicht kennt. So gibt er diesem ersten Schreiben des Kindes einen „intellektuellen" Wert und versucht bereits, das kleine Kind in seinem eigenen Sinn zu leiten. Viele Kinder, die nur dann die volle Aufmerksamkeit und Anerkennung ihrer Eltern erfahren, wenn sie sich „intellektuell" geben, finden durch frühes Schreiben und Lesen und eine Anpassung an die erwachsene Logik einen unfehlbaren Weg, die Liebe zu erfahren, die für ihr Wachstum so nötig ist.

Lassen wir aber dem Kind seinen eigenen Lernrhythmus, können wir oft eine Überraschung erleben: Um das sechste Lebensjahr, gerade um die Zeit, in der Kinder normalerweise eingeschult werden und nun mit Ernst und Methode schreiben und lesen lernen sollen, zeigen die Kinder des freien Systems nicht selten ein Abnehmen des Interesses und ihrer Ausdauer im Schreiben. Statt des geduldigen Malens von Buchstaben, das vorher einem echten Bedürfnis entsprach, zeigen sie um diese Zeit

Erziehung zum Sein

oft einen Drang zum Experimentieren auf einem neuen Niveau und ein starkes Interesse, mit Zählbarem und Meßbarem umzugehen. Dies ist leicht verständlich, wenn wir uns bewußt machen, daß sich das sechsjährige Kind im Übergang in die operative Etappe seiner Entwicklung befindet. Geradeso wie ein Kind, das dabei ist, das Gehen zu lernen, nun alle seine Energien auf diese neue Aufgabe konzentriert und scheinbar in anderen Bereichen kaum Fortschritte macht, so verliert das sechsjährige Kind vorübergehend sein Interesse am Üben der Feinmotorik und gibt sich dem Entdecken neuer Zusammenhänge hin, durch das es zu einem höheren Verständnis der Welt gelangt.

Doch sind ja keine zwei Kinder in ihrer Entwicklung gleich. Besonders in diesen Übergangsetappen ist es von großem Vorteil, daß ihnen das offene System ständigen Anreiz zur Spracherziehung bietet, ohne jedoch im Gleichschritt zu unterrichten. In der zweiten Hälfte des siebenten Lebensjahres erwacht bei denen, die spontane Ferien im Schreiben genossen haben, ein neues intensives Interesse an dieser Kunst. Sie lernen sozusagen über Nacht, was sich andere in einem langsamen und steten Prozeß angeeignet haben. Unser eigener Sohn konnte zum Beispiel in einer Woche noch nicht allein, also ohne Vorlage schreiben. In der kommenden Woche schrieb er lange Aufsätze und Briefe, bei denen ihm niemand helfen durfte. Doch ganz gleich, wie bei jedem Kind dieser Prozeß seinem Charakter entsprechend verläuft: Das Wichtigste dabei ist zu vermeiden, daß es schon früh zum Versager wird, nur weil es im falschen Moment und unter schwierigen Bedingungen unterrichtet worden ist.

Bevor ich versuche, verschiedene Mittel und Wege zu beschreiben, mit deren Hilfe Kinder auf individuelle Weise schreiben und lesen lernen können, möchte ich noch einmal auf zwei grundlegende Unterschiede zwischen der traditionellen Grundschule und der aktiven Schule hinweisen. In unserer heutigen Gesellschaft, in der es für Kinder immer weniger Gelegenheit gibt, im vollen Sinn aktiv zu sein – sei es durch gefahrloses Spiel oder Teilnahme an Leben und Arbeit der Gemeinschaft, in deren Mitte sie aufwachsen – sieht es die aktive Schule als ihre Aufgabe an, den Kindern nicht nur Kenntnisse und Fertigkeiten beizubringen, sondern ihnen auch einen Lebensraum zu schaffen, in dem sie ohne unentwegtes Anstoßen, Stören oder Gefahrlaufen auf kindliche Weise tätig und verantwortlich sein können. Dies ist natürlich besonders wichtig für Stadtkinder. Sie wohnen auf begrenztem Raum und können meist

Schreiben und Lesen

nicht allein ihre Nachbarschaft ohne Gefahr erkunden und sich mit Gleichaltrigen treffen. Ihre Eltern arbeiten in Berufen, die für Kinder häufig unverständlich sind. Viele ziehen so häufig um, daß ein rechtes Gemeinschaftsgefühl verloren geht. Auf andere Weise wieder ist es wichtig für unsere ländlichen Kinder, daß wir ihnen eine Schulerfahrung ermöglichen, die sie von ihrem gewohnten Leben nicht abschneidet und entfremdet. Die Schule sollte sie in ihrer wirklichen Lebenserfahrung bestätigen und ihnen zeigen, wie sie ohne Aufgabe ihrer kulturellen Werte zu einem allmählichen Abstrahieren und Symbolisieren ihrer konkreten Erfahrungen gelangen können. Nur so können wir verhindern, daß sie sich entweder den Stadtbewohnern mit ihren sauberen Kragen und makellosen Krawatten unterlegen fühlen oder ihre eigene Herkunft verleugnen und selbst in die Stadt ziehen. So wird die aktive Schule zu einem Ort, der Lebenserfahrungen verarbeiten hilft und notfalls fehlende Lebenserfahrung ermöglicht.

In diesem Sinn lädt sie jeden, Lehrer und Schüler, dazu ein, nicht nur einen vorgeschriebenen und geraden Weg zum Erlangen von Fähigkeiten und Kenntnissen zu benutzen, sondern viele verschiedene Wege zu entdecken. Diese Methode mag für jeden, der in der knappen Zeit möglichst viel Stoff durchnehmen will, zeitverschwendend und überflüssig erscheinen. Sie hat aber einen doppelten Vorteil: Einerseits fördert sie die natürlichen schöpferischen Anlagen des Kindes, und auf der anderen Seite schürt sie seine Neugierde und Entdeckerlust immer von neuem, statt es durch eine Wiederholung von all dem zu ermüden, was der Lehrer ohnehin von Anfang an besser wußte.

Beide Aspekte finden wir in der aktiven Schule in der Art und Weise widergespiegelt, wie sie an das Problem der Spracherziehung herangeht. Wir sehen die Schule in erster Linie als den Ort, an dem die Kinder jeden Tag voll und ganz leben dürfen. In diesem Lebensraum nimmt nun das gesprochene und geschriebene Wort einen Ehrenplatz ein. Es soll nicht ein Gegenstand des Exerzierens und Paukens sein, sondern als wichtiges Element einer sprachbewußten Kultur hoch geachtet und geradezu gefeiert werden. All die hundertfachen spontanen Tätigkeiten der Kinder, die ihnen soviel Befriedigung verschaffen, gelangen durch die Sprache zu größerem Bewußtsein. Doch nie besteht ein Zweifel, daß die Wirklichkeit – konkrete Handlungen, persönliche Interessen und Gefühle – erstrangig ist, daß Sprache im rechten Verhältnis zur Wirklichkeit stehen muß, daß Reden ohne Handeln nicht hoch geschätzt wird.

Erziehung zum Sein

Steht ein Kind nur so herum, hält den anderen große Reden und rührt keinen Finger, läßt der Kommentar nicht lange auf sich warten: „Was redest du so viel, ohne was zu tun. Nimm lieber ein Messer und hilf uns beim Kartoffelschälen. Dabei können wir uns auch unterhalten." Die konkrete Tätigkeit garantiert besonders in diesem Alter die rechte Beziehung zwischen jeglichem sprachlichen Ausdruck und der Wirklichkeit. So achten wir vor allem das spontane Reden hoch, das nicht nur beim kleinen, sondern auch noch beim größeren Kind jede Handlung auf natürliche Weise begleitet und sie immer wieder neu anfacht. Dabei wundern wir uns immer wieder über das hohe Maß an egozentrischem Reden, das aber durch den freien Umgang mit Gleichgestellten immer mehr zum echten Zwiegespräch oder zur Diskussion wird. Freier mündlicher Ausdruck: Das heißt nicht ein verbotenes „Flüstern hinter der Hand", das von Schuldgefühl begleitet ist. Es bedeutet auch nicht ein von Erwachsenen geleitetes Fragespiel, bei dem es darauf ankommt, die richtige Antwort zu finden oder im Zweifelsfall lieber zu schweigen, um sich nicht zu blamieren.

Welchen Sinn soll es schließlich für ein Kind haben, sich schriftlich auszudrücken, wenn es sich nicht einmal in seiner mündlichen Unterhaltung frei fühlt? Soll der schriftliche Ausdruck der Kinder voller Leben und nicht nur ein Klischee von schon Gehörtem oder Gelesenem sein, dürfen wir die Lebendigkeit des mündlichen Ausdrucks nicht abschnüren. Das geschieht aber, wenn wir dem Lehrer, der die größte Übung im Reden hat, auch noch das meiste Recht zum Reden im Klassenzimmer einräumen.

Im vorhergehenden Kapitel war davon die Rede, wie Lernstoffe ineinanderfließen können und Unterrichtsfächer nicht durch Klingelzeichen und Bücherwechseln gegeneinander abgegrenzt zu sein brauchen. Wollen wir mit den Kindern zum Lesen und Schreiben kommen, brauchen wir außer einigen technischen Hilfsmitteln vor allem gültige Erlebnisse: Dinge, die uns brennend interessieren, menschliche Kontakte, die uns Wärme spenden und Wärme von uns verlangen. So finden wir Sinn in unserem Tun und erfahren eine persönliche Beteiligung, die uns als treibende Kraft für den komplizierten Akt des Schreibens dient und uns Schwierigkeiten überwinden hilft. Dies ist ein wichtiges Prinzip für Erwachsene, wieviel mehr aber für Kinder, die für ein gesundes Wachsen ganz und gar auf den Einklang mit ihrem Gefühl angewiesen sind!

Von den vielen verschiedenen Möglichkeiten, in einer aktiven Schule

Schreiben und Lesen

die konkrete Wirklichkeit mit ihrer Symbolisierung, dem geschriebenen Wort zu verbinden, mögen einige Beispiele von Nutzen sein: Anfangs ist es der Lehrer, später sind es die Kinder selbst, die dafür sorgen, daß das geschriebene Wort sozusagen allgegenwärtig ist und jedem aus den verschiedenen Interessenzentren entgegenspringt. Große Zeichen, Annoncen und Plakate werden je nach Bedarf erneuert und ausgewechselt. So zum Beispiel am Wassertisch: „BITTE SCHÜRZE ANZIEHEN". Oder: „WER KANN EINE FLASCHE OHNE ÜBERLAUFEN FÜLLEN?"

Am Sandtisch: „HIER SPIELEN WIR MIT SAND". „BITTE NICHT IN DIE AUGEN WERFEN".

In der Küche: „WER KOCHT, MUSS AUCH AUFRÄUMEN".

In der Druckerei: „ACHTUNG, HIER WERDEN LAUTER LÜGEN GEDRUCKT".

Am Terrarium: „BITTE, GIESS MAL DIE PFLANZEN".

Am Naturtisch: DIESE STEINE HABEN WIR VOM RIO SAN PEDRO MITGEBRACHT".

An den Tierkäfigen: „ACHTUNG BEIM TÜRAUFMACHEN. DER HUND FRISST GERN KANINCHEN".

Auf Schritt und Tritt schauen den Kindern solche Zeichen entgegen, mit Filzstiften bunt gemalt und nicht zu übersehen. Es dauert nicht lange, so fangen die Kinder selbst an, ähnliche Zeichen und Zierschriften aufzuhängen. Manche Interessenzentren eignen sich besonders für geschriebene Mitteilungen und Aktionskarten. In der Küche ist es natürlich der Rezeptkasten mit seinen einfachen Kochanleitungen. Die Experimentierecke hat ihre eigene Kiste mit Vorschlägen, aus denen sich die Kinder immer neue Anregungen holen, ebenso das Wiege- und Messzentrum. „MIT WIE VIELEN MURMELN KANNST DU EINE TASSE REIS INS GLEICHGEWICHT BRINGEN? SCHÄTZE ZUERST." „WAS IST SCHWERER: EINE TASSE WASSER ODER DER GROSSE MAGNET?" „WIE LANG WÄREN ALLE TISCHE, WENN WIR SIE ZUSAMMENSTELLEN WÜRDEN?" Die Möglichkeiten für solche Anregungen sind natürlich unbegrenzt.

Jedes Zentrum ist mit Namen versehen, zum Beispiel RECHENZENTRUM. Wir bringen daneben Listen von allen Gegenständen an, die in den Regalen aufbewahrt sind. Jeder Gegenstand trägt ein Etikett mit dem gleichen Namen; ein vorzügliches Material zum Vergleichen für die Leseanfänger! Spielregeln sind deutlich an den zahlreichen Spielen aller Art zu finden. Verschiedene Anregungen sind überall dort angebracht,

Erziehung zum Sein

wo man etwas herstellen kann. So zum Beispiel in der Nähecke, in der Schreinerei, dem Mechanikerladen, in der Kunst- und Bastelecke. Wir stellen regelmäßig Einkaufslisten für die Küche her, die uns vor Augen sind, bis der Einkauf getätigt ist. Da gibt es Namenslisten von Kindern, die sich zu verschiedenen Arbeitsgruppen zusammengetan haben. An den korkverkleideten Seiten der Regale hängen Fotos mit dazugehörigen Beschreibungen, interessante Zeitungsausschnitte, Veröffentlichungen aus der Schuldruckerei, Anschläge über Ausflüge, Nachrichten, welche die Kinder untereinander austauschen und Briefe, die von außerhalb gekommen sind.

Noch lange, bevor ein Kind bereit ist, didaktisches Material zu benutzen oder gar Bücher zu lesen, springt ihm also aus allen Ecken und Enden das geschriebene Wort hundertfältig ins Auge. Eine besondere Stellung nimmt in diesem Zusammenhang natürlich die Bibliothek und Leseecke ein. Es ist ein gemütlicher Ort, mit weichen Kissen, Bastmatten und einem niedrigen Couchtisch ausgerüstet, auf dem Tageszeitungen, Zeitschriften, Fußballnachrichten, Comic- und Rätselhefte griffbereit liegen. Die Bücherregale dienen gleichzeitig als Raumteiler und geben dem wohnlichen Sitzraum einen privaten Charakter. Bücher für jeden Geschmack und für alle Leseniveaus, nach Sprachen geordnet, werden angeboten: Märchen, wahre Geschichten, Abenteuer, Informationsbücher, Wörter- und reguläre Schulbücher aller Fächer, dazu Enzyklopädien und hausgemachte Bücher in drei Sprachen. Diese Leseecke ist nur selten leer. Außer zum Lesen dient sie zum Ausruhen, wenn die Energien nachlassen oder ein Kind mit der Grippe kämpft, zum Musik- und Geschichtenhören, zum gemächlichen Blättern in Büchern, die zum Selbstlesen noch zu schwer sind, doch nicht zuletzt als Treffpunkt für Freunde. Wenn ein Kind einem Erwachsenen etwas vorlesen will, ruft es einen von uns in diese gemütliche Ecke. Da sitzen wir, dichtgedrängt und nicht selten mit verschlungenen Armen, und hören uns gegenseitig beim Vorlesen zu. Mit den Anfängern lesen wir die Sätze abwechselnd. Später sind es Abschnitte oder Seiten, die wir im Wechsel lesen. So bleibt anfangs die Spannung der Geschichte erhalten; es gibt keine Ermüdungserscheinungen, und allmählich fallen die Kinder unbewußt in unseren Leserhythmus und unsere Betonungsweise und gelangen so ohne Druck zum fließenden und ausdrucksvollen Lesen.

Ein ansehnliches Regal enthält eine Fülle von didaktischem Material, zum größten Teil der Montessori-Methode zum Schreiben, Lesen und

Schreiben und Lesen

für Grammatik entnommen. Auch hier sind wieder die drei Sprachen vertreten. Zwar lernen auch die deutsch- und englischsprechenden Kinder ohne große Anstrengung früher oder später Spanisch schreiben und lesen, doch es scheint uns wichtig, ein jedes anfangs in seiner Muttersprache arbeiten zu lassen. Schon im Kindergarten ist das Einführungsmaterial fürs Schreiben und Lesen vorhanden. Doch auch mancher Sechs- oder Siebenjährige profitiert noch von den Sandbuchstaben, die sie meist benutzen, wenn sie in der Schreibweise eines Buchstabens nicht ganz sicher sind. Das bewegliche Alphabet dient ihnen noch für lustige Kombinationsspiele und für die Vorbereitung zur Schuldruckerei. Das Sprachregal ist reichlich ausgestattet mit Schachteln voller kleiner Gegenstände zum ersten Schreiben und Lesen, Wort- und Satzkarten mit Illustrationen, Kommandokarten, Silbenblöcken, Aufsatzthemen, Wörtern und Sätzen zum Ordnen nach den verschiedensten Kategorien, dazu mit Grammatikmaterial aller Schwierigkeitsgrade bis zur Satzanalyse.

Neben diesem Regal ist die Schuldruckerei untergebracht. Wir benutzen sie – dem Beispiel Freinets folgend – als Instrument zum Schreiben- und Lesenlernen, doch darüber hinaus für eine Reihe anderer Zwecke. Je sicherer die Kinder mit der Schrift werden, umso mehr dient ihnen die Druckerei zur Erweiterung ihres Ausdrucks und gleichzeitig zur Verbesserung ihrer Rechtschreibung. Sie lernen, an einem Aufsatz, einem Gedicht oder an ihren Annoncen so lange herumzufeilen, bis sie ihrer Meinung nach wirklich „druckreif" sind. In einem Alter, in dem ihre Neugierde auf viele Dinge ihr Interesse an schöner Schrift und Blatteinteilung vermindert, führt die Druckerei sie immer wieder zur Notwendigkeit zurück, das geschriebene Wort in ansprechender Form zu präsentieren. Das Setzen der Buchstaben und das Drucken, Trocknen, Sortieren, Heften und Verteilen geben ihnen immer von neuem Kontakt mit konkreten Dingen, Gelegenheit zur Zusammenarbeit mit Freunden, Verantwortung und die Notwendigkeit, sich in ihrer Arbeit zu organisieren.

Die Bücher Freinets sowie das von Hans Jörg geben reichlich Aufschluß über die verschiedenen Möglichkeiten, die den Kindern mit der Schuldruckerei offenstehen. Aus unserer zweijährigen Erfahrung mit diesem hervorragenden Instrument ist jedoch zu ergänzen, daß seine Wichtigkeit in der aktiven Schule wohl etwas anders zu verstehen ist als in traditionelleren Schulen. Uns stehen ja außer der Druckerei eine Vielzahl anderer Materialien zur Verfügung, die den Kindern ein ebenso gro-

Erziehung zum Sein

ßes Maß an Bewegungsfreiheit, Zusammenarbeit und schöpferischer Tätigkeit ermöglichen. Es kann uns also nicht verwundern, daß die Druckerei in dieser Situation nicht mit dem gleichen Heißhunger gebraucht wird wie in solchen Schulen, die sonst nur wenig Gelegenheit zum Aufstehen, Hin- und Hergehen, zum Betasten und Probieren wie auch zum spontanen Reden mit Freunden bieten. Es gibt bei uns manchmal zwei oder drei Wochen, in denen niemand die Druckerei beachtet und in denen sich alle Energien der Kinder auf Neuentdeckungen konzentrieren. Doch von all diesem regen Leben profitiert immer wieder die Druckerei, wenn die Kinder wieder das Bedürfnis verspüren, ihre Erlebnisse schriftlich festzuhalten und zu veröffentlichen. Wir glauben, daß es wichtig ist, den Kindern dieses Kommen und Gehen zu erlauben, und freuen uns umso mehr über die frischen und oft originellen Texte, die auf diese Weise spontan entstehen. Einige aus dem Spanischen übersetzte Leseproben aus unserem Archiv mögen von der Schreibfreudigkeit unserer Kinder zeugen.

Ein Siebenjähriger schreibt:

Geh nicht fort!
Bitte, geh nicht fort.
Ich bleib allein zurück.
Ich bin traurig, weil du fortgehst.
Ohne dich kann ich nicht einschlafen.
Bleib bei mir, denn ich habe Angst vor der Dunkelheit.
Bitte, geh nicht fort!

So machte ein Achtjähriger seinen Gefühlen Luft:

Angst
Die ganze Stadt hat Gänsehaut.
Um Mitternacht steigt das Gespenst aus dem Sarg.
Wir ziehen die Bettdecke über die Nase.
Das Gespenst will uns Angst einjagen.
Es verwandelt sich in eine Fledermaus
und sucht sich ein neues Opfer.
Mit spitzen Zähnen beißt es in den Hals.
Ich schließe das Fenster und
vergrabe das Gesicht in den Kissen.

Schreiben und Lesen

Vinicio, unser junger Lehrer, hatte im Schwimmbad wild mit den Kindern gespielt. Als sie in der Schule ankamen, verewigten sie das Erlebnis in der Schuldruckerei:

Klagen gegen Vinico
Wart nur, bis wir dich kriegen!
Tausendfach werden wir dir vergelten,
was du uns angetan hast.
Höre unsere Anklagen:
Vinicio hat meinen Schuh ins Wasser geworfen.
Vinicio hat mich ins Wasser gestoßen,.
als ich mich gerade in der Sonne wärmte.
Vinicio hat mich ertränkt.
Vinicio hat mir mein Handtuch gestohlen.
Vinicio hat mir im Bus den Fensterplatz weggenommen.
Vinicio, was soll aus dir noch werden?

Hier ein Echo aus der Schulküche:

Was wir alles essen
Veronika ißt alles, was man ihr gibt.
Carolina ißt nur Pfannkuchen.
Alba ißt den ganzen Tag Pommes frites.
Tania ißt Erdbeermarmelade
Florencia macht choquilla aus Margarine
Kakao und Zucker, die aber niemand essen will –
außer ihr.
Carmen ißt vegetarisches Fleisch.
Wenn wir alle zusammen sind, essen wir
Kartoffelsuppe mit frischem Käse, geschlagenem Ei und viel
Petersilie aus dem Garten.

Hier ein Auszug aus einem Ausflugsbericht:

Der Tunnel
Wir nahmen Taschenlampen mit.
Zum Glück hatten wir feste Schuhe an,
denn der Weg hinunter war voller Geröll.

Erziehung zum Sein

Die Schnellsten von uns kamen zuerst beim Tunnel an.
Wir schalteten die Lampen ein
und gingen auf den Schienen durch den Tunnel.
Nur gut, daß keine Züge mehr fahren,
sonst wären wir jetzt alle mausetot.
In einer Nische fanden wir die Rippen von Atahualpa.
In einer anderen war eine prähistorische Lanze versteckt.
Wir machten die Lichter aus und
erschreckten die Nachzügler.
Das gab ein schönes Geschrei!

So reiht sich in unserem Archiv Gedicht an Gedicht und Aufsatz an Aufsatz. Solange sie neu sind, lassen wir sie eine Zeitlang am schwarzen Brett, damit die Kinder sie immer wieder lesen. Jedes Kind heftet sich ein Exemplar von allem, was aus der Druckerei kommt, in sein Ringbuch ein. Auf diese Weise kommen wir allmählich in den Besitz eines Lesebuches, das unser eigenes Leben widerspiegelt und für jeden voller Erinnerungen ist. Die Kinder zeigen ihre Werke stolz zu Hause vor und können nach all dem Vorlesen die Texte fast auswendig. Am letzten Schultag, an dem allerorts die Kinder nur noch die Ferien im Kopf haben, druckten drei Kinder diese Zeilen und verteilten sie unter ihre Freunde:

Letzter Schultag
Nur wenige Stunden sind wir noch beisammen.
Wenige Stunden, um miteinander zu spielen.
Wenige Stunden, um etwas Gutes zu kochen
und miteinander zu essen.
Wenige Stunden, etwas Neues zu lernen.
Wenige Stunden, uns unsere Abenteuer zu erzählen.
Warum kommen die Ferien so schnell?
Ich glaube, wir werden uns sehr vermissen.

In einem deutschen Sprachbuch für Zweitklässler fand ich eine Doppelseite mit dem Titel: „Über Sprache nachdenken." Anhand von zwei ähnlichen Geschichten sollen hier die Kinder darüber nachdenken, wie in ihnen die Sprache verschieden gebraucht wird. Bedenken wir, wie hoch in diesem Alter noch der Prozentsatz der egozentrischen Sprache und wir gering noch die Fähigkeit zur Reflexion ist, so können wir uns

Schreiben und Lesen

lebhaft vorstellen, wie solch eine Aufgabe vom Lehrer gelenkt sein muß. Da sitzen die Kinder über ihre Bücher gebeugt. Der Lehrer stellt allerlei gezielte Fragen und führt die Kinder geschickt dahin, daß sie in angemessener Zeit mit seiner eigenen Reflexion übereinstimmen.

Im gleichen Sprachbuch finden wir eine Arbeitseinheit, die den Zweitkläßler zu einer kritischen Analyse von Meinungen führen soll. Auf einer graphisch hervorragend gestalteten Seite finden wir gut zwanzig vollkommen oder teilweise widersprüchliche Meinungen. Es ist ein buntes Sammelsurium von Aussagen über Sport, Gesundheit, Charaktereigenschaften, über Neger und Chinesen, Generationsprobleme, Lehrer, Schüler, Rothaarige und Schwarzhaarige, Möbel und Verkehr. Aus all diesen Meinungen soll sich eine Schülergruppe solche Meinungen aussuchen, die sie für richtig halten, die andere Gruppe dagegen solche Meinungen, die sie für falsch halten. Sätze, die von beiden Gruppen ausgesucht worden sind, sollen zuerst diskutiert werden. Das Spiel besteht darin, daß sich die Kinder gegenseitig mit Gründen und Beispielen von ihrem Standpunkt zu überzeugen suchen. Dabei hofft der Pädagoge, ihnen etwas über Vorurteile, logische Argumentation und treffende Beispiele beizubringen. Gleichzeitig wird angeregt, die angeführten Beispiele auch noch zum Auffinden von Adjektiven zu benutzen...

Können wir Kinder, die gerade die operative Etappe ihrer Entwicklung beginnen, die also – nach Piaget – in den nächsten fünf bis sechs Jahren ihre logischen Denkstrukturen gerade durch den Umgang mit konkreten Gegenständen und Situationen entwickeln sollen, durch Rede- und Diskussionsübungen wirklich zu einem höheren Denkvermögen erziehen? Entsprechen die Anforderungen von Lehrern und Lehrbüchern wirklich den spontanen Interessen und der Logik der Kinder, für die sie bestimmt sind? Wir wissen aus unseren „theoretischen" Kenntnissen der Entwicklung des Kindes, daß es sich in der operativen Etappe nur hin und wieder – meist auf intuitive Weise – mit Kausalität, Finalität und Umkehrungen zurechtfindet; daß es Verwirrung empfindet, wenn ein Problem mehr als zwei oder drei Elemente enthält und wenn es dazu noch außerhalb seines persönlichen Erlebnisbereiches liegt. In der Praxis sehen wir vielleicht, daß sich intelligente, geschickte Kinder oft auf erstaunliche Weise an unsere erwachsenen Ideen anpassen. Doch wir kennen auch den Preis, den sie dafür zahlen: eine gewisse emotionelle Unsicherheit und eine gewisse Rebellion, die spätestens in der Pubertät offen zutage tritt. Und es gibt auch ein großes Heer von Kindern, denen eine

Erziehung zum Sein

Anpassung nicht glückt und die meistens in der Überzeugung leben, daß die Schuld bei ihnen liegt.

Die aktive Schule verzichtet auf das Üben logischer Debatten im Sprachunterricht – es sei denn, daß sie spontan von den Kindern kämen – und legt das Schwergewicht auf Handlungen, die naturgemäß deutliche Konsequenzen nach sich ziehen. Die Fähigkeit zum Nachdenken soll allmählich aus der Vielzahl konkreter Situationen erwachsen. Durch den Druck, der von wirklichen Lebenssituationen ausgeübt wird, sieht sich das Kind allmählich gezwungen, seine egozentrische Denkweise hinter sich zu lassen. Es beginnt, verschiedene Standpunkte wahrzunehmen und nicht nur nach dem eigenen Bedürfnis zu leben: Wenn ich den Tisch schmutzig lasse, habe ich kein Recht, mich über die Unordnung der anderen zu beklagen. Wenn ich etwas Dummes gegen ein anderes Kind sage, dauert es nicht lange, bis jemand etwas Negatives über mich sagt. Schon die Kleinsten lernen, daß eine Flasche überläuft, wenn man zuviel Wasser in sie füllt, und daß es unangenehme Folgen haben kann, wenn man unachtsam ist und mit einem vollen Tablett mit einem anderen zusammenstößt. Das Leben zeigt seine Kehrseiten schnell in einer Situation, in der die Kräfte der Kinder auf Schritt und Tritt aufeinander wirken. Illusionen werden schneller zerstört und die Notwendigkeit zur Reflexion tritt klar hervor. Statt „über Sprache nachdenken" (wie viele Erwachsene denken eigentlich über Sprache nach?), lernen die Kinder, über das Leben nachzudenken.

Die Spracherziehung spielt sich also in der greifbaren Situation unserer Wirklichkeit ab. Die ersten Bücher, die von den ABC-Schützen selbst angefertigt werden, sind Malbücher, die ihre Welt und ihre persönlichen Erfahrungen widerspiegeln. Sie diktieren einem Lehrer oder einem größeren Kind den passenden Text dazu und fahren ihn dann mit Buntstiften nach. Die Bibliothek hat eine ansehnliche Abteilung mit solchen ersten Lesebüchern: „Wir im Schwimmbad", „Unsere Sandkiste", „Ausflug zum Rio Chiche", „Unsere Tiere", „Geburtstagsfeier bei Carolina", „So sind die Erwachsenen". Es ist eine ganze Leseserie, die von den Kindern selbst verfaßt und illustriert ist.

Die größeren Kinder geben eine Chronik heraus: „Pestalozzi-Nachrichten". Sie werden von den Kindern oder Kindern mit Lehrern verfaßt und berichten von den – für die Kinder – interessantesten Erlebnissen der Woche. „Der Reis ist angebrannt. Wir brauchten lange, um den Topf wieder sauberzukriegen." „Eine Riesenspinne hat ihr Netz von einem

Schreiben und Lesen

Pfeiler zum andern gespannt. Wir holten die große Leiter und betrachteten sie mit der Lupe. Dann suchten wir im ganzen Gelände, bis wir einen passenden Ehepartner für sie fanden. Doch die andere Spinne wollte nicht da oben bleiben." "Ladna hat heute Geburtstag. Ihre Mutter schickte einen großen Schokoladenkuchen. Wir schnitten ihn vorsichtig in dreißig Teile, damit niemand zuviel und niemand zuwenig bekäme. Trotzdem blieben am Schluß drei Stücke übrig, und wir mußten sie wieder in dreißig Ministücke zerkleinern. Wir hatten eine sehr schöne Feier. Jeder von uns schenkte Ladna ein Bild zum Andenken an ihren achten Geburtstag." Diese Nachrichtenblätter werden in der Bibliothek aufgehängt und geben ihr so ein wenig das Aussehen eines altmodischen Wiener Cafés.

Die ganze Atmosphäre in der aktiven Schule ist dazu angetan, auch dem scheusten Kind Vertrauen einzuflößen. Wie soll auch ein Kind sich öffnen, seinen Gefühlen und Gedanken Ausdruck geben, wenn es ihm noch an grundsätzlichem Vertrauen fehlt? Wenn nun das Kind seine ersten kleinen Texte schreibt, hüten wir uns, seine Fehler anzustreichen. Wir Erwachsenen glauben natürlich, daß solch ein Kind dann nie richtig schreiben lernen wird, daß es sich ein für allemal an seine falsche Schreibweise gewöhnt, wenn wir nicht von Anfang an seine Fehler ausrotten. Dabei unterschätzen wir die menschliche Intelligenz und den angeborenen Trieb, sich mit der Wirklichkeit zu messen, soweit es die eigenen Kräfte erlauben. „Flüssigkeit kommt vor Genauigkeit" – dieser Grundsatz trifft auch für den Prozeß des Schreibenlernens zu. Wenn mir ein Kind seinen freien Aufsatz zu lesen gibt, frage ich es, ob ich ihm beim Fehlerkorrigieren helfen soll. Ist die Antwort „nein", so ist die Sache abgetan. Ist sie „ja", so fertige ich für jedes Wort, das falsch geschrieben wurde, eine kleine Karte an, auf der die richtige Schreibweise erscheint. Für die Kinder ist es dann ein kleines Detektivspiel, falsch- und richtiggeschriebene Wörter gegenüberzustellen.

Das Fehlerkorrigieren ist eine natürliche Bedingung, bevor wir unsere Werke der Schuldruckerei anvertrauen. Doch auch das Sprachregal ist wohl ausgerüstet mit hausgemachten Heften und Karten, durch deren Hilfe die Kinder allmählich ihre ungenaue Rechtschreibung verbessern können. Auch in der Freinetkartei gibt es ein Fach für Rechtschreibung. An Tagen, an denen die Kinder „keine besseren Ideen " haben, schreiben sie gerne etwas, was ihrer Orthographie hilft und suchen Beispiele aus Büchern. Immer wieder fragen die Kinder quer durch den ganzen Raum:

Erziehung zum Sein

„Wie schreibt man ...?" Wer die Antwort weiß, bietet sie auf die gleiche unbekümmerte Art an. Manchmal geben wir Erwachsenen vor, daß wir die Antwort auch nicht wissen und schauen dann zusammen mit dem Kind im Wörterbuch nach.

Nicht immer haben die Kinder originelle Ideen für „freie Aufsätze", und die Aufforderung: „Schreib, was dir einfällt" ist nicht immer der Ausgangspunkt eines inspirierten Textes. Die Verbindung zu andern Fächern, einschließlich zum Rechnen, führt oft direkter zu einem artikulierten Ausdruck als die „Sprache um der Sprache willen." Ein sich ständig erneuernder Vorrat an hilfreichen Materialien erleichtert den Kindern, Ideen aufzugreifen. Zum Beispiel die Namen der Kinder auf einzelnen Kärtchen und ihre Familiennamen auf andersfarbigen Karten. Dazu Arbeitsvorschläge: Welcher Name gehört zu welchem Familiennamen? Schreibe auf, wie jedes Kind aussieht: Größe, Haar- und Augenfarbe usw. Frage verschiedene Kinder, wie ihre Eltern heißen, wann sie geboren sind, welche Krankheiten sie gehabt haben, was sie am liebsten essen, was ihr Lieblingsspiel ist. Von diesen kleinen Reportage- und Schreibspielen ist es nur ein Schritt zu Statistiken, Vergleichskurven und ähnlichen Tätigkeiten, die eigentlich mit „Sprache" wenig zu tun haben.

Eine Vielfalt von Karten, an denen die Kinder Gleichheiten und Gegensätze entdecken und in Listen ordnen, führt zu ordentlicher Heftführung und logischer Einteilung ebenso wie das Grammatikmaterial nach der Montessori-Methode. Manchmal haben die Kinder einfach Lust, etwas „abzuschreiben": Eine Geschichte, Gedichte und Lieder, die ausgefallensten Tiernamen aus dem Tierlexikon, die Länder mit den fremdartigsten Namen und ähnliche Übungen, die eigentlich nur Abschreiben sind, aber doch eine erhöhte Konzentration verlangen, die auch erreicht wird, weil die Übungen freiwillig sind.

Die Stoppuhr ist ein beliebter Begleiter vieler unserer Schreib- und Denkspiele. Wer kann in fünf Minuten die meisten Wörter schreiben? Die meisten Wörter, die mit Essen zu tun haben, mit Verkehr, mit Wasser, mit Schule? Sachen, die man riecht? Die man hört? Sätze vergrößern und verkleinern, Adjektive finden, ein Diktat beim Hören gleich in die Vergangenheit oder Zukunft setzen, angefangene Geschichten fertigerzählen oder zu einem Schluß den Anfang finden, Aufsatzthemen blind aus einer Kiste ziehen, Bilder beschreiben, dichten und reimen; lauter Ideen, die auch im traditionellen Sprachunterricht praktiziert werden und doch in der aktiven Schule einen andern Geschmack haben. Hier

Schreiben und Lesen

können die Kinder „nein" sagen: „Dazu habe ich heute keine Lust. Ich mache lieber ein neues Kochbuch für meine Mutter zum Geburtstag." Und das Kochbuch wird mit großer Liebe angefertigt, während zehn andere Kinder mit der gleichen Lust ein Assoziationsspiel machen. Größere Kinder mischen sich dabei mit kleineren. Die einen schreiben dreißig Wörter in fünf Minuten, die andern nur sechs. Die Großen loben die Kleinen danch: „Du kannst aber schon schnell schreiben!" Auch Scrabble, Leselottos und ähnliche Spiele ziehen Kinder verschiedener Altersstufen an. So werden Wettspiele zu Familienspielen, bei denen das Gewinnen nicht so wichtig ist wie die schöne Zeit, die man miteinander verlebt.

Auch mit dem Lesen haben wir das gleiche Ziel im Auge: Was ich heute mit Freude tue, wird mir morgen zur lieben Gewohnheit. Alba, die keine fünf Minuten still sitzen konnte, lernte das Lesen durch Aktionskarten. Nach jedem Wort sprang sie auf, um die Handlung auszuführen, die auf der Karte zu lesen war. Ließ man sie jedoch in diesem Stadium ein Büchlein mit fünf Seiten lesen, bekam sie einen nervösen Tick und schaute sehnsüchtig aus dem Fenster.

Da gibt es einen großen Korb mit einer wechselnden Sammlung gefalteter Blätter, die mit Büroklammern zusammengehalten sind. Die Kinder bewaffnen sich mit einer „Angelrute", das heißt einem Stab, an dem an einem Faden ein Magnet angebracht ist. Sie angeln Blätter heraus und überlegen, ob sie das ausführen wollen, was auf ihnen steht: „Füttere die Kaninchen", „Bau eine Burg im Sand", „Nimm Geräusche mit dem Tonband auf". Wenn ihnen eine Idee gefällt, setzen sie sie in die Tat um.

Kinder machen unerwartete Fortschritte im Lesen, wenn sie Texte finden, die sie wirklich brennend interessieren. Ein kleiner Fußballfanatiker las ein ganzes Jahr nichts anderes als Fußball-Literatur, bevor er langsam seinen Horizont erweiterte. Doch dank seines wirklichen Interesses hatte er sich inzwischen eine vorzügliche Lesetechnik angeeignet.

Maria Belén kam zu uns als Zehnjährige. Ihre Mutter hatte an einem unserer Kurse für Erwachsene teilgenommen und konnte daraufhin an ihrer Tochter die Anzeichen einer Schulneurose entdecken, obwohl an ihren Noten eigentlich nichts auszusetzen war. Ein solches Anzeichen war, daß Maria Belén keinen Spaß am Lesen hatte. Sie fing im Gegenteil an, aus allen Poren zu schwitzen und ihre sonst sichere Stimme wurde zittrig, sobald sie vor einem offenen Buch saß. Als ich ihr einmal nichts-

Erziehung zum Sein

ahnend den Vorschlag machte, aus einer Geschichte die längsten Wörter herauszusuchen, bekam sie prompt Nasenbluten. Monatelang bemühte ich mich, ihr die Angst vor dem Lesen zu nehmen. Wir saßen beim Lesen dicht beisammen, ich legte meinen Arm um ihre Schultern, und wir lasen abwechselnd, weil sie schon nach wenigen Wörtern alles durcheinanderbrachte und nichts vom Sinn verstand. Dazu waren die Bücher, die sie mir zum Lesen anschleppte, meist von der uninteressanten Sorte: Schulbücher mit langweiligen Texten, Abhandlungen über Gesteinsarten und ähnliches. Es war mir unmöglich, sie zu bewegen, ein lustiges oder spannendes Buch auszuprobieren. Sie schien fest davon überzeugt, daß Lesen schrecklich sein mußte. Nach einer solchen gequälten Lektüre über „Grundnahrungsmittel" fragte ich sie, ob sie das jetzt wirklich interessant gefunden habe. Sie schaute mich erstaunt an und verneinte es. „Und warum willst du es dann lesen?" Da mußte sie plötzlich lachen. Doch der Bann wurde endlich gebrochen, als ich ein Aufklärungsbuch für Jugendliche erstanden und es stillschweigend unter den anderen Bücher versteckt hatte. Es war Maria Belén, die als erste das Buch entdeckte – genau das, was ich mir im stillen erhofft hatte, denn sie war mir als ein prüdes Mädchen aufgefallen, das seine Neugierde nicht zu zeigen wagte. Mit dem bestens illustrierten und kommentierten Buch setzte sie sich in die stillste Ecke der Bibliothek. In einer halben Stunde hatte sie das Buch ausgelesen. Dann rief sie ihre Freundinnen und las ihnen Abschnitte daraus vor. Es war wie eine große Verschwörung: Kichern und Oh-Rufe, laute Diskussionen und Aufrufe zum Stillsein; das Buch wurde von einem zum anderen gereicht. Dann erblickte mich Maria Belén plötzlich von weitem und kam angerannt: „Stell dir vor, ich habe ein ganzes Buch gelesen. Aber ist das jetzt Lesen?" Sie konnte immer noch nicht glauben, daß man beim Lesen eine neue Welt entdecken und daran Freude haben konnte! Von diesem Tag an suchte sie in der Bibliothek nur noch interessante Bücher und lieh sich bald regelmäßig Lektüre für zu Hause aus. Ihre Mutter beklagte sich nun: „Maria Belén will abends nicht mehr schlafen gehen. Sie liest jetzt mit der Taschenlampe unter der Bettdecke."

Briefe schreiben und bekommen ist eines der wirksamsten Mittel, um ein spontanes Interesse am Schreiben und Lesen zu wecken und zu bewahren. Seit langem suchen wir nach einer geeigneten Korrespondenzgruppe in Ecuador, einer Gruppe von Kindern, die als Gruppe und auch auf individueller Basis mit unseren Kindern einen regelmäßigen Brief-

Schreiben und Lesen

wechsel führen könnte. Doch in den Schulen würde solche Korrespondenz als Zeitverschwendung angesehen, weil die Lehrer alle Hände voll zu tun haben, den Kindern den Lehrplan einzutrichtern. Zu Hause haben dann die Kinder keine Lust mehr am Schreiben, weil sie ohnehin den ganzen Morgen damit geplagt wurden. So suchen wir seit einiger Zeit nach solchen Korrespondenzgruppen in anderen Ländern, die mit uns außer Briefen, Fotos und Malereien auch Anschauungsmaterial über ihr Land austauschen und damit lebendige Geographie und Sozialkunde ermöglichen.

Eine aktive Schule voller Analphabeten? Ich glaube, die Gefahr ist gering, auch wenn manche unserer Kinder erst mit sieben oder gar mit acht Jahren das Schreiben und Lesen lernen, weil sie zunächst wichtigere Probleme zu lösen haben. Die Sprache soll ja der Ausdruck ihres Lebens sein. Was hilft es den Kindern, schön zu reden und wunderbar zu schreiben, wenn ihre wirkliche Lebenserfahrung nur wenig damit zu tun hat?

In diesem Kapitel konnte ich nur kurz skizzieren, wie wir in Tumbaco an die Frage der Spracherziehung herangehen. Außer den Büchern Montessoris und Freinets, die trotz ihrer „Veralterung" eines genaueren Studiums wert sind, möchte ich zwei Autoren wärmstens empfehlen, die zu diesem Thema viele fruchtbare Ideen anbieten: Der eine ist Herbert Kohl und der andere John Holt. In dessen jüngsten Buch *Wozu überhaupt Schule* kann der interessierte Leser einen Schatz brauchbarer und den eigenen Umständen anzupassender Vorschläge für eine lebendige Praxis im Sprachunterricht finden. Mit diesen Autoren stimmen wir vollkommen darin überein, daß es auch auf diesem Gebiet keine einzig wahre Methode gibt. Wir müssen den Kindern Gelegenheit geben, ihren eigenen Lebensstil zu entwickeln und mit ihm auch die Entfaltung ihrer Sprache.

Kann Rechnen interessant sein? Schon an der Art, wie dieses Mädchen an ihrer selbst gestellten Rechenaufgabe sitzt, zeigt, daß sie mit „Leib und Seele" dabei ist. Die Montessori-Materialien helfen dabei, den Kontakt zur konkreten Wirklichkeit zu stärken und zu entwickeln und nicht verfrüht zum abstrakten Denken überzugehen.

Rechnen aus Freude

Als ich mich daran machte, die Hauptgedanken für dieses Kapitel zu notieren, verspürte ich ein altbekanntes Unbehagen in der Magengegend. Es ist mir seit langem bekannt als unfehlbares Signal, daß ich dabei bin, an Dinge zu rühren, die mir einmal Schmerz bereitet haben, oder an Probleme, die ich noch nicht gelöst habe. Nehme ich mir die Zeit, diesem Gefühl nachzugehen, so steigen alte Erinnerungen und Bilder aus der Vergangenheit auf. Hier ein paar Szenen, die ich seit vielen Jahren vergessen hatte:

Ich sitze in München beim Frühstück. Das Marmeladenbrot will nicht recht hinunterrutschen. Der Kaffee hat einen unangenehmen Geruch. Ich blättere nervös in einem Formelheft, ohne doch etwas Bestimmtes zu suchen. Heute haben wir Mathe-Arbeit.

Beim Klingelzeichen stehe ich mit meinen Kameraden in der Klasse. Wir sind aufgeregt und versprechen, uns gegenseitig „die Daumen zu halten". Der Lehrer kommt herein. Wir verziehen uns gepeinigt auf unsere Plätze. Während die gefürchteten Zettel mit den schicksalhaften Aufgaben – in drei verschiedenen Ausfertigungen, damit die Nachbarn nicht voneinander abschreiben können – verteilt werden, krampft sich mir der Magen scheußlich zusammen. Das Frühstück rumort immer noch unverdaut darin herum. Für ein paar kostbare Minuten springen die Zeichen und Zahlen auf dem Papier teuflisch herum; ich kann nicht unterscheiden, ob die Aufgaben leicht oder schwer sind. Dann reiße ich mich zusammen und versuche, mich zu entscheiden, mit welcher Aufgabe ich anfangen soll. Hier setzt meine Erinnerung aus, bis zwei Stunden später. Die Glocke läutet. Ich lege meine Arbeit vorschriftsmäßig an den Rand des Tisches. Der Lehrer geht mit dem Blick eines Scharfrichters die Reihen entlang und sammelt die Arbeiten in Sitzordnung ein (vielleicht hat doch jemand abgeschrieben, dann kann er es so leichter entdecken). Als er nach meiner Arbeit greift, spüre ich wieder das gleiche Ziehen im Magen.

Erziehung zum Sein

Eine Woche später hält der Lehrer beim Eintritt ins Klassenzimmer die gefürchtete Mappe in der Hand. Wir erstarren inwendig zu Eis. Nach außen werfen wir uns bedeutungsvolle Blicke zu. Ein paar Tapfere tun so, als ob es sie nichts anginge. Alle wissen, was jetzt kommt: Eine zehn Minuten lange Moralpredigt über „solche Leute, die auf unerklärliche Weise in diese Klasse aufgestiegen sind", anschließend über „Leute, die sonst gar nicht dumm sind, aber leider Pech gehabt haben", und schließlich über solche, die „eigentlich keinen Grund zur Hoffnung geben, aber diesmal Glück gehabt haben". So geht es eine Weile, und dann kommt das Schlimmste von allem: „Wenn Sie erst einmal ihre Arbeit zurück haben, interessieren Sie sich sowieso nur noch für Ihre Note. Vor dem Herausgeben wollen wir also zusammen die wichtigsten Schritte an die Tafel schreiben, damit Sie die richtige Lösung sehen und mich nachher nicht unnötig fragen müssen." Bei jedem Resultat, das an der Tafel erscheint, zieht sich mein Magen wieder deutlich zusammen. Ich kann mich beim besten Willen nicht mehr erinnern, zu welcher Lösung ich vor einer Woche gelangt war und könnte schwören, daß ich alles falsch gemacht habe. Gegen Ende der Stunde werden die Arbeiten in der genauen Reihenfolge ihrer Bewertung verteilt. Man hört das erleichterte Aufatmen derer, die ihre Arbeit zuerst bekommen (Kommentar des Lehrers: „Lassen Sie es sich bloß nicht zu Kopf steigen! Das Schuljahr ist noch nicht vorüber!"), während die Letzten die ganze Zeit in ihrem Saft schmoren. Kommentar beim Verteilen der letzten Arbeiten: „Genau das, was ich erwartet habe."

Wie brachte ich es fertig, meine ganze Schulzeit lang in Mathe schön in der Mitte zu sein und beim Abitur noch eine ganz unerwartete Eins zu erwischen? Ich erinnere mich, daß ich noch Jahre später, als ich längst aus der Reichweite meiner früheren Mathematiklehrer war, aus Alpträumen erwachte, weil ich wieder das Abitur machen mußte und mich beim besten Willen nicht mehr an die richtigen Rechenschritte erinnern konnte. Seit 25 Jahren sind diese Erinnerungen in meinem ganzen Körper sorgfältig registriert. Als ich in Ecuador ankam, entdeckte ich zum ersten Mal, daß der Umgang mit Zahlen zu einem vergnüglichen Spiel werden kann. Von den Chinesen, die hier im Küstengebiet die erfolgreichsten Laden- und Restaurantbesitzer sind, lernten wir damals das Rechnen mit dem Abakus. An manchen Abenden im Urwald machten wir es uns zum Zeitvertreib, immer höhere Geschwindigkeiten darauf zu erreichen. Später wendeten wir diese Kunst in der Praxis an und versuchten sogar,

Rechnen aus Freude

mit elektronischen Rechenmaschinen in Wettstreit zu treten. Seitdem habe ich meine Angst vor Zahlen ein wenig verloren und genieße es, zusammen mit den Pestalozzi-Kindern von vorne anzufangen. Mit ihnen entdecke ich die Freude am Kombinieren, Sortieren, Ordnen, Muster machen, Grenzen ziehen, am Messen, Wiegen und Vergleichen, am Formen, Schätzen und Symbole finden. Wir zählen und berechnen und schließen Freundschaft mit Zahlen, als gehörten sie zur Familie.

All diese Tätigkeiten sind für kleine Kinder ganz natürlich. Sie gehören zu ihren Lieblingsbeschäftigungen, längst bevor es uns einfällt, vom „Rechnen" zu reden. Jede Bewegung des Körpers in Raum und Zeit, jedes Spiel mit konkreten Dingen, jedes Teilnehmen am praktischen Leben der Familie, also überhaupt jede Beziehung zu Menschen, Tieren oder Gegenständen ist für das Kind in Wirklichkeit Rechnen und frühe Mathematik. Doch im gleichen Augenblick, in dem wir Erwachsenen wohlmeinend die Leitung übernehmen, besteht schon die Gefahr, daß der natürliche Fluß des kindlichen Denkens und Handelns unterbrochen wird, daß sich das Kind an unsere abstrakte Denkweise anpassen und eine Vielzahl seiner natürlichen Entwicklungsetappen auf akrobatische Weise überspringen muß, um unseren Erklärungen zu folgen, unseren Erwartungen zu genügen und uns seine Intelligenz zu beweisen. Vielen Kindern flößt diese Akrobatik unbewußt Angst ein, und sie fühlen sich noch als Erwachsene beim Umgang mit mathematischen Begriffen auf einem Hochseil, das jeden Augenblick unter ihnen zusammensacken kann. Andere genießen dieses Gefühl der Höhe, das sie einer harten Wirklichkeit zu entheben scheint und ihnen das Gefühl einer gewissen Überlegenheit verleiht.

Ein Rechenunterricht, der Kinder zum abstrakten Denken anleitet, bevor sie dafür reif sind, kann ein kritischer Faktor im Prozeß der Entfremdung des Individuums von der Wirklichkeit sein. Denken und Fühlen sind beim Eintritt in die Schule noch eins und könnten es ein Leben lang bleiben, würden sie nicht künstlich getrennt. Begriffe, die sich stufenweise aus „sinnvollen" Zusammenhängen und lebendiger Erfahrung ableiten könnten, werden durch ein übereiltes Abkürzen des Prozesses ihres Wertes beraubt und allzuleicht manipulierbar. Sie gehorchen ausschließlich den Gesetzen der Zweckgebundenheit und entbehren einer eigenen Schwerkraft, die für inneres und äußeres Gleichgewicht sorgt.

Durch Piagets Studien wissen wir, daß die Fähigkeit zur Abstraktion beim Kind viel später eintritt, als wir es normalerweise vermuten. Die

Erziehung zum Sein

natürliche Anpassungsfähigkeit der Kinder an gegebene Umstände und die Möglichkeit, notfalls durch raffinierte Nachahmung, durch Erraten und Auswendiglernen einen Mangel an wahrem Verständnis wettzumachen, hat diese Tatsache oft vor uns verborgen gehalten. Beim Umgang mit abstrakten Zahlen und deren Beziehungen zueinander können jedoch viele Kinder nicht so leicht auf ihre bewährten „Kunstgriffe" zurückgreifen, die ihnen in anderen Fächern gute Dienste leisten. Darum ist es kein Wunder, daß viele sonst normal intelligente Kinder schon früh das Gefühl bekommen, daß sie eben fürs Rechnen leider nicht begabt seien.

In der Pestalozzi-Schule kenne ich kein einziges Kind – es sei denn, es käme gerade aus einer anderen Schule herüber – das Angst vor dem Rechnen hätte. Die aktive Schule setzt ganz einfach voraus, daß jedes gesunde Kind eine mehr als ausreichende Fähigkeit zum Umgehen mit Zahlen hat, daß es aber einer sehr langen Periode des Umgangs mit konkreten Materialien bedarf, bevor es als natürliche Folge seiner organischen Reife und seiner Erfahrung im Konkreten zum Abstrahieren bereit ist. Immer wieder fragen uns besorgte Eltern: „Wie sollen wir wissen, wann und ob sie jemals eine Aufgabe ohne konkretes Material lösen können?" In der Praxis gibt es keinen Zweifel: Wenn ein Kind zu bequem wird, sich all das Material aus dem Regal zu holen und umständlich auf dem Tisch auszubreiten und darum aus eigenem Antrieb lieber im Kopf oder auf dem Papier rechnen will, ist es an der Zeit, ihm dabei behilflich zu sein. Solange ein Kind jedoch offensichtliche Freude an all dem Bewegen, am liebevollen Auslegen, Befühlen und Schauen hat und sich mit immer neuen parallelen Materialien am Entdecken von Gleichheiten und Unterschieden und an der Schönheit der Muster ergötzt, wäre es jammerschade, es um diese wertvollen Erfahrungen zu bringen und es frühzeitig auf Papier und Bleistift zu beschränken. Wie plattgedrückt sind doch die Heft- und Buchseiten im Vergleich zu den Bergen von Materialien einer aktiven Schule!

Wenn wir also vermeiden, unsere Schulkinder möglichst früh zum Abstrahieren einzuladen, so heißt das keineswegs, daß wir aufs Rechnen verzichten. Im Gegenteil: Auf Schritt und tritt finden sich die Kinder motiviert, sich mit Zahlen und allen dem Rechnen verwandten Tätigkeiten zu befassen. Dies geschieht im Bereich des praktischen Lebens, in der spielerischen Wechselwirkung ihres energiegeladenen Organismus inmitten einer bewegungsfreundlichen Umgebung, und nicht zuletzt

Rechnen aus Freude

durch die häufige Benutzung unseres voll ausgerüsteten Rechenlabors. Diese drei Bereiche sind nie voneinander getrennt, sondern ergänzen sich auf natürliche Weise.

Ein amerkianisches Lehrerhandbuch behauptet, daß folgende Grundbegriffe vor dem siebenten Lebensjahr „gelehrt" werden müssen, damit der weitere Rechenunterricht erfolgreich sein kann: Größen und Formen (groß, klein, hoch, niedrig, gerade, schief usw.), Längen und Abstände, Inhalt, Menge, Vergleiche, Bestimmungen des Ortes, der Zeit und Geschwindigkeit, Geld, Sinnesbeschreibungen und das Umgehen mit Zahlen von 1 bis 10. Wie können diese Begriffe anders gelehrt werden als durch die eigene Aktivität des Kindes, unterstützt durch den freien Fluß beschreibender Worte? Am Wassertisch und im Sand, im konzentrierten Spiel mit Gefäßen und Geräten aller Art; in der Küche beim Wiegen, Messen, Zählen und Vergleichen, beim Schütten und Rühren, Holen und Bringen; beim Tischdecken und Essenverteilen; im Garten beim Beetemessen, Furchenziehen, Samenverteilen, Umpflanzen und Gießen, beim Datumaufschreiben und Abwarten, bis es Zeit wird zum Ernten; in der Schreinerei beim Messen, Winkelbeachten; in der Druckerei beim Abzählen der Buchstaben und der gedruckten Blätter, beim Zuschneiden des Papiers, beim Vorbereiten der Farbe und der Organisation des Arbeitsprozesses; bei allen handwerklichen Tätigkeiten, die Zuschneiden, Flächenaufteilen, Linienziehen, Falten, Dekorieren, Mischen, Kneten und Formen mit sich bringen. In all diesen Aktivitäten, die den Kindern so natürlich von der Hand gehen und die sie zu fröhlichen und ausgeglichenen Menschen machen, sind außer einer Vielzahl sinnlicher Eindrücke und energievoller Bewegungen alle praktischen Grundlagen des Rechnens inbegriffen. In jeder dieser Tätigkeiten braucht es nur einen kleinen Schritt weiter, einen kleinen Anstoß und eine kleine Hilfe, um zum „regelrechten" Rechnen vorzustoßen und die Kinder inmitten ihrer Lieblingsbeschäftigung mit Mengenlehre, Addition und Subtraktion, mit Multiplikation, Division, Flächenberechnung, Inhaltsberechnung, Prozentrechnen und wie diese Schreckgespenster alle heißen mögen, auf die angenehmste Weise bekannt zu machen.

Nehmen wir an, es werde gerade für vier Personen gekocht; da kommen Kinder von draußen dazu, und wir fragen hilfsbereit: „Könnt Ihr nicht die doppelte Menge kochen?" Gleich geht das Rechnen los, bis schließlich alle Zutaten des Rezeptes verdoppelt sind.

Bevor wir für die Schulküche einkaufen gehen, machen wir anhand

Erziehung zum Sein

unserer Liste einen Überschlag, wieviel Geld wir voraussichtlich brauchen. Ein Kind holt ein wenig mehr Geld, als notwendig ist, aus dem Büro und muß dafür eine Quittung unterschreiben. Dann geht eine kleine Gruppe ins Dorf zum Einkaufen. Alle passen auf, ob die Preise inzwischen gestiegen sind und ob der Ladenbesitzer auch keinen Fehler beim Zusammenrechnen macht. Das Eingekaufte wird möglichst gleichmäßig unter die Kinder verteilt, damit keins zu schwer zu tragen hat. In der Schule wird alles noch einmal abgewogen und die Preise überprüft, ob auch alles seine Richtigkeit hat. Schließlich werden die Preise noch einmal zusammengezählt. Die einen glauben, es mit Papier und Bleistift am schnellsten zu schaffen, machen aber vielleicht Fehler. Die andern sind ein wenig langsamer mit dem Abakus, kommen aber zum gleichen Resultat. Um wieviel hat man sich verrechnet? Wie stimmt es mit dem Wechselgeld zusammen? Die Gesamtsumme wird ins Haushaltsbuch eingetragen. Dann wird im Büro mit der Sekretärin abgerechnet, und die Quittung gegen den Kassenzettel und das Wechselgeld eingetauscht.

Am Ende des Monats gibt es wieder eine Abrechnung. Haben wir unseren Kostenvoranschlag eingehalten? Die Monatsausgaben werden mit denen früherer Monate verglichen. Man spricht über die Verteuerung des Lebens, Inflation und andere Probleme unserer Zeit. Die Kinder bekommen langsam ein Gefühl, ob sie bei der Hälfte des Monats auch ungefähr in der Mitte des Budgets liegen, ob sie ruhig ein wenig mehr ausgeben können oder sich einschränken müssen. Sie sprechen über teures und billiges Essen. Im Laden verlangen sie wie erfahrene Hausfrauen nach dem „billigeren Käse" und handeln nach südamerikanischer Sitte eine kleine Zugabe ein, wenn es um Tomaten oder Zwiebeln geht. Am Ende des letzten Schuljahres verfaßten sie ein Gesuch an die Direktion, um eine Erhöhung des Küchenbudgets zu erwirken: „Lieber Herr Direktor Mauricio: Das Essen wird immer teurer. Die Preise sind in diesem Monat um 10% gestiegen. Wir können hier bald keinen Kuchen mehr backen. Findest Du das nicht schlimm? Wenn ja, dann gib uns ein bißchen mehr Geld für die Küche!"

Wenn die Kinder ein Fest organisieren wollen und das Budget nicht mehr dafür reicht, einigen sie sich, daß jeder etwas von zu Hause mitbringt. Das gibt ein großes Beraten, Vorschlagen, Verwerfen und Debattieren. Das Problem ist real, und die Resultate sind für alle spürbar. Begriffe wie Gramm, Pfund, alle Arten Mengen, Liter oder Gallons werden allen Kindern geläufig.

Rechnen aus Freude

Diese Anfänge des praktischen Rechnens sind für alle Kinder zugänglich. Die Kleineren spitzen die Ohren, wenn sie die Größeren reden hören. Jeder möchte bald lesbare Zahlen schreiben, damit er auch beim Eintragen ins Haushaltsbuch mithelfen darf. Auf Schritt und Tritt macht sich das Umgehen mit Zahlen als eine natürliche Funktion menschlicher Intelligenz bemerkbar. Doch niemals wird der normale Fluß des Lebens dabei unterbrochen. Auch in den wöchentlichen Hausaufgabenthemen sind Anregungen zum praktischen Rechnen inbegriffen. Die Kleineren zählen die Fenster, Türen, Möbel, Kleidungsstücke, Teller, Tassen und sonstigen Hausrat, ihre Steckdosen, Glühbirnen. Sie malen die Hände und Füße der Familie ab, erfragen das Alter der Verwandten und Bekannten, messen den Inhalt der Kochtöpfe und der Badewanne mit Litermaßen, suchen nach den längsten, kürzesten, höchsten und niedrigsten Gegenständen. Die Möglichkeiten sind unbegrenzt, und das Haus der Kinder verwandelt sich mit ein wenig Fantasie in ein unerschöpfliches Rechenlabor.

Die größeren Kinder rechnen mit Einkäufen, Altersunterschieden, messen Menschen, Distanzen und Gegenstände mit genormten Maßen. Sie rechnen um, informieren sich in Geschäften und Reisebüros über Preise, zählen Fußgänger und Autos in einer vorgeschriebenen Zeitspanne, fertigen Kurven für verschiedene Kategorien an, berechnen Oberflächen und Rauminhalte, Durchschnitte und Prozentsätze. Alles, was zu Hause benutzt und erlebt wird, kann zum Rechenproblem werden. Hilfsbereite Eltern schicken uns ab und zu Serien von hausgemachten Rechenkarteien, die das „lebendige Rechnen" der Familie wiedergeben und so den Kameraden in der Schule zugänglich gemacht werden. Viele solcher Beispiele für praktisches Rechnen sind in Célestin Freinets vergnüglichem Büchlein *L'enseignement du calcul* zu finden. Wer es mit „aktiven Kindern" zu tun hat, kann diese Anregungen durch neue Beispiele leicht ergänzen.

Allgegenwärtig ist das Rechnen natürlich in allen Bewegungen der Kinder, Wettlaufen, Hoch- und Weitspringen, Schwimmen, Ballspielen, Kraftproben oder was immer wir einfach „Sport" nennen wollen, wird zum anregendsten Rechenunterricht, wenn wir die Kinder selber die Felder abmessen lassen, sie mit Maßbändern, Stoppuhren, mit Papier und Bleistift ausrüsten. Die umfangreichste Aufführung von Rechenideen, die mit dem Bewegungsdrang der Kinder zusammenhängen, habe ich in John Holt's *Wozu überhaupt Schule?* gelesen. Da können die

Erziehung zum Sein

Kinder aller Altersstufen mit Längen und Höhen, Geschwindigkeiten, Zeitspannen, Leistungskurven, Herztätigkeit, Atmung, Gewichten, dem Umrechnen von Zeit- und Längenmaßen, Schätzungen und Vergleichen in allen Schwierigkeitsgraden umgehen lernen, ohne mehr als zehn Minuten auf einmal die Schulbank zu drücken. Jedem Lehrer, der bisher davon überzeugt war, daß es beim Rechnen nun einmal nicht ohne Stillsein und Stillsitzen abgehe, empfehle ich dringend die Lektüre dieses Buches!

Für die Ruhigeren oder solche, die keine Puste mehr übrig haben, besteht kein Mangel an Spielen, die ohne großen Kraftaufwand durchführbar sind. Shuffleboards mit kleinen und großen Zahlen üben nicht nur die Geschicklichkeit in gezieltem Werfen, sondern auch im Zusammenzählen von Plus- und Minuspunkten. Sie können in verschiedenen Schwierigkeitsgraden angefertigt werden, um das Rechnen mit kleinen und großen Zahlen zu üben. Ebenso beliebt sind Glücks- und Brettspiele, die sonst nur als Wochenendbeschäftigung gelten, aber Grundschulkindern eine wachsende Sicherheit im Umgang mit Zahlen, Kombinieren von Würfelwerten, im Überschauen von Situationen und Vorplanen schaffen. Falls wir ein schlechtes Gewissen haben, wenn Kinder allzuviel Spaß in ihrer Tätigkeit zeigen, können wir diese Spielecke ja mit Rechenlottos, Dominos für Zahlenkombinationen und Mengenlehre unterstützen. Da es in Ecuador solche Dinge ohnehin kaum zu kaufen gibt, sind wir daran gewöhnt, selbst immer neue Spiele anzufertigen. Diese Methode mag sich auch in solchen Situationen empfehlen, in denen Anschaffung für experimentelle offene Klassenzimmer zu teuer wäre. Es ist ja wichtig, nicht nur wenige solcher Spiele bereitzustellen, sondern das Interesse der Kinder durch ständige Variationen wachzuhalten. Mikado-Stäbe können die Kinder selbst anfertigen, oft viel origineller als die käuflichen. Auch ein billiges Schachspiel haben wir mit den Kindern zusammen gebastelt. Besonders beliebt ist bei uns das afrikanische Spiel Wari. Anfangs haben wir es draußen gespielt und die notwendigen vierzehn Vertiefungen mit einem alten Löffel aus Sand oder Erde ausgekratzt. Später haben wir es in Keramik hergestellt, doch für den häufigen Gebrauch in der Schule selbst haben wir nun zwei Spiele aus Holz. Jedem, der etwas über die Reife seiner Schützlinge und ihre Fähigkeit, aus Erfahrungen zu lernen, erfahren möchte, kann ich nur empfehlen, Kindern verschiedenen Alters beim Wari-Spielen zuzuschauen.

Das Spielzentrum ist natürlich auch mit geometrischen Puzzles verschiedener Schwierigkeitsgrade, Denkblöcken, Labyrinthen und all solchen Spielen ausgerüstet, die Kinder zum Nachdenken und Problemlösen einladen. Dazu kommen Konstruktionsspiele und Bauklötze in großer Auswahl an Größen und Formen, Autos, wenn möglich eine elektrische Eisenbahn (in Ecuador leider zu teuer). Wer vor der Vorstellung zurückschreckt, Schulkinder in der kostbaren Unterrichtszeit mit solchem Kleinkinderkram spielen zu sehen, der mag eine Wette abschließen: Wieviele mathematische Zusammenhänge, die aus dem Spiel mit Bauklötzen, Konstruktionselementen, mit Autos und Eisenbahn abzuleiten sind, könnten wir in fünfzehn Minuten ausfindig machen? Ich bin überzeugt, daß diese Wette uns dazu bringen würde, neuen Respekt vor dem Spielen der Kinder zu empfinden und ihnen behilflich zu sein, neue Zusammenhänge und höheres Denken aus ihrer freien Tätigkeit zu ernten.

Damit sind wir schon im dritten Bereich unseres aktiven Rechenunterrichts angelangt: Dem Rechenlabor, ohne das wir meines Erachtens trotz der Freiheit zum praktischen Leben und zum Bewegen und Spielen nicht auskommen könnten. Ohne seine Hilfe kämen wir in all unseren Bemühungen, die Kinder das Rechnen als lebendige Funktion erfahren zu lassen, allzu schnell an die Grenzen des Konkreten und müßten notgedrungen auf Papier und Bleistift, auf Rechenbücher und abstrakte Erklärungen zurückgreifen. Neben einer Menge natürlicher unstrukturierter Materialien enthält das Labor ein komplettes Angebot an strukturiertem Material, das dem Kind hilft, sehr allmählich die Brücke vom Konkreten zum Abstrakten zu schlagen.

Anfangs lassen wir die Kinder mit Schritten, Fuß- und Handlängen, Fingern und Ellbogenlängen messen. Doch später brauchen sie genormte Maßbänder und Zollstöcke sowie eine große Auswahl an interessanten Geräten zum Messen von Öffnungen, Ritzen und Rillen, Breiten und Höhen. So ausgerüstet messen sie alles, was ihr Lebensraum bietet. Gehen sie dann später mit den üblichen Geräten für den Geometrieunterricht um, so ist dieser Gebrauch gesättigt von der Erinnerung an all die andern Meßerfahrungen in konkreten Situationen. Zum Wiegen werden zunächst Murmeln, Samen aller Art, Sand oder Wasser benutzt. Später gehen wir zu genormten Gewichten über, und die einfachen hausgemachten Waagen werden Haushaltswaagen, Brief-, Personen- und Federwaagen abgelöst. Beim Sand- und Wasserspiel begnügen sich die Kinder anfangs mit ungenormten Gefäßen. Nach und nach brauchen sie genormte Behälter und Meßgeräte aller Art, um zu genauem Rechnen zu kommen. Zum Erarbeiten von Zeitbegriffen, die erst nach den Ortsbegriffen gebildet werden, bedienen wir uns einer Anzahl von Hilfen, die den Kindern das Fortschreiten der Zeit inmitten ihrer Aktivität anschaulich machen: Tropfanlagen, Sanduhren verschiedener Größe, mit der Hand leicht verstellbare Uhren, Metronome, Stoppuhren und Stethoskope sind immer griffbereit.

Das Rechenlabor enthält viele Körbe und Kästen an zähl-, meß- und wiegbarem Grundmaterial: Samen aller Sorten, Steine aller Formen, Größen und Farben, Muscheln, Wurzeln, Stöcke, Blätter, Federn, Korken, Flaschendeckel, Reis, Mais, Bohnen, Tee, Kaffee, Salz, Zucker, Sand, Murmeln, Nägel, Büroklammern; eine Liste, die endlos zu erweitern und beliebig zu kombinieren ist. Jeder neue Rechenbegriff kann vielseitig erarbeitet und durch immer neue Varianten erweitert und gefestigt werden. Qualität kommt vor Quantität. Um die Fähigkeit zur Verallgemeinerung und Anwendung auf neue Situationen zu stärken, braucht jedes Kind viel mehr Erfahrung mit dem „gleichen, nur ein wenig anderem", als es der Erwachsene vermutet. Bevor wir zu neuen Schwierigkeitsgraden aufsteigen, sollten wir dem Kind Erlebnisse von immer neuer Qualität auf der gleichen Ebene ermöglichen.

Doch selbst die reichste Auswahl an unstrukturiertem Material hat ihre Grenzen. Früher oder später sehen wir uns vor der Notwendigkeit, das Kind konkrete Erfahrungen genauer Zusammenhänge mit Hilfe von strukturiertem Material machen zu lassen. Das Montessori-Rechenmaterial ist für uns von unschätzbarem Wert, um Ordnung in viele Begriffe zu bringen, die durch die unstrukturierten Materialien noch vage bleiben. Ohne seine Hilfe würden wir uns ständig in der alten Rolle des Begriffserklärers finden. Das Montessori-Material hat alle Qualitäten der konkreten Materialien: Attraktive Erscheinung und sinnliche Eindrücke aller Art. Es führt das Kind vom qualitativen und quantitativen Zahlenbegriff durch alle notwendigen Rechenstufen: Von der einfachen Addition bis zum Teilen mit Dezimalen, Wurzelziehen und zur selbständigen Ableitung der Formel für den Rauminhalt von Würfeln. Der Lehrer kann das Material dem Kind zunächst getrost überlassen, bis es seine eigenen Spielmöglichkeiten damit ausschöpft. Er empfiehlt: „Mal sehen, was du damit machen kannst. Wenn dir nichts Neues mehr einfällt, kannst du mich rufen. Dann zeige ich dir ein paar Sachen, die ich ausprobiert habe." Wenn ich den Kindern beim schöpferischen Spiel mit diesen Materiali-

Rechnen aus Freude

en zuschaue, erkenne ich oft neue Gebrauchsmöglichkeiten, die den Rechenunterricht wieder bereichern.

Manche Montessori-Lehrer fühlen sich sicherer, wenn sie den Kindern die „richtige" Gebrauchsart des Materials von Anfang an zeigen. Das hat den Vorteil, daß die Kinder „auf dem kürzesten Weg" die Rechenschritte lernen und nicht soviel Zeit verlieren. Doch für die Entwicklung des mathematischen Denkens ist der kürzeste Weg auch der unfruchtbarste Weg. Um Rechenaufgaben zu lösen, brauchen wir ja heute nur noch zu lernen, auf die Tasten einer Maschine zu drücken. Es ist also gar nicht so dumm, wenn manche Kinder uns fragen, warum wir überhaupt noch rechnen lernen müssen. Beim schöpferischen Umgang mit strukturiertem Material, wie es zum Beispiel das Montessori-Material ist, nähert sich das spielende Kind dem Entdecken des mathematischen Denkens überhaupt. Über viele Umwege entdeckt es Zusammenhänge, Möglichkeiten der Abkürzung, Umkehrungen usw. Es handelt sich also um eine regelrechte Entdeckerfahrt: Nicht ohne Gefahr, den Weg zu verlieren, doch mit der Aussicht, unbekanntes Land zu entdecken und unvorhergesehene Schwierigkeiten zu überwinden. Was die Kinder im Lauf ihrer Entdeckungen niederschreiben, ist oft umständlich, aber spiegelt ihre Aufregung und Freude in ihrem Tun wieder. Auch hier gehen positive Erlebnisse in konkreten Situationen dem Umsetzen in Symbole für lange Zeit voraus.

Solche sich immer erneuernden, ständig variierten Erfahrungen mit dem konkreten Material sind unermeßlich reicher als das Durcharbeiten eines Textbuches mit Anstreichen, Kreise ziehen, Aufgabenabschreiben und -lösen. Nehmen wir als Beispiel das Material, durch das sich das Kind mit dem Dezimalsystem vertraut macht: Einzelne Perlen für die Einer, Zehnerketten, Hunderterquadrate und Tausenderwürfel, alle aus Perlen zusammengestellt. Das Kind kann damit alle vier Rechenarten durchführen. Bekommt es zum Beispiel als Resultat die Zahl 8.537, so ist diese Menge in allen drei Dimensionen erfaßbar. Das Kind baut den Turm aus acht Tausendern mit großer Vorsicht, damit er ihm nicht auf den Kopf fällt und läßt dann seine Augen mit Wohlgefallen an seinem Werk emporwandern. Daneben liegen die fünf Hunderterquadrate. An ihrer Höhe ist deutlich abzulesen, um wieviel niedriger sie sind als die daneben hochragenden Tausender. Oft braucht es nur einer bewundernden Geste, um ein Kind auf diese Zusammenhänge aufmerksam zu machen. Eine vorsichtig gestellte Frage des Lehrers im rechten Moment,

Erziehung zum Sein

und dieses Kind findet ohne Drängen spontan den Weg in eine höhere Rechenart.

Hier ein Beispiel, wie Kinder wie von selbst Abkürzungen erfinden. Der hier beschriebene Rechenweg wurde vor meinen Augen von einem achtjährigen Mädchen „entdeckt" und dann voller Freude an ihre Kameradinnen weiterempfohlen: Maria Gabriela legte auf dem Tisch eine große Anzahl von farbigen Multiplikationsketten im Viereck aus (die Reihen sind durch verschiedene Farben zu unterscheiden). Es war eine bunte Reihenfolge von Ketten verschiedener Längen und Farben. Als das Viereck geschlossen war, sollte sie die Gesamtzahl der Perlen durch Abzählen ausfindig machen. Doch immer wieder verzählte sie sich. Da faßte sie einen kurzen Entschluß. Sie vereinte alle Ketten gleicher Farben in Gruppen und erhielt zum Beispiel 5x7, 3x2, 5x4 usw. Manche Multiplikationen konnte sie schon im Kopf lösen, andere mußte sie durch Zählen nachprüfen. Als sie mir voll Stolz ihre „Erfindung" vorstellte, war es nur ein kleiner Schritt, ihr die allgemein bekannte Notierungsweise für diese Rechenweise zu zeigen: (5x7) + (3x2) + (5x4) etc. Von nun an versuchte sie beide Möglichkeiten; manchmal legte sie zuerst die Ketten aus und schrieb dann die Abkürzungen auf, oder sie erfand sich zuerst einen „Bandwurm" auf dem Papier und legte dann die Ketten entsprechend aus.

Ein Material für Anfänger birgt oft große Entdeckungsmöglichkeiten für fortgeschrittene Rechenkünstler. Ein quadratisches Tuch, das durch darüber genähte Bänder wie ein Schachbrett in 64 Quadrate eingeteilt ist, dient den Kleinen, um auf konkrete Weise das kreuzweise Addieren kleiner Mengen zu üben. Das Kind entdeckt bald das Ansteigen der Werte von einer Reihe zur andern und sieht mit Vergnügen, wie die Ketten gleicher Farben diagonal durch das ganze Tuch laufen. Während es sich zunächst mit diesem „Spiel" begnügt, bereiten dem größeren Kind die verschiedenen Diagonalen Kopfzerbrechen, die in gleichen Farben durch das Tuch laufen. Haben sie irgend etwas zu bedeuten? Ist die Neugier des Kindes einmal geweckt, macht das Aufzeigen neuer Zusammenhänge Lehrer und Schüler großen Spaß.

Gekauftes Montessori-Material ist natürlich teuer und für viele vollkommen unerschwinglich. Hier in Ecuador, wo eine ungünstige Währung, Verschiffungs- und Einfuhrkosten das reguläre Einkaufen unmöglich machen würden, sind wir darauf angewiesen, es größtenteils selbst herzustellen. Aus Perlen, welche die Indianer in üppiger Pracht um den

Rechnen aus Freude

Hals legen, fertigen wir das anziehendste Material an. Einheimische Hölzer geben den Rohstoff für die meisten hausgeschreinerten Stücke. Das geometrische Material ruht keinen Tag. Wen sollte die tagelange Arbeit reuen, die zu seiner Herstellung notwendig war?

Doch ist es für einen Lehrer nicht beängstigend, wenn die Kinder gleichen Alters nicht das Einmaleins zur gleichen Zeit auswendig können? Wie können wir sicher sein, daß ein langsames Kind es jemals lernt? Unser Sorgenkind Alba machte die langsamsten Fortschritte, die ich je erlebt habe. Ihr Bedürfnis an praktischer Arbeit mit viel Bewegung schien unerschöpflich. Nie ermüdete sie, als sie doch das didaktische Material zu benutzen begann, die Kügelchen immer von neuem in die Löcher der vorbereiteten Bretter zu stecken. Nach langer Zeit entdeckte sie dann zuerst die Zweierreihen. Angefacht durch diesen Erfolg machte sie sich an die Dreierketten. Sie hielt den Behälter mit den Ketten voll Ehrfurcht in der Hand. „Wenn ich will, kann ich die Ketten abzählen. Aber ich will heute nicht. Ich will sie heute im Kopf ausrechnen." Sie ging mit gerunzelter Stirn im Schulraum auf und ab und zählte zum ersten Mal innerlich: „Ist es 5?" Sie kam zu mir herüber. Ich schüttelte den Kopf: „Willst du nicht lieber die Ketten herausnehmen?" Sie weigerte sich standhaft. „Ich krieg's ohne Ketten heraus." So ging es eine Stunde lang. Sie wanderte im Zimmer herum wie ein Wissenschaftler, der einer unerhörten Entdeckung auf der Spur ist. Sie zählte und zählte im Kopf und hielt dabei den Behälter mit den Ketten wie ein Kleinod in der Hand. Sie war entschlossen, ohne ihre Hilfe auszukommen. Nach dieser Stunde harter Arbeit hatte sie die Dreierreihe bis 30 für sich „erobert". „Niemand hat es mir beigebracht. Ich habe es allein herausgefunden." Diese Eroberung ist mit einem Glücksgefühl verbunden, das Einfluß auf alle Gebiete ihres Lebens hat. Ihre Mutter berichtet: „Nun ist Alba nicht mehr der Schrecken der Familie. Sie sucht nur noch selten Streit, mäkelt nicht mehr am Essen herum und bettelt nicht mehr ständig um Geld, um sich Süßigkeiten zu kaufen." Hat etwa unerwünschtes Benehmen unserer Kinder etwas mit der Art zu tun, wie sie rechnen, lesen, schreiben oder all das lernen, was doch so nützlich für sie ist?

Bei den schnelleren Kindern geht der Übergang vom Konkreten zum Abstrakten meist weniger dramatisch und für die Wahrnehmung des Lehrers oft kaum sichtbar vonstatten. Statt aber die ganze Klasse an den Schnelleren zu messen und entsprechend voranzutreiben, wäre es für uns als Erwachsene viel aufschlußreicher, die langsamen Übergänge

Erziehung zum Sein

gründlich zu beobachten und aus ihnen neue Schlüsse zu ziehen. So könnten uns gerade die langsamen Rechner große Dienste leisten, statt uns im Gruppenunterricht zur Verzeiflung zu treiben.

Plötzliche Regenfälle bieten reichhaltige Möglichkeiten für Aktivitäten im Freien.

Die Welt erforschen

Für jeden Menschen, der einmal den Anforderungen eines – wenn auch noch so alltäglichen – Lebens gegenübertreten soll, muß die frühe Erziehung dazu dienen, daß seine Augen sehen lernen, sein Verstand lernt zu verstehen und sein Geist, sprungbereit auf Reize zu reagieren. Die Kunsterziehung lehrt und entwickelt all diese Qualitäten. Dies ist die eigentliche Rechtfertigung für den wichtigen Platz, den sie heutzutage im Schulwesen einnimmt.
Sybil Marshall

Wenden wir diese Gedanken auf die aktive Schule an, so bekommen sie eine neue, weitere Bedeutung. Wir können sie nicht nur auf die wichtige und heute oft vernachlässigte Kunsterziehung beziehen, sondern auf die „Kunst zu leben" überhaupt. In offenen Schulen überall auf der Welt sind sich die Erzieher darüber einig, daß die Grundschule – oder Schulen überhaupt – nicht dafür da sind, um Wissen anzuhäufen, sondern um Einsichten zu fördern, einen „Vorgeschmack aufs Lernen" zu vermitteln und damit den Anstoß zu geben, die Tätigkeit des Lernens ein Leben lang fortzusetzen. Von dieser Perspektive her fällt es uns leichter, von dem alten Schema des „Fachunterrichts" abzukommen. Statt Naturkunde, Geographie, Geschichte, Physik, Chemie, Musik, Sport und Kunsterziehung sorgfältig voneinander zu trennen, helfen wir den Kindern, Sinne, Herz und Verstand zu öffnen und Schritt für Schritt „die Welt zu erforschen und zu erobern". Je mehr ein Kind sich respektiert fühlt, umso furchtloser kann es dieses Sich-Öffnen gegenüber der Welt – der äußeren und seiner eigenen inneren Welt – vollziehen. Es leuchtet uns leicht ein, daß Kunsterziehung, Musik oder Sport nur in Kontakt mit konkreten Materialien und in konkreten Umständen sinnvoll sind. Selbst in herkömmlichen Schulen werden Zeichenblock und Malkasten durch eine Vielzahl von interessanten Materialien abgelöst. Hier in Ecuador werden diese Möglichkeiten nur zögernd erkannt, und die künstlerischen Fächer bleiben hier meist noch langweilig und steril. Obwohl

Erziehung zum Sein

die Bevölkerung zum Beispiel auf natürliche Weise Musik und Rhythmus zugetan ist, wird die Freude an der Musik, sobald Musik als Schulfach gelehrt wird, geradezu systematisch unterdrückt. Einer unserer Bekannten, der ein kleines Orchester leitet und selbst drei Instrumente spielt, behauptet doch, daß er „nichts von Musik verstünde", nur weil ihm in der Schule das Notenlesen nicht eingegangen sei. Der Musikunterricht beschränkt sich auf ein monotones Einüben vaterländischer – oder in den Ordensschulen religiöser – Lieder und im übrigen auf ein hoffnungsloses Eintrichtern von elementarer Musiktheorie, die jedes Kind, das Zugang zu Instrumenten hat, in drei Unterrichtsstunden lernen könnte. Doch aus der Erfahrung anderer Länder wissen wir, daß ein sinnvoller, praktischer Musikunterricht Kindern und Lehrern wirklich Freude bereiten und zur angenehmsten Erinnerung der Schulzeit werden kann.

Im Sportunterricht ist die Notwendigkeit der Praxis und eines unmittelbaren Zusammenspiels mit der konkreten Umwelt wohl nie bezweifelt worden. Wem würde es schon einfallen, die Turnstunde durch Vorträge oder Lichtbilder zu ersetzen? Zwar sehen wir noch viele Turnlehrer, die sich selbst nicht allzusehr anstrengen, sondern mit Trillerpfeife bewaffnet und einem makellosen Trainingsanzug bekleidet Befehle an die Kinder erteilen, die sich ihren obligatorischen wöchentlichen Muskelkater holen. Doch wenigstens lernen die Kinder das Schwimmen im Wasser; sie turnen an Geräten, spielen mit Bällen und machen wertvolle Erfahrungen in Raum und Zeit, lernen Koordination, Zusammenspiel, einiges über Schwerkraft, Ermüdungserscheinungen, Geschwindigkeit und ähnliches, das ihnen über sich selbst und die Welt, in der sie leben, Aufschluß geben kann.

Es ist also kein Wunder, daß diese „Fächer" den Kindern oft den einzigen Auslauf und die einzige Bewegungsmöglichkeit im ganzen Unterrichtsprogramm ermöglichen. Manche Kinder, die sonst uninteressiert und schläfrig den Morgen verbringen, wachen vorübergehend in diesen Stunden auf und zeigen sich von ihrer lebendigen Seite. Es ist der Umgang mit konkreten Materialien, der den Kindern hier Anlaß zum Aufstehen, zum Umhergehen, Holen und Zurückbringen gibt. Ein Schwätzchen mit dem Nachbarn wird nicht gleich bestraft. Geschicklichkeit oder Kraft sind hoch angesehen. Das Lebensgefühl wird gesteigert, und der Körper kommt zu seinem Recht und tritt mit der Umwelt in unmittelbaren Kontakt.

Die Welt erforschen

In der aktiven Schule werden diese „beweglichen Fächer" nicht von den „eigentlichen Lernfächern" unterschieden. Kunst und Werken, praktische Arbeiten, Musik, Tanz und Sport sind wertvolle Ausdrucksmöglichkeiten für das rege Leben eines gesunden Organismus. Sie sind große Hilfen, um das Selbstvertrauen zu stärken, Gleichgewichte herzustellen und Geschicklichkeit und Harmonie mit der Umwelt zu fördern. Doch darüber hinaus können sie zum Ausgangspunkt für unzählige „Forschungen" werden, durch die Kinder und Lehrer in alle Bereiche des formalen Wissens vorstoßen. Wenn z.B. ein Kind stundenlang mit Wasser spielt, so bilden sich in ihm die Verständnisstrukturen für Physik, Geographie und viele benachbarte Gebiete der Sachkunde. Sind diese inneren organischen Kontakte einmal vorhanden, so sind Vorbedingungen und Bereitschaft für formales Wissen gegeben. Sind diese nicht vorhanden, so muß man eben früher oder später zu Paukmethoden greifen. Im vorhergehenden Kapitel erwähnte ich John Holts Vorschläge zu sportlichen Aktivitäten, die mit Hilfe von Meßbändern, Stoppuhren und anderen Geräten in alle Rechenarten und die Kunst der Statistik führen. Der interessanteste Aspekt dieser Art des Unterrichts ist die Tatsache, daß der Körper des Kindes und seine Lebensprozesse im Mittelpunkt stehen. Statt den Bewegungsdrang des Kindes zu unterdrücken oder nur im Wettstreit zu bewerten, wird er zum Ausgangspunkt genauer Beobachtungen, Vergleiche, Messungen und Berechnungen. Ein Beispiel: Eine Rennstrecke wird ausgemessen. Vor dem Start fühlen die Kiner ihren Puls und schreiben die Werte auf. Nach dem Rennen wiederholen sie die Messung und vergleichen die Werte. Sie ruhen, sagen wir, fünf Minuten lang aus, fühlen wieder den Puls, laufen wieder, vergleichen wieder. Alle Resultate werden aufgeschrieben, Schätzungen vorgenommen. Wie lange braucht der Körper, um nach einem Rennen wieder „normal" zu funktionieren? Wie hängt das Zunehmen des Pulses mit der Geschwindigkeit zusammen? Was geschieht, wenn der Läufer mit Gewichten belastet wird? Eine große Zahl von Fragen wird aufgeworfen, mit der Wirklichkeit in Verbindung gebracht, die wieder neue Fragen zurückwirft; Techniken des Messens, Rechnens und Notierens werden geübt. All dies, ohne auch nur einen Augenblick das natürliche Bedürfnis nach Bewegung zu mißachten.

Oder beim beliebten Werken: Die Kinder stellen, sagen wir, Schiffe aus verschiedenen Materialien und in verschiedenen Modellen her. Dabei geben wir ihnen die Freiheit, nach ihrem Gutdünken vorzugehen,

Erziehung zum Sein

auch wenn wir leicht vorhersagen könnten, daß manche dieser Werke zwar schön verziert, aber nur beschränkt seetüchtig sind. Wir behalten also unsere Weisheit für uns. Statt die Kinder mit unserer größeren Erfahrung zu konfrontieren, ermöglichen wir ihnen einen Ausflug zu einem nahen Bach. Unter großem Hallo und mit allerlei Wetten werden die verschiedenen Schiffe erprobt. „Warum bleibt dein Schiff oben und meins kippt um?" Wieder ist es die Wirklichkeit und nicht das autoritäre Urteil des Erwachsenen, die das Kind dazu zwingt, Fragen zu stellen, nachzudenken und Korrekturen vorzunehmen. „Diesmal will ich mein Schiff anders bauen, damit es beim Rennen nicht verliert." Dies ist vielleicht der rechte Moment, um illustrierte Bücher mit Schiffsmodellen anzubieten, Maße zu nehmen, sie auf den gewünschten Maßstab umzurechnen, allerlei Proben im Wassertank der Schule durchzuführen und Resultate zu diskutieren. Ein paar Kinder dringen von dieser Tätigkeit bis in die Geschichte der Seefahrt vor. Sie lesen mit Hingabe über die großen Entdeckungsreisen, studieren Karten, lernen Geographie, interessieren sich für Meeresströmungen oder was sonst mit Schiffen zu tun hat. Die aktive Schule geht in diesem Alter mit Vorrang von der konkreten Tätigkeit des Kindes aus, bleibt aber hier nicht stehen, sondern zeigt auch Wege auf, wie man sich aus zweiter Hand Wissen aneignen kann. Doch das Wichtigste dabei ist, daß solches Wissen nicht von außen auferlegt wird, sondern die authentische Neugierde des Kindes befriedigt. Ganz gleich also, ob es sich um eigene oder fremde Erfahrung handelt: Der Antrieb stammt aus einer aktiven Suche nach Verständnis.

Wie können wir erreichen, daß Kinder die Welt erforschen und erobern, ohne sich selbst dabei zu verlieren? Wir glauben, daß es keinen anderen Weg gibt, als immer wieder von der persönlichen und konkreten Erfahrung des Kindes auszugehen. Jedes Kind kommt von zu Hause mit seinen eigenen Erfahrungen, und wir haben kein Recht, es mit dem Hereinkommen zur Schultür von seiner häuslichen Wirklichkeit abzuschneiden. Die Umgebung der Schule muß so interessant gestaltet sein, daß die Sinne auf einer möglichst hohen Bewußtseinsstufe arbeiten. Die individuellen Voraussetzungen der Kinder sind jedoch so verschieden, daß die Willensentscheidung: „Mit dieser Sache will ich mich jetzt beschäftigen" von Kind zu Kind verschieden ausfallen muß. Kürzlich saßen wir mit einem Ehepaar, das um seiner drei Kinder willen in Pestalozzi-Nähe gezogen war, ins Gespräch vertieft im stillgewordenen Primarschulraum, als der zehnjährige Sohn, das Älteste ihrer Kinder, her-

Die Welt erforschen

eingeschlendert kam. Wir konnten sehen, wie seine Aufmerksamkeit beim Eintreten um etliche Grade stieg. Er schien die Ohren zu spitzen, seine Augen wurden groß und die Hände regten sich, als wollten sie zugreifen. Langsam und nachdenklich ging er von einem Interessenzentrum zum anderen. Schließlich fiel sein Blick auf die Schuldruckerei. Er zog sich einen Stuhl heran und begann wortlos, Buchstaben einzuordnen, die ein Kind am Morgen in einem Kästchen gelassen hatte, weil die Zeit zum Zurücklegen nicht mehr gereicht hatte.

Dieses Wachwerden der Sinne in einer stimulierenden Umgebung ist es, das jedes Kind die Verbindung zu seinen eigenen früheren Erfahrungen herstellen läßt. Dieser Prozeß wiederum führt zu neuer Aktivität, zur Lösung praktischer Probleme, zum Aufwerfen von Fragen. Kann dieser Prozeß der inneren und äußeren Aktivierung täglich neu vonstatten gehen, so geben wir dem Organismus des Kindes Gelegenheit, alte Bedürfnisse zu erfüllen, Blockierungen aufzulösen, neue Blockierungen zu vermeiden und so die Kanäle zu öffnen, durch die das Verständnis äußerer und innerer Erlebnisse ungehindert fließen kann.

In der kinderfreundlichen Atmosphäre der aktiven Schule, die mit stimulierenden Materialien reichlich ausgerüstet ist, tritt in allen Situationen ein ähnlicher Prozeß deutlich hervor: Bei jedem neuen Material, das die Kinder vorfinden, brauchen sie eine für uns oft unerträglich lange Zeitspanne des freien Ausprobierens. Als wir unser kleines Labor einrichteten, fanden die Kinder immer wieder neue Varianten, in Reagenzgläsern Flüssigkeiten zu mischen, sie zu schütteln, zu erhitzen, sich setzen zu lassen, sie mit der Pipette abzusaugen, zu filtern, sich gegenseitig ihre „Experimente" zu zeigen und zu erklären. Eine große Arbeitsfläche war vorsichtshalber mit einem Plastiktuch geschützt. Die Kinder mußten nach ihrem Experimentieren alles sauber aufräumen, aber wurden sonst mit ihrer Kunst allein gelassen. Nur selten kam eines zu uns, um seine Wunderwerke vorzuzeigen. Im allgemeinen waren die Freude am Probieren und die Konzentration so groß, daß die Kinder die Umwelt völlig vergaßen. Erst nach Wochen derart ungeleiteter Tätigkeiten – wir mußten dazu nur immer neue Grundstoffe herbeischaffen – schien die Zeit reif geworden, Anregungen zu geben. Als der erste Heißhunger nach freier Tätigkeit gestillt war, die Bewegungen ruhiger und der Gesichtsausdruck nachdenklicher wurde, schienen die Kinder geneigt, sich durch Fragen und Vorschläge auf neue Fährten bringen zu lassen. In diesem zweiten Stadium riefen sie uns immer häufiger herbei, zeigten Ergebnisse, baten um Rat und schienen gewillt, auf Gespräche einzugehen und Ergebnisse aufzuschreiben. Noch später war ihr Interesse so stark geworden, daß sie Diskussionen ohne konkrete Aktivität führten und neue Information aus Büchern holten.

Verfolgen wir diesen Prozeß aufmerksam und erlauben wirklich die volle Zeit, die das Kind zum freien Probieren und spielerischer Annäherung braucht, so bemerken wir zwei interessante Tatsachen: Einmal stoßen die Kinder meist auf viel mehr Varianten und Fragen, als wir jemals mit einem geleiteten Unterricht berührt hätten. Zum anderen laufen sie in diesem Prozeß durch Phasen, die anscheinend nichts mit „reiner Wissenschaft" zu tun haben, aber eindeutig das Gefühlsleben einbeziehen. Ein Beispiel aus unseren Annalen mag diesen Punkt ein wenig beleuchten:

Aus Gesprächen mit Alicias Mutter wußte ich, daß das Verhältnis zwischen den beiden seit langem gespannt war. Die Mutter ist ein „Künstlertyp" mit langem grauem Haar, für hiesige Verhältnisse unmodisch gekleidet. Sie bewegt sich in etwas abenteuerlichen Kreisen, meidet das normale Gesellschaftsleben und hat außerdem gewisse Schwierigkeiten, ihrer Tochter Wärme und mütterliche Zuneigung entgegenzubringen. Sie fühlt sich von ihrer zehnjährigen Tochter oft in ihrer Malerei gestört, vergißt, daß sie andere Kinder zum Spielen braucht und ihr die Schönheit des herrlichen Tals, in das sie sich zurückgezogen hat, nicht genügt. Alicia vergleicht ihre Mutter mit anderen Frauen und lebt seit einiger Zeit in der Befürchtung, daß ihre Mutter vielleicht gar eine „Hexe" sei. Diese Geschichte kannte ich aus einem Gespräch mit Alicias Mutter, in dem sie mich um Rat für das Zusammenleben mit ihrer Tochter fragte.

Alicia war beim Experimentieren im Labor. Sie war gerade in dem Stadium angekommen, in dem sie Tropfen zählte, das Reagenzglas prüfend gegen das Licht hielt, mischte, schüttelte und Resultate aufschrieb. Ein pädagogisch geschulter Beobachter hätte wohl leicht auf die Idee kommen können, daß nun alle Voraussetzungen gegeben schienen, sie behutsam in die nächste Phase eines geleiteten Unterrichts einzuführen. Doch plötzlich veränderte sich ihr Gesichtsausdruck unerwartet. Ihre Stimme, die ihre Handlungen begleitete, fiel in eine Art Singsang. Ihre Bewegungen wurden rasch. Sie mischte allerlei krauses Zeug. Ich hörte, wie sie ein anderes Kind einlud: „Willst du mit mir Hexe spielen?" Immer mehr Kinder wurden von dem Spiel angesteckt. Es wurde ein richtiges Hexenfieber, und ich begann, um die Sicherheit des zerbrechlichen

Die Welt erforschen

Gerätes zu bangen. Auf mein Anraten zogen die Kinder nach draußen und gerieten in ein immer heftigeres Spiel mit unzerbrechlichem Gerät. Sie mischten Sand, Wasser, Farben, zerhackten Blätter, drückten den Saft von Pflanzen aus. Schließlich gab es weit und breit kein Gefäß, das nicht mit „giftigen" Flüssigkeiten gefüllt, kein Stock, der nicht verzaubert gewesen wäre. Das Spiel wurde so intensiv, daß es die ganze Klasse in seinen Sog nahm. Hexentänze wurden aufgeführt, Lieder dazu erfunden, und nur mit Mühe brachte ich die Kinder zum Aufräumen ihres unermeßlichen Durcheinanders, als es Zeit zum Heimfahren wurde. Zwei Tage lang wurde das Spiel noch von einzelnen Gruppen neu belebt, dann klang es von selbst ab, erschien noch einmal im Puppentheater und in der Druckerei in abgeklärter From und verschwand schließlich ganz. Die Chemie wurde wieder „wissenschaftlich", und Alicias Mutter berichtete erleichtert, daß ihre Tochter neuerdings mehr Zutrauen zu ihr habe, sie weniger bei der Arbeit störe und nun oft bei ihr sitze und in ihrer Nähe male.

Wie oft ertappen wir uns dabei, daß wir die Kinder möglichst schnell dazu bringen wollen, die Welt aus unserer, der Erwachsenenperspektive anzusehen. Wir können uns nicht deutlich genug vor Augen halten, daß unsere Ungeduld nur dazu führt, den Zustand der kindlichen Egozentriertheit zu verlängern und ein furchtloses Öffnen gegenüber neuen Eindrücken einzuschränken oder zu verzögern! Es ist ja gerade die Fähigkeit des jüngeren Kindes, Erlebnisse und Sinneseindrücke in freiem Fluß hereinzulassen, ohne sie streng voneinander zu trennen oder sie in logische Verbindungen zu setzen, die es ihm erlaubt, einen reichen Schatz an lebendigen Erfahrungen aufzuspeichern. Dieser Schatz wird nur allmählich verarbeitet und stellt später den Rohstoff für das formale Denken dar. Wir wissen aus Piagets Untersuchung über *Urteil und Denkprozeß des Kindes,* daß die meisten Kinder sich noch bis zum Eintreten der Pubertät mit logischen Verbindungen unsicher fühlen. So mag es für sie lange ein Rätsel sein, ob ein Genfer gleichzeitig ein Schweizer sein kann, oder ob alle Schweizer auch Genfer sind.

Die Vertreter der aktiven Schule schließen diesen Umstand bewußt in ihr „Programm" ein. Sie ermöglichen den Kindern Tag für Tag immer neue Erfahrungen mit immer neuen Materialien und in neuen Zusammenhängen. Die Sinne sollen geweckt und geschärft, beschreibende Worte geübt, intelligente Handlungen unterstützt werden. Alle Dinge, die zur Anregung ins Klassenzimmer gebracht werden, dürfen angefaßt und ge-

Erziehung zum Sein

braucht, nicht nur ehrfürchtig angeschaut werden. Ausflüge erweitern allmählich den Bereich der kindlichen Erfahrung und schlagen die Brücke zum Erlebnisbereich der Erwachsenen. Nach dem neunten oder zehnten Lebensjahr wächst im Kind das Bedürfnis, sich auch mit solchen Themen zu befassen, die seinem persönlichen Erfahrungsbereich zeitlich und räumlich entrückt sind. Nehmen wir als Beispiel ein kleines Kind, das seinen frühen Anlagen entsprechend mit rhythmischen Instrumenten umgeht und seine ersten Lieder begleiten lernt. Später zeigt es vielleicht Interesse, ein leichtes Melodie-Instrument zu erlernen. Mit wachsender Geschicklichkeit, passendem Material und ein wenig Unterstützung stellt das Kind seine ersten primitiven Instrumente her. Später folgen Experimente mit der Übertragung von Tönen, ihrer Verstärkung und Dämpfung. Von hier ist es nicht mehr weit bis zum Interesse am Hörprozeß, das durch Illustrationen aus Büchern, selbstgefertigten Zeichnungen, Messungen und Vergleichen genährt wird. Konnte das Kind seiner Reife und seinem spontanen Interesse entsprechend all diese Etappen voll erleben, so fällt ihm ein Verständnis der Geschichte der Musikinstrumente, die Freude an guter Musik und ihre Notierung auf der einen Seite und ein Gefühl für die Bedeutung moderner Tontechnik auf der andern Seite nicht mehr schwer.

Durch diese Methode, die von der persönlichen Erfahrung des Kindes ausgeht und vom Respekt für die inneren Prozesse des Kindes getragen ist, gelingt es uns schließlich, die grundlegenden Unterschiede der zu erforschenden äußeren Welt klarzumachen. Schumacher teilt in *Rat für die Ratlosen* die Wissensgebiete, die sich mit der äußeren Welt befassen, in zwei Hauptklassen ein. Einmal die „beschreibenden" Wissenschaften, wie zum Beispiel Naturkunde, und zum anderen die „Gebrauchswissenschaften", durch die wir das Funktionieren bestimmter Systeme und ihre Anwendungsmöglichkeiten untersuchen lernen. Chemie und Physik sind die hervorstechendsten Vertreter dieser Gruppe. Formale Logik und Mathematik dienen zur erfolgreichen Erforschung dieser Gebiete. Die entscheidende Frage des Forschenden beim Erkunden dieses Gebietes ist: „Was muß ich tun, um gewisse Resultate zu erzielen?" Eine spielerische, nicht immer rücksichtsvolle Handhabung von Dingen und Stoffen ermöglicht es dem Kind, diese Welt gefühlloser Gegenstände und Reaktionen zu erforschen und durch diese sich ständig erneuernde Aktivität allmählich seine Logik zu entwickeln.

Im Unterschied dazu vermittelt der persönliche Umgang mit Leben-

Die Welt erforschen

digem, das Pflanzen und Pflegen, Beobachten, das Erleben von Geburt und Wachstum, Welken und Sterben, ihm den Respekt vor einer fühlenden und seinen eigenen Gesetzen folgenden Welt. So wie das Kind sich selbst fühlt und sich respektiert weiß, so erkennt und erfühlt es die Bedürfnisse anderer lebendiger Wesen. Im gleichen Maß, wie es sich selbst vor Manipulation und falscher Behandlung beschützt weiß, lernt es, auch andere Lebensformen mit Hochachtung zu behandeln und notfalls zu beschützen.

Im vergangenen Schuljahr stellten wir für unsere Kinder zum ersten Mal ein fünfzigseitiges „Zeugnis" her, in dem der Versuch gemacht wird, die verschiedenen Tätigkeiten und Fortschritte jedes Kindes zu beschreiben und festzuhalten. Diese Information soll dazu dienen, den Eltern ein Bild über die Arbeit der Kinder in der Schule zu vermitteln und den Forderungen des Ministeriums gerecht zu werden, ohne das übliche Notensystem zu benutzen. Das Lehrerkollegium einer öffentlichen Schule Quitos bezifferte jede Aktivität, die in diesem Zeugnis aufgeführt ist, mit dem Äquivalent der Klasse, in der dieser Stoff normalerweise durchgenommen wird. Zu den folgenden Bemerkungen fanden wir überraschende Kommentare:

Geht mit Tieren sorgfältig um: Unmöglich, alle Kinder sind rücksichtslos!

Pflegt Pflanzen und Anlagen: Kinder können nur zerstören!

Sollen Schulkinder lernen, die Welt in rechter Weise zu erforschen, bleibt uns nichts anderes übrig, als sie hautnah mit der wirklichen Welt den Qualitätsunterschied zwischen den manipulierbaren, mehr oder minder leblosen Dingen und der lebendigen Natur in ihren unzähligen Manifestationen erfahren zu lassen. Keine Moralpredigt über Umweltschutz, keine Lichtbilder oder kunstvoll illustrierten Bücher bringen es letztendlich fertig, dem Kind das Gefühl fürs Lebendige zu vermitteln. Wir glauben, daß Kinder, die Respekt für ihre authentischen Bedürfnisse erfahren haben, auch alles Lebendige in dieser Welt schützen werden. Die Welt erforschen: Heißt es nicht schließlich lernen, das Leben zu respektieren und zu lieben? Nur wenn den Kindern das Gefühl für ihr eigenes Leben nicht verlorengeht, können sie den Wert des Lebens in anderen Wesen ermessen und Verantwortung für ihre Umwelt übernehmen lernen.

Können wir vertrauen? In einer entsprechenden Umgebung lernen Kinder von Anfang an ihre Fähigkeiten und Grenzen einzuschätzen. Obwohl hier schon Kindergartenkinder Zugang zu allen Werkzeugen haben, ist noch nie mehr geschehen, als einige unvermeidbare kleinere Verletzungen.

Freiheit und Verantwortung

Im Centro Experimental Pestalozzi sehen wir viele Besucher ein- und ausgehen: Eltern, die eine passende Schule für ihre Kinder suchen; die Eltern unserer Kinder, die ihren „Pflichtmorgen" mit uns verbringen oder Verwandten und Bekannten die Schule zeigen wollen; neugierige Lehrer von anderen Schulen; Lehrer und Studenten der beiden Universitäten von Quito; manchmal auch Besucher aus dem Ausland. Sie fassen hier und dort an, bewundern die Vielzahl der Materialien, können vielleicht nicht widerstehen, selbst ein Experiment auszuprobieren oder ein Spiel zu beginnen. Vielleicht schütteln sie den Kopf, wie man mit einer Handvoll bunter Stecker die Quadratwurzel ausrechnen kann (es ist das erklärte Hobby eines unserer Kinder, ungläubigen Besuchern das Ziehen von Quadratwurzeln aus fünfstelligen Zahlen zu demonstrieren). Sie erinnern sich wohl an die Schulzimmer ihrer eigenen Kindheit und wundern sich darüber, „wie die Zeiten sich ändern" und daß jetzt ein Schulraum wie eine bunte Werkstatt aussehen kann. Haben sie Psychologie studiert, so sind sie des Lobes voll über all das konkrete Material, das bewiesenermaßen die Intelligenzentwicklung der Kinder begünstigt.

Doch selten gibt es einen Erwachsenen, der nicht seine Bedenken und Ängste wegen der Freiheit der Kinder in der einen oder anderen Form anmeldet. Hören wir nur das Wort „Freiheit" im Zusammenhang mit „Schule", so wird unsere Fantasie sofort von gräßlichen Bildern überrannt: Kinder, die beim Glockenläuten die Türen aufreißen und schreiend und stoßend die Gänge und Treppen des Schulhauses unsicher machen. Kinder, die sich gegenseitig die Köpfe einschlagen und Erwachsenen freche Antworten geben, die Fensterscheiben zertrümmern und Schuleigentum zerstören, Bücher verkritzeln, Fliegen die Beine ausreißen, sich die Haare nicht schneiden und beim Gehen die Füße nicht heben wollen.

Andere fühlen eine mildere Form der Angst vor der Freiheit: Werden die Kinder sich nicht daran gewöhnen, immer nur das zu tun, was ihnen

Erziehung zum Sein

am besten gefällt und Schwierigkeiten vermeiden? Wie sollen sie jemals eine ausgewogene Bildung bekommen? Wie sollen sie sich später an die Disziplin, die in unserer Gesellschaft notwendig ist, gewöhnen? Werden sie nicht angesichts der Erfordernisse des Lebens einen Schock erleiden, der all die Vorteile der aktiven Erziehung zunichte macht? Eine Lehrerin aus einer guten traditionellen Schule drückte ihre Besorgnis so aus: „Man kann doch nicht die Multiplikationstabellen durchnehmen, wenn es in der Klasse nicht still ist!"

Unsere Überzeugungen sind nun einmal von der Funktionsweise unseres Gehirns beeinflußt. In seinem Buch *Der Denkprozeß* beschreibt Edward de Bono in verblüffender Weise, wie sehr wir beim Analysieren einer Sache dem Mechanismus unseres Denkapparates ausgeliefert sind, der extreme Gegensätze bevorzugt, um durch solche Kontrastwirkung schneller zu einem Urteil zu gelangen. Wie de Bono argumentiert, ist solch ein schnelles Urteil von großem Vorteil, wenn es im Dienst der Selbsterhaltung steht. Teilansichten, Schattierungen und Feinheiten werden einem sofortigen Ja-Nein-Urteil geopfert. Um jedoch zu einem tieferen Verständnis zu gelangen, das der Wirklichkeit des Lebens näherkommt, ist es notwendig, die Haltung der Selbstverteidigung fallen zu lassen, sich zu entspannen und sich Zeit zu nehmen, um eine Sache von verschiedenen Seiten zu betrachten, sich in sie „einzufühlen" und de Bonos Zauberwort „PO" zu sprechen, von dem er in *Das spielerische Denken* schreibt. Mit diesem Wort können wir auf sein Anraten einen Prozeß einleiten, der unerwartete und neuartige Lösungen ermöglicht. Es bedeutet so etwas wie: Laß los, öffne dich; die Lösung, die du brauchst, ist überraschend und kommt nicht aus der Richtung, in der du bisher gedacht hast.

Wenden wir dieses Prinzip auf das Freiheitsproblem in der Schule an, so springt uns als erstes ins Auge, daß es nicht nur zwei entgegengesetzte Wege geben kann, an die Frage der Disziplin heranzugehen. Vielleicht waren wir bisher gewöhnt, mit den Begriffen „autoritär" und „antiautoritär" umzugehen. Autorität bedeutet, daß wir an Ordnung in der Schule glauben und unsere Autorität dazu gebrauchen, um sie herzustellen. Daß wir Resultate sehen wollen und annehmen, daß der Erwachsene am besten das Was, Wie und Wieviel der Arbeit bestimmen kann, durch die solche Resultate, notfalls mit Druckanwendung erzielt werden. Das Hauptgewicht dieses Arguments liegt bei den Anforderungen, die die Umgebung und die bestehende soziale Struktur an das Individuum stel-

Freiheit und Verantwortung

len und die dem einzelnen ohne Rücksicht auf innere Wirklichkeiten aufgezwungen werden.

Eine antiautoritäre Erziehung mögen wir bevorzugen, wenn uns die Übermacht dieser äußeren Anforderungen Sorgen bereitet, wir dagegen dem Individuum möglichst viele Rechte einräumen wollen, auch wenn die Ausübung dieser Rechte allerlei Streß für die Umwelt herbeiführen sollte.

Im wirklichen Leben jedoch gibt es eine Unzahl von Situationen, in denen weder das autoritäre noch das antiautoritäre Prinzip zutrifft. Tatsächlich wäre längst alles Leben von unserem Planeten verschwunden, würde es nicht ständig von einem natürlichen Gesetz erhalten, das immer und überall zu einem Gleichgewicht tendiert zwischen außen und innen, hoch und tief, schwer und leicht und allem, was sich zu sehr auf eine Seite neigt, ohne die Gegenseite zu berücksichtigen.

Nehmen wir als Beispiel eine Situation, in der eine Gruppe von Erwachsenen ein Ferienhaus mietet. Jeder einzelne hat den Wunsch, sich auszuruhen und sich zu vergnügen. Keiner will Verantwortungen übernehmen, und keiner will dem andern Vorschriften machen. Alle hoffen auf harmonische und genußreiche Ferien. Es ist leicht zu sehen, wie selbst in solch einer scheinbar unstrukturierten Situation ausgesprochene oder unausgesprochene Grundregeln das Zusammenleben und die Handlungen des einzelnen vom ersten Moment an beeinflussen, wie kleine Verantwortungen und Rollen verteilt und hier und dort Freiheiten eingeschränkt werden. Selbst wo sich niemand als Autorität fühlt und niemand autoritäres Verhalten erdulden würde, wird vorübergehend Führung übernommen und angenommen. Sagen wir, daß einer der Feriengäste die Gegend von früher her kennt. Die andern werden sich von ihm beraten lassen: In welchem Restaurant man besser ißt, welcher Spazierweg für den einen zu ermüdend, für den andern gerade ideal wäre. Ist einer ein erfahrener Segelkünstler, so werden sich die andern gern von ihm anleiten oder spazierenfahren lassen. Wieder ein anderer liebt vielleicht gefährliche Abenteuer. Andere, die ähnliche Neigungen, aber weniger Initiative haben, schließen sich ihm hin und wieder an. Manchmal wird einer von einem andern in seiner Lieblingsbeschäftigung unterbrochen, und ist einer gar in Not, vergessen alle anderen ihren Vergnügungsdrang und sind zu Opfern bereit.

Eine solche „funktionelle" Disziplin wird in allen Situationen des Lebens bewußt oder unbewußt immer dort angewandt, wo das natürliche

Erziehung zum Sein

Leben noch nicht einem künstlichen geopfert worden ist. In immer neuen Schattierungen und Gewändern ist dies auch die Disziplin der aktiven Schule. Betrachten wir ein Beispiel aus unserer täglichen Praxis, die diese funktionelle Disziplin illustriert: Zwei Jungen hämmern mit aller Kraft auf ein Stück Holz ein. Sie sind von ihrer Arbeit vollkommen absorbiert und vergessen alles, was um sie herum geschieht. Ein paar anderen Kindern fällt es schwer, sich bei dem Lärm zu verständigen, und sie rufen zu den Krachmachern herüber: „Könnt ihr nicht draußen hämmern? Man versteht ja sein eigenes Wort nicht!" „Na gut, weil ihr es seid!" geben die zwei Schreiner zurück und ziehen mit ihrer Arbeit vor die Tür.

Die konkrete Aktivität der Kinder mit konkreten Materialien bringt viel Bewegung mit sich. Immer wieder gibt es Momente, in denen Kinder, beladen mit Gegenständen, die sie von einem Ort zum andern transportieren, fast zusammenstoßen. Sie lernen, sich auszuweichen, machen sich auf mehr oder weniger feine Art auf ihre Ungeschicklichkeiten aufmerksam und bitten sich um Entschuldigung. Sie fragen sich gegenseitig: „Kannst du mir ein bißchen Platz an deinem Tisch freimachen?" „Wer kann mir ein paar Tausender leihen?" „Hast du noch lange zu tun mit diesen Ketten?" Wenn sich eine Dose voller Perlen durch einen Unfall über den Boden ausleert, bücken sich die andern Kinder, die gerade in der Nähe sind, mit größter Selbstverständlichkeit, falls sie nicht gerade von ihrer eigenen Beschäftigung gefangen genommen sind, und helfen beim Aufsammeln.

Von vielen der strukturierten Materialien gibt es nur ein einziges oder wenige Exemplare im Raum. Immer wieder muß jemand warten, bis ein Material frei wird, mit dem er arbeiten will. Immer und überall sehen sich Kinder und Erwachsene neuen Situationen gegenüber, in denen sie entscheiden müssen, ob ihre Tätigkeit die Freiheit eines andern beeinträchtigt oder ob sie sich durch einen andern gestört fühlen. Sie lernen beurteilen, wie weit sie solche Störungen tolerieren können und wo sie die Grenzen setzen, an denen sie den andern in seine Schranken weisen. Unsere Hausregeln, die das Zusammenleben ermöglichen und jedem die notwenige Sicherheit verschaffen, sind wenige, werden aber von allen respektiert. Wer sich weigert, sie zu befolgen, wird von den Kameraden nicht immer sanft zurechtgewiesen. Die Regeln sind so einfach, daß „jedes Kind" ihre Notwendigkeit am eigenen Leib erleben und verstehen kann: Was man benutzt, muß man wieder aufräumen, daß es einem andern dient. Die Tätigkeit einzelner oder einer Gruppe darf von an-

Freiheit und Verantwortung

dern nicht gestört, Personen dürfen nicht verletzt, Material nicht mutwillig beschädigt werden. Wer an einer freiwilligen Arbeitsgruppe teilnimmt, akzeptiert die Disziplin dieser Gruppe.

Durch diese funktionelle Ordnung geschützt, aber frei, um der selbstgewählten Tätigkeit nachzugehen, erreichen die Kinder allmählich eine Konzentrationsfähigkeit und damit eine Selbstdisziplin, die nur mit der Hingabe, Ausdauer und Vertiefung eines schöpferisch tätigen Menschen zu vergleichen ist. Sie fühlen sich so sehr eins mit ihrer Tätigkeit, daß sie keine Mühe scheuen und oft Essen und Trinken vergessen. Die Tätigkeiten der anderen Kinder rundherum zwingen jeden einzelnen ständig, entweder aus dem großen Angebot der Sinnesreize solche auszuwählen, die dem eigenen Interesse naheliegen und ihnen unter Ausschluß anderer Reize zu folgen, oder aber alle Eindrücke von außen aus dem Bewußtsein zu verweisen und nur dem eigenen Interesse Aufmerksamkeit zu schenken. Neueren Studien über die Funktion des menschlichen Gehirns nach zu schließen, wie man sie bei Taylor nachlesen kann, wird die menschliche Intelligenz gerade durch diese Fähigkeit, dem eigenen Organismus entsprechende Reize auszuwählen, gefördert. Damit fangen wir an zu zweifeln, ob es wirklich all die Mühe wert ist, eine Klasse mit der größten Anstrengung zur Ruhe zu bringen, um schließlich nach langem Zureden und Strafen jene wunderbare Stille zu erreichen, in der alle gemeinsam die Multiplikationstabellen lernen oder sich sonst auf eine Arbeit konzentrieren können. In der aktiven Schule sehen wir täglich die höchsten Grade der Konzentration inmitten eines Überangebots an Ablenkungsmöglichkeiten.

Welches Ideal ist es eigentlich, das uns so einschneidend geprägt hat, daß wir nur das als Lernen gelten lassen, was unter der Anleitung einer Autorität, nach genauem Stundenplan, im Gleichschritt und oft monotoner Wiederholung der gleichen Art von Übungen geschieht? Bemühen sich unsere Schulen um die Anwendung von Methoden, die auf die wirksamste Weise das authentische Interesse der Kinder und damit all ihre Begabungen wecken oder liegt ihnen eine bestmögliche Anpassung der Kinder an eine bestehende Gesellschaft am Herzen? In *Die dritte Welle*, einer Analyse unserer soziologischen Realität, beschreibt Alvin Toffler, wie die Bedingungen des allgemein gültigen Wirtschaftssystems die Methoden und Ideale des Bildungssystems beeinflussen. In seinem Kapitel über den „inoffiziellen Lehrplan" schreibt er:

„Mit der Verlagerung des Angebots von Arbeitsplätzen vom Land in

Erziehung zum Sein

die Fabriken ergab sich die Notwendigkeit, die heranwachsenden Generationen auf das Leben in der Fabrik vorzubereiten ... Wenn es gelänge, junge Menschen rechtzeitig auf die Bedürfnisse des industriellen Systems zurechtzutrimmen, würden die disziplinarischen Probleme in Zukunft entscheidend verringert. Das Ergebnis derartiger Überlegungen führte zu einem weiteren zentralen Strukturmerkmal aller Industriegesellschaften: Der Massenerziehung (d.h. allgemeine Schulpflicht. Anm. der Verf.). Von den Bedürfnissen der Fabriken ausgehend, bestand die Ausbildung der Massen in der Vermittlung von Grundkenntnissen in Lesen, Schreiben und Rechnen, etwas Geschichte und ein paar anderen Fächern. Dies zumindest war der „offizielle Lehrplan". Weitaus wesentlicher war jedoch ein „inoffizieller Lehrplan", der diesem Unterricht zugrunde lag. Er bestand – und besteht immer noch heute in den meisten Industrienationen – aus drei „Fächern": Pünktlichkeit, Gehorsam und eintönigem Arbeitsrhythmus. In den Fabriken brauchte man einen Arbeiter, der morgens pünktlich erschien und zur Fließbandarbeit geeignet war. Der ideale Arbeiter folgte widerspruchslos den Befehlen des hierarchisch gegliederten Managements. Die Fabrikarbeit verlangte nach Männern und Frauen, die bereit waren, sich von Maschinen versklaven zu lassen oder in Büros Aufgaben von brutaler Gleichförmigkeit zu verrichten.

Nach Toffler sind inzwischen Generationen von Jugendlichen aus diesem immer strenger überwachten Schulsystem hervorgegangen und haben das Funktionieren des industriellen Lebensmodells garantiert. Dieser Erziehungsstil der zweiten bzw. industriellen Welle ist sowohl von den kapitalistischen wie auch von den kommunistischen Ländern übernommen worden. Die Länder der Dritten Welt, die erst später in die zweite Welle eingetreten sind, machen hier keine Ausnahme. Im Gegenteil: Aus Angst, vielleicht den Anschluß zu verpassen, zeichnen sich deren Schulen durch krassere Methoden aus, als man sie in den „fortschrittlichen" Ländern zumutbar findet.

Folgen wir weiter Tofflers Argumenten, so stellen wir fest, daß wir bereits auf der Schwelle einer neuen, der dritten Wirtschaftswelle stehen. Selbst für solche, die unter allen Umständen auf einer bedingungslosen Anpassung des Individuums an die Bedürfnisse der Gesellschaft bestehen, kommt die Frage auf, ob die Erziehungsideale der zweiten Welle noch die der dritten Welle sein werden. Für Toffler besteht jedenfalls kein Zweifel: Die dritte Welle wird vom Individuum nicht mehr die gleiche Kombination von „Pünktlichkeit, Gehorsam und Bereitschaft

Freiheit und Verantwortung

zur Routinearbeit" verlangen, sondern vielmehr gewisse schöpferische Fähigkeiten, die uns von den Wundermaschinen der Mikroelektronik unterscheiden sollen. Zu diesen Fähigkeiten bedürfen wir einer höchstmöglichen Integration aller unserer Hirnstrukturen, freien Zugang zu unseren Gefühlen und eine Urteils- und Entscheidungskraft, die vom mikroelektronischen Gerät trotz aller seiner Verfeinerungen nicht erreicht werden könnte.

Entscheidung und Urteil: Zwei Begriffe, die uns unmittelbar zur Frage der Freiheit und Verantwortung führen. Um Entscheidungen fällen zu können, brauchen wir die Gelegenheit, sie unaufhörlich und in den verschiedensten Situationen zu üben. Obwohl auf einem höheren Bewußtseinsniveau, ist solches Üben mit dem Gebrauch unserer Muskeln zu vergleichen. So lernt das Kleinkind das Laufen nicht durch Vorlesungen oder Lektüre über die richtige Folge von Bewegungen, die Gesetze des Gleichgewichts, der Schwerkraft und der Geschwindigkeit, sondern durch unermüdliches Üben. Unzählige Male fällt es hin, und ebenso oft steht es wieder auf. Hin und wieder braucht es Hilfe, doch vor allem braucht es Bewegungsfreiheit und eine abwechslungsreiche Umgebung, in der es ohne große Gefahren neue Schwierigkeiten bewältigen und zu einer Meisterschaft im Gehen gelangen kann. Befindet sich ein kleines Kind in seiner sensitiven Periode fürs Gehenlernen, so ist es unermüdlich und hartnäckig und scheut keine Anstrengung.

Schon dieses alltägliche Beispiel kann uns lehren, wie sehr das Maß der Bewegungsfreiheit das Maß der Verantwortung bestimmt. Solange wir ein Kind an der Hand führen, überläßt es uns außer der Führung auch die Verantwortung: Wir sind darauf bedacht, daß das Kind nicht in eine Pfütze tritt, über einen Stein stolpert oder vom Auto überfahren wird. Begibt sich ein Kind aber allein auf Erkundungstour, ist es viel aufmerksamer auf alle Hindernisse. Es erwägt lange, ob es über einen Graben zu springen wagt und untersucht jedes Hindernis eingehend, um zu entscheiden, ob es ihm gewachsen ist. Sein Bewußtsein im Akt des Gehens befindet sich sozusagen auf einem höheren Niveau: Es fühlt sich verantwortlich und lernt in dieser Verantwortung, seine Fehler zu korrigieren. Sollte es hinfallen und sich wehtun, so lernt es, die Folgen seines eigenen Handelns zu ertragen. Ein Kind dagegen, das von einem Erwachsenen an der Hand geführt wird und auf ihn die Verantwortung übertragen hat, „geht" zwar auch, doch die Qualität dieses Gehens ist eine andere. Der Bewußtseinsgrad im Akt des Gehens ist niedriger: Der

Erziehung zum Sein

Erwachsene sieht für das Kind voraus, korrigiert seine Richtung. Die Unaufmerksamkeit des Kindes wird sofort durch eine Handlung des Erwachsenen ausgeglichen. Sollte es doch einmal zu Fall kommen, fühlt sich das Kind nicht voll für dieses Mißgeschick verantwortlich. Es wird viel weniger gewillt sein, den Schmerz mit seinem eigenen Fehler in Verbindung zu bringen. Vielleicht beschuldigt es sogar den Erwachsenen: „Du hast nicht aufgepaßt."

Es besteht kein Zweifel: Sollen unsere Kinder als Erwachsene die Fähigkeit haben, Entscheidungen zu treffen, Urteile zu fällen und Verantwortungen zu übernehmen, so brauchen sie heute schon unzählige Gelegenheiten, diese „Kunst" zu üben. Soll die Schule als Vorbereitung auf eine Zukunft dienen, in der, schenken wir Tofflers Analyse über das Hereinfluten der „dritten Welle" Glauben, sich mit einer veränderten Gesellschaftsstruktur auch die Anforderungen an die Individuen ändern, so müssen wir heute schon den „versteckten Lehrplan" in der Schule ändern. Welche menschlichen Fähigkeiten werden in der „dritten Welle" von Wichtigkeit sein, wenn es nicht mehr die Verbindung „Gehorsam, Pünktlichkeit, Routinearbeit" ist? Toffler macht es uns anschaulich: Die Produktionsprozesse werden von hochintelligenten Maschinen übernommen werden, die gehorsam, zuverlässig, pünktlich und ohne Widerwillen gegen Routine sind. Die Menschen dagegen werden durch ihre schöpferische Kraft und Vorstellung die Arbeit dieser Maschinen planen und leiten. Sie müssen fähig sein, Probleme im Produktionsprozeß soweit wie möglich zu vermeiden, komplizierte Arbeit zu organisieren und Stockungen vorauszusehen. Sie müssen also einen hohen Grad an Aufmerksamkeit und Anpassungsfähigkeit an unvorhergesehene Situationen besitzen, sollen sie nicht Sklaven dieser intelligenten Maschinen werden und gezwungen sein, zu den unpassendsten Zeitpunkten herbeizueilen, um Katastrophen zu vermeiden.

Außerdem könnten wir uns vorstellen, daß das Individuum durch die Befreiung von langwieriger Routinearbeit mehr Freizeit und Privatleben haben wird. Die Familie – oder wie immer der Kreis eng zusammenlebender Personen zu nennen sein wird – verbringt voraussichtlich mehr Zeit als heute miteinander. Heute mag es schwer zu unterscheiden sein, ob ein Ehemann mit seiner Frau nur wenig spricht, weil er von der Arbeit todmüde nach Hause kommt oder weil er sich mit ihr nicht mehr recht versteht. Haben wir viel Zeit füreinander, so müssen wir auch wieder lernen, uns untereinander zu verständigen, unsere Emotionen und unsere menschlichen Schwächen zu meistern. Der neue „versteckte Lehrplan" sollte darum unseren Kindern auch Gelegenheit geben, in vielen unerwarteten Situationen ihre Gefühle kennenzulernen und verantwortlich mit ihnen umzugehen.

Versuchen wir, diese Elemente zu vereinen, so kommen wir zu der Vermutung, daß die Zukunft wohlintegrierte Menschen fordert, die sich von den intelligenten datenverarbeitenden Maschinen durch ihre schöpferische Kraft, Gefühlsstärke und einen hohen Grad an Bewußtsein unterscheiden. Schöpferisches und analytisches Denken, Fühlen, Entscheiden, Urteilen und verantwortliches Handeln auf einem hohen Bewußtseinsniveau müssen heute schon in der Schule geübt werden. Die alten bewußtseinseinengenden, gefühlsverdrängenden Lehrmethoden, bei denen die wichtigsten Verantwortungen in den Händen einer Autorität liegen, sollten uns nicht mehr genügen. Auch wenn wir es noch so gut mit unseren Kindern meinen und überzeugt sind, daß wir besser als sie wissen, was, wieviel und wann etwas für sie gut ist und sie mit guten oder weniger guten Mitteln zum Tun unseres Willens bringen: Wir tun ihnen keinen Gefallen mehr damit. Es mag uns und ihnen weh tun (denn der Gebrauch eines ungeübten Muskels gibt bekanntlich Muskelkater): Wir müssen heute schon lernen zu fühlen, zu entscheiden, zu urteilen und in unvorhergesehenen Situationen flexibel zu sein.

Trotz unserer Angst müssen wir uns mit der Frage der Freiheit in der Schule auseinandersetzen. Vielleicht schauen wir uns etwas hilflos an. Wann waren wir selbst frei? Etwa in der Schule? In der Arbeit? Wieviel Freiheitserfahrung haben wir, die wir mit unseren Kindern teilen können? Besinnen wir uns auf Erfahrungen, in denen wir uns selbst lebendig, im Besitz unserer Gefühle, voller Interesse, ganz und gar als „Mensch" erlebt haben. Aus solchen Lebenssituationen – seien sie in der Familie, mit Freunden, im Urlaub, in einer besonders interessanten Arbeit – müssen wir nun das Modell der „Schule für die Zukunft" aufbauen: Eine Schule des Seins, die ja das Wissen nicht ausschließt, denn nur, wenn ich „bin", kann ich wirklich „wissen".

John Holt, der sich in den Staaten seit vielen Jahren für neue Formen der Erziehung einsetzt, schreibt über dieses Thema:

„Einige könnten hier einwenden, daß die Freiheit, die eine Person gewinnt, eine andere verlieren muß. So nicht! Die Freiheit ist nicht irgendein Brocken, gerade so und so groß und nicht größer, aus dem jeder das größte Stück, das er erwischen kann, herauszureißen versuchen muß.

Erziehung zum Sein

Die größere Freiheit, die ich habe und spüre – und zu einem großen Teil habe ich sie, weil ich sie spüre –, ist nicht auf Kosten eines anderen gewonnen. In gewissem und, wie ich hoffe, immer größerem Umfang bedeutet mehr Freiheit für mich auch mehr Freiheit für andere, Verwaltungsbeamte, Lehrer, Eltern und vor allem Studenten und Kinder. Je weniger wir in einer engen und starren Vorstellung davon befangen sind, wie die Dinge sein müssen, um so freier sind wir alle in unseren Fortschritten und unserer Entwicklung."

Schon im sechsten Kapitel über den Einfluß Piagets auf die Pädagogik wurde das Problem der Freiheit berührt. Mit großem Nachdruck weist Piaget immer wieder darauf hin, daß eine menschenwürdige Intelligenz nur durch Freiheit zum Handeln und Experimentieren, zum Fehlerbegehen und Fehlerkorrigieren gebildet werden kann. Er besteht darauf, daß nur der Umgang mit Gleichgestellten zu sozialer Verantwortung führt, daß Autorität den Egozentrismus verstärkt und die Verwandlung des Individuums in eine „Person" verzögert oder gar verhindert.

In seinem Buch *The Undiscovered Self* malt uns C.G. Jung ein eindrucksvolles Bild vom modernen Menschen aus. Er spricht davon, wie wir für gewöhnlich in dem Glauben leben, daß unser kleines Selbstbewußtsein die ganze Wahrheit umfaßt, wie sehr wir aber in Wirklichkeit unserer eigenen verborgenen Gefühle und Regungen unbewußt sind und darum ihre Macht nicht einschätzen können. Durch die Unkenntnis unseres eigenen unentdeckten Selbst, unseres „Schattens", leben wir in unerklärlicher Angst und Spannung. Doch für gewöhnlich fühlen wir uns nicht frei, uns unseres eigenen Schattens bewußt zu werden und mit wachsendem Bewußtsein auch Verantwortung für uns selbst zu übernehmen. So übergeben wir diese Verantwortung gern einer Autorität, die uns Sicherheit und Führung verspricht. Das dunkle, angsterregende Gefühl, das aus den Tiefen unseres eigenen Unbewußten stammt, projizieren wir aber auf unsere Umgebung, auf unsere Mitmenschen, die uns scheinbar nicht in Ruhe leben lassen; auf einen Gegner, auf eine Partei oder eine feindliche Nation oder Rasse. Werden all diese unbewußten Projektionen von einer Macht entsprechend manipuliert, die inzwischen für uns die Verantwortung übernommen hat, so ist es nicht mehr weit zur Zerstörung einer ganzen Welt. So zeigt C.G. Jung, wie das Erreichen eines höheren Bewußtseinsgrades nicht nur zu einer größeren Verwirklichung des Individuums, sondern zur Erhaltung der Menschheit überhaupt unerläßlich ist.

Freiheit und Verantwortung

Einen weiteren Einblick in das Problem der Freiheit gewährt uns Arthur Koestler in *Janus*. In seinem Kapitel „Freier Wille im Rahmen der Hierarchie" argumentiert er, daß ein freier Wille von einer reicheren Auswahl der Handlungsmöglichkeiten abhängt. Je tiefer sich ein Lebewesen auf der Evolutionsleiter befinde, umso geringer seine Auswahl der Handlungsmöglichkeiten. Je höher auf der Leiter, umso größer diese Auswahl und die Gelegenheit, einen freien Willen auszuüben. All diese Schattierungen der freien Wahl und des freien Willens, die in der Schöpfung vertreten sind, können wir auch in jedem Menschen wiederfinden. Koestler illustriert dies am Beispiel eines Autofahrers, der auf einer gut bekannten Straße mit wenig Verkehr dahinfährt und sein Bewußtsein auf „Automatik" stellt. Er führt alle Handlungen, die mit dem Autofahren zusammenhängen, automatisch aus und denkt dabei an etwas anderes (so wie ein Schulkind, das in einem langweiligen Unterricht sitzt und automatisch ausführt, was von ihm verlangt wird, aber in Wirklichkeit an etwas anderes denkt). Die Aufgabe, sein Fahrzeug zu lenken, ist also von einem höheren auf ein niedrigeres Niveau seiner Bewußtseinshierarchie verlegt worden. In dem Augenblick aber, in dem der Fahrer ein anderes Auto überholen will (oder der Lehrer sich dem Platz des Schülers nähert), gibt er seine halbbewußte Routine auf und schaltet auf eine höhere Bewußtseinsstufe um. Sieht er sich einer wirklich gefährlichen Verkehrssituation gegenüber (oder ruft der Lehrer einen Schüler zur Tafel), so wird ein noch höherer Bewußtseinsgrad verwirklicht.

Unser ganzes Leben lang führen wir Handlungen auf solchen verschiedenen Bewußtseinsstufen aus. Der Automatismus routinemäßiger Handlungen macht uns zwar frei für neues Aufmerken auf der höheren Stufe, doch allzu häufiges Absinken auf einen niedrigen Bewußtseinsstand droht uns zu „Gewohnheitstieren" oder Automaten zu machen und unsere Fähigkeit zu einem „vollen Bewußtsein" zu vermindern. Dies ist kritisch im ganzen Leben, besonders aber in den Wachstumsjahren, in denen die meisten unserer Gewohnheiten gebildet werden. Der Gebrauch unseres höheren Bewußtseins ermöglicht uns einen höheren Grad freien Willens. Soll es sich voll entwickeln, muß es aber in immer neuen Situationen durch das Treffen von Entscheidungen geübt werden. Hinter diesem Üben steht harte Arbeit, die von außen selten vermutet wird.

Freiheit ist nicht gleichbedeutend mit „Regellosigkeit". Koestler führt das Beispiel des Schachspiels an. Seine Regeln sind die gleichen für einen Anfänger wie für einen Meisterspieler. Doch das höhere Denkniveau des

Erziehung zum Sein

Meisters erlaubt ihm eine unermeßlich größere Anzahl von möglichen Zügen. Seine Freiheit ist also größer, obwohl beide den gleichen Regeln gehorchen. Die „Hausregeln" der aktiven Schule sind in diesem Sinn den Regeln des Schachspiels zu vergleichen. Sie sind für alle, auch die Erwachsenen, verbindlich und dienen allen, durch sinnvolle Entscheidungen neue Bewußtseinsgrade zu erreichen und damit neue Verantwortungen zu übernehmen.

„Gewohnheit ist das Leugnen von Kreativität und die Verneinung der Freiheit; eine freiwillig angelegte Zwangsjacke, deren sich der Träger nicht bewußt ist", erklärt Koestler. Und er fährt fort:

„Ein anderer Feind der Freiheit ist die Leidenschaft, genauer gesagt, ein Übermaß an selbstbehauptenden Emotionen. Wenn sie geweckt sind, wird die Verhaltenskontrolle von jenen primitiven Stufen der Hierarchien übernommen, die mit dem „alten Gehirn" zusammenhängen. Der aus dieser Verlagerung nach unten resultierende Freiheitsverlust spiegelt sich in dem juristischen Begriff der „verminderten Zurechnungsfähigkeit" und in dem subjektiven Gefühl, unter einem Zwang zu handeln – was sehr anschaulich in Redensarten wie „Ich konnte einfach nicht anders", „Ich habe den Kopf verloren" oder „Ich muß von Sinnen gewesen sein" zum Ausdruck kommt."

„Leidenschaften": Sind sie nicht gerade jene Leiden und unbefriedigten Bedürfnisse aus der Kindheit, die – mit Schmerz verbunden – oft erfolgreich blockiert, aber immer gegenwärtig sind?

Im offenen Klassenzimmer, wo vieles klar hervortritt, was sonst verschlossen bleibt, können wir verschiedene Arten von „Unfreiheit" beobachten. Da gibt es Kinder, denen aus irgendeinem Grund das rechte Maß an menschlicher Wärme und körperlichem Kontakt gefehlt hat. Sie hängen wie die Kletten an Lehrern und Mitschülern und können sich die große Auswahl des Materials nur beschränkt zunutze machen. In allem, was sie unternehmen, wollen sie, daß ein Erwachsener in ihrer Nähe ist und rufen ihn notfalls jeden Augenblick herbei. Die vielen Gelegenheiten, in autonomer Weise durch die eigenen Fehler zu lernen, werden allzuoft der Befriedigung eines tieferliegenden Bedürfnisses geopfert.

Viele Kinder kommen zu uns, denen es bisher an der notwendigen Bewegungsfreiheit gefehlt hat. Dieses Bedürfnis müssen sie nun auf impulsive Weise nachholen. Manche von ihnen erwecken anfangs den Eindruck, als hetze sie jemand unbarmherzig herum. Sie legen täglich im

Freiheit und Verantwortung

freien Spiel viele Kilometer zurück. Erst allmählich kommen sie so weit zur Ruhe, daß sie die vielen Möglichkeiten zu stillen Beschäftigungen wahrnehmen. Wieder anderen fehlt es an persönlicher Autonomie. Sie wurden immer und überall gegängelt und angeleitet, überredet, hier- und dorthin gestoßen und gezogen. Diese Kinder müssen sich bei jeder Gelegenheit vergewissern, daß man ihnen hier wirklich Selbständigkeit gewährt. Sie gehen den Erwachsenen möglichst aus dem Weg, als seien sie ihnen nicht ganz geheuer. Solange dieses Mißtrauen anhält, verpassen sie natürlich viele Gelegenheiten, etwas Interessantes zu erleben und zu lernen. Auf alle Vorschläge antworten sie mit „nein"', bleiben sogar in der Schule, wenn die anderen schwimmen gehen oder einen Ausflug machen – bis sie begreifen, daß sie hier niemand zu ihrem Glück zwingt. Erst dann beginnen sie, echte Entscheidungen zu treffen.

So könnten wir viele Arten unbefriedigter Bedürfnisse nennen und die mit ihnen verbundenen Unfreiheiten verfolgen. In der aktiven Schule treten sie als innere Beschränkungen des Individuums klar hervor. Sie verhindern seine Entscheidungskraft und seine Fähigkeit zur Harmonie. Wie können wir nun solchen Kindern helfen, zu einer höheren Form der Freiheit zu gelangen, eine höhere Bewußtseinsstufe zu erreichen und sich ihrer Umwelt ohne Angst zu öffnen? *Angst macht krumm* und *Dummheit ist lernbar* betitelt Jürg Jegge zwei Bücher, in denen er an vielen Beispielen die „verkrümmende" Wirkung von äußerem und innerem Zwang beschreibt. Wie können wir dazu beitragen, daß Kinder gerade, intelligent, offen und bewußt werden? Für Janov besteht kein Zweifel: Blockierungen müssen gelöst, die alten Bedürfnisse erst einmal erfüllt werden. Wir schaffen den Kindern in der aktiven Schule also Gelegenheiten, ihre unbefriedigten Bedürfnisse zu befriedigen, solange dies nicht das Wohlergehen der anderen beeinträchtigt oder ihre Freiheit einschränkt. Es mag uns wehtun, daß ein Kind zum Beispiel seine sensitive Periode für die Ausbildung der feinen Motorik verpaßt und vielleicht nie wieder so elegant schreiben wird wie eines, das gerade in dieser Zeit viel Schönschreiben übt. Wir müssen es jetzt laufen, klettern und springen lassen, denn dieses Bedürfnis stammt aus einer früheren Entwicklungsphase und würde, bliebe es weiter unbefriedigt, das ganze Wesen des Kindes in Spannung versetzen.

Respektieren wir diese inneren Bedingungen und erlauben wir, daß sie auf legitime Weise Ausdruck finden, kann es uns gelingen, das Vertrauen der Kinder zu gewinnen. Von diesem Vertrauen wird es abhän-

Erziehung zum Sein

gen, ob und wie wir einem Kind weiterhelfen können. In einem späteren Kapitel will ich von solchen therapeutischen Prozessen erzählen, bei denen wachsende Freiheit und wachsendes Verantwortungsbewußtsein Hand in Hand gehen. Solche Prozesse sind immer mit innerer Entspannung, zunehmender Sensibilität und Offenheit nach außen verbunden.

Diese Gedanken über „Freiheit und Verantwortung" möchte ich nicht abschließen, ohne zu erwähnen, was E.F. Schumacher in seinem unschätzbaren Buch *Rat für die Ratlosen* zu diesem Thema beiträgt. Auch er spricht von der Bewußtseinshierarchie, wie sie durch die vier großen Lebensbereiche aufsteigt. Er beschreibt, wie sich in aufsteigender Bewegung jegliche Aktivität allmählich von außen nach innen verschiebt: Ein Stein kann nur von außen bewegt oder verändert werden und kennt keine innere Beteiligung an dieser Bewegung. Pflanzen dagegen zeigen schon eine begrenzte Fähigkeit, sich durch innere Veränderungen an äußere Umstände anzupassen. Tiere erweitern durch ihr wachsendes Bewußtsein und ihre freie, zielbewußte Bewegung die Möglichkeiten zur Aktivität. Sie können Glück und Trauer, Vertauen, Angst, Erwartung und Enttäuschung ausdrücken und erbringen damit den Beweis eines „inneren Lebens" und einer klaren Verwandlung vom Objekt zum Subjekt.

Alle diese Stufen von außen nach innen sind auch im Menschen vertreten. Wie ein Objekt wird er bei vielen Gelegenheiten herumgestoßen; wie eine Pflanze muß er sich verschiedenen Lebensbedingungen anpassen, um nicht umzukommen, und wie ein Tier wird er – ihm meist unbewußt – von seinen Trieben und Emotionen zum Handeln veranlaßt. Doch nicht alle seine Handlungen unterliegen solchen Bedingungen einer äußeren Motivation. Er trägt in sich eine neue Kraft, die den anderen Lebensbereichen fehlt, und die wir seinen „inneren Willen" nennen können. Dieser Wille gibt ihm die Macht, sich zu bewegen und zu handeln, auch wenn keine motivierende Kraft von außen auf ihn einwirkt. Der Mensch besitzt einen „inneren Raum", einen Sitz schöpferischer Möglichkeiten, der durch die Kräfte des Lebens, das Bewußtsein der äußeren Welt und seiner selbst geschaffen und erweitert wird:

„Erst wenn ein Mensch von seiner Fähigkeit zur Selbstreflexivität Gebrauch macht, dringt er zur Ebene einer Person, zur Ebene der Freiheit vor. Von diesem Augenblick an lebt er, statt „gelebt zu werden". Zwar gibt es noch zahlreiche Zwänge, die sich in der Vergangenheit angesammelt haben und sein Tun bestimmen. Doch ist eine kleine Bresche

Freiheit und Verantwortung

geschlagen, eine winzige Richtungsänderung vorgenommen. Möglicherweise ist sie kaum spürbar, aber viele Augenblicke der Selbstreflexivität können viele solcher Veränderungen hervorbringen und sogar eine Richtungsänderung bewirken."

Schumacher fährt fort:

„Die Frage, ob der Mensch frei ist, ähnelt der Frage, ob er Millionär ist. Er ist nicht Millionär, kann aber einer werden. Er kann das Streben nach Reichtum zu seinem Ziel erklären. Ähnlich kann er das Streben nach Freiheit zu seinem Ziel erklären. In seinem „Innenraum" kann er ein Kraftzentrum entwickeln, so daß seine Freiheit zu handeln stärker ist als seine Zwänge." Bedeutet nicht das Erweitern dieses „inneren Raumes" eine Erweiterung von inneren Erfahrungen, die zwar mit den gängigen wissenschaftlichen Mitteln nicht zu zählen, zu messen und zu wiegen sind, aber ohne die ein Mensch noch nicht wirklich Mensch mit vollem Selbstbewußtsein ist? Ich glaube nun nicht, daß wir in der Schule Methoden entwickeln sollten, die dieses innere Bewußtsein und innere Erfahrungen im Kind gezielt kultivieren. Unsere Aufgabe ist sicher, den Kindern dabei zu helfen, sich in dieser Welt, in Raum und Zeit zurechtzufinden. Doch diese Orientierung nimmt notgedrungen einen neuen Charakter an, wenn sie im Bewußtsein des inneren Lebens der Kinder geschieht. In einer Schule, die sich vornimmt, dem Sein zu dienen, werden wir es sowohl mit meßbaren als auch mit nicht meßbaren Erfahrungen zu tun haben. Wir müssen jederzeit gefaßt sein, daß aus dem „inneren Raum" der Kinder ein eigener Wille entspringt, den wir lernen müssen zu respektieren. Der „innere Raum" wird jedoch nicht nur einer „inneren Beschaulichkeit" dienen, die sich selbst genügt, er wird einem Kraftfeld entsprechen, das nach außen und innen hin Aktivität auslöst. Für solche Aktivität, die ihren Weg von innen nach außen nimmt, müssen wir als Erzieher einen entsprechenden äußeren Raum schaffen und lernen, darin nicht im Weg zu stehen. In seinen bekannten Büchern *Small ist Beautiful* und *Good Work* gibt Schumacher manches Beispiel dafür, wie solche schöpferische Tätigkeit sich nicht auf das „innere Leben" beschränkt, sondern in neuer, menschlicher Weise unerwartete Lösungen für alte Probleme schaffen kann.

Es sollte uns nun möglich sein, die Antworten auf die vorher gestellten Fragen wenigstens zu ahnen. Gültige Antworten erwachsen jedoch erst aus einer Praxis, die Beweise ermöglicht. So erfahren wir täglich, daß Kinder in ihrem Wissensdrang nie einseitig bleiben und keine Schwierigkeiten vermeiden, wenn ihre Tätigkeit von innen her motiviert ist. Zu ihrer eigenen Zeit und im eigenen Rhythmus öffnen sie sich allen Gebieten des Wissens. Sie kennen auch keinen Haß gegen gewisse Fächer, denen sie sich nie gewachsen fühlten, weil sie ihnen auf falsche Art oder im unrechten Augenblick vorgelegt wurden. Doch vor allem haben sie in den Jahren ihres selbstgesteuerten Lernens soviel persönliche Sicherheit aufgebaut, daß sie von den Anforderungen der Gesellschaft keineswegs erdrückt oder durch Mangel an Disziplin gar zu unerwünschten Elementen werden. Im Anhang seine Buches *On Teaching* veröffentlicht Herbert Kohl interessante Forschungsdaten, die durch den Vergleich breiter Gruppen traditioneller und alternativer Schüler über lange Jahre hinweg gewonnen wurden. Sie bringen den klaren Beweis, daß die Vorteile alternativer Erziehungsweisen noch über lange Jahre hinaus im Studium und schließlich im Familien- und Berufsleben zu erkennen sind.

Kinder, Lehrer und Eltern in der aktiven Schule

„Das offene Klassenzimmer ist ebenso um den Lehrer wie um das Kind zentriert. Genauer gesagt ist es eine um die Person zentrierte Umgebung und ist im gleichen Maß offen für das Wachstum des Lehrers als denkendem, fühlendem und handelndem Mensch wie für das Wachstum des Kindes. Wie Charity James in „Junge Leben stehen auf dem Spiel" geschrieben hat, steht auch das Leben des Lehrers auf dem Spiel. Lehrer sollten die gleiche Unterstützung, den gleichen Respekt und Optimismus für sich selbst beanspruchen, wie man es von ihnen den jungen Menschen gegenüber erwartet."
Charles Silberman

Betrachten wir also diese „Personen" und ihre Beziehungen im offenen Klassenzimmer etwas genauer. Dabei fällt uns ins Auge, wie sehr auch die Eltern in dieses Beziehungsfeld gehören. In unserer besonderen Situation als einziger nicht-direktiver Schule des Landes wird dies besonders klar. In Ländern, in denen diese Art der Kindererziehung einigermaßen verbreitet ist, wo konkrete Resultate längst bekanntwurden, mögen sich neue Eltern durch die moralische Unterstützung durch andere beruhigt fühlen. Hier können wir nur in den seltensten Fällen – vielleicht bei Leuten, die alternative Schulen vom Ausland her kennen – auf ein bereits vorhandenes Verständnis hoffen. Für den typischen ecuadorianischen Familienvater sind solche Auslandserfahrungen auch nur ein schwacher Trost, denn immer bleibt der Zweifel, ob solch ein „modernes" System eben nur in entwickelten Ländern funktionieren kann.

So ist uns durch die Erfahrungen der letzten Jahre die Notwendigkeit einer engen Zusammenarbeit mit den Pestalozzi-Eltern immer mehr bewußt geworden. Doch bevor wir ein persönliches Verhältnis eingehen können, ergibt sich oft schon durch die Gespräche, die jeder Neuaufnahme vorausgehen, eine gewisse Auswahl. Vor der Forderung nach „Respekt für die Bedürfnisse des Kindes" ergreift manch liebendes Ehepaar die Flucht. Besonders kritisch ist die Grundhaltung der Eltern, wenn es

Erziehung zum Sein

sich um die Grundschule handelt. Wer schon in der Kindergartenzeit Interesse gezeigt hat, findet es leichter, die Methode der Grundschule zu verstehen. Doch in jedem Jahr kommt eine kleine Zahl von Kindern aus anderen Schulen zu uns. Bei ihnen müssen wir sicherstellen, daß die Eltern nicht nur einen Ausweg aus einer negativen Situation suchen, sondern die Grundsätze der aktiven Schule genügend verstehen, um zu einer gültigen Entscheidung zu kommen. Die Kinder aus dem Parallelkindergarten „Pestalozzi II" haben automatisches Recht auf ein Stipendium in der „Primaria" des Pestalozzi II, doch auch diese Eltern kommen vor der Aufnahme durch die Mühle vorbereitender Gespräche. Auf diese Vorsichtsmaßregeln folgt das Unterzeichnen eines Vertrages. Darin verpflichtet sich die Schule, alle Elemente der aktiven Methode bereitzustellen, und die Eltern versprechen, einmal im Monat an einem Kurs teilzunehmen und einmal im Trimester die Schule zu besuchen und die Kinder in ihrer Aktivität zu beobachten.

Eine weitere Sicherung für das Verständnis und die Aufrichtigkeit der Eltern ergibt sich auf natürliche Weise durch unsere Praxis der „Vorschule". Während hierzulande die sechsjährigen Kinder schulpflichtig sind, nehmen wir die Kinder erst vom siebenten Lebensjahr an offiziell in die Schule auf. Zwischen dem sechsten und siebenten Lebensjahr haben sie freien Zutritt zum Raum der „Großen", falls sie sich dafür interessieren. Sollten sie jedoch den Kindergarten vorziehen, sind sie dort ebenso willkommen. Diese Regelung ist bereits ein Ergebnis unserer Erfahrungen aus dem ersten Grundschuljahr. Es war deutlich zu sehen, daß die Sechsjährigen meist große Lust hatten, in den Kindergarten zurückzukehren, wenn einmal die erste Aufregung, nun endlich „in der Schule" zu sein, abgeklungen war. Doch wurden diese Kinder von zu Hause offensichtlich unter Druck gesetzt, „mit der Arbeit voranzukommen", also möglichst schnell volle Hefte und ähnliche sichtbare Resultate einer erfolgreichen Erziehung vorzuweisen. Diese Kinder standen also häufig im Konflikt zwischen ihrem eigenen Wunsch, mehr Zeit im Kindergarten zu verbringen, und dem Wunsch ihrer Eltern, sich wie ordentliche Schulkinder zu benehmen. Doch gerade in diesem Alter scheinen die Unterschiede von Kind zu Kind besonders groß zu sein: Manche haben ihre voroperative Entwicklungsetappe weitgehend abgeschlossen und sind sichtlich bereit, in die operative Periode einzutreten und entsprechende Arbeit zu tun. Andere dagegen haben diesen inneren Reifegrad noch nicht erreicht und brauchen mehr Zeit zum Wachsen.

Kinder, Lehrer und Eltern in der aktiven Schule

Besonders eindrucksvoll sind die Anzeichen einer fehlenden Bereitschaft für die Schule bei solchen Kindern, die emotionale Schwierigkeiten der ersten Jahre nicht recht bewältigen konnten. Läßt man diesen Kindern die nötige Freiheit, so gehen sie dem Drang der Natur nach und versuchen gerade in diesem Jahr, ihre Gefühlsstrukturen vor dem Eintreten in die nächste Entwicklungsstufe so weit wie möglich zu restrukturieren. Diese Sechsjährigen reden oft monatelang wie Babys, spielen mit Puppen, suchen sich jüngere Freunde und landen immer wieder im Schoß eines Erwachsenen, um sich gründlich auszuweinen. Sie ahnen, daß solches Benehmen von den größeren Kindern nicht gut angesehen würde und fühlen sich bei den Kleinen wohler. So ist es oft mehr der soziale Druck als eine intellektuelle Unreife, der solche Kinder länger im Kindergarten hält.

Eltern, die – meist unbewußt – mehr Wert auf soziale Anerkennung als auf das Wohlergehen ihres Kindes legen, schrecken schnell vor dem Gedanken zurück, ihr Kind ein Jahr länger im Kindergarten spielen zu sehen, wenn doch alle anderen längst eine schwere Mappe voller Bücher und Hefte herumtragen und die Nachmittage mit dem Verrichten von Hausaufgaben verbringen.

Immer wieder hören wir von unseren Eltern, wie schwierig für sie das Leben werden kann, wenn sie auf einer alternativen Schule für ihre Kinder bestehen. In einem Land wie Ecuador sind die Familienbande viel enger und mächtiger als in den fortschrittlichen Ländern. Junge Leute, die einen individuellen Weg gehen wollen, werden von allen Seiten unter Druck gesetzt. Wir sehen es darum als unsere Pflicht an, besonders die Interessenten an der Grundschule auf diese Gefahr hinzuweisen und ihnen eine möglichst gründliche Einführung in die Prinzipien der aktiven Erziehung zu vermitteln. Die monatlichen Sitzungen verfolgen das doppelte Ziel, einesteils das Studium und Diskutieren wichtiger Aspekte der aktiven Erziehung zu ermöglichen, aber auch das menschliche Zusammensein der Erwachsenen zu begünstigen, die sich gegenseitig in ihren Überzeugungen bestärken und oft gute Freunde werden.

In solchen Sitzungen bekommen wir viele Anekdoten über das Leben der Kinder zu Hause zu hören. Die Ratlosigkeit der Eltern, wie sie mit der Kritik der zahlreichen Verwandten fertig werden sollen, verwandelt sich allmählich in Stolz auf ihre „aktiven" Kinder, die sich immer öfter als intelligente, den Situationen des Lebens gewachsene Menschen beweisen. Eine Mutter erzählte von ihrem achtjährigen Sohn: „Am letzten

Erziehung zum Sein

Sonntag gab es bei uns schlechte Stimmung. Niemand wollte das Frühstück machen. Wir diskutierten darüber, wer in der Woche am meisten arbeite und wer sich am meisten einen ruhigen Sonntag verdient hätte. Als wir richtig in Fahrt gerieten und unsere schlechte Laune aneinander ausließen, verschwand Santiago unbemerkt in die Küche, bereitete Toast, Spiegeleier und Kaffee, deckte den Tisch und rief uns freudestrahlend zum Essen." (Santiago kam als „hyperaktives" Kind zu uns und war bereits in zwei anderen Schulen als unerziehbar abgestempelt worden).

Solche Erfahrungen, bei denen die eigenen Kinder Probleme lösen, sich in Streß-Situationen ruhig verhalten, doch besonders die erstaunliche Tatsache, daß es ihnen nie langweilig wird, weil sie daran gewöhnt sind, für sich selbst ständig interessante Beschäftigungen zu finden, geben unseren Eltern großen Aufschwung. Sie beginnen, ihre Kinder mit denen der Verwandtschaft und Bekanntschaft zu vergleichen. Dabei fällt ihnen allmählich auf, daß ihre Kinder zum Glücklichsein weniger „Vergnügungen" als die anderen Kinder brauchen. Sie wünschen sich auch eher einfache als teure Kleider – sie brauchen ihre Kleider ja zum „Arbeiten" –, leiden nicht chronisch an Examens- und Notenangst, beklagen sich nicht über ihre Lehrer oder die bösen Mitschüler und beanspruchen nicht die Mithilfe der Familie für ihre Hausaufgaben. Aktive Kinder stehen am Morgen gerne auf, werden höchst selten krank und brauchen keine teuren Nachhilfelehrer oder Psychologen. Die einzige Klage der Kinder ertönt am Wochenende: Die meisten von ihnen würden auch am Samstag und Sonntag lieber in der Schule sein, und meist sind ihnen auch die Ferien viel zu lang.

„Aktive Kinder" bringen jeden Tag frischen Wind in die Familie. Eine wachsende Zahl von Eltern läßt sich von diesem neuen Lebensgefühl anstecken. Sie beginnen, selbst neue Interessen zu entdecken. Oft finden sie Geschmack an der Lektüre von Büchern, die von der Entwicklung ihrer Kinder handeln oder mit einem tieferen Verständnis des menschlichen Lebens überhaupt zu tun haben. Manche Eltern werden selbst „aktiv" und bieten sich an, bei der Herstellung von Materialien, der Vorbereitung von Exkursionen oder der Aufsicht im Schwimmbad mitzuhelfen. Immer mehr wächst das Interesse an den Vormittagen, die die Eltern zunächst kontraktgemäß in der Schule verbringen. Beim ersten Besuch fühlen sie sich noch unsicher; sie wissen noch nicht recht, wie und was sie beobachten sollen und welche Fragen sie notieren können, um sie in der Elternsitzung zu besprechen. Beim nächsten Schulbe-

Kinder, Lehrer und Eltern in der aktiven Schule

such finden sie schon Spaß an direkter Beteiligung. Sie beobachten nicht nur das eigene Kind, sondern auch die Kinder der anderen Familien, die sie nun besser kennen. Sie freuen sich, wenn ein Kind zu ihnen kommt, um ihnen etwas vorzulesen oder sie um Hilfe beim Lösen einer schwierigen Rechenaufgabe, beim Kuchenbacken oder bei einer Handarbeit bitten.

Nicht immer gehen solche Wechsel im Leben der Erwachsenen ohne Krisen vor sich. Manchmal ist es nur ein Elternteil, der den Drang zu Änderungen in der Familie oder im persönlichen Leben spürt. Dies kann zu Spannungen in der Ehe führen, die unerwartete Schwierigkeiten für die Kinder mit sich bringen. Es ist also für uns notwendig, einen Spürsinn für die kleinen und großen Krisen der Eltern zu entwickeln und Gelegenheit zum Helfen zu schaffen, falls die Eltern an solcher Unterstützung interessiert sind. Mit Freude erleben wir, wie Eltern durch ihre Kinder beginnen, auch für sich selbst Alternativen zu suchen und hier und da zu einer Erneuerung oder Vertiefung ihres eigenen Lebens gelangen. Doch müssen wir uns davor hüten, solche Wechsel zu erhoffen oder zu erwarten. Dies ist für uns vielleicht der schwierigste Aspekt unserer Arbeit geworden: Daß wir Tag für Tag den Kindern eine menschenwürdige Umgebung schaffen, auch wenn oft der von zu Hause erhoffte Wechsel ausbleibt; daß wir aber andererseits zum Helfen und Unterstützen bereit sind, wenn die Eltern mit ihren eigenen Haltungsänderungen nicht zurechtkommen.

Die größte Schwierigkeit, die das aktive System für uns Erwachsene mit sich bringt, ist die Forderung, die Kinder h e u t e so leben zu lassen, wie sie wirklich sind. Es fällt uns erstaunlich schwer, ihnen von ganzem Herzen ein reiches Erleben ihres kindlichen Daseins zu ermöglichen, ohne sie mit unserer eigenen Vergangenheit oder unseren Zukunftserwartungen zu belasten. Normalerweise sind wir ja ständig besorgt, unsere Kinder für alles zu motivieren, was uns wichtig erscheint und übersehen ständig, ihnen dort weiterzuhelfen, wo sie durch ihre eigenen Interessen schon motiviert sind. Da wir selbst erst lernen müssen, Theorie und Praxis in einer Handlung zu vereinen, erschrecken wir immer wieder vor der Dynamik der Kinder, die – dank des aktiven Systems – nicht gezwungen worden sind, in dieser Spannung zu leben. Wir merken, daß wir nur in dem Maß den „inneren Raum" der Kinder ernst nehmen, in dem wir bei uns selbst mit einem inneren Raum rechnen. Und nur in dem Maß, in dem wir gewillt sind, auf unseren eigenen

Erziehung zum Sein

Füßen zu stehen, Entscheidungen zu treffen und Verantwortungen zu übernehmen, können wir diesen Prozeß bei den Kindern nicht nur ohne Angst erlauben, sondern ihn durch unsere eigene Erfahrung unterstützen.

Das aktive System gibt uns reichlich Gelegenheit, die Kinder nicht als eine geschlossene Gruppe, sondern jedes einzelne als einmalige Person zu sehen. Sie sind alters- und intelligenzmäßig gemischt: Im letzten Schuljahr vereinten wir in einem Raum alle Altersgruppen von sechs bis zehn Jahren. Diese in offenen Schulen oft angewandte Praxis des „family grouping" hat verschiedene Folgen, die wir als positiv empfinden. Es wird dem Erwachsenen erschwert, die Kinder so zu behandeln, als wären sie „aus einem Holz geschnitzt", als könnten sie beim Lernen einen einheitlichen Rhythmus einhalten oder sich Tag für Tag für die gleichen Dinge interessieren. Die Kinder selbst neigen in dieser Situation weniger dazu, sich gegenseitig mit ihren Leistungen auszustechen. Sie können leicht einsehen, daß die Kleineren weniger wissen, aber darum nicht dümmer sind als die Größeren, und daß die Größeren nicht unbedingt gescheiter sind, weil sie mehr können. Wenn wir gewohnt sind, die Kinder zu höheren Leistungen anzuspornen, indem wir sie gegeneinander ausspielen, indem wir das eine loben, das andere tadeln, Belohnungen anbieten oder Strafen ankündigen und damit die Einheit der Klasse fördern, so mag uns solch ein Mangel an Wettstreit als Nachteil erscheinen. Doch in der aktiven Schule fällt die Notwendigkeit weg, die Kinder einem gleichgerichteten Lernziel anpassen zu müssen und einen gemeinsamen Standard einzuhalten. Jedes Kind hat seinen eigenen Standard und sein eigenes Ziel. Wir nehmen von vornherein an, daß jedes Kind verschieden ist. Wir rechnen mit verschiedenem Alter und verschiedenem Reifegrad, mit unterschiedlicher Intelligenz und außerdem mit den Faktoren verschiedener emotionaler Bedingungen. So wird unsere Aufmerksamkeit davon abgelenkt, die Kinder miteinander zu vergleichen. Wir erziehen uns dazu, jedes Kind es selbst sein zu lassen und seine Fortschritte an sich selbst zu messen.

Anstelle des Notendrucks und der Notwendigkeit, sich dem Rhythmus einer ganzen Gruppe von Gleichaltrigen anzupassen – Bedingungen, die dem einzelnen Kind von außen künstlich aufgezwungen werden –, ergibt sich durch die vertikale Gruppierung der Kinder eine natürliche Dynamik, die dem organischen Wachstum dient. Kleinere oder schwächere Kinder haben als Vorbilder ältere oder intelligentere Kinder und werden durch sie unbewußt zu höherem Können angespornt. Größere Kinder, die sich von Kleineren nachgeahmt fühlen, suchen instinktiv neue Methoden und Themen, um die Nachahmer abzuschütteln. Vor allem aber stammt der Antrieb zur nie aufhörenden Tätigkeit der Kinder nicht aus einer ständigen Motivierung von außen, sondern bekommt seine Kraft aus dem wirklichen Interesse, das eine echte Wechselwirkung von äußeren und inneren Kräften widerspiegelt. In der aktiven Schule überwinden die Kinder auch immer wieder neue Schwierigkeiten und gehen nicht, wie viele glauben, immer den Weg des geringsten Widerstandes. Doch dies geschieht selten durch einen „Druck von oben", sondern vielmehr durch das Erfüllen authentischer Bedürfnisse, die aus dem Gefälle der vielfach abgestuften natürlichen Unterschiede der Kinder untereinander bestärkt werden und nicht – wie in der traditionellen Schule – von dem Versuch, alle Kinder auf eine Stufe zu bringen, um sie als homogene Masse an neue Lernstoffe heranzuführen.

Das Leben zeigt uns, daß die „Langsamen" oder die „Dummen" der Schule, die dem Druck zum Gleichwerden mit den anderen erfolgreich widerstanden hatten, nicht immer auch später hintenan bleiben. Der klassische Fall Einsteins, der in der Schule als unbegabt galt, dürfte wohl nicht ganz vereinzelt sein. Doch leider müssen wir befürchten, daß allzuviele Kinder, die in der Schule wenig Geschick zur Anpassung zeigen, schon früh den Glauben an sich selbst verlieren und ihre Weiterentwicklung fürs ganze Leben an den Nagel hängen. Ebenso wahr ist es, daß die „Klassenbesten", die es ihren Lehrern immer recht machen konnten, sich im Leben oft nur dann zurechtfinden, wenn sie ihre Zuflucht in solchen Berufen suchen, die ihnen auf verschiedene Weise Schutz vor unvorhergesehenen Lebenssituationen versprechen.

In der aktiven Schule werden die Eigenheiten der Kinder respektiert und bewahrt. Dem „Druck von innen" und der Erweiterung des „inneren Raumes" wird ebensoviel Recht zugesprochen wie den äußeren Notwendigkeiten. Das Bedürfnis nach Alleinsein kann hier ebenso erfüllt werden wie das wachsende Bedürfnis nach Gruppenarbeit. Blockierungen aus früheren Jahren können gelöst werden, indem wir den Kindern erlauben, alten Problemen emotionaler oder intellektueller Art die notwendige Aufmerksamkeit zu schenken und sie neu zu erarbeiten. Neue Probleme werden in Angriff genommen, wenn sich das Kind dazu offen und bereit fühlt, und dann mit größerer Leichtigkeit gelöst. Es wird vermieden, daß der Drill der Schule den Kontakt mit dem ursprüngli-

Erziehung zum Sein

chen Lebensgefühl blockiert und der Offenheit des Kindes nach außen und innen entgegenwirkt.

Wir begünstigen aber nicht nur diese alltäglichen oder „normalen" Unterschiede zwischen den Kindern, sondern fördern auch das Zusammenspiel oft krasser sozialer wie auch rassischer Gegensätze. Dabei stellen wir zu unserer Freude fest, daß Kinder, die sich in ihren wichtigsten persönlichen Bedürfnissen respektiert fühlen, auch solche Unterschiede akzeptieren. Ebenso wichtig scheint es uns, daß sich Kinder mit verschiedenen Behinderungen mit den gesunden Kindern mischen dürfen. So nehmen wir immer eine Anzahl von Behinderten auf, die sonst keine Gelegenheit hätten, mit gesunden Kindern die gleiche Schule zu besuchen. Die vorzüglichen Resultate, die sich dabei ergeben, schreiben wir dem großen Angebot an konkreten Materialien, der Respektierung individueller Bedürfnisse und dem ständigen Umgang mit gesunden Kindern zu. Innerhalb der Dynamik der Unterschiede bringt dieses Zusammenleben nicht nur den behinderten Kindern große Vorteile, sondern in hohem Maß auch den gesunden Kindern. Hier haben sie Gelegenheit, sich täglich in den höchsten Tugenden des menschlichen Taktes, der Toleranz und aktiven Hilfsbereitschaft zu üben. Sie unterliegen noch nicht der Versuchung, dem behinderten Kameraden ein Etikett anzuhängen und ihn entsprechend zu behandeln. Mit großer Unvoreingenommenheit wenden sie sich direkt an das Gemeinsame, ohne sich von Unterschieden verblüffen zu lassen, und bringen so eine menschliche Beziehung zustande, die für alle Beteiligten hilfreich ist.

Seit einem Jahr ist zum Beispiel ein vierzehnjähriger Junge bei uns, der alle anderen Kinder an Körpergröße weit überragt, aber deutliche motorische Störungen hat. Mangels einer seiner Situation entsprechenden Sonderschule war er bisher in einer allgemeinen Schule sieben Jahre lang mit dem Erlernen von Schreiben und Lesen geplagt worden, aber nie über das Niveau der ersten Klasse hinausgekommen. Erst als ihm durch das aktive System Gelegenheit verschafft wurde, seinen wirklichen Bedürfnissen nachzugehen, erwachte nach mehreren Monaten auch der Wunsch, es seinen siebenjährigen Freunden in der Schularbeit gleichzutun. Die gesunden Kinder wußten, daß Gustavo krank gewesen war und nur „langsam lernen konnte". Sie akzeptierten ihn vorbehaltlos, luden ihn sogar zu allen Geburtstagsfesten und in der Schule zu jedem freien Spiel ein, und keinem einzigen kam es in den Sinn, ihn auf irgendeine Weise zu verspotten.

Kinder, Lehrer und Eltern in der aktiven Schule

Wie steht es nun um den Lehrer, der im aktiven System arbeitet und dessen „Leben ebenso auf dem Spiel steht" wie das Leben der Kinder? Im Sommer 1982, während ich das Konzept zu diesem Buch verfaßte, lief hier wieder ein intensiver Sommerkurs zur Einführung ins aktive System. Am ersten Tag ehrten uns zwei juwelengeschmückte Damen mit ihrer Gegenwart, die zwar miteinander verwandt waren, sich aber im Kurs gegenseitig mit „Frau Doktor" ansprachen. Zu diesem Titel wollten sie also ein Diplom über eine „Einführung ins aktive Erziehungssystem" hinzufügen. Doch am Ende des ersten Kurstages erinnerten sie sich plötzlich, daß sie ja schon die Flugtickets für eine Reise nach Spanien gekauft hatten und darum nicht weiter am Pestalozzi-Kurs teilnehmen konnten. Sie entrannen also der Gefahr, die nähere Bekanntschaft mit einer Alternative zu machen, die auch ihre eigenen Werte unter die Lupe zu nehmen drohte. Die übrigen 20 Teilnehmer, darunter drei junge Lehrer aus traditionellen Schulen, suchten auf ehrliche Weise nach neuen Lösungen, konnten aber nicht vermuten, wie tief sie selbst davon betroffen werden könnten. Ein jeder ging im Verlauf des Kurses durch eine Art Krise und brauchte die Hilfe der Gruppe oder einer Vertrauensperson, um damit fertig zu werden. Eine der jungen Lehrerinnen vertraute mir den Tränen nahe an: „Ich kann den Vorträgen über Kinderpsychologie gar nicht mehr zuhören. Immer erinnere ich mich an die vielen Unterrichtsstunden, die ich mit dem Prügel in der Hand erteilt habe."

Stärker als die Einführungen in die Psychologie der Kinder berührte jedoch die Kursteilnehmer der Umgang mit dem konkreten Material und schließlich das Hören eines Tonbandes, das in einer Spieltherapie aufgenommen wurde. Es gibt wieder, wie ein achtjähriger Junge Streitsituationen seiner Eltern mit Puppen durchspielt und wie er selbst in dieser Lage machtlos, zwischen beiden hin- und hergerissen, in der Mitte steht. Bei einer jungen Frau löste dieses Tonband so starke Erinnerungen aus, daß sie weinend den Raum verlassen mußte. Auch die anderen bekannten später, daß sie ihre Fassung nur mit Mühe bewahrt hatten. Zusammen mit der Sensibilisierung, die durch das tägliche Handhaben des konkreten Materials fortgeschritten war, wurde der Kontakt mit den eigenen Gefühls- und Bewegungsstrukturen unverhofft hergestellt. Das Ergebnis ist ein Hereinfluten alter Erinnerungen und ein wachsender Zweifel an all dem, was wir von außen her gelernt, aber oft nicht mit dem eigenen Selbst in Einklang gebracht haben. In solcher Krisensitua-

Erziehung zum Sein

tion braucht der Neuling Hilfe von anderen, die ähnliche Erlebnisse kennen und selbst noch in dem Prozeß der Sensibilisierung sind.

Nun ist der Kurs beendet. Wir haben uns eine Woche Urlaub genommen und nach zehnstündiger Autofahrt unsere Zelte an einem palmenbestandenen Strand im Norden des Landes aufgeschlagen. Damit haben wir einen gewissen Abstand vom täglichen Betrieb gewonnen. Die Gelegenheit scheint mir günstig, um die eigenen Gefühle zu klären und über unsere eigene Rolle in der aktiven Schule nachzudenken und nachzufühlen. Sofort fällt mir ein junger Lehrer ein, der seit fünf Jahren in der ländlichen Einheitsschule einer kärglichen Andengegend mit Kindern zwischen sechs und fünfzehn Jahren arbeitet. Er hatte schnell gemerkt, daß er eigene Methoden und auch Ziele für seine Kinder finden müßte, denn die Vorschriften des Ministeriums waren in seiner Situation mehr hinderlich als hilfreich. So arbeitete er – einsam und natürlich unverstanden – auf seine eigene Weise, ohne jedoch genügend Kenntnisse über innere Lernprozesse und die Wichtigkeit des konkreten Materials zu besitzen. Schließlich hörte er von der Pestalozzi-Schule. Am folgenden Tag schickte er seine Schulkinder nach Hause und reiste nach Tumbaco, um unsere Arbeit kennenzulernen. Er saß einen ganzen Morgen zwischen den Kindern und schaute ihnen in ihrer Tätigkeit zu. Hier sein Kommentar am Ende dieses Morgens: „Ich bin es ja gewohnt, zwischen Kindern zu sein. Doch heute morgen fühlte ich mich vollkommen überrollt von der Vitalität dieser Kinder. Zwischen ihnen war ich ein Nichts. Die Kinder beachteten mich nur, wenn sie sonst nichts Wichtigeres zu tun hatten. Solange sie mit ihren eigenen Dingen beschäftigt waren, verschwand ich vollkommen aus ihrem Bewußtsein. Noch nie fühlte ich mich so unbedeutend. Jetzt weiß ich, daß ich trotz all meiner guten Absicht und Reformen in meiner Schule immer noch der Boß der Kinder geblieben bin."

Bei einem Spaziergang am Strand öffnete sich mir ein wenig das Verständnis für dieses Gefühl, das wir Erwachsenen beim Umgang mit den Kindern der aktiven Schule bekommen. Ihre Vitalität ähnelt der Gewalt des Meeres. Sie ist eine urwüchsige Kraft, die uns oft wunderbar und auch unheimlich vorkommt. Stellen wir uns in unserer ganzen Größe und Kraft vor die Kinder, so wirken wir auf sie wie Felsen, gegen die das Meer anprallt, hoch aufschäumt und sich so schnell wie möglich wieder zurückzieht. Es findet nur ein kurzer Austausch zwischen den beiden Kräften statt. Das Meer höhlt das Gestein aus, hinterläßt aber nur wenig von seinen eigenen Schätzen. Doch je flacher der Strand ist, umso anhaltender und inniger ist das Zusammenkommen zwischen Wasser und Land. Die Macht der Wellen paßt sich allmählich der Form des Strandes an, und aus der Tiefe des Meeres werden nach jeder Flut die erstaunlichsten Schätze abgeladen. Auch der Strand verändert bei jedem Hereinkommen der Flut seine Form, doch ist es ein gewaltloses Nehmen und Geben.

Folgen wir diesem Bild, so gibt es uns ein Gefühl für die Grundhaltung des Lehrers in der aktiven Schule, der sich nach außen und innen „flach" zu machen sucht. Statt sich am Ende eines Schultages „durchlöchert" und „ausgehöhlt" zu fühlen, bringt diese Haltung nach getaner Arbeit trotz Müdigkeit ein Gefühl des Friedens und der Bereicherung mit sich. An jedem Tag sollten wir in der Lage sein, die Schätze einzusammeln, die die Kinder hinterlassen haben: Nicht nur schön beschriebene Aufsatzhefte und gemalte Bilder, sondern vor allem ein neues Verständnis über ihre Wirklichkeit. An jedem Tag sollten wir an uns selbst feine Veränderungen wahrnehmen, die durch die Einwirkung der Kinder zustandegekommen sind. Und wenn wir den Kindern neue Arbeit und neue Materialien für den nächsten Tag bereitlegen, sollte es sich so anfühlen, als legten wir unsere Schätze an den Strand, damit das Meer sie ohne Zwang und bereitwillig übernehme – im Austausch mit seinen eigenen wunderbaren Reichtümern.

In seinem Werk *Psychologie und Pädagogik* vermutet Piaget, daß gerade die innere Haltung des Erwachsenen und speziell des Pädagogen daran schuld ist, daß die aktive Schule noch so wenig verbreitet ist. Es ist seiner Meinung nach die eingefahrene Art des Lehrers, „Lektionen" zu erteilen, statt all die vielen differenzierten Handlungen zu vollziehen, die in einem offenen Klassenzimmer notwendig werden. Piaget spricht davon, daß die Arbeit des Grundschullehrers in Wirklichkeit auf dem Niveau eines Wissenschaftlers stehen sollte, sei er doch am besten in der Lage, Tag für Tag die Entwicklung der Kinder zu beobachten, sie immer wieder mit neuen Situationen in Berührung zu bringen und seine Beobachtungen auszuwerten. Leider ist die Wirklichkeit weit von diesem Ideal entfernt. Zumindest hier in Ecuador, wo das aktive System noch unbekannt ist, brauchen wir alle Kraft, um täglich für sein Überleben zu arbeiten. Doch auch wir hoffen, später einmal Zeit zur Auswertung unserer Erfahrungen zu finden.

Es wäre jedoch falsch, würde ich die Arbeit des aktiven Lehrers nur

Erziehung zum Sein

von ihrer schönen und lohnenden Seite beschreiben oder sie gar poetisieren. Wir selbst verspüren oft Druck von vielen Seiten, nicht zuletzt von innen. Dieser Druck läßt sich auch nach getaner Arbeit, selbst an Wochenenden und im Urlaub, nicht so einfach abstellen. Da ist einmal der Druck, der sich aus den äußeren Unsicherheiten ergibt, mit denen wir fertigwerden müssen. Während sonst Privatschulen hierzulande als „gutes Geschäft" gelten, da sie mit einer großen Anzahl von Kindern arbeiten und ihnen außer den notwendigen Klassenzimmern, einem Schulhof, im besten Fall einer Sportanlage und natürlich den nötigen Lehrern nur wenig bieten, kann sich die aktive Schule nie mit bestehenden Materialien zufriedengeben. In den fortgeschrittenen Ländern haben die Kinder Zutritt zu Bibliotheken und anderen kinderfreundlichen Einrichtungen. Oft werden Zuschüsse aus staatlichen oder privaten Quellen geleistet. Doch hier werden wir noch lange keine Unterstützung von den Behörden erwarten können. Das Überleben der Schule steht und fällt mit der Überzeugung von Eltern, die sich entschließen, „das Experiment" mit uns zu wagen. Dazu kommt unser Wunsch, die Schule auch armen Kindern zugänglich zu machen, falls ihre Eltern sich von ihrem Wert überzeugt haben. Manchen zahlenden Eltern ist diese Maßnahme nicht ganz geheuer. Sie befürchten, für die Erziehung fremder Kinder aufkommen zu müssen. Unterstützungen aus dem Ausland sind für gewöhnlich mit der Aufschrift „Nur für arme Indiokinder" versehen. Doch solche Grenzen sind uns zu eng. Wir möchten versuchen, wirklich allen, die das Bedürfnis danach empfinden, eine menschlichere Erziehung zu ermöglichen, damit Menschen heranwachsen können, die ein spontanes soziales Bewußtsein entwickeln und für die Zukunft des Landes neue Lösungen finden können.

Als Lehrer in der aktiven Schule genießen wir also keinen der Vorteile des traditionellen Systems. Die Zukunft der Schule ist keineswegs gesichert. Wir selbst teilen uns keinen festen Lohn zu. Wir haben weder die Aussicht auf eine Altersversorgung noch eine Krankenversicherung. Alle persönlichen Interessen stehen hinter dem Vorankommen der Schule zurück.

Doch auf der anderen Seite ist es eine Notwendigkeit, das Kultusministerium zufriedenzustellen, alle gewünschten Papiere auszufüllen, wichtige Beziehungen zu pflegen und unsere Bereitschaft zur Zusammenarbeit durch Vorträge und Einlaß aller Arten von Besuchern zu beweisen. Dieser Aspekt der Arbeit ist oft zeitraubend und nicht selten frustrie-

Kinder, Lehrer und Eltern in der aktiven Schule

rend. Doch muß er gebührend beachtet werden, wollen wir diese Alternative nicht im Keim ersticken.

Schließlich werden auch die immer wiederkehrenden Unsicherheiten und Ängste der Eltern von uns als Druck empfunden. Oft bringen Eltern ein Kind zu uns, das deutliche Zeichen von „Schulschädigung" aufweist: Asthma, Bettnässen, Alpträume und was sonst das Familienleben überschatten mag. Für gewöhnlich verliert solch ein Kind nach Wochen oder Monaten im offenen Klassenzimmer die Symptome, die vorher der Familie Sorgen bereiteten. Doch schon bald vergessen die Eltern, warum sie ihr Kind zu uns gebracht haben und drängen uns nun, es „endlich an die Kandare zu nehmen", damit es nicht hinter ihren Verwandten und Bekannten zurückbleibt (was vor allem heißt, daß es weniger auswendig gelerntes Wissen ansammelt). Wollen wir also verhindern, daß die Eltern aus Angst vor sich selbst oder ihrer Umwelt zum Altbewährten und Erprobten zurückdrängen, müssen wir bereit sein, ihnen immer wieder Zeit und Aufmerksamkeit zu widmen.

Doch der Hauptdruck kommt für gewöhnlich von den Forderungen, die wir selbst an uns stellen. Die verschiedenen Funktionen des neuen Lehrers, wie sie im *Open Classroom Reader* von Charles Silberman ausführlich beschrieben werden, sind vielseitig, und eine Spezialisierung für den einzelnen Lehrer ist nur beschränkt möglich. Wird ein Lehrer normalerweise weitgehend von den Vorschriften des allgemeinen Lehrplans geleitet und ist sein Anteil an Verantwortung und Entscheidungen in diesem Rahmen zu verstehen, muß der Lehrer in der aktiven Schule jeden Augenblick „auf den eigenen Füßen stehen". Er ist verantwortlich für die Gestaltung des Raumes, für das Auswählen, Anschaffen, Herstellen und Instandhalten all der unzähligen Materialien, die Anreiz und Richtung für das Lernen der Kinder bieten sollen. Allein schon dieser Aspekt gibt uns alle Hände voll zu tun. Alle Versuche, diese Verantwortung mit anderen Freiwilligen, die nicht direkt mit den Kindern arbeiten, zu teilen, halten nur für kurze Zeit an. Nur wer Tag für Tag die Bedürfnisse und wechselnden Interessen der Kinder vor Augen hat, kann sich letztendlich genügend motiviert fühlen, sich immer etwas Neues auszudenken und die damit entstehenden Arbeiten nicht zu scheuen. Wenn die Eltern sich anbieten, Materialien herzustellen, dann brauchen sie dafür leider häufig so lange, daß inzwischen das Interesse der Kinder längst auf ein ganz anderes Gebiet übergegangen ist. Schreibe ich zum Beispiel heute in mein Notizbuch: „Roberto ist für Vulkane begeistert", möchte ich am liebsten schon am nächsten Tag ein passendes Material zur Hand haben.

An jedem Wochenende brauche ich ein paar Stunden, den Schulraum in Ordnung zu bringen, Neues vorzubereiten, die Interessen der Kinder in Karteikarten oder anderem Material zur individuellen oder Gruppenarbeit festzuhalten. Beim Berühren jedes Materials, das ich vom Staub befreie oder auf einen besseren Platz stelle, kommt mir eine ganze Serie neuer Anwendungsmöglichkeiten in den Sinn. Die muß ich mir wieder notieren, damit sie nicht nur flüchtige Gedanken bleiben, sondern auch im Trubel eines Schulmorgens zur Hand sind.

Lehrer, die von anderen Schulen zu Besuch kommen, können nur schwer verstehen, wie man „unterrichten" kann, wenn die Kinder ihren eigenen Interessen nachgehen und womöglich ein jedes etwas anderes unternimmt oder sich spontane Gruppen bilden, die nicht vom Lehrer organisiert worden sind. Um mich in dieser Situation wohlzufühlen, muß ich mich jeden Tag von neuem in einen Gemütszustand versetzen, der höchste Aufmerksamkeit mit höchster Entspannung vereint. Sobald ich mich ängstlich oder angespannt fühle, bin ich außerstande, den Kindern beim Lernen wirklich behilflich zu sein, ohne sie mit meiner Anspannung anzustecken. Im aktiven System ist es unmöglich, den eigenen Gemütszustand vor den Kindern zu verheimlichen. Wir arbeiten ja meist nicht mit neutralen Begriffen, sondern mit konkreten Materialien, durch die Kinder sich auf natürliche Weise ausdrücken. Im Umgang mit diesen Gegenständen zeigen sich die Kinder so, wie sie wirklich sind. So ist es für sie leicht, auch mich im Umgang mit dem Material einzuschätzen und in jeder meiner Bewegungen meine Stimmungen abzulesen.

Nicht immer fällt es mir leicht, den offenen Gefühlsausdruck der Kinder voll zu akzeptieren und mich von ihnen nicht betroffen zu fühlen. Wir sind von jeher daran gewöhnt, daß Schulkinder ihre wirklichen Gefühle geheimhalten oder sie nur nach vorsorglicher Beobachtung – „mal sehen, was der Lehrer für ein Gesicht macht" – probeweise herauslassen. Die Erwachsenen sind dann meist über die Wutausbrüche, die blumenreiche Sprache und Streitlust entsetzt, die Kinder unter sich zu Tage fördern. Das empörende Benehmen der Halbwüchsigen wird allgemein getadelt. In den Staaten soll es sogar schon Elternverbände geben, die sich gegen die Jugendlichen mit Waffen organisieren. Nur zögernd kommt hier und da ein Erzieher auf den Gedanken, daß sich all der Zorn und die Aggression in vielen Jahren erzwungenen guten Benehmens angesammelt haben könnten. Das endlose Stillsitzen, Aufpassen, was der Lehrer von einem will, und die Anstrengung, es in den vielen Jahren persönlicher Abhängigkeit einigermaßen „recht zu machen", verwandeln unsere Kinder allmählich in Dampfkochtöpfe, die früher oder später explodieren können.

Im aktiven Schulsystem soll vermieden werden, daß sich unterdrückte Gefühle und Energien auf gefährliche Weise anstauen. Durch ihre Rede- und Bewegungsfreiheit stoßen „aktive Kinder" ständig mit der Umwelt und den Mitmenschen mehr oder weniger kräftig zusammen und haben Gelegenheit, den dabei freiwerdenden Gefühlen Luft zu machen. In ihren Spielen, ihrem Schreiben und Reden geben sie Zeugnis von ihren Ängsten, ihrem Zorn, von ihren Hoffnungen und Freuden. Wir Erwachsenen, die täglich ihr Leben teilen, können gar nicht vermeiden, daß wir mit den Kindern auch uns selbst fühlen und mit unseren eigenen Ängsten, unserem Zorn und unserem Wunsch auf persönliches Glück in Berührung kommen. Die Kinder haben also nicht eine Art „Lehrerschablone" vor sich, sondern normale Menschen, denen es wehtut, wenn man ihnen achtlos auf die Füße tritt, und die das offen sagen.

Eine weitere, oft unerwartete Schwierigkeit im offenen Klassenzimmer, die ich schon kurz andeutete, ist der Umstand, daß die Kinder unsere herrlichen Ideen und aufopfernde Arbeit nicht immer so hoch einschätzen, wie wir es uns erhofft hatten. Manches Material, das wir für sie herstellten, wird kaum beachtet. Anderes Material wird nicht selten zu ganz anderen Zwecken benutzt, als wir es uns vorgestellt hatten. Im großen und ganzen müssen wir uns darauf gefaßt machen, daß Kinder viel mehr Bedürfnis zum Spielen haben, als wir es für möglich gehalten hätten. Das mag sich zum Teil auf didaktische Spiele beziehen, deren Bildungswert uns beruhigen kann, aber noch viel mehr auf für uns ganz unerklärliche, oft „unnötig" erscheinende freie Spiele, bei denen unsere Teilnahme überflüssig ist, oft sogar als unerwünscht erklärt wird. Ich bin schon einige Male auf diese Art Spiele zu sprechen gekommen. Hier möchte ich nur bemerken, wie konfliktgeladen der Anblick von Kindern, die in der Schule hingebungsvoll spielen, für einen Lehrer sein kann. Kurz vor Schuljahresende ergab sich zum Beispiel die folgende Szene: Ein Kind hatte einem anderen ein Radieschen aus seinem mit Liebe umhegten Garten herausgerissen. Der Besitzer begann sein Eigentum mit Schlammkugeln zu verteidigen. Aus diesem kleinen Anlaß entstand unerwarteterweise eine richtige Schlacht, an der alle Kinder begei-

Erziehung zum Sein

stert teilnahmen. Sie dauerte mehr als eine Stunde. Sollten wir Lehrer den Kindern erlauben, den wertvollen Schulmorgen so zu „vergeuden"? Wäre es nicht angebracht, den kriegerischen Ausbruch der Kinder im Keim zu ersticken, damit sie etwas „Nützliches" lernen?

Täglich unterwerfen wir uns der Disziplin, unsere Beobachtungen im Klassenzimmer aufzuschreiben und sowohl für jedes Kind wie auch über die Vorkommnisse des Tages im allgemeinen ein Tagebuch zu führen. Beim Schreiben, Erinnern und Nachdenken gelingt es uns oft nachträglich, einzelnen Kindern und Situationen nachzufühlen und Zusammenhänge zu verstehen, die im Getümmel des Morgens oft unbewußt bleiben. Beim Notieren kommen uns neue Ideen für dieses oder jenes Kind, wir können eigene Mißgriffe unter die Lupe nehmen und Entschlüsse zu einer Haltungsänderung fassen. Durch diese Praxis schärfen wir allmählich unsere Aufmerksamkeit, die sowohl aufs Einzelne wie aufs Ganze gerichtet sein sollte. Statt uns zu erinnern, daß heute morgen „ungefähr zehn Kinder" im Garten arbeiteten, beginnen wir, jedes einzelne Kind vor uns zu sehen – wie seine Bewegungen auf uns wirkten, ob es eine führende Rolle übernahm oder andere nachahmte, ob es argumentierte oder wie es Probleme löste.

Allmählich lernen wir auch zu unterscheiden, was der Ursprung für die vielerlei differenzierten Handlungen der Kinder zu sein scheint. Folgen sie einem ursprünglichen Bedürfnis, das sie – den Gesetzen ihres eigenen Wachstums folgend – zur Tätigkeit treibt? Oder ist ihr Bedürfnis sozusagen aus „zweiter Hand", und sie zeigen Interesse an einer Tätigkeit, um damit die Zuwendung oder Anerkennung von Erwachsenen oder von anderen Kindern zu erlangen? Wie können wir begünstigen, daß jedes Kind immer mehr Erfahrungen mit solchen Handlungen bekommt, die seinem eigenen Selbst entsprechen und damit vermeiden, daß der Erziehungsprozeß im Kind die Wege verschüttet, die es auch in verwirrenden Situationen seines Lebens mit seiner persönlichen inneren Führung in Verbindung halten? Kinder mit der Gewohnheit, sich ständig zu vergewissern, „was sie als nächstes tun sollen", oder zu erraten, was von ihnen gewünscht wird, weil Eltern und Lehrer ja „am besten wissen, was für mich gut ist", können mit der Zeit ihren eigenen Weg nur noch mit Schwierigkeiten finden.

Je länger wir mit der aktiven Methode arbeiten, um so klarer wird uns, daß es sich nicht um ein modernes, aber geschlossenes System handelt, das die Probleme der traditionellen Schule vermeidet und darum

Kinder, Lehrer und Eltern in der aktiven Schule

besser ist als das alte System. Wie Schumacher in *Rat für die Ratlosen* schreibt, kann Erziehung kein „konvergentes Problem" sein, das zu einer Lösung geführt wird, sobald wir nur alle Faktoren auf logische Weise zum Stimmen bringen. Es ist vielmehr ein typisches Beispiel für ein „divergentes Problem", da es nicht nur mit materiellen Bedingungen, sondern mit dem Leben in seinen verschiedensten Bewußtseinsstufen zu tun hat.

John Holt vergleicht den neuen Lehrer mit einem Spezialisten, der in einem Reisebüro arbeitet. Er schreibt seinen Kunden nicht vor, wohin ihre Reise gehen soll, sondern erkundigt sich höflich nach ihren Wünschen und Möglichkeiten, steht ihnen mit seinen Kenntnissen und Verbindungen bei und hilft bei der Planung ihrer Reise. Er kann ihnen jedoch nicht garantieren, daß die Reise wirklich ein Erfolg wird, und er sieht es nicht als seine Pflicht an zu kontrollieren, ob die Touristen alle seine Ratschläge befolgen. Dieser Vergleich scheint mir insofern zutreffend, als er die Entscheidungs- und Handlungsfreiheit des „Kunden" betont. Doch gibt er keinen Hinweis auf das Maß an Verantwortung, das wir als Erwachsene übernehmen, da für die Kinder ja nicht nur ein Urlaub, sondern die Grundlage für ihr ganzes Leben auf dem Spiel steht. Erzieher wie Pestalozzi, Rousseau und andere bringen sogar das Prinzip der „Liebe" ins Spiel, durch das der Lehrer in die Lage versetzt wird, all die Gegensätze zu transzendieren, die bei divergenten Problemen versöhnt werden müssen, soll das Leben unverletzt bleiben.

Die Erfahrung in der aktiven Schule lehrt uns, daß wir es nicht – wie allgemein angenommen wird – nur mit zwei Wissensgebieten zu tun haben: Dem zu lehrenden Stoff und den Lehrmethoden, die allerdings oft hinter den neuesten Kenntnissen der Psychologie herhinken. Nach Schumacher sind es vier Wissensgebiete: Erstens mein eigenes Inneres, zweitens, wie andere mich sehen, drittens, wie es im Innern des andern aussieht, viertens, wie der andere – oder die Welt – von außen aussieht.

Normalerweise wird von der Pädagogik vor allem der letzte Wissensbereich in Betracht gezogen: Der Wissensstoff, den wir vor dem Lernenden ausbreiten und die typischen Reaktionen auf diese Lernsituationen, die durch verschiedene Methoden moduliert werden können. Piagets Arbeiten weisen – wenn wir sie recht verstehen – bereits deutlich darauf hin, daß solche Lehrmethoden, die nur die äußeren Reaktionen des Lernenden auf die angebotenen Lernreize berücksichtigen (siehe Skinners Lernmaschinen und überhaupt jegliche Methode, die aus dem Behavio-

Erziehung zum Sein

rismus stammt), auf die Dauer wachstumsstörend sind. Wollen wir als Lehrer nicht nur einem mechanischen Lernprozeß, sondern dem lebendigen Wachstum dienen, können wir nicht umhin, das „Innere" des anderen, in unserem Fall des Kindes, ernstzunehmen. Dieses Innere ist für Piaget der Platz, an dem die Strukturen des Verstehens und Denkens gebildet werden. Für Janov ist es der Ursprung aller Gefühle, die unbewußt, aber unvermeidlich, unsere Handlungen und unser Wesen bestimmen. Für andere ist es der Sitz eines tieferen – oder höheren – Bewußtseins, das auf Erweckung wartet und aus dem menschliche Handlungen entspringen können, welche die Gesetze der „unbefriedigten Bedürfnisse" hinter sich lassen.

Nur ein Erwachsener, der bereits mit seinem eigenen Selbst in Verbindung getreten ist, kann die Wichtigkeit solcher Erfahrungen bei anderen einschätzen und ihnen den Platz einräumen, der ihnen gebührt. Der Lehrer soll das gleiche Recht auf Wachstum haben wie seine Schüler. Er soll also offen sein, der Welt immer neue und interessante Seiten abzugewinnen. Dies erhöht ohne Zweifel sein Lebensgefühl. Ein Lehrer, der diese Offenheit nicht kennt, empfindet seine Arbeit sicher bald als geisttötende Plackerei. Doch bleibt diese sich ständig erneuernde Sicht nach außen ohne wirklichen Wert, entspricht sie nicht einer Erweiterung des eigenen „inneren Raumes", aus dem Richtung und Sinn entspringen.

Bedenken wir schließlich noch den zweiten Wissenbereich: „Wie andere mich sehen". Nach Schumacher enthält dieser Bereich einen wichtigen Schlüssel zum wahren Verständnis, ohne das die anderen drei leicht aus dem Gleichgewicht geraten. Nehmen wir an, daß wir durch unsere Arbeit nicht nur einen Lebensunterhalt und eine Altersversicherung erlangen wollen, sondern wirklich etwas Gutes und Wertvolles leisten möchten. In der aktiven Schule geben uns die Kinder reichlich Gelegenheit, auf Schritt und Tritt unsere Ideale zu überprüfen und die Echtheit unserer Absichten zu messen. Die Kinder geben uns nicht nur versteckte Zeichen, durch die wir ihre wahre Meinung und ihre wirklichen Gefühle über unsere Person und Handlungen erfahren können, so wie wir vielleicht in der traditionellen Schule hinter unserem Rücken eine ganze Nachtrichtenagentur verspüren (Es soll Lehrer geben, die niemals mit dem Rücken zur Klasse etwas an die Tafel schreiben, sondern lieber komplizierte Verrenkungen machen, um die Klasse immer im Blick zu haben). In dem Maße, wie wir es fertigbringen, mit den Kindern „wir selbst" zu sein und nicht nur eine Rolle zu spielen, aus der wir uns nach Beendi-

Kinder, Lehrer und Eltern in der aktiven Schule

gung des Unterrichts wieder herauspellen, sind auch die Kinder „sie selbst" und zeigen uns in aller Offenheit, wie unsere guten Absichten auf sie wirken.

Da kommt mir in den Sinn, wie ich am Ende des letzten Schuljahres einmal ein wunderschönes Stilleben auf einem Tisch arrangiert hatte. Die größeren Kinder waren eingeladen, eine Beschreibung davon zu versuchen. Als ich ihnen die Sache erklärte, schauten sie mich stirnrunzelnd an und fragten, wofür denn so etwas gut sein sollte. Ich versuchte, mir meine Verlegenheit nicht anmerken zu lassen – ich hatte wirklich geglaubt, daß sie meine Bewunderung für dieses Stilleben teilen würden – aber vor der kritischen Haltung von Zehnjährigen war es schwierig, eine sinnvolle Erklärung für solch eine Arbeit zu finden. Sie mußten mein Dilemma erkannt haben, denn eine von ihnen meinte großzügig: „Ich find es ja blöd, so etwas zu beschreiben, aber laß nur, ich tu's für dich, damit du dich freust." Die anderen stimmten der Meinung ihrer Freundin zu und schrieben eine ganz ordentliche Arbeit, die allerdings nicht zu vergleichen war mit dem, was sie sonst aus eigenem Interesse schreiben können.

Wann immer ich in meiner Arbeit mit den Kindern unzufrieden, mißmutig oder allzuleicht ermüdbar werde, versuche ich zu bedenken, auf welche Weise das Gleichgewicht zwischen diesen vier Wissensbereichen gestört worden ist. Solch eine Bestandsaufnahme gelingt mir nur, wenn ich bereit bin, mich der gegenwärtigen Situation hinzugeben und zweckgebundene Erwägungen hintanzustellen. Dies ist eine nicht leichte Übung. Mein Lebensgefühl ist durch meine eigenen Schuljahre stärker geprägt worden, als ich je geahnt hätte. Unbewußt steckt in mir noch der 45-Minuten-Rhythmus und das vage Gefühl, daß das wahre Leben erst anfängt, wenn ich dieses oder jenes hinter mich gebracht habe. Es ist erstaunlich, wie selbst die vielen Erwachsenenjahre in Südamerika mit seinem weniger ausgeprägten Zeitgefühl die in der Kindheit eingeübten Gewohnheiten nicht unwirksam machen konnten.

Das Leben in der Gegenwart muß von uns Erwachsenen erst wieder bewußt und neu erarbeitet werden, bevor wir nachspüren können, wie natürlich es für die Kinder ist. So können wir durch unsere tägliche Praxis in der aktiven Schule allmählich lernen, mit den Kindern in diesem Sinn zu leben. Doch bleibt noch die Schwierigkeit, wie wir die Eltern der Kinder in diesen „magischen Kreis" einbeziehen können. Eltern schicken ihre Kinder ja auf die Schule, damit sie alles lernen, was sie später in

Erziehung zum Sein

der Sekundarschule, dann auf der Universität und schließlich im Leben – das Leben scheint für die meisten erst später anzufangen – brauchen, „damit sie zurechtkommen, damit sie etwas werden, damit sie später einmal glücklich sind".

Dieses „damit" bedeutet insgeheim, daß wir wissen, was und wofür wir lernen und lehren. Beziehen wir aber alle vier Wissensbereiche in unser „Programm" ein, so verwandelt es sich in einen Plan für eine Reise ins Unbekannte, zu der wir uns – Kinder und Erwachsene – gleichermaßen ausrüsten.

Pädagogik oder Therapie?

Vor einigen Jahren arbeitete ich als Musiklehrerin an einer traditionellen Schule. Oft verwunderte es mich, wie es die anderen Fachlehrer in den Zeugnissitzungen fertigbrachten, von Notendurchschnitten, Leistungskurven und Betragensproblemen zu sprechen, ohne etwas von der Persönlichkeit der Kinder durchscheinen zu lassen. Ich selbst unterrichtete in jeder Klasse nur zwei Wochenstunden und hätte von den anderen Lehrern gern mehr über die Schüler erfahren. Doch die meisten von ihnen konnten nur von solchen Kindern etwas berichten, die in ihrem Fach entweder besonders gut oder besonders schlecht waren oder die es verstanden, durch ständiges Stören die Aufmerksamkeit auf sich zu ziehen. Die überwiegende Mehrheit der Kinder wurde in diesen Sitzungen kurz durch Zahlen mit zwei Stellen hinter dem Komma charakterisiert, die durch den Konsensus ab- oder aufgerundet werden mußten. Einmal legte ein Klassenlehrer die Trimesternoten eines zwölfjährigen Jungen vor, die im Vergleich zum vorhergehenden Zeugnis rapide abgesunken waren. Gerade wollte der Vizedirektor eine Empfehlung verfassen, daß der Schüler sich hüten müsse, sein Verbleiben an der Schule nicht zu gefährden. (Die guten Schulen leisten sich hier den Luxus, ihre Schüler alle zwei Jahre auszusortieren, wenn sie nicht mitkommen oder ihr Benehmen nicht den Normen entspricht.) Da meldete sich der Klassenlehrer noch einmal zu Wort und bat, die besondere Situation dieses Kindes in Betracht zu ziehen. Sein Vater habe in diesen Monaten einen schweren Autounfall erlitten und sei seitdem gelähmt. Es sei anzunehmen, daß dieser Umstand etwas mit dem Absinken der Leistungen zu tun habe. Sollte man mit der warnenden Bemerkung nicht lieber warten, um dem Schüler Zeit zu geben, sein Gleichgewicht wiederzufinden? Die Antwort war kurz und weise: „Wir sind kein therapeutisches, sondern ein pädagogisches Institut." Die Bemerkung kam ins Zeugnis, und am Ende des Schuljahres wechselte das Kind die Schule.

In einer anderen Eliteschule in Quito warf ein kleines Mädchen ei-

Erziehung zum Sein

nem anderen Kind im Kindergarten einen Stein an den Kopf. Blut und Tränen flossen. Die Mütter wurden angerufen und kamen sofort. „Wie konnten Sie zulassen, daß dieses böse Kind mein armes Kind verletzt?" war die Anklage gegen die unachtsame Lehrerin. Die Mutter der Schuldigen fuhr ihr vierjähriges Töchterchen an: „Warum bist du so schlecht?" Die Gemüter beruhigten sich erst, als versichert wurde, daß das böse Kind sofort von der Schule verwiesen würde. Sind es nun lauter gute und brave Kinder, die an den besseren Schulen bleiben? Wo kommen all die bösen hin?

Eine junge Lehrerin, die in diesem Jahr an unserem Sommerkurs teilnahm, brachte uns folgende Daten aus der Eliteschule, in der sie unterrichtete: Von 56 Kindern zwischen sechs und sieben Jahren (zwei erste Klassen) sind 31 in neurologischer und/oder psychologischer Behandlung. 17 von diesen nehmen auf Anraten des Schulpsychologen regelmäßig Sedativa.

In Ecuador steht die Alphabetisierung der Landbevölkerung an einer der ersten Stellen des Regierungsprogramms. Noch kann die allgemeine Schulpflicht nur beschränkt durchgeführt werden. Doch schon sind die Spezialisten im Ministerium darum besorgt, wie man den bestehenden Schulen mit besonderen „Lernzentren" helfen kann, wie sie in den entwickelten Ländern längst bekannt sind. Es handelt sich nicht etwa um Zentren für Behinderte, sondern für klinisch normale Kinder, die entweder verhaltensgestört oder sonst in irgendeinem Lerngebiet unerklärlicherweise blockiert sind. Da die Lehrer alle Hände voll zu tun haben, das Programm zu erfüllen und die Disziplin in ihrer Klasse aufrechtzuerhalten, brauchen sie dringend Hilfe für Kinder mit Anpassungsschwierigkeiten. Die Nachfrage nach Psychologen, Neurologen oder Spezialisten, die unter besonderen Umständen auch blockierten Kindern den nötigen Stoff einflößen können, wächst ständig. Aus den Erfahrungen anderer Länder wissen wir allerdings, daß sich solche „herausgenommenen" Kinder schon früh abgestempelt fühlen. Nicht genug damit: Die Hinweise auf ihre Schwierigkeiten verfolgen sie durch alle Zeugnisse, bis ans Ende ihrer Schulzeit.

Die Wirkungen dieses Ausleseprinzips scheinen mir jedoch nicht nur problematisch für solche, die als „anders" markiert werden und die sich vielleicht auf Anraten des Schulpsychologen von klein auf daran gewöhnen, mit Beruhigungsmitteln zu leben. Tragisch scheint dieser Stand der Dinge auch für die „Normalen", die „Guten" und „Braven", die systematisch lernen, immer das „Richtige" zu tun und sich vor „Fehlern" zu hüten. Zwar begehren die jungen Leute in allen Ländern immer mehr gegen dieses lang gepflegte Selbstbildnis auf, doch viele von ihnen haben nur gelernt, daß sie „dagegen", aber nicht, wofür sie wirklich sind. Wie sollen sie nach so vielen Jahren den Weg zurück zu sich selbst und ihre eigene Richtung finden? Sie sind von klein auf daran gewöhnt, Richtung und Weisung von außen zu bekommen; es fehlt ihnen die Sicherheit, ob und wann der eigene Kompaß zuverlässig ist. So laufen sie als junge Erwachsene hier mit und dort mit, schimpfen und kämpfen gegen dies und jenes und finden sich doch selten in ihrem eigenen Leben zurecht.

Wer entscheidet letztlich, welche Kinder „normal" sind und welche irgendeine Therapie brauchen? Und woher kommt das dringende Bedürfnis, die „Anderen" oder „Schwierigen" zu isolieren und zu den Spezialisten zu schicken? In den Dörfern Ecuadors gehören die Behinderten aller Art noch ins normale Alltagsleben. Sie übernehmen in der Familie gewisse Aufgaben und nehmen am öffentlichen Leben teil. Doch in den Städten werden sie auch hierzulande bereits weitgehend versteckt und kommen in „spezielle" Behandlung.

Zwischen der Schar der unterschiedlich behinderten Kinder und der normalen, die sich an die herrschenden Schulbedingungen anpassen, wächst die Zahl der „leicht angeschlagenen" Kinder. Ihre Probleme werden von den Spezialisten mit immer neuen Fachwörtern bezeichnet. In den geheimen Informationskarten der Schulen, zu denen vielerorts nicht einmal die Eltern Zugang haben, erscheinen vom Kindergartenalter bis zum Ende der Schulzeit Kennwörter wie „spezifische Lernbehinderung", „Verhaltensgestörtheit", „minimale Hirnstörungen", „Hyperaktivität" und andere. Peter Schrag und Diane Kivoky haben die Hyperaktivität als einen Mythos entlarvt und berichten, daß die Schar der Kinder, die sich nicht an die allgemeine Norm anpassen kann und darum unter dem Verdacht einer gewissen Anormalität steht, ständig zunimmt. Die Schätzungen sind sehr unterschiedlich und liegen in den Staaten zwischen 10 und 40% der gesamten Schulbevölkerung.

Aus dieser Studie geht klar hervor, daß in den meisten Fällen kein Beweis für organische oder psychologische Störungen vorliegt. Es genügt, daß sich ein Kind nicht dem geforderten Lernrhythmus anpaßt, starke persönliche Überzeugungen aufrechterhält oder in der Schule nicht stillsitzen will, um an Psychologen oder Lernspezialisten verwiesen zu

Erziehung zum Sein

werden. Die Zahl der Kinder, die ihre gesamte Schulzeit lang mit Beruhigungsmitteln behandelt werden, steigt ebenso; nicht nur in den Staaten, sondern auch schon in Ecuador, wo alles darangesetzt wird, die glückliche Zukunft der Kinder durch eine Ausbildung an einer „guten Schule" zu sichern. Sind nun diese Schulkrankheiten eine Schöpfung der wachsenden Zahl der Spezialisten, oder werden die Spezialisten durch die Zahl der „Kranken" auf den Plan gerufen? Eins ist sicher: Kinder, die mit Anhängeschildern wie „Hyperaktivität" oder „Lernschwäche" aus einer traditionellen Schule in eine aktive Schule überwechslen, verlieren manchmal schon nach einer Woche die typischen Symptome ihres Leidens!

Beunruhigend ist in Ecuador auch die Zahl der Kinder, die trotz ihrer erklärten Normalität immer noch nicht normal genug sind, um die Anforderungen einer Volksschule – oder sogar eines Kindergartens – ohne Schaden zu ertragen. An den Eliteschulen Quitos werden durch Tests aus ungefähr 400 vierjährigen Anwärtern 80 Kinder für den Kindergarten ausgelesen. Von diesen 80 kommen dann die 50 „Besten" in die Vorschule und von denen wieder 30 in die erste Klasse. Hier handelt es sich um Kinder aus wohlgestellten Familien ohne Ernährungs- oder andere Wachstumsprobleme. Sie fühlen sich schon im Vorschulalter entweder „zurückgewiesen" oder „auserwählt" – beides sehr fragliche Grundlagen für ein junges Leben. Die zurückgewiesenen Kinder finden immer noch einen Platz an einer weniger geschätzten Schule. In den mittleren und unteren Schichten kommen – soweit hier die Kinder überhaupt eingeschult werden – oft schwerwiegende Ernährungsprobleme oder Mangel an der einfachsten Kultur hinzu. Kinder, die hier versagen, haben keine andere Chance mehr. Sie bleiben in großen Scharen ohne Hoffnung auf eine Beteiligung am Fortschritt des Landes.

Paul Goodman hebt in *Verhängnis der Schule* hervor, daß solch ein Zustand für die Betroffenen in früheren Zeiten kein allzu großes Unglück gewesen wäre. Auf allen Gebieten des Lebens kamen oft die hervorragendsten Leistungen ausgerechnet von den „Dropouts". Für Menschen, die nicht alle Sprossen des damals gar nicht so allgemeinen Schulsystems erklommen hatten, waren immer noch verschiedene Wege offen. Heute ist das anders: Es gibt praktisch keine Wege zu Glück, Erfolg und zur Erfüllung aller Wünsche, es sei denn über die „allein seligmachende Mutter Schule".

Nun werden aber gerade in dieser obligatorischen Institution schon

Pädagogik oder Therapie

früh, viel zu früh, die Weichen für ein ganzes Leben gestellt. Bei Kindern, die schon in den ersten Jahren Mängel leiden mußten, kommen die Probleme am schnellsten ans Tageslicht. Es können bei manchen schon vorgeburtliche Probleme sein, bei manchen die Auswirkungen einer naturwidrigen Geburt, eine lieblose Behandlung als Kleinkind oder all jene Unsicherheiten, die kleine Kinder mit sich allein ausmachen müssen, weil wir Erwachsenen in unserer eigenen Welt leben und ihre wirklichen Bedürfnisse nicht verstehen.

Doch auch Kinder, die mit den höchsten Erwartungen, voller Energie und Neugierde eingeschult wurden, zeigen häufig schon nach wenigen Jahren allerlei besorgniserregende Symptome: allgemeine „Schulmüdigkeit", abnehmende Konzentration und verminderte Neugierde, bis zu Kopfschmerzen, Bettnässen, Magenbeschwerden, häufigen Erkältungen, und sogar Selbstmordversuchen. Zwischen diesen Polen finden wir alle Schattierungen von Gereiztheit, Mangel an Lebensfreude und Selbstvertrauen, Angriffslust, Zynismus und was sonst das Leben der Familien und der allgemeinen Öffentlichkeit unangenehm machen kann. Zugegeben, all dies sind recht verbreitete Krankheitssymptome unserer zivilisierten Welt, doch scheint die Schule der Ort, an dem sie kultiviert werden. Nehmen wir als Beispiel das sich ständig verbreitende Übel, das von den Spezialisten mit „Legasthenie" bezeichnet wird. Dazu bemerkt Hans Jörg in seiner Einführung in die Schuldruckerei, daß in solchen Schulen, die diese Arbeitsmethode nutzen, Legasthenie gar nicht vorkomme! Bei dieser Arbeitsmethode stehen die Kinder häufig bei der Arbeit auf, bewegen sich hin und her, betasten die Buchstaben mit den Fingerkuppen, setzen und bauen Drucksätze ab und verrichten – außer der Möglichkeit, sich angeregt miteinander zu unterhalten – eine ganze Serie von praktischen Arbeiten, die alle Sinne ansprechen, dem Kind Freude am aktiven Selbsttun und am Ergebnis seiner Bemühungen verschaffen.

Hier kommen wir dem Kern des Problems ein wenig näher. Unsere Erfahrungen in der aktiven Schule bringen uns genügend Beweise, daß es nicht nur möglich ist, ohne „Ausleseprinzip" behinderte und normale Kinder, und unter ihnen Kinder verschiedener Temperamente und Intelligenz miteinander harmonisch zu erziehen. Immer wieder erleben wir auch, daß Kinder, die allerlei „kleine Schäden" aufweisen und die sicher in einer traditionellen Schule entweder „hinausflögen" oder in die Hände von Spezialisten kämen, hier einen Lebensraum finden können, der ihre positiven Seiten hervorkommen und sie zu Ruhe und Gesundung gelangen läßt. In der aktiven Schule werden die Kinder nicht zu einem Benehmen angehalten, das ihrer kindlichen Natur zuwider ist. Stillsitzen und nur dann reden, wenn man gefragt wird, ist für Schulkinder nur unter Unterdrückung ihrer normalen Veranlagung zu schaffen und für solche, die schon inwendig „unter Druck" sind, eben das Schlimmste, was man ihnen zumuten kann. Nach Piaget sind freie Bewegung und freies Reden für das Kind grundlegend für die Ausbildung gesunder Verständnisstrukturen. Ein positives Erfassen der Wirklichkeit kommt nur in dem Maß zustande, wie die natürlichen Bedürfnisse des Kindes respektiert werden. Egozentrisches Verhalten dauert solange an, wie der Druck unbefriedigter Bedürfnisse es erfordert. So ist allein Bewegungsfreiheit in diesem Alter schon unerläßlich, um eine Therapie unterdrückter Gefühle einzuleiten und eine dauernde Verbindung zwischen Gefühls- und Denkstrukturen herzustellen. In diesem Alter ist es unmöglich, die gefühlsgebundene „Persönlichkeitshygiene" von intellektuellen Idealen zu trennen. Die Schule sollte den Kindern legitime und nie aufhörende Gelegenheit geben, sich von inneren Spannungen zu befreien, was immer ihr Ursprung sein mag. Und aus dem gleichen Grund sollte es die Schule um jeden Preis vermeiden, solche Spannungen selbst zu verursachen. Es besteht für uns also kein Zweifel: Geben wir den Kindern nicht nur die Erlaubnis, sondern täglich neuen Anreiz, sich spontan und auf die der kindlichen Natur entsprechende Weise zu bewegen, so vereinigt die Schule in einem Zug sowohl therapeutische wie auch pädagogische Prinzipien.

In dieser Praxis eines freien Umgangs mit Dingen und Menschen ist ein heilsamer Faktor stillschweigend inbegriffen: Während die traditionelle Schule Kinder und Erwachsene in einer Weise gegenüberstellt, die kein Ausweichen erlaubt (einem unsympathischen Lehrer ist das Kind ein ganzes Schuljahr ausgesetzt, ebenso der Lehrer den schwierigen Kindern in der Klasse), so ist in der aktiven Schule dieses unvermeidliche Vis-a-vis in ein Dreieck verwandelt: Kinder, Lehrer und die „vorbereitete Umgebung" oder das „Material" wirken miteinander und untereinander in einem dynamischen Feld. Je nach seiner Mentalität hat ein jeder Gelegenheit, den andern zu suchen oder zeitweise zu meiden. Stellen wir uns vor, daß wir uns mit einem fremden oder dem eigenen Kind in einem völlig leeren Raum befinden. Es gibt vielleicht nichts Schwierigeres, als wenn sich ein Erwachsener einem Kind direkt und ohne Medium nähern muß. Haben wir jedoch irgendein Ding zur Hand, das das Interesse des Kindes weckt, so dauert es nicht lange, bis das Kind uns Zutritt zu seinem persönlichen magischen Kreis erlaubt.

Täglich erleben wir, wie Kinder „all ihre Leiden vergessen" und sich „selbst heilen", wenn sie sich in selbstgewählter Beschäftigung mit Dingen, die ihr Interesse gefangenhalten, so verlieren, zu einem so hohen Grad von Konzentration gelangen, daß sie sich – wenn auch nur vorübergehend – einsfühlen mit der Welt. Dieses Gefühl des Einsseins – von uns Erwachsenen meist längst vergessen und begraben – ist das Zaubermittel, das alle Gebrechen der Kindheit heilen kann. Doch seine geheime Formel muß von jedem Kind selbst gefunden und in selbstverschriebener Dosis angewandt werden. Wir Erwachsenen können die Therapie nicht für die Kinder von außen erfinden und sie ihnen „eingeben".

Was ist aber die Rolle des Erwachsenen in diesem therapeutisch-pädagogischen Prozeß? Sie leitet sich von einem Haltungswechsel ab, der es möglich macht, jedes Benehmen der Kinder als „normal" zu empfinden – in dem Sinn, daß es die intelligente Antwort des kindlichen Organismus auf die Bedingungen seines Lebens ist. Wollen wir also das Benehmen des Kindes ändern, weil es für andere schwer zu ertragen ist, so müssen wir die Bedingungen seiner Umgebung ändern und es dem Kind überlassen, neue und für alle zufriedenstellendere Antworten auf diese neuen Bedingungen zu finden. Wir gehen also mit vollem Respekt an jedes Kind heran und lassen es fühlen, daß wir es akzeptieren, auch wenn es sich selbst voller Konflikte empfindet. Müssen wir zum Schutz der anderen Kinder und der Gegenstände, die allen dienen sollen, ein Kind zurechtweisen, ziehen wir es dabei zu uns heran und versuchen, es zu umarmen, falls es das zuläßt. Dabei fühlt das Kind die Annahme seiner Person, und es wird ihm leichter, die Zurechtweisung auf seine unpassende Handlung zu beziehen, ohne sich selbst angegriffen zu fühlen.

Im Fall eines überscheuen Kindes, das Erwachsenen mißtraut, belassen wir es vorläufig dabei, ihm Gelegenheiten zu interessanten Beschäftigungen allein, oder falls möglich mit anderen, zu verschaffen. Wir versuchen, mit ihm ohne Gefahr für seine Integrität durch Blicke, flüchtige Berührungen oder ein freundliches Wort in Kontakt zu kommen. Hin und wieder erinnern wir es: „Wenn du mich brauchst, kannst du mich rufen". Ein siebenjähriger Junge brauchte ein ganzes Jahr, bis er mich zum ersten Mal rief und mir voller Freude seine Arbeit zeigte! Unsere

Erziehung zum Sein

Bereitschaft, mit den Kindern „dumme Spiele" zu machen, ist ein wichtiges Hilfsmittel, um auch mit den Scheuesten in Kontakt zu kommen. Vielleicht stehen sie anfangs nur mit offenem Mund dabei, wenn uns ein anderes Kind beim Spielen umstößt. An seinen Augen können wir ablesen, ob es insgeheim auch einmal so spielen möchte. Später wagen wir es, uns ihm mit kleinen Gesten zu nähern, es zum Mitspielen einzuladen, ohne es jedoch zu berühren. So festigt sich allmählich das Vertauen. Vielleicht dauert es Wochen oder Monate, doch eines Tages wird sich auch solch ein Kind mit großem Glücksgefühl der Welt und seinen Mitmenschen öffnen.

Bewegungsfreiheit und Auslauf sind gerade für die aggressiven und „hyperaktiven" Kinder von großer Wichtigkeit. Doch nicht immer genügt es ihnen, mit der Hacke die Erde zu bearbeiten oder voller Wut gegen einen Ball zu treten. Ein siebenjähriger Junge, dem wir bei einem Wutanfall einen Teppichklopfer und eine alte Matratze zur Verfügung stellten, schrie einmal aus vollem Hals: „Ich will nicht die Matratze schlagen! Ich will j e m a n d e n schlagen!" Er brauchte einen kräftigen Mann, der ein regelrechtes Gefecht mit ihm vertragen konnte, der aber dieses Gefecht nicht mit neuer Verwirrung und neuem Schuldgefühl, sondern in immer engerer Umarmung enden ließ. Am Schluß dieser improvisierten Einzeltherapie weinte das Kind lange auf dem Schoß seines neuen Freundes und stieß unter Tränen hervor: „Alle Erwachsenen sind Lügner, Lügner, Lügner..."

In jedem Jahr stellt sich heraus, daß ein paar unserer Kinder – die meisten von ihnen aus Familien, die keinen Mangel leiden – kleine Diebe sind. Sie stehlen das Essen der Kameraden, Schulmaterial und Büroartikel. Wenn uns solche Neigungen – meist durch die Klagen der anderen Kinder – auffallen, versuchen wir, diesen kleinen Übeltätern nicht nur mehr Zuneigung zu zeigen, sondern wir bewahren für diesen Zweck in Reichweite der Lehrer einen Korb mit Früchten, Keksen und kleinem Krimskrams auf. Hin und wieder ruft einer von uns den kleinen Dieb zu sich heran und schenkt ihm unter dem Siegel eines gemeinsamen Geheimnisses und mit einer kleinen Umarmung ein kleines Geschenk: Eine Muschel, ein paar Murmeln oder etwas zu essen, je nachdem, wo das Hauptbedürfnis des Kindes zu liegen scheint. Dieses Heilmittel zeigt meist große Erfolge. Das Kind fühlt sich allmählich geliebt, angenommen und wider Erwarten beschenkt. Eine Verbindung wurde hergestellt zwischen seinem authentischen Bedürfnis nach Liebe und Annahme und

Pädagogik oder Therapie

seiner Ersatzlösung, dieses oft unerfüllte Bedürfnis mit Gestohlenem zu befriedigen. Durch unsere Annahme, nicht durch Strafen, findet es nun die Kraft, seine Handlungen zu ändern und wirkliche Freundschaften zu schließen.

Die Gegenwart des Erwachsenen nimmt also in dieser Situation neue Bedeutung an: Nicht die eines Doktors, der Diagnosen stellt und die passende Medizin verschreibt, sondern die eines guten Schutzgeistes, der neue und hilfreichere Bedingungen für die Kinder schafft, in denen sie sich finden und neu strukturieren können. In diesem Prozeß steht der Erwachsene zur Verfügung, falls das Kind Hilfe braucht. Er bestimmt aber nicht den Verlauf des Prozesses von außen. Jede neue Bewußtseinsstufe setzt ein Zurücklassen und eine Trennung von früheren Gewohnheiten voraus. Dies bringt meist ein Gefühl von Schmerz mit sich. Ein anderer Mensch, der selbst solche Übergänge erlebt hat, kann hier Sicherheit vermitteln, ohne dem Kind das wunderbare Gefühl der persönlichen Überwindung oder des Triumphes zu stehlen.

Der allgemeine Schulraum kann und soll also dem Wachstum aller Kinder, der gesunden und der kränkelnden, dienen. In ganz besonderen Fällen, von denen ich später noch kurz berichten möchte, ist eine zusätzliche Einzeltherapie vielleicht vorübergehend notwendig. Doch hier ein paar Beispiele von Kindern, die mit Schwierigkeiten zu uns kamen und denen die Umgebung der aktiven Schule große Dienste geleistet hat:

Santiago kam als Sechsjähriger zu uns. Er war in drei Kindergärten als hyperaktiv und gefährlich aggressiv beschrieben worden. Bevor wir uns versahen, hatte er am ersten Schultag einen beachtlichen Teil des didaktischen Materials im Gelände verstreut, hatte die Kaninchenställe aufgerissen, die Lamas verfolgt, Hunden, Katzen und den meisten Mitschülern Tritte versetzt und lag nach kurzer Zeit erschöpft und weinend in den Armen eines Lehrers. Dort landete er von nun an jedesmal, wenn die Welt über ihm zusammenzufallen drohte. Ansonsten hatte er Erfahrungen positiver Art in einem riesigen Sandhaufen, verfolgte die tollsten Projekte mit Wasser, Brücken, Schlamm und Steinen, jagte täglich Insekten, kletterte auf Bäume und spielte bis zur Erschöpfung Fußball. Etwas später legte er sich mit Hingabe einen kleinen Garten an.

Als er Interesse an differenzierten Materialien zu zeigen begann, legte er sich eine Steinsammlung an, baute drei Wochen lang Schiffe aus Balsaholz, die er auf dem Teich spazierenfahren ließ. Nach und nach beruhigten sich seine Bewegungen. Er konnte viertelstundenweise in der Schuldruckerei arbeiten, wobei er in einem Monat fließend lesen lernte. Das Montessori-Material zum Rechnen faszinierte ihn ebenso, wie es ihn oft frustrierte, weil die vielen Kugeln und Ketten immer wieder in hohem Bogen vom Tisch flogen. Nach und nach brachte er auch hier etwas mehr Ordnung in seine Bewegungen, doch er entwickelte bald die Neigung, möglichst schnell zum Kopfrechnen überzugehen, um die schwierige Handhabung des feinen Materials abzukürzen. Es bedarf wohl kaum einer Erwähnung, daß auch sein soziales Verhalten zusehens besser wurde und er bald ein gesuchter Kumpan für alle unternehmungslustigen kleinen Jungen wurde. Wenn sich eines der Kinder beim Spaziergang wehtut oder von einer Biene gestochen wird, ist Santiago der erste, der sich zum Trösten und Helfen einstellt. Das ist kein Wunder, denn er weiß aus eigener Erfahrung, was Schmerz bedeutet.

Schon bald nach seinem Eintritt gelang es uns, mit seiner Mutter erste Gespräche zu führen. Dabei stellte sich heraus, daß sie selbst seit ihrem vierzehnten Lebensjahr mit Beruhigungsmitteln behandelt wurde, um das Leben ruhiger zu nehmen. Sie hatte sich schon immer zu den Intellektuellen gezählt, heiratete auch einen Soziologen. Als sie Santiago erwartete, wehrte sie sich entsetzt gegen die Mutterschaft. Zwei Jahre lang konnte sie sich nicht von einem gewissen Widerwillen gegen ihr eigenes Kind befreien. Sie erinnert sich noch lebhaft an Szenen, in denen sie ihr kleines Kind aus kleinen Anlässen maßlos geschlagen hat. Ein Psychologe versuchte ihr klarzumachen, welchen Schaden sie ihrem Kind durch ihr Verhalten zufüge. Seitdem bemüht sie sich zusammen mit ihrem Mann, dem Jungen „positive Aufmerksamkeit" zu schenken. Doch ist sie – sicher auch durch die Einwirkungen der Beruhigungsmittel – in ihrem direkten Gefühlsausdruck immer noch weitgehend gehemmt. Sie widmet sich also dem Kind auf intellektuelle Art und fördert es in allen Regungen, die seine Intelligenz beweisen. So kämpft Saniago seit dem ersten Tag seines Lebens um das Recht, er selbst sein zu dürfen.

Ein anderes Kind, das in einer traditionellen Schule längst zu den Spezialisten geschickt worden wäre, ist Alba. Als sie mit vier Jahren zu uns kam, war sie längst vertraut mit ihrer Rolle, das „böse Kind der Familie" zu sein. Nie wurde sie müde, gegen alle und alles zu kämpfen. Sie war ein ewiger Störenfried, machte alles kaputt und spielte nie glücklich für sich wie andere Kinder in ihrem Alter. Durch viel Gelegenheit zu praktischer Beschäftigung wurde ihr Verhalten allmählich leichter er-

Pädagogik oder Therapie

träglich, doch immer noch war sie viel unharmonischer und wechselhafter als alle anderen Kinder ihres Alters. Ihre ältere Schwester, die im Kindergarten bei uns gewesen und dann in eine andere Schule geschickt worden war, kam in unsere Primaria zurück, als Alba sechs Jahre alt war. Sofort verschlechterte sich Albas Verhalten sichtlich. Neben ihr schien das Benehmen der Schwester ruhig und vorbildlich. Noch in dem Alter, in dem andere Kinder längst schreiben und lesen lernten, war es ihr unmöglich, mehr als fünf Minuten stillzusitzen. Doch in allen praktischen Arbeiten zeigte sie inzwischen große Umsicht, Konzentration und Ausdauer.

Im Verlauf dieser Jahre hatten wir engen Kontakt mit den Eltern. Es stellte sich heraus, daß Alba mit einem Hüftproblem auf die Welt gekommen war. Nach Vorschrift des Arztes mußte sie in den ersten zwei Jahren ihres Lebens Tag und Nacht mit einem Kissen zwischen den Beinen leben. Gleichzeitig waren die Eltern durch die Arbeit in ihrem neuen Eisenwarengeschäft überlastet. Das Kind zeigte oft Ungeduld in seiner unbequemen Lage, die es am Krabbeln und Gehenlernen hinderte, was die Eltern meist als „unerträgliches Benehmen" empfanden. So wuchs Alba außer ihren motorischen Einschränkungen auch mit dem Gefühl auf, ein unerwünschter Eindringling zu sein. Sie wurde ständig mit ihrer doch so lieben Schwester verglichen. Als die Eltern anfingen, Alba in ihren spontanen Tätigkeiten zu Hause genauer zu beobachten, waren sie erstaunt, daß sie am liebsten im Bett lag und wie ein Kleinkind Arme und Beine hin- und herbewegte. So holte sie nach, was sie in den ersten zwei Jahren nicht tun konnte. Allmählich verspürte sie die Sicherheit, daß sie auch zu Hause in ihren Bedürfnissen respektiert und nicht zu schulischen Leistungen gedrängt wurde. Es dauerte nicht lange, so zeigte sie von sich aus Interesse an allem Lernbaren. Doch kaum bemerkten dies die Eltern, wollten sie sie zu schnellerem Fortschritt ermuntern. Sofort flüchtete sich Alba wieder in ihr rebellisches Wesen zurück. Von neuem überzeugten wir die Eltern, daß das Wichtigste für Alba ein volles Maß an Liebe und Annahme ohne Bedingungen sei. Nur so würde sie sich sicher genug fühlen, um wie andere Kinder lernen zu können. Inzwischen hat sie lesen gelernt und nimmt sich jede Woche ein neues Buch aus der Schulbibliothek mit nach Hause.

Freie Bewegung, freies Spiel und die Erfahrung, daß die Entscheidungen des Kindes in der vorbereiteten Umgebung respektiert werden, haben sowohl therapeutische wie auch pädagogische Auswirkungen. Die

Erziehung zum Sein

wichtigste Rolle in diesem Prozeß wird vom freien symbolischen Spiel übernommen. Es wird von allen Lehrern bewußt gefördert, weil es für gesunde und kranke Kinder eine spontane und natürliche „Spieltherapie" beinhaltet. Kinder, die solches Spiel verlernt haben, brauchen vielleicht viel Zeit, bevor sie es wagen, vor unseren Augen das Versäumte nachzuholen. Je älter das Kind, umso zögernder kommt der Entschluß zum freien Spiel, doch kein Kind unter zwölf Jahren kann dieser Einladung auf die Dauer widerstehen. Sind wir Erwachsene in der Nähe der spielenden Kinder, so vermittelt unser respektvolles Beobachten, Zuhören und gelegentliches verbales Widerspiegeln zusätzliche Sicherheit, ihre persönlichen Probleme herauszuspielen und sich von ihnen zu befreien. Freilich haben wir in der aktiven Schule zuviel anderes zu tun und können diesem Aspekt nicht immer die gebührende Aufmerksamkeit zukommen lassen. In besonderen Fällen sind wir darum im Einvernehmen mit den Eltern zu dem Entschluß gekommen, Hilfe durch Einzeltherapie im Spielzimmer zu leisten. Diese nicht gesteuerte Spieltherapie wird von Virginia Axline ausführlich beschrieben. Obwohl uns durch die Berichte der Eltern und unsere eigenen Beobachtungen einiges über das Problem des betroffenen Kindes bekannt ist, stellen wir in dieser Therapie doch keine Diagnosen. Es ist wichtig, daß sich das Kind frei fühlt, sich im Spiel frei auszudrücken. Der Erwachsene wiederholt oft nur ohne erläuternde Kommentare die Handlungen und Worte des spielenden Kindes und erlaubt es ihm, in seinem Ausdruck und seiner eigenen Diagnose soweit fortzuschreiten, wie es seine eigene Integrität erlaubt.

David, der mit neun Jahren wegen seiner Hyperaktivität zu uns kam, zeigte auch nach Wochen bei uns nur geringe Besserung. Er konnte nie länger als zehn Minuten bei einer Beschäftigung bleiben und versuchte ständig, die anderen Kinder zu quälen oder zu stören. So entschlossen wir uns mit den Eltern zur Spieltherapie, die durch laufende Gespräche mit den Eltern unterstützt werden sollte. Dabei kam in kleinen Portionen die Vorgeschichte des Kindes heraus, die sie bisher möglichst geheim gehalten hatten: David sei bis zum fünften Lebensjahr ein ruhiges und fröhliches Kind gewesen; in jeder Hinsicht so normal, daß die Eltern es bedenkenlos in der Obhut des Dienstmädchen ließen und ihrem eigenen Leben nachgingen. Als David fünf Jahre alt war, beging das Dienstmädchen vor seinen Augen Selbstmord. Als die Eltern nach Hause kamen, konnten sie die Frau gerade noch zum Sterben ins Krankenhaus fahren. David verlor bald nach diesem Erlebnis die Sprache und

Pädagogik oder Therapie

zeigte sich total verängstigt. Ein Psychologe empfahl eine Schule für gestörte Kinder. Durch die dort angewandte Therapie gewann David zwar allmählich die Sprache zurück, doch sein Verhalten wurde immer unerträglicher. Nie wieder konnte er allein gelassen werden. Mehrmals versuchte er, sich vor ein Auto zu werfen, und machte im allgemeinen einen immer verrückteren Eindruck.

Nach fünf Spieltherapiesitzungen wagte es David bereits, mit Puppen das auszudrücken, was seit vier Jahren in seinem Inneren vorgegangen war. So wie jedes normale fünfjährige Kind oft in dem Glauben lebt, daß es selbst die Ursache für das Geschehen rundherum sei, so hatte er nun jahrelang in der unerträglichen Überzeugung leben müssen, selbst den Tod der Angestellten verursacht zu haben. Sein Schuldgefühl wurde noch durch einen Zustand der Verwirrung verschlimmert, als die Eltern in ihrer Not immer neue Geschichten über das Verschwinden der Angestellten erfanden und durch diese Vertuschungsversuche jede Gelegenheit verhinderten, daß sich ihr Kind ihnen in seiner Not anvertrauen konnte. In weiteren Spieltherapiesituationen konnte nun David sein Schuldgefühl in immer neuen Versionen herausspielen. Kaum merkbar legte er sein hyperaktives Benehmen ab und erfand sich in der freien Atmosphäre der Schule neue Möglichkeiten, seine Spannungen aufzulösen.

Oft diskutieren wir miteinander darüber, ob die aktive Schule und die mit ihr verbundenen Möglichkeiten für das Kind, sein Verhalten neu zu strukturieren, nur dann sinnvoll sind, wenn sich auch die häuslichen Bedingungen seinen Bedürfnissen anzupassen beginnen. Trotz all unserer Anstrengungen können oder wollen doch nicht alle Eltern Änderungen zugunsten ihrer Kinder bewirken. Doch es scheint uns, daß selbst in solchen Fällen, in denen das Kind Tag für Tag erneut in eine geradezu schädliche Situation zurückkehren muß und sich die aktive Schule mehr in einen Ort der Therapie als des Lernens verwandelt, ihm diese positive Erfahrung doch Kraft spendet, mit seiner häuslichen Situation besser zu Rande zu kommen. Das mindeste ist wohl, daß solch ein Kind nicht in der Überzeugung aufwächst, daß das Leben eine ausweglose Sackgasse ist, sondern daß es Auswege geben muß. So hoffen wir, daß seine Erfahrung in der aktiven Schule ihm den Mut gibt, in seinem Leben immer wieder nach Alternativen zu suchen.

Wach und mit allen Sinnen ist dieses Mädchen in sein Experimentieren vertieft

Rückblick und Vorschau

Seit der ersten Veröffentlichung dieses Erfahrungsberichtes sind nun schon mehr als zehn Jahre vergangen. Es ist wohl nicht viel weniger als ein Wunder, daß der „Pesta", wie die Schule hier mehr oder weniger liebevoll kurz genannt wird, immer noch besteht. Seit der Gründung sind schon bald 20 Jahre vergangen und wir haben manchen Sturm überlebt, erwartete und unerwartete Erfahrungen gemacht, sind zu einigen neuen Einsichten und manchem grauen Haar gekommen.

Äußere Entwicklungen gehen mit inneren Hand in Hand. Das ursprüngliche Konzept einer alternativen Schule hat sich weiter radikalisiert und sich in ein tieferes Verständnis von Reifeprozessen verwandelt.

Unsere Söhne sind inzwischen herangewachsen. Leonardo, dessen zweifelhafte Schulerfahrungen uns den Mut machten, für unseren zweiten Sohn eine neuartige Primarschule zu wagen, ist 29 Jahre alt. Als wir ihm mit zwölf Jahren freistellten, die Sekundarschule zu verlassen, blieb er mehr als ein Jahr zuhause. In dieser Zeit gelang es ihm offenbar, den Kontakt mit sich selbst wieder neu herzustellen. Nach ein paar Monaten des „Nichtstuns" verdiente er sich mit Brotbacken das Geld für ein neues Fahrrad und erkundete reitend die nähere Umgebung rund um den erloschenen Vulkan „Ilaló", der sich neben dem Pesta erhebt. Dann begann er mit Leidenschaft zu lesen. Mit 14 Jahren versuchte er es noch einmal mit einer traditionellen Sekundarschule, doch seine Kapazität des Eigenstudiums war inzwischen so gewachsen, daß ihm der Unterricht bald langweilig wurde. Er begann in seiner Freizeit – oft bis weit in die Nacht hinein – seine ersten eigenen Geschichten zu schreiben, bis er Blasen an den Händen bekam. Mit 16 Jahren hängte er die Sekundarschule wieder an den Nagel, verdiente sich mit einer selbstgesuchten Arbeit den Flug nach Europa und verbrachte dort ein Jahr mit verschiedenen Arbeiten, Kursen und Reisen. Siebzehnjährig erschien er wieder in Ecuador – mit den Manuskripten zweier neuer Bücher. Als er noch schwankte, ob er sich nun aufs Abitur vorbereiten solle, bot sich ihm unverhofft die Gelegenheit, als Matrose auf einem privaten Segelboot in den Südpazifik zu rei-

Erziehung zum Sein

sen. Nach sechsmonatigen Abenteuern kehrte er voller Lust zum Studieren nach Hause zurück. In vier Monaten Privatstudium bereitete er sich auf den amerikanischen Highschool-Abschluß vor, schrieb sich in Washington D.C. zum Examen ein und konnte sechs Wochen nach seiner Ankunft in den Staaten dort ein Studium beginnen. In den folgenden zwei Jahren verdiente er sich in den Staaten seinen Lebensunterhalt und belegte soviele Vorlesungen, daß er mit doppeltem Pensum den ersten College-Abschluß machte. Seitdem hat Leonardo viele Reiseerfahrungen und die verschiedensten Arbeiten, zur See und in verschiedenen Kontinenten, mit dem Schreiben von Kurzgeschichten, Romanen und Gedichten verbunden. In der Nähe des „Pesta" hat er sich ein Holzhaus gebaut und versucht, sich hier eine Existenz aufzubauen, die es ihm erlaubt, ein Gleichgewicht zwischen einem aktiven, praktischen Leben und der Schriftstellerei zu finden. Nachdem er in Ecuador regelmäßig Artikel in einer lokalen Zeitung publizierte, wird er im Jahr 1996 nun mehrere Romane sowohl in Ecuador wie auch in Deutschland veröffentlichen.

Diese Geschichte eines „Dropout" erzähle ich hier für Eltern, die zwischen dem Horror vor dem Leben eines Taugenichts und dem Zwang, daß ein junger Mensch Jahr für Jahr die Schulbank drücken oder eine fest geregelte Ausbildung durchlaufen muß, keine Alternative sehen.

Unser zweiter Sohn, Rafael, der damals zweijährige „Gründer des Pesta" ist jetzt 21 Jahre alt. Er blieb bis zum 18.Lebensjahr im „Pesta" in unserer Sekundarstufe, von der ich weiter unten noch kurz berichten werde. In früheren Ausgaben dieses Buches beschrieb ich, wie Rafael das Ereignis seines Lesenlernens in die folgenden Worte faßte: „Bis jetzt habe ich die Buchstaben nur mit den Augen gesehen und mit der Hand geschrieben. Doch jetzt habe ich gelernt, sie in meinem Herzen zum Tönen zu bringen." Danach dauerte es noch ein paar Jahre, bis Rafael an längeren Büchern genügend Gefallen fand, um für das Lesen seine sonstigen wichtigen Beschäftigungen zu opfern. Doch in all diesen Jahren liebte er es, Geschichten aller Art erzählt zu bekommen. Auch als er später intensiv und anhaltend zu lesen begann, tat er es vor allem an den Abenden und bis spät in die Nacht hinein, während die Tage vorrangig mit Experimenten, Abenteuern, Spielen und konkreten Arbeiten angefüllt waren. Noch als Adoleszent verband er kindliche Offenheit mit einer verblüffenden Fähigkeit, komplexe Situationen zu erfassen. Als junger Erwachsener fühlt er sich ebenso heimisch in praktischen Arbeiten wie in der Reflexion und Analyse seiner Erlebnisse. In seinen Beziehungen zu Gleichaltrigen, Älteren und Kindern zeigt er die gleiche Sicherheit, einschließlich in der schwie-

Vorschau und Rückblick

rigen Kunst des Grenzensetzens, die uns normalerweise so große Schwierigkeiten bereitet. Es ist wohl einer der besonderen Züge „aktiver" Kinder, daß sie Würde zeigen im Kindsein und es nicht wie eine peinliche Krankheit empfinden, von der man sich möglichst schnell kurieren sollte. Sie spielen noch bis in die Pubertätsjahre repräsentative Spiele, die sie oft mit jüngeren Kindern teilen und haben noch lange Freude an Bewegungsspielen, ohne daß es dabei um Wettkämpfe ginge. Vor allem finden sie ständig etwas Interessantes zu tun, sind viel weniger abhängig von äußeren Zerstreuungen, haben Spaß an praktischen Arbeiten, Erkundigungsfahrten und Reisen und schließen leicht Freundschaft mit Kindern und Erwachsenen.

Vergleichen wir Kinder, die seit Jahren im aktiven System aufwachsen, mit anderen, die einen Großteil ihrer Zeit auf Schulbänken und an Tischen verbringen, so fällt uns als erstes eine größere Sicherheit in den Bewegungen auf. Auch ohne besonderen Druck helfen sie, Gemeinschaftsräume in Ordnung zu halten. Konflikte können sie meist auf eine Weise lösen, wie es uns Erwachsenen gar nicht in den Sinn kommen würde. Mit Streß-Situationen werden sie oft besser fertig als wir. Ein Vater erzählte diese Geschichte von seiner zehnjährigen Tochter: „Meine Mutter kam für ein paar Tage zu uns zu Besuch. Sie gehört zu der Sorte alter Menschen, denen niemand etwas rechtmachen kann. Sie nörgelte am Essen herum, am Haarschnitt unserer Vierjährigen, an unserer Einrichtung und der Unordnung in der Küche. Sie brachte so viel Unfrieden ins Haus, daß wir anfingen, uns die Fingernägel zu zerbeißen und miteinander zu streiten, weil wir es mit dem Besuch kaum aushielten. Natürlich schimpfte die Großmutter auch auf Isabel, die wie gewohnt in der Küche Rezepte aus ihrem Kinderkochbuch ausprobierte. Zu unserem Erstaunen erfaßte sie die Situation besser als wir alle – mir fiel nur ein, die alte Dame ins nächste Flugzeug nach Guayaquil zu verladen – und fand intuitiv die richtige Lösung: Sie bat ihre Großmutter, mit ihr in diesen Tagen doch einmal die berühmtesten traditionellen ecuadorianischen Kochrezepte durchzukochen, damit Isabel sie lernen könnte. Die Großmutter war von diesem Interesse hingerissen. Die beiden holten die notwendigen Zutaten in fröhlichem Einvernehmen vom Markt und verbrachten dann jede freie Stunde zusammen in der Küche. Die Großmutter lebte auf und lachte wie in jungen Tagen. Jedes Mahl wurde zu einem kulinarischen Fest. Doch das Beste von allem war, daß die Großmutter endlich einen würdigen Platz in diesem ihr unverständlichen modernen Haushalt gefunden hatte."

Eine andere Geschichte erzählten uns die Eltern von Christian, einem

Erziehung zum Sein

unserer „unmöglichen" Jungen, der lange Jahre den größten Teil des Morgens mit Bewegungsspielen zubrachte und sich vielleicht eine halbe Stunde pro Tag mit strukturiertem Material abgab – allerdings mit einem Organisationsvermögen, das seine gute Operativität bewies. Auf einer Reise an die Küste hatte die Familie einen Autounfall. Die Verletzungen waren nicht so schlimm; der neunjährige Christian war mit einer blutenden Kopfwunde noch am meisten betroffen. Doch die Eltern gerieten in einen Schockzustand und wußten plötzlich überhaupt nicht mehr, was sie in dieser Situation mit einem kaputten Auto und dem aggressiven Fahrer, der mit ihnen zusammengestoßen war, anstellen sollten. Zu ihrem Erstaunen gab ihnen ihr Sohn, den sie sonst als ziemlichen Versager einschätzten, Schritt für Schritt die nötigen Hinweise. Seit diesem Erlebnis hat es Christian fertiggebracht, den Entschluß der Eltern, ihn endlich in eine „anständige" Schule zu schicken, von Jahr zu Jahr zu verhindern. Inzwischen ist er sieben Jahre im Pesta. Neulich, bei einem Elternabend fiel plötzlich bei seinem Vater irgendein Groschen und er konstatierte: „Na endlich erklärt ihr die Sache so, daß ich sie verstehe!"

In meinen anderen Büchern (*Sein zum Erziehen* und *Kinder im Pesta*) habe ich eine Reihe von Erfahrungen und Prozessen von Kindern und Erwachsenen beschrieben, die uns im Laufe dieser Jahre beeindruckt haben. Darum möchte ich an dieser Stelle vor allem auf einige äußere Aspekte unserer Arbeit eingehen.

Unser Verhältnis zum Erziehungsministerium
Obwohl der Kindergarten vom Kultusministerium schon bald als Modell empfohlen wurde und wir daraufhin Zulauf von Erziehergruppen aus allen Provinzen des Landes bekamen, arbeitete die Primarschule anfangs drei Jahre lang ohne offizielle Genehmigung.

Als eine langjährige Militärjunta in Ecuador durch eine demokratisch gewählte Regierung abgelöst wurde, gab es eine Erneuerung des unflexiblen Erziehungsgesetzes. Darin wurde den Eltern die letzte Entscheidung über den Schultyp für ihre Kinder zuerkannt, also eine Tür für alternative Erziehungsformen geöffnet. Der Pesta bekam die offizielle Erlaubnis, mit der Methode der „Erziehung durch die spontane Aktivität des Kindes" zu arbeiten, doch in all den Jahren gab es keinen offiziellen Primarschulabschluß für diesen „Schultyp". Kinder, die ins traditionelle System überwechselten, mußten eine vom Ministerium ausgearbeitete Prüfung ablegen, um im normalen Notensystem eingestuft werden zu können. Jetzt ergab sich hier eine Änderung. In der gegenwärtigen Administration wird den Experimentalschulen die Aufgabe zugewiesen, „aus dem Rahmen der Gesetze auszubrechen und vollkommen neuartige Erfahrungen in der Erziehungspraxis zu machen". Eine Anzahl von Seminaren, in denen die Behörden zusammen mit den Leitern aller experimentellen Schulen des Landes neue Regelungen und Richtlinien auszuarbeiten suchten, deckten auf, daß bisher nur der Pesta die Bedingung einer solchen „Illegalität" erfüllt hat. Im Juni 1989 organisierten wir zusammen mit dem Erziehungsministerium von Ecuador ein einwöchiges Seminar, in dem Theorie und Praxis der „Erziehungsmethode der spontanen Aktivität des Kindes" vorgestellt und diskutiert wurden. Daran nahmen auch Delegationen der Saraguro-Indianer und der aktiven Schule eines der ärmsten Stadtteile von Quito teil und machten deutlich, daß alternative Erziehung nicht Privileg von intellektuellen oder ökonomischen Eliten ist, daß sie vielmehr gerade für die „Unterentwickelten" eine reelle Chance bedeutet, zur Lösung vieler ungelöster Probleme zu gelangen. Seit August 1989 wird Kindern, die bis zum Äquivalent der dritten Sekundarklasse (ca. 15 -16 Jahre) im aktiven System gearbeitet haben, vom ecuadorianischen Erziehungsministerium ein offizieller Schulabschluß ausgestellt, der über emotionale, soziale und intellektuelle Reife statt über angelerntes Wissen Zeugnis gibt.

Organisation der Schule
Bald nach der offiziellen Genehmigung der Schule im Jahr 1982 nahmen wir eine Initiative der Eltern an und gaben der Schule, die bisher unser privates Unternehmen war, den legalen Status einer Stiftung: Fundación Educativa Pestalozzi. Die Generalversammlung ihrer Mitglieder wählt die Vertreter für den Aufsichtsrat, der seitdem für die Verwaltung der Schule verantwortlich ist. Seit 1990 liegt die Verantwortung für alle pädagogischen und Verwaltungsentscheidungen bei einem Team von jetzt sieben Erwachsenen, die direkt in der Schularbeit stehen und gleichzeitig Elternteile sind. Sie werden in dieser Aufgabe durch interessierte Eltern unterstützt. Ziel der Stiftung ist es, außer der Unterhaltung des Kindergartens und der Primarschule, bei Nachfrage unsere Erfahrungen mit interessierten Menschen aus dem In- und Ausland zu teilen.

Trotz der früheren Unsicherheit des Abschlusses entschieden sich in den letzten Jahren immer mehr Eltern, ihre Kinder vom Pesta-Kindergarten nicht auf eine traditionelle Schule zu schicken, sondern sie bei uns zu lassen. Die Primarschuleltern unterschreiben in jedem neuen Schuljahr einen Vertrag, in dem sie ihr Einverständnis mit unserem Ansatz bestäti-

Erziehung zum Sein

gen und sich verpflichten, einmal im Monat an einem Elternkurs teilzunehmen.

Sowohl im Kindergarten als auch in der Primarschule wurde in jedem Schuljahr ein kleiner Prozentsatz vielfach behinderter Kinder in den normalen Betrieb integriert. Bedingung dafür ist inzwischen, daß diese Kinder außerhalb der Schule keinen speziellen Therapien unterworfen werden, es sei denn in klarer Absprache mit unserem Personal. Diese, auf den ersten Blick vielleicht hart erscheinende Bedingung ist eine Folge der Erfahrungen, die wir im Laufe der Jahre gemacht haben. Mit der Zeit wurde es immer deutlicher, daß Kinder, deren Behinderungen durch von außen geführte Therapien „behandelt" werden, die Möglichkeiten einer nichtdirektiven, entspannten Umgabung nicht positiv nutzen, sondern in ihr vielmehr ihre – durch ständige direktive Behandlung immer neu entstehenden – Spannungen loszuwerden suchen; Kinder hingegen, die sich dieser Umgebung auf ihre eigene Weise öffnen, durchlaufen durch die ihnen innewohnende Heilkraft der Natur ganz unvorhergesehene Entwicklungen, die sogar den Spezialisten unverständlich sind.

Immer mehr wuchs auch die Notwendigkeit einer Integration der verschiedensten sozialen Schichten innerhalb des Kindergartens und der Schule. Der Kindergarten „Pestalozzi II" arbeitet seit 1992 nicht mehr getrennt, da sich inzwischen die sozialen Strukturen im Tumbaco-Tal, als Einzugsgebiet von Quito, stark verändert haben. So hat der „Pestalozzi I" einige Kinder aus dem Parallelkindergarten aufgenommen, nachdem er schon vor Jahren Indianerfamilien von verschiedenen Provinzen und „Nationalitäten" als eine Auswegslösung gedient hat. Solche Familien, die sich aus beruflichen Gründen über Jahre in Quito angesiedelt hatten, fanden sich in dem Dilemma, daß ihre Kinder in den öffentlichen Schulen ihre Tracht ablegen, die Zöpfe abschneiden und eine Uniform anlegen mußten. Im Pestalozzi suchten sie Respekt für ihre individuellen und kulturellen Eigenheiten. Bewohner armer Viertel von Quito und Tumbaco, Indianer und Kinder der mittleren und oberen Schichten mischen sich nun immer mehr und erbringen uns den Beweis, das unser Respekt für den „inneren Entwicklungsplan der Kinder", den wir in die Praxis umzusetzen suchen, in den Kindern eine erstaunliche Fähigkeit entwickelt, sich auch gegenseitig in ihren individuellen, sozialen und kulturellen Eigenheiten zu achten.

Aus dieser Praxis der sozialen Integration erwuchs die Problematik der Finanzierung von Stipendien, die in all diesen Jahren etwa 30% unseres Budgets ausgemacht haben. Da die Regierung keinerlei Unterstützung leistet, versuchten wir das unausweichliche Defizit auf die verschiedensten Weisen zu decken - eine Beschäftigung, die uns immer wieder viel Zeit und Energie gekostet hat.

Arbeit mit Erwachsenen
Was für das Funktionieren dieser Art des Umgangs mit Kindern immer mehr an Bedeutung gewann, war die Arbeit mit Lehrern und Eltern. Die Erfahrung zeigte uns mehr als deutlich, daß wir Erwachsenen das größte Problem in der entspannten Umgebung sind. Aus diesem Grund widmen wir inzwischen zwei Nachmittage der gemeinsamen Arbeit mit den Lehrkräften. Drei Nachmittage sind für private Unterredungen mit Eltern und dem Üben mit konkretem Material reserviert. Zwei Abende der Woche dienen der Gruppenarbeit mit Eltern der verschiedenen Altersstufen oder Sitzungen des Aufsichtsrates zur Lösung praktischer Probleme. An den Samstagen halten wir Einführungskurse über die Problematik der Erziehung innerhalb der Situation unserer modernen Gesellschaft für interessierte Lehrer von anderen Schulen, Vertreter von Projekten, die mit der aktiven Methode zu arbeiten anfangen oder für interessierte und besonders engagierte Eltern. Seit 1990 sind auch unsere regelmäßgen Einführungs- und Fortbildungskurse für Eltern, Erzieherinnen und Lehrer in Europa, die sich auf den Weg zu neuen Erziehungsformen gemacht haben, Teil unserer Arbeit mit Erwachsenen.

Das Modell einer „ganz anderen" Schule, in der Menschen verschiedenster sozialer Schichten und Nationalitäten mit gleichem Respekt behandelt werden, zog immer wieder die Aufmerksamkeit von Gruppen auf sich, die selbst auf der Suche nach Alternativen waren. Viele kamen zu Besuch, um Ideen und Austausch zu suchen. Aus einigen dieser Besucherserien erwuchsen allmählich Initiativen wie die der volkstümlichen Kinderhorte, die von „Terre des Hommes" unterstützt werden und die seit mehr als zehn Jahren mit respektvollen Methoden für die Initiative des Kindes arbeiten. In Armenvierteln von Quito und in Indianergemeinschaften gab es die verschiedensten Initiativen, aktive Methoden, die die eigene Kultur respektieren, in die Praxis umzusetzen. Gerade in diesem Bereich ist der Druck der Politiker und der Entwicklungsprogramme groß, die Einheitsschule durchzusetzen. Das Angebot, benachteiligte Kinder durch Schulbildung dem Wunder des Fortschritts einzugliedern, verführt auch hier, wie in vielen anderen Ländern, zahlreiche Eltern dazu, sich dem Schulzwang zu beugen, auch wenn er gegen ihre Kultur und gegen die harmonische Entwicklung ihrer Kinder verstößt. Dieser Druck von

Erziehung zum Sein

außen macht es solchen Projekten schwer, sich dem wachsenden Bedürfnis nach Wandel in der Erziehung zu stellen, doch kleine Anfänge setzen sich an verschiedenen Orten, wenn auch mühsam, durch.

Bedingt durch all diese Entwicklungen ergaben sich immer wieder Polarisierungen von alten Pesta-Eltern, die bewußt oder unbewußt gehofft hatten, daß der Pesta eine alternative Eliteschule werde, die ihren Kindern höheren intellektuellen und sozialen Standard garantiere. Als hier die ersten fünf Indianerlehrer praktizierten und Kinder mit Zopf und Poncho die gleichen Rechte hattten wie diejenigen mit blond gelocktem Haar, gab es Wellen von Abgängen aus „besseren" Familien. Selten gab jemand offen seine Motive zu. Die meisten von denen, die in die Sicherheit anerkannter und sozial akzeptabler Schulumstände entflohen, taten es so heimlich wie möglich. Es kam zur Gründung von „aktiven Schulen", die den Eltern das Einhalten aller ministerieller Vorschriften, des gültigen Curriculums und damit anerkannte Schulabschlüsse und gleichzeitig aktive Methoden versprachen. In einem Jahr verloren wir auf einen Schlag 30% unserer zahlenden Schüler. Doch überlebte der Pesta auch diesen Sturm und bekam Zuwachs von neuen Eltern, die in größerem Maß aus dem Bedürfnis nach einer wirklichen Erneuerung des Lebens diese Alternative suchten.

Projekt Sekundarstufe und Autodidaktische Universität
Im Laufe der Zeit wurden wir mit der Problematik konfrontiert, ob unsere Alternative tatsächlich mit dem Abschluß einer aktiven Primaria enden solle. Wir hatten immer wieder erlebt, daß Kinder, die etliche Jahre im freien System gelebt hatten, ohne Schwierigkeiten den Anschluß ans übliche Schulsystem fanden, in den meisten Fällen sogar die Besten ihrer Klasse wurden und zum Teil Klassen überspringen konnten. Wir gingen davon aus, daß die operative Entwicklungsphase, die etwa bis zum 12. Lebensjahr reicht, eine vorbereitete Umgebung verlangt, in der Kinder Probleme in konkreten Situationen lösen und dadurch die grundlegenden Verständnisstrukturen für die Gesetzmäßigkeiten und Regelmäßigkeiten der physischen Welt schaffen können – d.h., daß diese Phase zum Ende der ecuadorianischen Primarschulzeit weitestgehend abgeschlossen ist.

Der Pesta war zudem seit seiner Gründung auf einem Gelände beherbergt, das uns von Jahr zu Jahr gekündigt werden konnte. Der Besitzer lebte in den Vereinigten Staaten. Die Landpreise stiegen ungeheuer schnell; trotz ständig erhöhtem Mietpreis bekam der Besitzer des Eigentums durch

Vorschau und Rückblick

die Inflation der hiesigen Währung immer weniger Dollar für unsere Sucres, und ein Verkauf des Grundstückes wurde immer wahrscheinlicher. Ein Projekt für eine alternative Sekundarschule wurde vom Aufsichtsrat abgelehnt, solange man nichts Bleibendes auf einem eigenen Grundstück bauen könne. Doch die finanzielle Situation der Stiftung ließ nicht einmal im Entferntesten an den Kauf eines Grundstückes denken.

Eines Tages jedoch weigerte sich ein Indianermädchen, das vorher in einer normalen Schule sehr gelitten hatte, den Pesta zu verlassen. Ihr Vater schrieb einen flammenden Brief an den Aufsichtsrat, daß er uns hiermit feierlich die weitere Erziehung seiner Tochter anvertraue, weil er bisher mit den Resultaten vollauf zufrieden sei. Er apellierte an unsere Menschlichkeit, die seiner Tochter eine traditionelle Sekundarschule keinesfalls zumuten könne. Sein Brief endete mit der Bemerkung, daß „nur die Ehrlichsten es wagen dürfen, außerhalb des Gesetzes zu handeln".

In dieser Sitzung bot sich ein Mitglied des Rates an, Tutor für dieses Mädchen zu werden. María Belén blieb also an der Schule. Mitten im Trubel von 100 Primarschülern mußte sie sich zusammen mit ihrem Tutor ihren eigenen Lebensraum schaffen. Als zwei Mädchen, die eben in eine traditionelle Sekundarschule gewechselt hatten, von dieser neuen Konstellation hörten, kamen sie zurück und gegen Wind und Wetter wurde eine „illegale Sekundarstufe" gegründet.

Ein früheres, noch etwas vages Konzept einer alternativen Sekundarschule wurde nun allmählich entwickelt und wird zur Zeit mit ca. 35 Jugendlichen zwischen 13 und 17 Jahren allmählich in die Praxis umgesetzt. Nach unseren langjährigen Erfahrungen mit den älteren Primarschulkindern (zwischen 10 und 13 Jahren), die jeden Monat drei Schnuppertage in den verschiedensten Arbeitssituationen der Erwachsenenwelt verbringen und diese Gelegenheit ungeheuer wichtig nehmen, reifte auf natürliche Weise das Muster für die größeren Kinder. Die Grundidee besteht darin, daß sich Jugendliche in diesem Alter zwischen der allmählich endenden operativen Entwicklungsetappe (die besonders bei Jungen dieses Alters noch sehr stark sein kann) und der Etappe des formalen Denkens im Übergang befinden. Die Frage nach den authentischen Bedürfnissen dieser neuen Entwicklungsphase brachte uns zu dem Schluß, daß in diesem Alter der Umgang mit immer neuen, offenen sozialen Erlebniswelten zunehmend an Bedeutung gewinnt, also gerade das Gegenteil der ansonsten üblichen Isolierung in einer vorakademischen Schulung oder Spezialisierung in vorbestimmte Berufe. Das Ergebnis dieser Reflektion führte zu einem Sekundarschulmodell, in dem die Jugendlichen in jedem

Erziehung zum Sein

Jahr zu unterschiedlichen Zeiten praktische Arbeitserfahrungen machen oder sich einer anderen Kultur aussetzen und den Rest der Zeit in einer vorbereiteten Umgebung zubringen, die ihren intellektuellen, emotionalen, sozialen und spielerischen Bedürfnissen entspricht. Die Prozesse der Jugendlichen in diesen wechselnden Erfahrungen zeigen deutlich, daß diese neuartige Praxis die authentischen Bedürfnisse der jungen Leute mehr befriedigt als ein abstraktes Studienprogramm, das sie unzählige Stunden zum Stillsitzen zwingen würde. Für uns ist offensichtlich geworden, daß durch eine solche Interaktion zwischen wachsenden Organismen und einer immer komplexeren Umwelt neue Verständnisstrukturen geformt werden, die dem biologischen Reifungsplan für diese Altersgruppe entsprechen. Jeder Jugendliche wählt unter den Erwachsenen mit längerer Erfahrung im Pesta einen Tutor, der ihm hilft, sich in dieser sehr offenen Lebenssituation zu orientieren. Der Tutor gibt seinem Schützling die Sicherheit, daß er ihm auch außerhalb der Schulzeit notfalls auf Abruf zur Verfügung steht, ihm in seinen Schwierigkeiten ein offenes Ohr leiht und notfalls auch Brücken zum Elternhaus schlägt. Falls ein Junge oder Mädchen mit seinem Tutor nicht mehr zurechtkommt, besteht auch die Möglichkeit, jemand anderen zu wählen.

Aus dieser langjährigen Erfahrung hat sich als logische Folgerung seit dem Jahr 1995 ein neues Projekt entwickelt, das wir mit dem Namen „Autodidaktische Universität" bezeichnet haben. Die Grundstruktur besteht aus einer Organisation von sogenannten „Offerenten" aus den verschiedensten Arbeits- und Wissensgebieten, die ihre Praxis öffnen und ihre theoretischen Erkenntnisse zur Verfügung stellen. Personen jeglichen Alters (ab 18 Jahren, weil dies in Ecuador mit der Volljährigkeit zusammenfällt) haben die Möglichkeit, nach gegenseitiger Abmachung die Erfahrungen, konkrete Arbeitsmöglichkeiten und Kenntnisse der Offerenten in Anspruch zu nehmen. Dabei unterscheiden wir drei mögliche Niveaus: a) Schnuppern, b) Praktizieren, c) Vertiefung.

Verschiedene Überlegungen haben zu dieser Struktur geführt – so zum Beispiel die Tatsache, daß Pestalozzi-Abgängern nach vielen Jahren Erfahrung im Treffen von Entscheidungen und dem Arbeiten an eigenen Projekten dann in ein Studium einsteigen und das gleiche Los mit vielen jungen Leuten teilen müssen, die über Jahre hinweg einen vorgeschriebenen Studiengang durchmachen, bevor sie die Möglichkeit haben, in der Alltagspraxis zu erleben, ob sie überhaupt auf diesem Gebiet arbeiten möchten. „Verlorene Zeit" und Prestige erlauben es vielen nicht, nach jahrelangem Studium nochmals umzusatteln. Die Möglichkeit des

Vorschau und Rückblick

„Schnupperns" und des „Praktizierens" öffnen jungen Leuten Erfahrungen verschiedenster Art, dank derer sie ihren Horizont erweitern, von einem Gebiet ins andere wechseln können, ohne das „Gesicht zu verlieren" und sich allmählich entschließen können, auf welchem Gebiet sie vertiefen bzw. "studieren" wollen. Außerdem können sie unter Umständen beim Praktizieren sogar Geld verdienen. Durch das Abkommen mit der Universität übernimmt dabei der Arbeitsgeber keine rechtlichen Verpflichtungen, in ein reguläres Arbeitsverhältnis einzusteigen.

Eine andere Begründung für diese Struktur liegt in unserer Überzeugung, daß Theorie ohne Praxis unsinnig, dagegen jede auf konkrete Erfahrungen gegründete Reflektion ein echtes menschliches Bedürfnis ist. Außerdem zeigt es sich sogar auf dem normalen Arbeitsmarkt immer deutlicher, daß Studienabschlüsse ohne praktische Erfahrungen immer weniger gefragt werden. Doch gibt es bisher nur ungenügende Möglichkeiten für Studierende, konkrete Arbeitserfahrungen neben ihrem Studium zu machen.

Während der kurzen Zeit des Bestehens dieser „Autodidaktischen Universität" zeigt es sich, daß hier nicht nur junge Leute auf der Suche nach einem Beruf neue Möglichkeiten finden, sondern auch Erwachsene, die mitten im Beruf stehen, stunden- oder tageweise neue Erfahrungen machen und so ihr oft eingefahrenes Leben bereichern. In einigen Fällen sind Offerenten gleichzeitig als „Autodidakten" eingeschrieben, wodurch die gewohnte Hierarchie von Lehrenden und Lernenden einer Haltung von Kooperation und des Austauschs Platz macht. Zudem gibt es hier Offerenten, die nicht einmal eine abgeschlossene Schulbildung haben, dafür auf ihrem Gebiet bzw. in ihrer Kultur (z.B. in einer Indianergemeinschaft) Erfahrungen und Erkenntnisse gesammelt haben, die mitteilungswürdig sind.

Wir sind dabei, für all diese Offerenten und Autodidakten, zusammen mit ihren Tutoren, die zwischen beiden vermitteln, eine vorbereitete Umgebung zu schaffen, in der sie sich nach Wunsch zum gegenseitigen Austausch treffen können. Die koordinierende Zentrale dieser „Universität" verleiht keine öffentlichen Studiendiplome. Statt dessen stellt sie für jede Erfahrung ihrer Art und ihrem Vertiefungsgrad entsprechende Bescheinigungen aus. Wir glauben, daß solche Bescheinigungen nützlich sein werden, um in unserer sich schnell verändernden Wirtschaftsordnung Einstiegsmöglichkeiten zu finden. Pestalozzi-Schüler mit Abschlußbescheinigung ihrer neunjährigen Grundschule können schon vor dem 18. Lebensjahr als sogenannte „Kaulquappen" die Angebote dieser „Universität" nutzen und dafür Bescheinigungen bekommen. Gleichzeitig können sie weiterhin die vorbereitete Umgebung der Schule genießen und somit zwischen Adoleszenz und dem Wirkungskreis der Erwachsenenwelt hin- und herpendeln.

Finanzielle Organisation
In unserer heutigen Gesellschaft existiert nur ein schwaches Bewußtsein, daß eine den Bedürfnissen heranwachsender Menschen entsprechende Umgebung eine unserer größten Prioritäten sein müßte. In den „fortschrittlichen" Ländern wird es besonders deutlich, mit welchem Aufwand z.B. vorbereitete Umgebungen für Autos geschaffen werden. Vergleichen wir damit die zaghaften Versuche, das gleiche für Kinder zu tun und den weitverbreiteten Mythos, daß Kinder am besten in Klassenzimmern aufgehoben sind, in denen sie einen großen Teil des Tages vor allem stillsitzen. Auf der anderen Seite zeigen sich immer mehr Verantwortliche besorgt wegen der verschiedensten Jugendprobleme, die alle bedrücken. Die Diskussionen um den Etat für Erziehung kreisen vor allem um Quadratmeter pro Kind, um Lehrer und Psychologengehälter, Labor- und Lehrmittelkosten, womit vor allem Schulbücher und Anschauungsmaterial gemeint sind. Aber wann hören wir davon, Umgebungen zu schaffen, in denen Kinder zu Hause, in der Stadt, in Schulen wirklich l e b e n können?

In diesem allgemeinen Rahmen hat der Pesta, so wie wahrscheinlich jede Alternative, die sich um die wirklichen Bedürfnisse von Kindern kümmert, ständig finanzielle Probleme zu lösen. Oft wird uns vorgeworfen, daß wir kein Recht hätten, solch eine Umgebung zu schaffen, es sei denn, wir könnten garantieren, daß alle Kinder der Welt die gleiche Chance bekämen. Da das von Einzelnen leider nicht zu bewerkstelligen ist, befinden wir uns seit vielen Jahren in dem Dilemma, ein Gleichgewicht zu finden zwischen zahlenden und nichtzahlenden Kindern, denn soziale Integration war seit dem Beginn der Schule Teil unseres Grundsatzes des Respekts für Kinder. Eine aktive Schule bedarf ständiger Erneuerung und Erweiterung von Materialien, die zusammen mit dem Budget für Stipendien einen sehr hohen Anteil der Ausgaben ausmachen. Obwohl wir seit einigen Jahren vom Staat anerkannt sind, haben wir doch bisher noch nie staatliche Zuschüsse bekommen. Eine jährliche Inflationsrate von 80% macht ohnehin jegliche finanzielle Planung zu einer Gratwanderung. So scheint es wie ein Wunder, daß der Pesta all die Jahre überlebt hat. Der wichtigste

Vorschau und Rückblick

Faktor dafür war wohl die Bereitschaft von Eltern, trotz eigener finanzieller Schwierigkeiten das Schulgeld für ihre Kinder aufzubringen (wir haben nur wenige Eltern, für die das Schulgeld nicht einen hohen Prozentsatz ihres Einkommens bedeutet). Nur wenige sind in der Lage, mehr zu bezahlen als was vom Erziehungsministerium festegelegt ist (52% der Schüler können das Schulgeld nicht oder nur teilweise bezahlen). Der zweite wichtige Faktor ist die Einwilligung der Lehrkräfte, mit einem minimalen Gehalt zu arbeiten. Das ist ihr Beitrag, für sich selbst und für ihre Kinder das Bestehen der Schule zu ermöglichen. In vielen Fällen bedeutet dies aber auch die möglicherweise dauerhafte Abhänigigkeit von einer Großfamilie. Manche junge Männer, die eine Familie gründen wollten, mußten zwischen dieser und einer besser bezahlten Arbeit wählen. Einen weiteren Beitrag zum Unterhalt der Schule bedeutete auch die Bereitschaft einiger Mitarbeiter, ihre eigenen Ferien zu opfern, um für außenstehende Interessierte Sommerkurse zu geben. Damit werden immer wieder einige Sommergehälter gedeckt und Kursgebühren fließen als Spenden in die Schule zurück.

Etwa 10% des jährlichen Budgets wurde in früheren Jahren durch Spenden aus dem Ausland gedeckt. Wir bemühten uns dabei ständig, bei den Spendern das Bewußtsein zu wecken, daß das Schaffen kindgerechter Umgebungen ein in sich selbst gerechtfertigtes soziales Anliegen sein sollte. Für manche Spender war vor allem die Idee der sozialen Integration im Vordergrund, andere wollten absichern, daß ihr Geld wirklich nur für die Ärmsten ausgegeben würde. Auch herrscht die verbreitete Vorstellung, daß Projekte nur eine Starthilfe bekommen und sich dann selbst weiterhelfen sollten – leider eine ziemliche Illusion in der Situation eines Landes, in dem die Mehrheit der Bevölkerung von Jahr zu Jahr ärmer wird.

Um dieser Tendenz der unvermeidlichen Verarmung etwas Kreatives entgegenzusetzen, wurde im Oktober 1994 ein Tauschring innerhalb der Fundación Educativa Pestalozzi gegründet, der das LETS-System von Kanada und England (Local Exchange und Trading Systems) zum Vorbild hat. Seither gibt es jeden Samstag einen Tauschmarkt, der nicht nur zum Austausch von Waren und Dienstleistungen aller Art dient, sondern zu einem neuen sozialen Zentrums geworden ist. Das Angebot an einfachen Mahlzeiten erlaubt, daß hier jede Woche mehr als 100 Menschen (Erwachsene und Kinder) zusammen essen, die verschiedensten Kontakte knüpfen und sich in einer entspannten Umgebung besser kennenlernen können, als es an den regulären Elternabenden möglich ist. Am Samtagsmarkt werden Waren aller Art angeboten (es kommt sogar ein Lastauto

Erziehung zum Sein

mit Biogemüse, das immer besondere Aufmerksamkeit findet). Diese Auswahl von Produkten wird noch durch ein regelmäßiges Mitteilungsblatt von Angeboten und Nachfragen erweitert. Eltern in besonders schwieriger finanzieller Lage können Anträge stellen, um teilweise auch Schulgelder in „Recursos", unserer lokalen Verbuchungswährung, zu bezahlen.

Für viele ist diese alternative Wirtschaft zu einer wirklichen Hilfe geworden. Eine Spar- und Darlehenskooperative, die ohne Zinsen arbeitet, hat außerdem Angestellten und einigen Eltern neue Möglichkeiten eröffnet, Anschaffungen zu machen und schwierige Situationen zu überbrücken, die sonst ohne Hoffnung auf schnelle Lösung gewesen wären. Diese Darlehenskasse besteht seit Dezember 1993 und konnte durch das Umlaufprinzip des Geldes seither regelmäßig den dreifachen Wert der Einzahlungen an Darlehen vergeben.

Über all diese Jahre lebte der „Pesta" sozusagen von der Hand in den Mund. Oft wußten wir von einem Monat zum anderen nicht, wie wir die laufenden Unkosten decken sollten. In den 12 Jahren, in denen wir auf gemietetem Gelände arbeiteten, versuchten wir, wenigstens die Miete pünktlich zu bezahlen, um dem Besitzer keinen Anlaß zum Kündigen zu geben. Unter diesen Umständen war es ausgeschlossen, an den Kauf eines eigenen Geländes, geschweige denn an eigene Gebäude zu denken.

Doch dann kamen im Jahr 1987 eine Reihe unvorhergesehener Geschehnisse zusammen, die uns heute wie ein Roman vorkommen. Gegen jegliche Planung und Vorstellung ergaben sich Konstellationen, die schließlich zum Kauf eines Grundstücks am Fuß des alten Vulkans Ilaló führten. Und durch neuerliches Zusammentreffen von unvorhergesehenen Faktoren reichten dann die Gelder, die uns für den Grundstückkauf gespendet wurden, sogar noch für den Bau der notwendigsten Infrastruktur.

Das Primariahaus wurde in Gemeinschaftsarbeit von 20 Saraguro-Indianern in traditioneller Fachwerkmethode erstellt und ein weiteres Gebäude für verschiedene Zwecke wurde von Architekten und einer hiesigen Baufirma aus Holz und Ziegelsteinen gebaut. Die zwei provisorischen Pavillons, die im gemieteten Gelände den Kindergarten und die Primarschule beherbergten, wurden aufs neue Grundstück mitgenommen. Heute dienen sie dem Büro und dem Tauschmarkt, während durch eine großzügige Spende von holländischen Freunden ein neuer Kindergarten als Rundbau ganz aus Holz errichtet werden konnte.

So ist es möglich geworden, das wir seit dem Jahr 1989 ohne Angst vor Kündigung in einer wunderschönen Umgebung mit Blick auf die West- und Ostkette der Anden und am Rand einer tiefen Schlucht, an der vorbereiteten Umgebung für Kinder und Jugendliche weiter arbeiten können.

Wie kann man trotz vieler Schwierigkeiten durchhalten?
Dieser Erfahrungsbericht erzählt die Geschichte, wie wir mit Überzeugung und Elan an einer Alternative gearbeitet haben, um eine andersartige Schulerfahrung für unseren eigenen Sohn und später für viele andere Kinder zu ermöglichen. Nach diesen fast zwanzig Jahren merken wir, daß vielleicht außer den äußeren Widerständen eines der größten Hindernisse, diese Arbeit erfolgreich weiterzuführen, in der Gefahr besteht, daß die anfängliche Begeisterung einer Routine Platz macht und die erste Motivation keine frische Nahrung bekommt. Dieser natürlichen Tendenz zur Trägheit wirkte aber unser dringendes Bedürfnis entgegen, zu einem tieferen und vielseitigeren Verständis unserer Arbeit zu kommen und dieses auf Wunsch mit interessierten Menschen zu teilen. Das hat uns dazu geführt, daß wir in der Arbeit mit Kindern eine natürliche Gelegenheit zum eigenen inneren Wachstum erfuhren und uns bewußt auf diesen Prozeß, wie ich ihn in *Sein zum Erziehen* zu beschreiben versuchte, einließen. Durch ein immer neues Sehen unserer Situation, radikalisierten und verstärkten sich unsere Gründe zum Durchhalten in einer Arbeit, bei der konkrete und offensichtliche Resultate nur hie und da wie ein unerwartetes Geschenk zu sehen sind.

Von Leuten, die mit unserer Alternative zum ersten Mal in Berührung kommen, wird uns unweigerlich die Frage gestellt: „Glauben Sie nicht, daß Kinder, die in dieser Art und Weise aufwachsen, es schwer haben werden, sich ans „wirkliche" Leben anzupassen? Wie kann es sein, daß Kinder lernen, was sie später einmal brauchen, wenn sie nicht heute schon den Ernst des Lebens erfassen, lernen auch das zu tun, was ihnen nicht gefällt? Können sie lernen, wenn sie ihren eigenen Interessen nachgehen, dabei sogar noch fröhlich sind, den größten Teil des Tages mit Spielen verplempern? Ist es nicht unsere Pflicht, sie so schnell wie möglich zum abstrakten Denken zu führen, damit sie im späteren Leben Erfolg haben?"

Gerade erzählte mir eine Mutter, die nach langem Hin und Her ihre Kinder schließlich aus dem Pesta genommen hat, wie glücklich sie sich jetzt fühle, weil ihre drei Kinder nun endlich Disziplin lernten und auf drei verschiedenen Blasinstrumenten zusammen Marschmusik einübten...

Wohin solche Disziplin auf die Dauer führt, bleibt abzuwarten. Das älteste Mädchen hatte es im Pesta ohne den üblichen Zwang besonders

Erziehung zum Sein

schwer, von sich aus etwas zu tun, konkrete Probleme zu lösen und sich zu konzentrieren. Der Junge geriet durch seine Neigung zum Jähzorn im freien Spiel ständig in Konflikt mit seinen Kameraden und suchte mehrmals am Tag den Beistand der Erwachsenen, weil er seine Probleme nicht selbst lösen konnte. Die kleine Schwester sehnte sich zurück in eine traditionelle Schule, weil man dort „während des Unterrichtes so gut schlafen könne"! Offenbar ist das Unverständnis der Eltern eng verknüpft mit derartigen Symptomen, und gerade solchen Eltern fällt es besonders schwer, in einer Alternative durchzuhalten, die sie eigentlich dazu herausfordert, eigene Haltungen zu überprüfen und Neues zu probieren.

Doch die Erfahrung hat uns gezeigt, daß es sich trotz vieler Fehlschläge lohnt, die Flinte nicht ins Korn zu werfen. In Herbert Kohls Buch *On Teaching* lesen wir im Anhang von zahlreichen Forschungsdaten über das spätere Schicksal von Schülern alternativer Schulen. Diese Daten bestätigen, daß „alternative Schüler" als Erwachsene nicht nur einen angemessenen beruflichen Standard erreichen, sondern außerdem ihr persönliches und Familienleben im Durchschnitt glücklicher ist als bei den Vergleichsgruppen. Darüber hinaus zeichnen sie sich in auffallender Weise durch ein stärkeres Interesse an neuen Studiengebieten und ein größeres soziales Verantwortungsbewußtsein aus.

Bei den älteren Kindern, die, trotz der früheren „Illegalität" bei uns geblieben sind, beobachten wir nun eine zunehmende Fähigkeit zu kritischen Haltungen. Unsere Primarschüler, die vom zehnten Lebensjahr an jeden Monat für drei Tage verschiedenste Arbeitserfahrungen in der Stadt und auf dem Land machen, freuen sich meist einfach über die Möglichkeit, die Welt kennenzulernen. Sie lassen sich eher noch manipulieren, wenn Arbeitgeber ihnen dafür Zuwendung oder gar eine besonders leckere Pizza geben. Sekundarschüler dagegen betrachten die Welt der Erwachsenen mit sehr kritischen Augen und bemerken schnell, wenn jemand einen Beruf ohne Berufung ausübt, wenn er mehr Wissen vortäuscht als er wirklich besitzt, wenn er bei Kunden oder Mitarbeitern soziale Unterschiede macht. Sie stellen sich bereits grundsätzliche Fragen, so z.B., ob es sich überhaupt lohnt, sich an viele der Werte anzupassen, die anscheinend von den meisten Erwachsenen als selbstverständlich hingenommen werden. Und sie kritisieren nicht nur leicht sichtbare Verstöße gegen menschlichen Respekt, wie sie ihn z.B. in einem Luxushotel beobachtet haben, sondern auch die subtile Überheblichkeit von Wissenschaftlern weniger studierten Mitbürgern gegenüber in einer biologischen Versuchsstation von Weltruf.

Vorschau und Rückblick

Mit solch kritischen Haltungen müssen aber auch die Eltern der jungen Leute rechnen. An den Elterngesprächen nehmen auf Wunsch auch die älteren Kinder teil. Tanias Mutter benutzte solch eine Unterredung, um sich über den fehlenden Ordnungssinn ihrer Tocher zu beklagen. „Warum mußt du deine schmutzigen Socken erst im ganzen Zimmer verteilen, bevor sie in den Wäschekorb kommen?" war ihr Vorwurf. Tanias Gegenargument lautete: „Mir scheint, daß deine ewigen Streitereien mit Vater das Haus mehr verpesten als meine Socken!"

In einer Welt, die sich darauf versteht, vorbereitete Umgebungen für Autos, Fabriken, Handel und Büros zu schaffen, aber sich nicht darum kümmert, was Kinder brauchen, um zum vollen Menschsein heranzuwachsen, bedeutet die Arbeit des „Pesta" ein ständiges gegen den Strom schwimmen. Bei dieser täglichen Arbeit, die zudem von vielen Leuten angezweifelt wird, tritt immer deutlicher hervor, daß wir die Kinder nicht auf nettere Weise als die reguläre Schule an die bestehende Welt anpassen wollen. Je länger wir uns dieser Aufgabe widmen, desto deutlicher wird uns, daß es sich hier um eine völlig neue Sichtweise von Erziehung handelt, eine Sichtweise, die man als einen Paradigmenwechsel bezeichnen könnte.

In seinen einführenden Worten zum Seminar der experimentellen Schulen Ecuadors im Juni 1989 raubte Mauricio den Teilnehmern das Wohlgefühl eines gelungenen Rituals, indem er sagte: „Alle, die wir hier sitzen, leiden an einer Krankheit, die noch weitaus gefährlicher ist als AIDS. Wir leiden an einer Krankheit, die ganze Zivilisationen zu gefährden beginnt, ja sogar das Überleben unseres Planeten selbst steht auf dem Spiel – und dieses Leiden ist AEDS (Aquired Educational Deficiency Syndrome). Was diese Krankheit so gefährlich macht, ist, daß wir ihre verheerenden Auswirkungen noch nicht erkannt haben, ja zum Teil sogar stolz auf sie sind."

Der Fehler an der bisher üblichen Weise, Menschen zu erziehen, ist, daß sie gegen die wichtigsten biologischen Gegebenheiten und Lebensprinzipien verstößt und so eine gesunde und harmonische Entfaltung verhindert.

Besonders im zweiten Kapitel seines Buches *Leitmotiv vernetztes Denken* erklärt Frederic Vester die Zusammenhänge zwischen unserer für normal geltenden Erziehungspraxis mit ihrem Zwang zu frühzeitiger Abstraktion und den immer gefährlicheren ungelösten Problemen unserer Zivilisation. Mit Nachdruck warnt er, daß Lehrmethoden, die sich nicht ernstlich um die biologischen Entwicklungsprozesse und die Wirklichkeit des ganzen Menschen kümmern, also die menschliche Ökologie mißachten,

Erziehung zum Sein

an der Wurzel der Übel liegen, die zum Nichterkennen lebendiger Zusammenhänge und damit zu einer Unfähigkeit führen, in Harmonie mit sich selbst und unserer Welt zu leben. David Elkind erwähnt in seinen Büchern viele der verheerenden Auswirkungen von Lebensumständen, die die authentischen menschlichen Bedürfnisse nicht respektieren. Seine Daten könnten durch immer neue Statistiken der entwickelten Länder, aber in zunehmendem Maß auch der Entwicklungsländer ergänzt werden.

Statt Anpassung an die „Normalität" unserer gefährdeten Welt, also dem luxuriösen Versuch, neue Wege zum gleichen Ziel zu gehen, strebt eine *Erziehung zum Sein* vielmehr an, sich bewußt auf die Seite des Lebens zu stellen. Mit dem Leben handeln, seine Grundprinzipien kennen und respektieren lernen, steht hier als Alternative zu dem „Nichtsein", das uns Menschen zusammen mit unserem Lebensraum droht, wenn wir die Wirklichkeiten und Gesetze des Lebens mißachten und mißbrauchen. Das Leben ist eins, und jede Anstrengung, die Menschen zur Rücksicht gegenüber der Natur zu bringen, auch wenn wir schon in der Grundschule Ökologie zum Pflichtfach machten, ist nutzlos und widersinnig, es sei denn, wir ermöglichen unseren Kindern endlich direkte Interaktion mit der Welt, statt sie durch Schulmauern von ihr zu trennen und sie den Belehrungen durch Erwachsene auszusetzen, die ein Wissen vermitteln, das sie sich meist selbst angelesen oder von Leuten, die es „wissen müssen" übernommen haben. Wenn ein Erwachsener von seinen eigenen Erfahrungen, Hoffnungen, Fehlern oder Problemen mitteilt, führt allein dies schon zu einer vielfachen Steigerung der Aufmerksamkeit. Um wieviel höher ist dagegen die Konzentration der Kinder, wenn sie durch Eigeninitiative direkte Erfahrungen in konkreten Lebenssituationen machen.

Es herrscht allgemein Übereinstimmung, daß wir eine große Verantwortung tragen, in welchem Zustand wir die Welt unseren Kindern hinterlassen, und wir müssen ihr volle Aufmerksamkeit widmen. Doch das ist nicht genug, wenn wir an der Qualität unserer Beziehungen nichts ändern. Der erste Schritt dazu geschieht, sobald wir aufhören, uns ständig mit unseren Manipulationen, Interpretationen und unserer ständigen Anleitung zwischen Kinder und Jugendliche und die lebendige Welt zu drängen, und ihnen stattdessen in ihrem natürlichen wachstumsfördernden Tun beizustehen versuchen. Eine solche Haltungsänderung macht uns fast zwangsläufig frei für respekt- und liebevollere Beziehungen.

Vernetztes Denken, wie es Vester als unerläßlich erklärt, um unsere Überlebensprobleme zu lösen, kann grundsätzlich nicht gelehrt werden.

Vorschau und Rückblick

Es entwickelt sich spontan durch die Belebung, innere Vernetzung und fließende Verbindung aller inneren Strukturen des Fühlens, der Intuition bis hin zum formalen Denken. Doch das ist nur durch konkrete und direkte Interaktion mit einer Umwelt möglich, die das Bedürfnis nach Autonomie und spontaner Handlung nicht nur erlaubt, sondern die Möglichkeiten dazu bewußt bereichert. Wo liegt die Ursache, daß die vielen Forschungen, die immer deutlicher die innere Vernetzung von Körper und Geist beweisen, in der allgemeinen Erziehungspraxis nur dann ernstgenommen werden, wenn es darum geht, aus der Norm fallende Individuen den bestehenden Normen doch noch anzupassen und eine bessere Kontrolle zur Eingliederung jeden Individuums in das allgemeine Wertesystem auszuüben? Wer hat Angst vor wem, um im allgemeinen Schulsystem entscheidende Schritte zu wagen: Lehrer vor der Behörde, Eltern vor den Lehrern oder Lehrer vor den Eltern? Oder hat jeder von ihnen Angst vor sich selbst, daß er hier mit etwas Neuem umgehen muß, zu dem er selbst nicht formal ausgebildet wurde und das den eigenen Bildungsweg ganz und gar in Frage stellt?

Im ecuadorianischen Erziehungsgesetz ist den Eltern die letzte Entscheidung über die Art der Erziehung zugesprochen, die sie für ihre Kinder bevorzugen. Offenbar haben in anderen Ländern, die ansonsten demokratische Regierungsformen haben, Eltern dieses Recht nicht. Trotzdem bin ich überzeugt, daß, würden genügend Eltern zum Bewußtsein innerer und äußerer Zusammenhänge in Fragen Erziehung kommen, sie die öffentliche Meinung so beeinflussen könnten, daß Neuerungen im Schulwesen nicht mehr auf einzelne, geradezu subversiv arbeitende Lehrer oder noch vereinzeltere Erziehungsbehörden beschränkt wären. Offenbar fehlt es aber auch in Staaten, die eine größere Freiheit im Wählen von Erziehungsmethoden gewähren, an Menschen, die mit dieser Freiheit etwas anfangen und konkrete Erfahrungen mit andern teilen können.

In der höheren Tierwelt ist es normal, daß die Mütter ihre Jungen mit ungeheurer Wut gegen Gefahren verteidigen. Eine Henne kämpft sogar gegen Schlangen, um ihre Küken gegen diese zu schützen. Nur uns Menschen fällt es ein, aus mißverstandenem sozialem Bewußtsein unsere Kinder ohne Bedenken Jahr für Jahr in einer Umgebung abzuliefern, in der gegen die Grundbedingungen einer lebendigen Interaktion mit der Welt systematisch verstoßen wird – und damit gegen die Voraussetzung für die Entwicklung emotionaler und intellektueller Sicherheit im späteren Leben.

Erziehung zum Sein

Was uns zu tun aufgegeben ist, ist bestimmt nicht leicht. Doch ist die zentrale Frage nicht, ob es leicht ist, sondern wie groß die Notwendigkeit ist. Und da scheint uns, daß die Notwendigkeit in den entwickelten Ländern ebenso groß ist wie in den unterentwickelten Ländern. Trotz aller Unterschiede befinden wir uns alle in einer ähnlichen Lage. Es geht darum, die Qualität unseres menschlichen Lebens und gleichzeitig unsere unheile Welt zu retten. So mag dieser Bericht über die Erfahrungen einer aktiven Schule in Ecuador mit den letzten Worten aus Schumachers *Rat für die Ratlosen* enden:

„Die Kunst des Lebens besteht stets darin, aus etwas Schlechtem etwas Gutes zu machen. Erst wenn wir wissen, daß wir tatsächlich in höllische Regionen hinabgestiegen sind, wo uns nichts erwartet als der „kalte Tod der Gesellschaft" und die Vernichtung aller zivilisierten Beziehungen, können wir den Mut und die Vorstellungskraft aufbringen, die für eine Umkehr ... erforderlich sind. Sie führt dann dazu, daß wir die Welt in einem neuen Licht sehen, nämlich als einen Ort, an dem die Dinge, über die der moderne Mensch ständig redet und die zu tun ihm stets mißlingt, tatsächlich getan werden können.

Können wir darauf bauen, daß eine Umkehr von genügend Menschen rasch genug vollzogen wird, um die moderne Welt zu retten? Diese Frage wird oft gestellt, aber welche Antwort darauf auch erteilt wird, sie wird in die Irre führen. Die Antwort „ja" würde zur Selbstzufriedenheit, die Antwort „nein" zur Verzweiflung führen. Es ist zu wünschen, daß wir dieses Durcheinander hinter uns lassen und uns an die Arbeit machen."

Freundeskreis Mit Kindern Wachsen e.V.

Immer mehr Menschen fühlen sich durch die Bücher von Rebeca Wild unmittelbar angesprochen und möchten nun auch hier bei uns eine Umgebung vorbereiten, in der Kinder ihren inneren Entwicklungsbedürfnissen gemäß heranwachsen können – zuhause, in Kindergärten oder sogar in Schulen. Diesen Prozeß auf vielfältige Weise zu unterstützen, ist das wichtigste Ziel des *Freundeskreises Mit Kindern wachsen*. Schwerpunkte unserer Aktivitäten sind:

• Das *Mit Kindern Wachsen Forum,* eine regelmäßig erscheinende Informationsbroschüre mit Artikeln von Rebeca & Mauricio Wild, Anna Tardos und anderen, Erfahrungsberichten, Terminen und vielen hilfreichen Informationen.

• Vorträge und Seminare, unter anderem mit Rebeca & Mauricio Wild sowie spezielle Fortbildungsveranstaltungen für Eltern, ErzieherInnen und LehrerInnen.

• Vermittlung von 5-tägigen Seminaren mit Hospitation im Pesta.

• Lokale und überregionale Freundeskreistreffen zum Gedanken- und Erfahrungsaustausch sowie zur gegenseitigen Unterstützung.

Weitere Informationen und ein Probeheft des *Mit Kindern Wachsen Forum* schicken wir Ihnen auf Anfrage gerne zu (bitte Rückporto beilegen)

Freundeskreis Mit Kindern wachsen e. V.
Am Herrwald 6
D - 79348 Freiamt

Literaturhinweise

Virginia Axline: Kinder-Spieltherapie im nicht-direktiven Verfahren. München: Reinhardt 1972
Virginia Axline: Dibs. Die wunderbare Entfaltung eines menschlichen Wesens. München: Knaur Taschenbuch 1982
Edward de Bono: Der Denkprozeß. Reinbek: Rowohlt Taschenbuch 1975
Edward de Bono: Das spielerische Denken. Reinbek: Rowohlt Taschenbudh 1972
Heinrich Dauber, Etienne Verne (Hrsg): Freiheit zum Lernen. Alternativen zur lebenslänglichen Verschulung. Die Einheit von Leben, Lernen, Arbeiten. Reinbek: Rowohlt Taschenbuch 1976
Michael Deakin: The Children on the Hill. London: Quartet Books 1973
John Dewey: Progressive Education (1928). Reprintet in: Martin S. Dworkin (Ed.): Dewey on Education. New York: Teachers College Press 1965. Übersetzung des Zitats durch die Verfasserin.
David Elkind: Child Developement and Education. Oxford University Press 1976. In deutscher Sprache erschien sein Aufsatz: Zwei entwicklungspsychologische Ansätze: Piaget und Montessori. In: Die Psychologie des 20. Jahrhunderts. Band VII Piaget und die Folgen. Zürich: Kindler 1978, S. 584-594
Célestin Freinet: Alle Bücher von ihm. Zitiert wurde aus:
Célestin Freinet: Méthode naturelle de lecture. Cannes: Edition de l'Ecole Moderne 1961
Célestin Freinet: L'enseignement du calcul. Cannes: Edition de l'Ecole Moderne 1962
Hans G. Furth, Harry Wachs: Denken geht zur Schule. Piagets Theorie in der Praxis. Weinheim: Beltz 1978
Paul Goodman: Compulsory Mis-Education. New York 1964. Deutsche Ausgabe: Das Verhängnis Schule. Frankfurt: Athenäum-Fischer-Taschenbuch 1975
John Holt: Alle Bücher von ihm. Zitiert wurde aus:
John Holt: What Do I Do Monday? New York 1970. Deutsche Ausgabe: Wozu überhaupt Schule? Ravensburg: Maier 1975
Ivan Illich: Celebration of Awareness. New York 1970. Deutsche Ausgabe: Schulen helfen nicht. Reinbek: Rowohlt Taschenbuch 1972

Erziehung zum Sein

Arthur Janov, E. Michael Holden: Das neue Bewußtsein. Frankfurt: Fischer 1977
Arthur Janov: Revolution der Psyche. Frankfurt: Fischer 1976
Arthur Janov: Das befreite Kind. Grundsätze einer primärtherapeutischen Erziehung. Frankfurt: Fischer Taschenbuch 1977
Jürg Jegge: Angst macht krumm. Reinbek: Rowohlt Taschenbuch 1983
Jürg Jegge: Dummheit ist lernbar. Reinbek: Rowohlt Taschenbuch 1983
Hans Jörg: Von der Eigenfibel zur Arbeitslehre. Einführung in die Schuldruckerei. Wuppertal-Ratingen-Kastellaun: Henn 1970
C.G. Jung: Erinnerungen, Träume, Gedanken. Olten und Freiburg im Breisgau: Walter 1971
C.G. Jung: The Undiscovered Self. Zusammengestellt aus Gesprächen zwischen C.G. Jund und Carleton Smith, Direktor der National Arts Foundation. New York und Scarborough, Ontario: Mentor Books 1957
Arthur Koestler: Janus. A Summing Up. London 1978. Deutsche Ausgabe: Der Mensch - Irrläufer der Evolution. Die Kluft zwischen unserem Denken und Handeln. München: Goldmann Taschenbuch 1981
Herbert Kohl: On Teaching. New York: Bantam Books 1976. In deutscher Sprache erschien bisher nur: The Open Classroom. A Practical Guide to A New Way of Teaching. New York 1969. Der deutsche Titel lautet irreführend: Antiautoritärer Unterricht in der Schule von heute. Reinbek: Rowohlt Taschenbuch 1971
Herbert Kohl: 36 Children. New York: The New American Library 1967
Herbert Kohl: Reading, How To. Harmondsworth: Penguin 1974
George B. Leonard: Education and Ecstasy. New York 1968. Deutsche Ausgabe: Erziehung durch Faszination. Lehren und Lernen für die Welt von morgen. München: Piper 1971
Jerry Mander: Four Arguments For The Elimination Of Television. New York 1978. Die wesentlichen Aussagen dieses in deutscher Sprache leider vergriffenen Buches sind enhalten in: Pearce, J.C.: Der nächste Schritt der Menschheit
Sybil Marschall: Art. In: Geoffrey Howson (Ed.): Primary Education in Britain Today. New York: Teachers College Press 1969. Übersetzung des Zitats druch die Verfasserin.
Maria Montessori: Alle Bücher von ihr.
José Ortega y Gasset: Biologie und Pädagogik (1921). In: Gesammelte Werke Band 1 Stuttgart: Deutsche Verlags-Anstalt 1978. Übersetzung des Zitats durch die Verfasserin
C.N. Parkinson: Parkinsons Gesetz und andere Untersuchungen über die Verwaltung.
Joseph Chilton Pearce: Der nächste Schritt der Menschheit: Arbor 1994
— Das magische Kind
— Magical child matures

Jean Piaget: Alle Bücher von ihm.
Robert Rosenthal, Lenore Jacobsen: Pygmalion im Unterricht. Lehrererwartungen und Intelligenzentwicklung der Schüler. Weinheim: Beltz 1971
Carl Sagan: The Dragons of Eden. New York 1977. Deutsche Ausgabe: Und werdet sein wie Götter. Das Wunder der menschlichen Intelligenz. München: Knaur Taschenbuch 1981
Mike Samuels: Seeing with the Mind's Eye. New York: Random House 1975
E.F. Schumacher: A Guide for the Perplexed. London 1977. Deutsche Ausgabe: Rat für die Ratlosen. Vom sinnerfüllten Leben. Reinbek: Rowohlt 1979
E.F. Schumacher: Small is Beautiful. London 1973. Deutsche Ausgabe: die Rückkehr zum menschlichen Maß. Alternativen für Wirtschaft und Technik. Reinbek: Rowohlt 1977
E.F. Schumacher: Good work. New York 1979. Deutsche Ausgabe: Das Ende unserer Epoche. Reden und Aufsätze. Reinbek: Rowohlt 1980
Peter Schrag, Diane Divoky: The Myth of the Hyperactive Child. New York: Dell 1975
Charles Tart: Hellwach und bewußt leben: Arbor 1995
Charles Silberman: The Open Classroom Reader. New York. Vintage Books 1973. Übersetzung des wörtlichen Zitats durch die Verfasserin. In deutscher Sprache erschien von ihm: Die Krise der Erziehung. Weinheim: Beltz 1973
Gordon Rattray Taylor: The Natural History of the Mind. Deutsche Ausgabe: die Geburt des Geistes. Frankfurt. Fischer Taschenbuch 1985
Alvin Toffler: Der Zukunftsschock. Strategien für die Welt von morgen. München: Goldmann Taschenbuch 1983
Alvin Toffler: Die dritte Welle. Zukunftschance. Perspektiven für die Gesellschaft des 21. Jahrhunderts. München: Goldmann Taschenbuch 1983

Rebeca Wild
Sein zum Erziehen
Mit Kindern leben lernen

In ihrem zweiten Buch geht es Rebeca Wild vor allem um die Beschreibung von Entwicklungsprozessen, die Kinder zu menschlicher Reife führen – um Erfahrungen in der Lösung der verschiedensten Schwierigkeiten, die in einer aktiven Schule und zuhause auftreten können und nicht zuletzt um den Erwachsenen selbst, dessen Zustand und Verhalten von besonderer Wichtigkeit für die harmonische Entfaltung der Kinder ist.

Ebenso lebendig geschrieben wie ihr erstes Buch, ist *Sein zum Erziehen* eine wirkliche Unterstützung auf dem Weg, mit Kindern leben und wachsen zu lernen.

Rebeca Wild
Kinder im Pesta
*Erfahrungen auf dem Weg
zu einer vorbereiteten Umgebung
für Kinder*

In ihrem neuesten Buch richtet Rebeca Wild ihr Augenmerk vor allem auf die Prozesse von einzelnen Kindern, deren Eltern sich für diese ungewöhnliche Schulerfahrung entschließen konnten.

So führt sie uns auf anschauliche und lebendige Art vor Augen, welche Folgen die Familienatmosphäre für die Kinder hat und wie sich der Umgang mit dem Kind auf seine Entwicklung auswirkt.

Immer wieder gibt sie konkrete Anhaltspunkte, sich in diesem Neuland zu orientieren, die echten Bedürfnisse der Kinder besser wahrzunehmen und die Umgebung ihren Entwicklungsbedürfnissen gemäß zu gestalten.

Joseph Chilton Pearce
Der nächste Schritt der Menschheit
Die Entfaltung des menschlichen Potentials aus neurobiologischer Sicht

Eine Fundgrube, aus der Rebeca und Mauricio Wild zur Entwicklung ihrer Arbeit besonders reichlich geschöpft haben, sind die Bücher von Joseph Chilton Pearce. In *Der nächste Schritt der Menschheit,* seinem neuesten Werk, beschreibt er mit großer Klarheit, Anschaulichkeit und Menschlichkeit die Funktionsweise unseres Gehirns, die Auswirkungen der üblichen Erziehung und Wege zur harmonischen Entfaltung des menschlichen Potentials – auch noch beim Erwachsenen.

Themen des Buches sind unter anderem: Die Geburt und Bedingungen für ein inniges Mutter-Kind-Bonding • Die Bedeutung des freien Spiels • neurologische Auswirkungen des Fernsehens • Ursachen der Gewalt • Kreativität und Intuition ...

Charles Tart
Hellwach und bewußt leben

Ein faszinierendes und sehr hilfreiches Buch, das leicht verständlich aufzeigt, wie Lebendigkeit, Lebensfreude und das innere Potential der Kinder durch die Erziehung und Einflüsse der Gesellschaft verschüttet werden, wie dies verhindert werden könnte und vor allem auch, wie wir, als Erwachsene, die in uns liegenden Möglichkeiten wiederentdecken können.

Elfriede Hengstenberg
Entfaltungen
*Bilder und Schilderungen
aus meiner Arbeit mit Kindern*

Was bei der Lektüre dieses reich bebilderten Buches förmlich spürbar wird, ist ein Umgang mit Kindern, der sich weit von dem bis heute üblichen Sport- oder Gymnastikunterricht abhebt. Die Fotos zeigen deutlich, daß sich persönliche Schwierigkeiten wie Ängstlichkeit, Überaktivität oder „Null Bock Mentalität" in Körperhaltung und Bewegung niederschlagen und wie diese sich verändern können, wenn den Kindern die entsprechende Möglichkeit dazu gegeben wird.

Am Beispiel der Geschichte verschiedener Kinder können wir die Arbeitsweise der Autorin verfolgen. Ihre originellen Kletter-, Balancier- und Übungsangebote, die immer an den Bedürfnissen der Kinder orientiert sind, wecken in ihnen die Freude am Ausprobieren. Elfriede Hengstenberg nimmt die Kinder in ihrer Gesamtpersönlichkeit wahr, respektiert ihren Drang nach Selbständigkeit, begleitet sie einfühlsam und unterstützt sie, wenn nötig.

Ich empfehle das Buch allen Menschen, die Kinder haben oder mit ihnen therapeutisch oder in einer sonstigen Form arbeiten.
Integrative Bewegungstherapie

Über sechzig Jahre hat die Bewegungspädagogin in Berlin mit Kindern zusammengearbeitet und dabei Beobachtungen und Erfahrungen gesammelt, die nicht ohne Grund eben wiederentdeckt werden.
Die Zeit

Dr. Emmi Pikler u.a.
Miteinander vertraut werden
*Erfahrungen und Gedanken zur Pflege
von Säuglingen und Kleinkindern*

Dank Frédérick Leboyer, Michel Odent und anderen hat sich in Bezug auf die Geburtssituation ein grundlegender und weitreichender Be-wußtseinswandel vollzogen. Es wurde erkannt, wie respektlos die übliche Entbindung in Krankenhäusern meistens ist und wie wesentlich das liebevolle Willkommen des Kindes für das Mutter-Kind-*Bonding* und seine harmonische Entfaltung ist.

Aber so bewegend und wichtig eine natürliche Geburt auch ist, mußten doch viele Eltern erkennen, daß sie keine Garantie für eine gute Beziehung mit ihrem Kind bedeutet.

In dieser Hinsicht hat vor allem die Arbeit der Kinderärztin Emmi Pikler in vielfältiger Weise neue Wege aufgezeigt. Aufgrund ihrer langjährigen Erfahrung beschreiben sie und ihre Mitarbeiterinnen in diesem Buch, wie es möglich ist, von Anfang an eine vertaute Beziehung zum Kind aufzubauen.

Vor allem die Pflegesituation, das Stillen und später das Essen und Trinken sind ständig wiederkehrende Ereignisse, die einen wesentlichen Einfluß auf sein Leben haben. Mit Hilfe von zahlreichen Fotos und Zeichnungen wird deutlich, wie dieser alltägliche Kontakt zu einer für Eltern und Kind bereichernden und freudigen Erfahrung werden kann.

Wie schön wäre es, wenn das vorliegende Buch vielen jungen oder zukünftigen Eltern einen Weg öffnen könnte, von Anfang an eine gute Beziehung zu ihren Kindern aufzubauen und sie in ihrem Entwicklungsprozeß zu unterstützen.

Rebeca Wild